新版 続 日本史モノ事典

平凡社編

平凡社

本書は，2002年平凡社より刊行された
《続 日本史モノ事典》の新装版です。

はじめに

本事典は，《新版　日本史モノ事典》(2017年，平凡社刊)と同様に，小社の《大百科事典》(1931年初版)，《世界大百科事典》(1955年初版)，《世界大百科事典》(1964年初版)の図版を中心に挿図3000余点を集め，簡潔な説明文を付して一冊としたものです。

本事典は《新版　日本史モノ事典》同様，広く日本の歴史上に存在した〈モノ〉の形と名前を明らかにすることを目的としました。収録の事物は，縄文時代から昭和30年代におよび，民俗学的分野を重視しています。また，最終章には《新版　日本史モノ事典》の９ジャンルのうち７ジャンルについての補遺を収めました。

目 次

凡例

- 難読や特殊な読みの漢字には(　)内に読み仮名を付した。
- 掲載した挿図の出典，解説文中の書籍等の名称は《　》で示した。
- 事物の名前および部分名称を中心とした五十音順索引を巻末に付した。

暦祭

暦　絵暦　般若心経　時　時計　季節　正月
春の七草　節分　雛人形　雛祭　桜　鯉幟　端午
七夕　盆　秋の七草　月見　月齢　旧暦　重陽
大晦日　年中行事　国民の祝日　十干十二支

十二支の二番目　丑（うし）
金沢の練物牛乗童子

【暦】こよみ

1日を単位として長い時間を年・月・日によって数える体系。それを構成する方法(暦法)またはそれを記載したもの(暦表, 暦書)をいうこともある。語源は日読(かよみ)といわれる。暦法の根本は1太陽日, 1朔望月(約29.5306日), 1回帰年(約365.2422日)の端数関係をいかに調整するかにあり, 太陽暦・太陰暦・太陰太陽暦に大別される。1日を分割して時刻を数える体系は時法という。

明治38年(1905)の絵暦

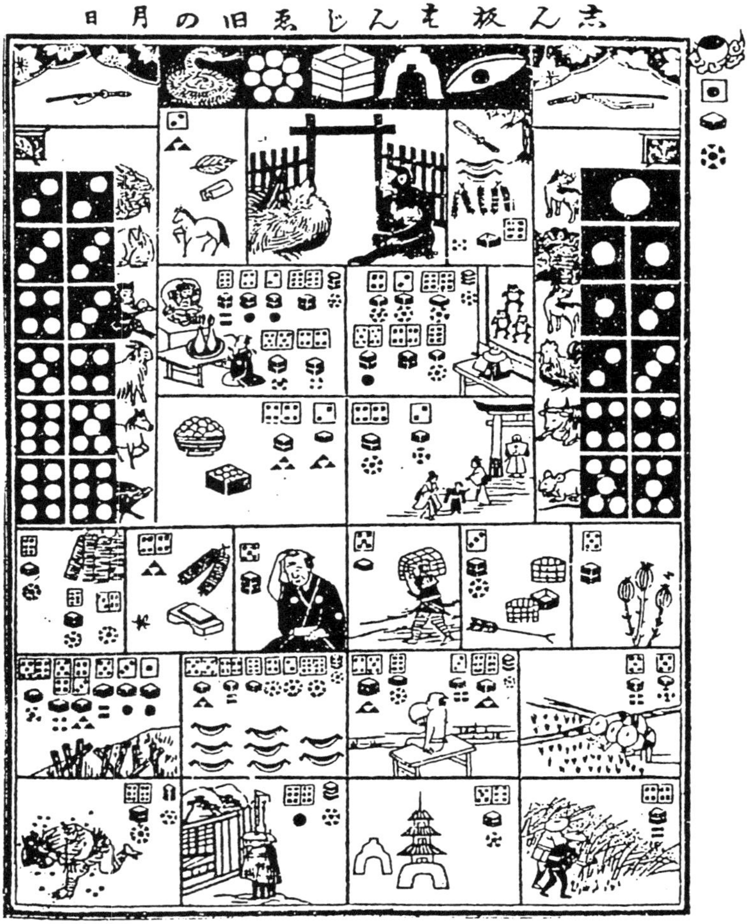

【絵暦】えごよみ

絵や記号で記された暦。大小暦は旧暦の月の大小を絵で表現し，しだいに趣味化した。南部暦は文字を知らない人間にもわかるようにつくられたもので，江戸時代から奥州南部地方で行なわれた。判じ絵で示してあり，たとえば植物のケシの絵に濁点をつけて夏至(げし)などと読ませ，月日も図示する。盛岡暦，田山暦の2系統がある。

明治22年(1889)の絵暦
(読み方は12ページ)

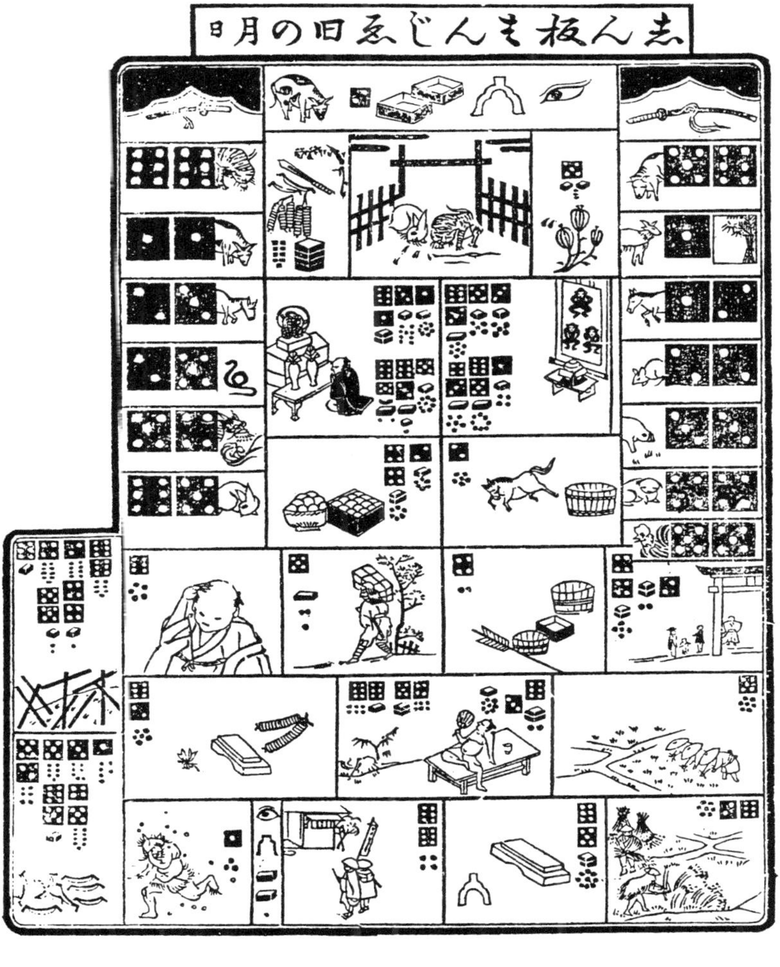

11ページ《南部絵暦》の読み方　判じ絵はだいたい共通のものが使われていて、日付(数)は重箱(十)と賽の目(二)で示す。

上　目と柱(じ＝琴柱)で明治、重箱２(二十)と賽の目で22年。

左上　３匹の猿で庚申３月15日など。
左下　鉢と馬で初午が２月６日。

下左　鉢と重箱と鉢で八十八夜が４月２日。
下中　盗賊が荷を奪う様子で入梅(にゅうばい)。
下右　ケシに濁点で夏至(げし)が５月23日。

左　禿頭の人は半夏生。

下左　銭(二百文)と砥石と蚊で二百十日が８月６日。
下右　夕涼みの絵は土用。
いずれも日付は旧暦。

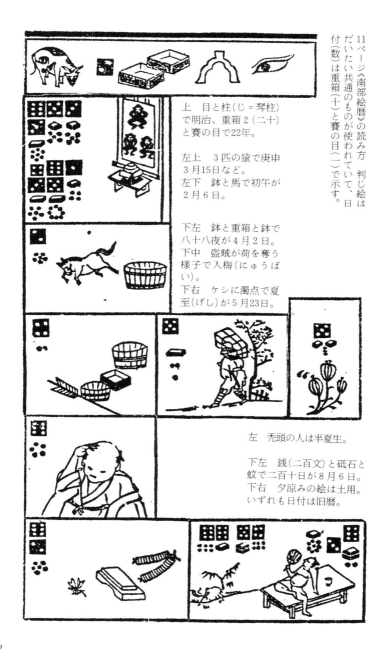

岩手県盛岡市の絵で示された般若心経。右第１行は，「マカ・ハンニャ・ハラ・ミ・タ・シンギョウ」の意で，以下もその要領で読む。

般若経（はんにゃきょう）　大乗仏教の重要な経典。般若経には多くの種類があるが，いずれも般若は実体をもたない空（くう）なるものであることを明らかにする。紀元前後から約100年間，個々に成立したと考えられ，大品（だいぼん）般若，道行（小品）般若，文殊般若，金剛般若，実相般若（理趣経）などがある。これらを集大成したものが《大般若波羅蜜多経》玄奘（げんじょう）訳600巻で，最も代表的なものが《摩訶般若波羅蜜経》鳩摩羅什（くまらじゅう）訳，27巻である。《大智度論》は大品般若の注釈書。

【 般若心経 】

はんにゃしんぎょう

般若系経典の一つ。玄奘（げんじょう）訳では262字。最も短い経典であるが，諸法皆空の般若経の要点を最もよく表現している。「色即是空・空即是色」の名句があり，古くから日本の在家信者にも読誦（どくじゅ）された。

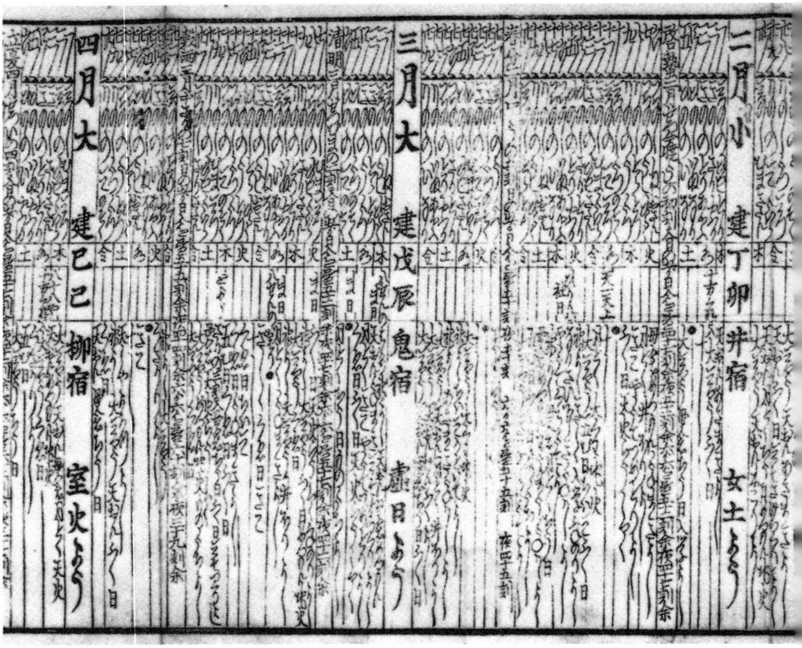

右　会津暦　寛政12（1800）年のもの
上　伊勢暦　宝暦14（1764）年のもの

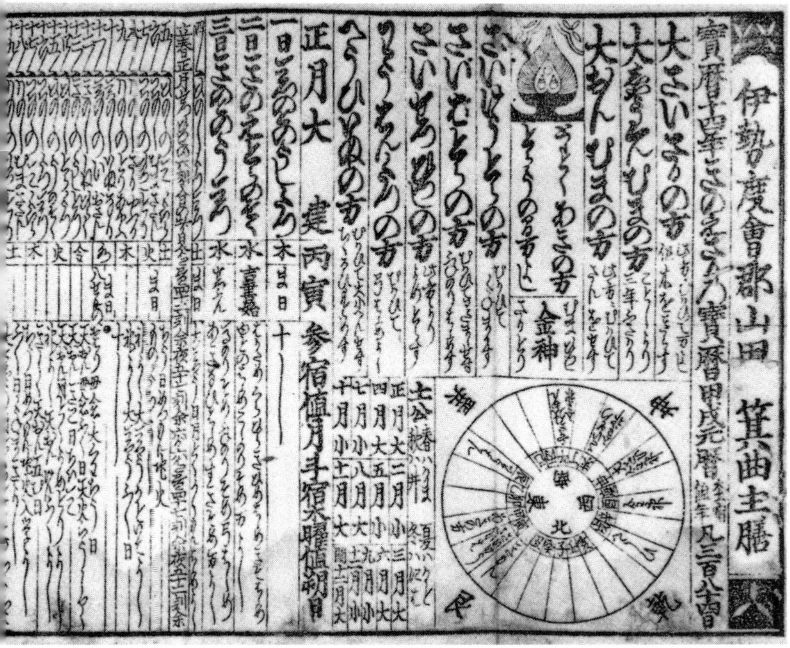

伊勢度會郡山田　箕曲主膳

伊勢暦　江戸時代伊勢神宮の御師(おし)が，その代官を使いとして毎年行なった檀那(だんな)回りに，御祓大麻(おはらいたいま)の御礼に添えて各戸に配った暦。もとは京都土御門家の校閲を経たが，明治維新後神宮司庁から神宮暦として頒布。

下は伊勢神宮外宮御饌殿　奈良朝以来20年ごとに式年造替の制を守っているので、社殿は古来の形式をよく伝えている。

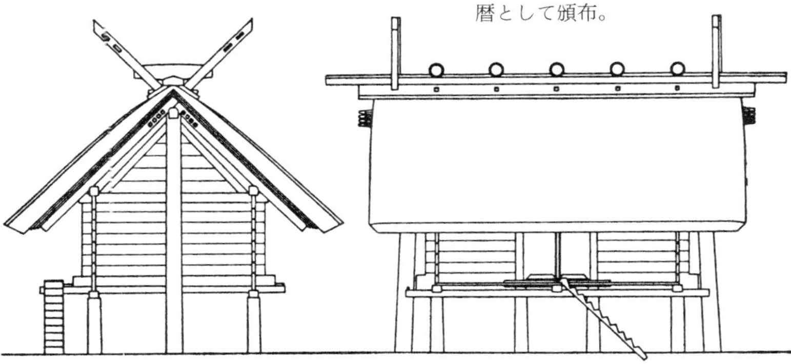

時計師《人倫訓蒙図彙》から

【時】とき

辰刻とも書く。日本の時刻の単位。日本で完全な形で知られる最古の時刻制度は延喜式で，１日を12時，１時を４刻に分け，時は十二支で表わした。各時に鼓鐘を打って知らせたが，その音の数が江戸時代に入って九つ～四つという時の呼称になった。江戸時代には不定時法(太陽の出入りの時点を基準にして昼夜の時間を等分する制度)で行なわれ，また時の真中を半と呼び(たとえば九つ半)，１時を４分割(子の一つ，丑の三つなど)または３分割(上刻，中刻，下刻)し，また時を刻とも呼んだ。

古制漏刻図　馬場信武の《初学天文指南》から

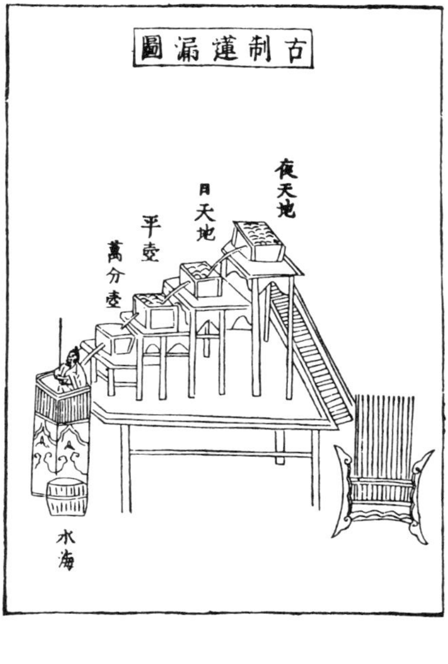

漏刻(ろうこく)　中国で発明・使用された水時計。管でつながった四つまたは三つの箱を階段上に並べ，一番上の箱に水を満たし，順に流下して最後の箱から流出する水を，矢を浮かべた容器に受け，矢の高さから時刻を知る。箱を並べるのは水の流出速度を一定にするためである。古く日本に伝わり，《日本書紀》によれば斉明天皇６年(660)皇太子(後の天智天皇)が初めて漏刻をつくったという。大宝令では漏刻博士を置いて漏刻を管理させたが，平安末期に漏刻も漏刻博士も絶えた。

砂時計　中くびれのガラス容器に，粒度のそろった乾燥した砂を入れ，小孔から落下させて時間を測るもの。8世紀にフランスの僧リウトプランドが考案したといわれる。船などで4～0.5時間のものや，速度測定用の28秒，14秒のものが19世紀初めまで使われた。

砂時計2種(下左の2つ)と最も古い様式の国産尺時計

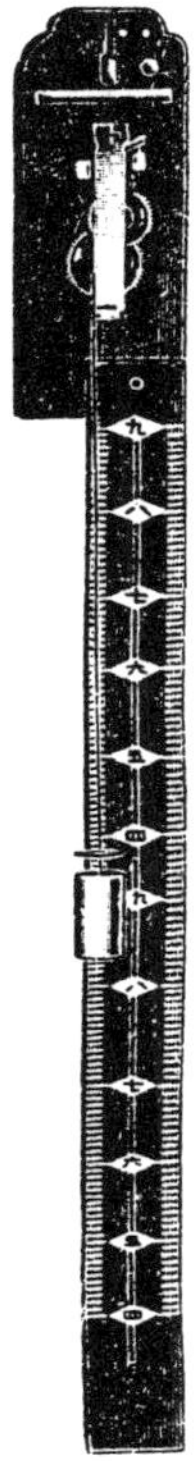

線香時計　火時計の一種で芸妓等の勤務時間をはかった

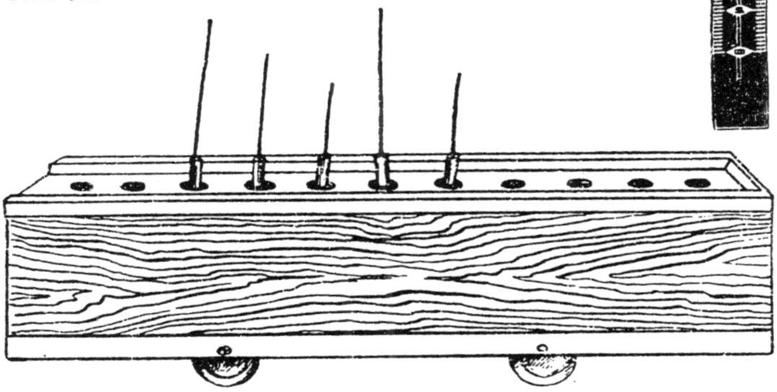

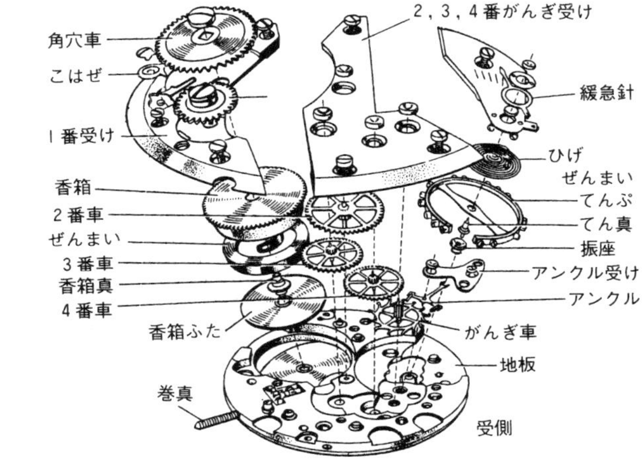

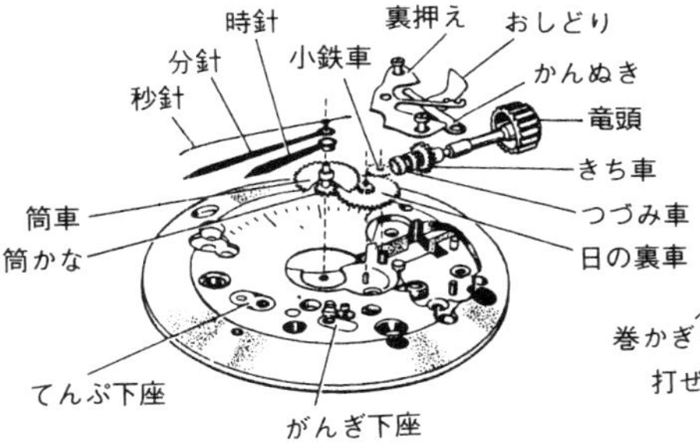

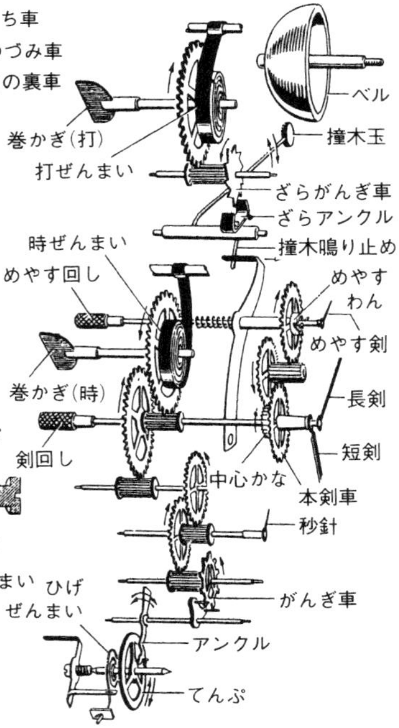

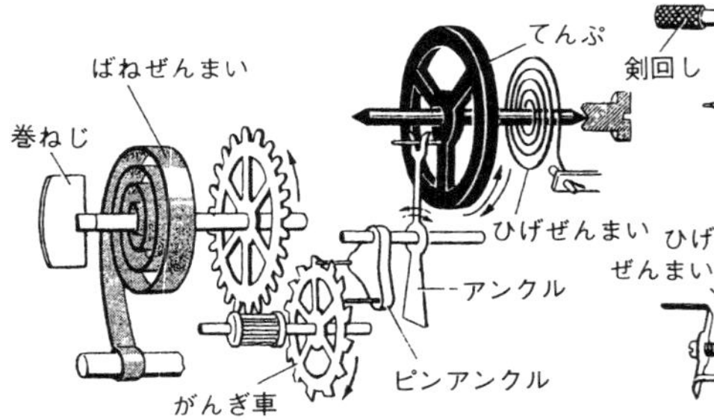

機械時計の構造
上　腕時計
下　目覚し時計

ストップウォッチ

振子時計の構造

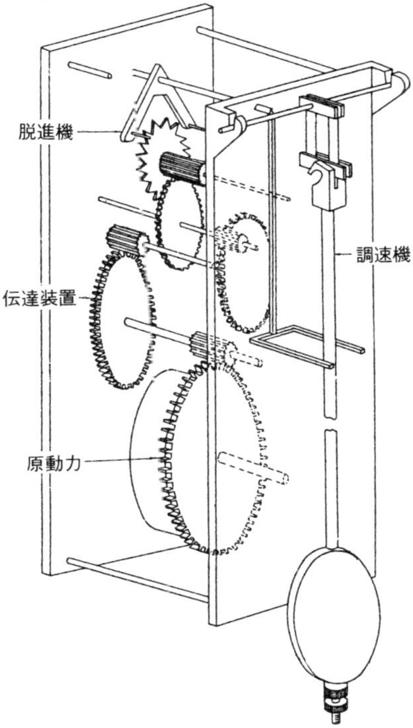

【 時計 】とけい

時刻の指示，時間の長さの測定に用いる装置。日時計，水時計，砂時計などののち，14世紀には棒てんぷによる機械時計が作られた。オランダのホイヘンスが1657年に発明した振子時計，75年に完成した携帯時計は，振子，てんぷの振動の等時性に基礎を置くもので，機械時計の精度を画期的に向上させた。機械時計はぜんまいまたは重力を動力とし，振子またはてんぷを調速機とする。調速機の規則正しい周期運動により，脱進機は歯車輪列の最後にあるがんぎ車を１歯ずつ脱進させ，輪列の回転速度を規正し，同時に調速機にエネルギーを与えて振動を継続させる。輪列はぜんまいまたは錘からの動力を伝え，また規正された回転速度を分針，秒針に伝える伝達装置で，回転数を順次増していく加速系をなしている。

ストップウォッチ　竜頭(りゅうず)またはボタンを押して指針を任意に始動，停止させ，その間の経過時間を測る携帯時計。アナログ表示の機械式のほかデジタル表示式があり，機械式のものには競技別の専用文字板付のものがある。

振子時計(ふりこどけい)　振子の等時性を利用した機械時計。振子は，棹(さお)と上下に調節できる錘からなり，ぺらと称する板ばねで脱進機につるし，円弧誤差を防ぐ。高級時計では温度誤差を防ぐため，棹をアンバー製としたり，錘に水銀を入れるなどした温度補正振子を用いる。

天気予報標識

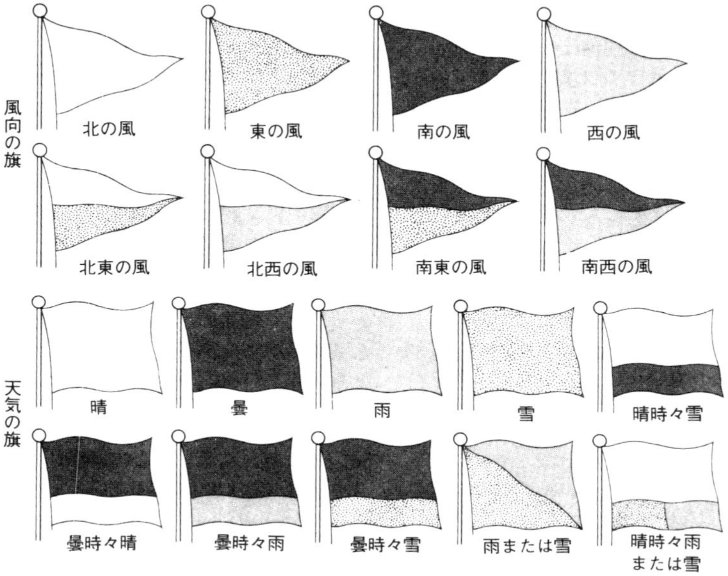

気象注意報標識

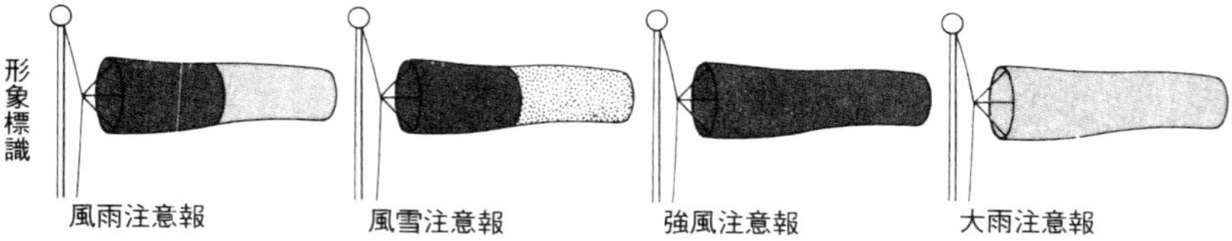

百葉箱(ひゃくようそう)　地上での気象観測のため露場に設置する通風のよい小屋形の木箱で，中に温度計，湿度計などを収めるもの。よろい戸で四方を囲み，開閉戸は北面させ，外側は白ペンキで塗り，温度計をつるす位置はほぼ地上1.5メートル。日本の形式では容積1メートル角，床の地上高1メートル。

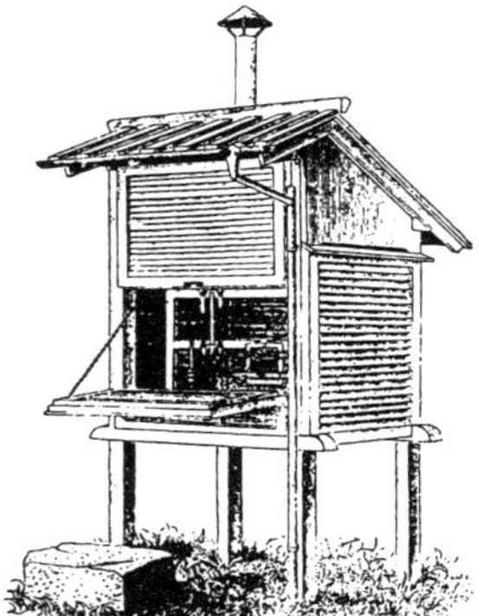

【 季節 】きせつ

毎年規則正しく繰り返される気象状態の変化をもとに1年を幾つかの期間に分けたもの。ふつう春・夏・秋・冬の四季に区分する。地球の自転軸が公転面に対して傾いていることが太陽光線の地球面への入射条件の1年を単位とする周期的変化を導き，これが寒，暖，暑，涼その他すべての気象上の季節現象の原因となる。太陽光線の入射条件の季節変化は，昼夜の長短や太陽高度の高低によって知ることができる。暦の四季の区分は春分，夏至(げし)，秋分，冬至(とうじ)の二至二分を基準にして行なわれるが，東洋と西洋では区分が異なる。すなわち東洋では二至二分が四季の中央日になるのに対し，西洋では開始日になる。

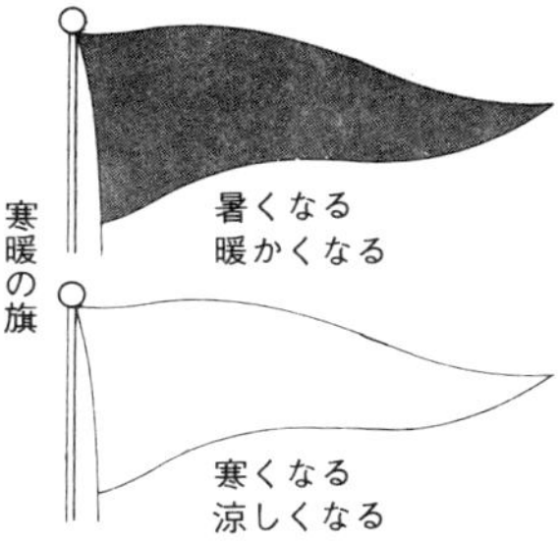

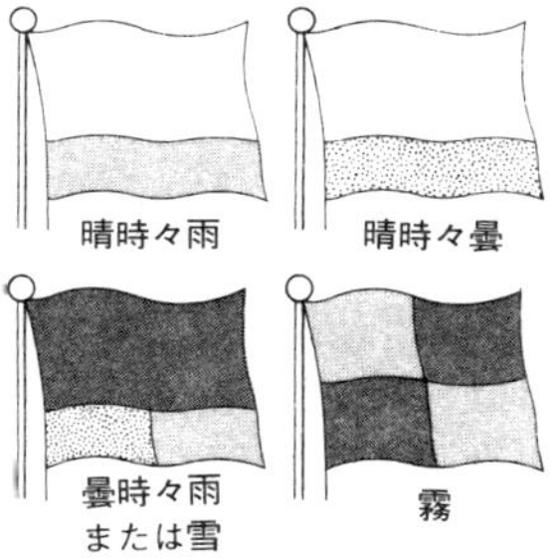

天気予報　ふつうは今日，明日，明後日の天気の予測された状態を示すこと(短期予報)。ほかに週間予報，旬日予報，長期予報(1ヵ月，3ヵ月，6ヵ月)がある。また各種の注意報，警報も広義の天気予報といえる。

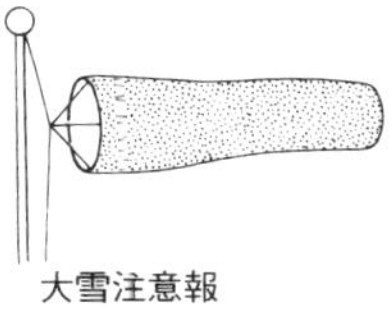

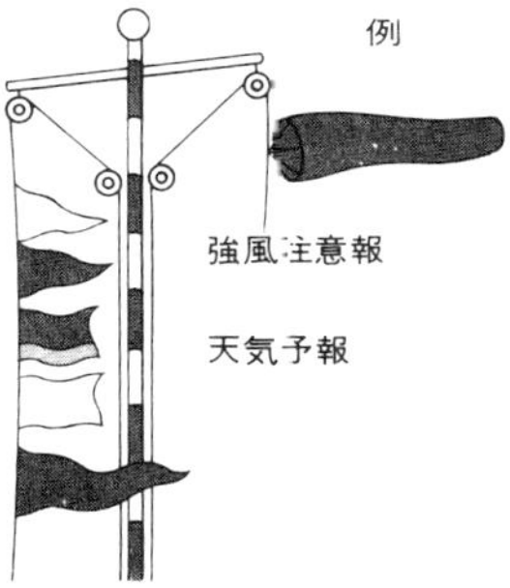

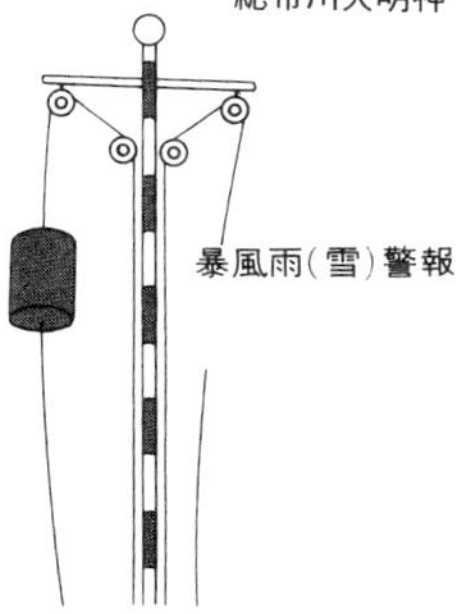

雨蛙の面
総布川大明神

上　江戸城本丸の門松

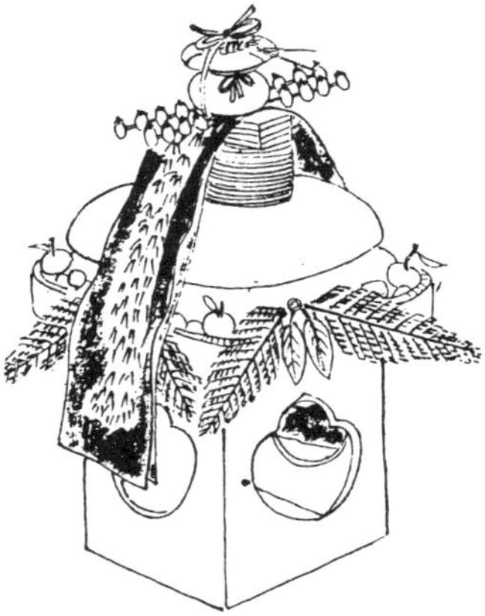

鏡餅　正月，神棚や年神(としがみ)の棚に供える大きな丸い餅。大小の餅を重ねる。神仏に餅を供えることは古く《延喜式》にもみえるが，鏡餅が一般に普及したのは室町時代からという。今はふつうダイダイ，クリ，干柿，昆布，ウラジロなどを添える。

【 正月 】しょうがつ

一年の初め。一年の生活の始まりとして各国で祝われる。日本の正月は年神を迎え豊作を祈る年初儀礼で，盆とともに祖霊をまつる二大年中行事である。門松を飾っておく15日(現在は7日ごろ)までを松の内といい，15日前後は小正月と呼ばれる。12月8日にお事始めと称し正月準備にかかり，大晦日(おおみそか)は年神を迎えるため除夜の鐘を聞きながら夜を明かし，初詣(はつもうで)に行く。松の内の行事は元日の年始礼(年賀)に始まり，初荷，七草，鏡開きなどが行なわれる。また雑煮(ぞうに)，お節(せち)料理などの正月料理を食べて祝う。

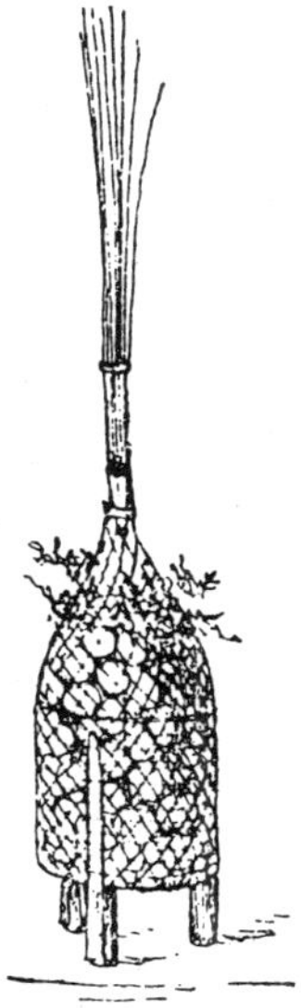

正月の贈答用ミカンの籠
シーボルトのスケッチから

カシの割木にシイの木をつけた門松(香川県仲多度郡)

門松　正月門口に立てる松。門木(かどき)，お松様とも。本来は年神(としがみ)を迎えるための依代(よりしろ)で，ナラ，ツバキ，トチノキ，スギ，竹，ホオノキ，ミズキ等も用いられる。12月13日に山から採ってくるのを松迎えという。期間は7日や小正月までとされ，小正月にこれを焼く風も広く行なわれている。

江戸町火消の出初式の様子

出初式(でぞめしき)　消防団が新年最初の演習を行なう式。各地で行なわれる。近代的な消防演習のほかに，町火消時代の伝統を継ぐ梯子(はしご)乗り等も演ずる。

正月の遊び　追羽根とぶりぶり《案内者》から

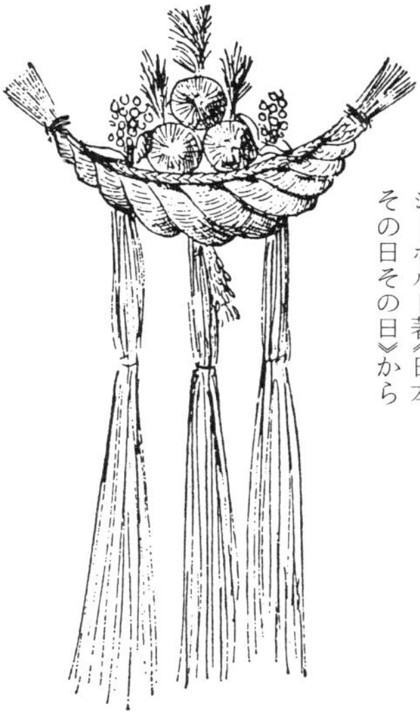

羽子板と注連縄　シーボルト著《日本その日その日》から

羽根突(はねつき)　女子の正月の遊戯。羽子板で羽根を突く。公家社会の遊戯から，江戸時代に入って民間に流行，女子の遊戯となった。2組に分かれて突き合う「追羽根」と1人で数をとる「突羽根」がある。羽根はムクロジの実に3～5枚の鳥の羽根をさし込んだものを用いる。

鷽替(うそかえ)　1月7日や25日に九州の太宰府天満宮のほか東京亀戸天神などでも行なわれる神事。ヤナギの木で頭と尾を黒く口の辺を赤くし，背を緑にして金箔をつけた鷽をつくり，参拝者が「かえましょ，かえましょ」といって互いに交換し，金の鷽に当たれば幸運がある。一年中の嘘(うそ)を鷽に託するとも，不幸を嘘にして幸に替えるのだともいう。

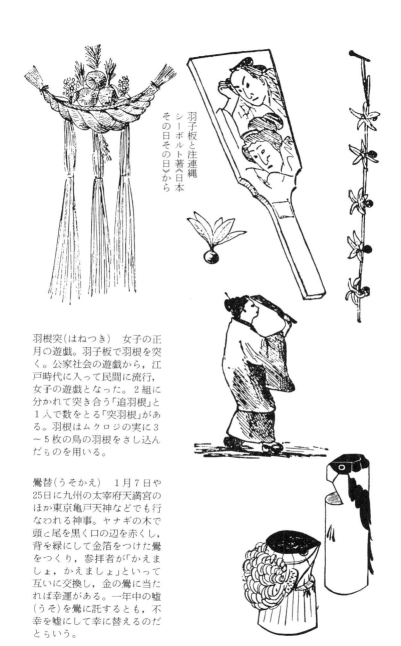

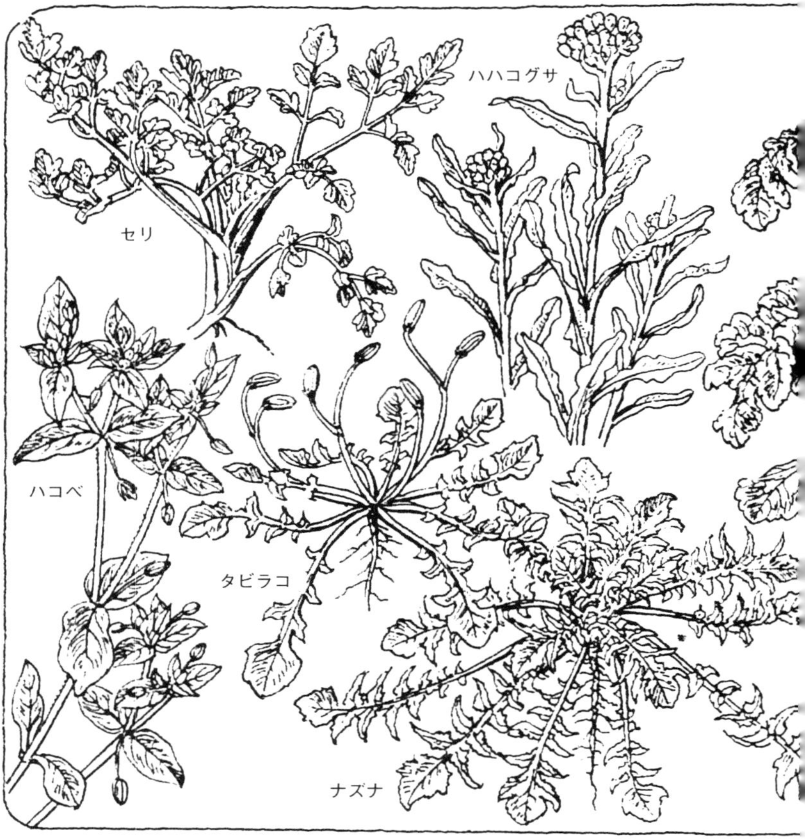

【 春の七草 】はるのななくさ

春の若菜の中で代表的な7種を選んだもの。古歌に「芹(せり)なずな御形(ごぎょう)はこべら仏の座，すずなすずしろこれぞ七草」とよまれる。御形はハハコグサ，はこべらはハコベ，仏の座はタビラコ，すずなはカブ，すずしろはダイコンをさす。

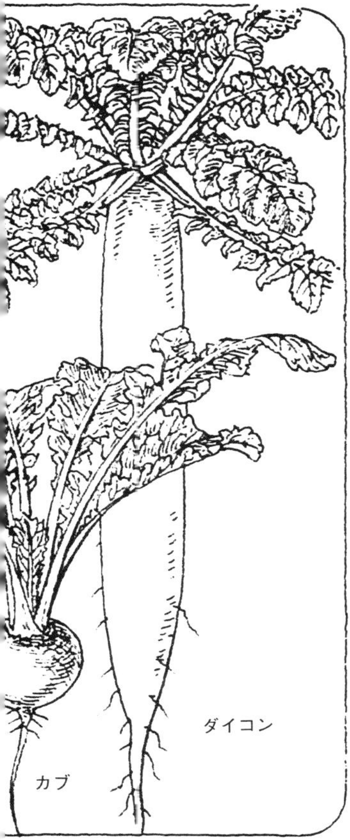

江戸時代の蓬莱
《守貞漫稿》より

繭玉

中世の正月行事　小松引
左は《大和耕作絵抄》から

繭玉(まゆだま)　繭団子とも。ヤナギ，ミズキ，エノキなどの枝に繭の形につくった餅(もち)や団子をたくさんつけたもの。中部地方から関東，東北にみられ，養蚕の安全を祈って小正月に飾るところが多い。終わるとアズキと煮たり，どんどの火であぶって食べる。

亀戸天満宮の追儺《東都歳事記》から

【節分】せつぶん

立春の前日。雑節の一つで，新暦では2月3，4日ころ。古くは一日が夜から始まり，立春から新年が始まると考えられたため，節分は年頭の行事として重んじられた。現在も邪気を払い幸いを願う習俗が伝わり，社寺では節分祭や追儺(ついな)，家庭でも豆まきが行なわれる。また戸口に焼いたイワシの頭とヒイラギの小枝をさすところもあり，悪鬼の侵入を防ぐためといわれる。

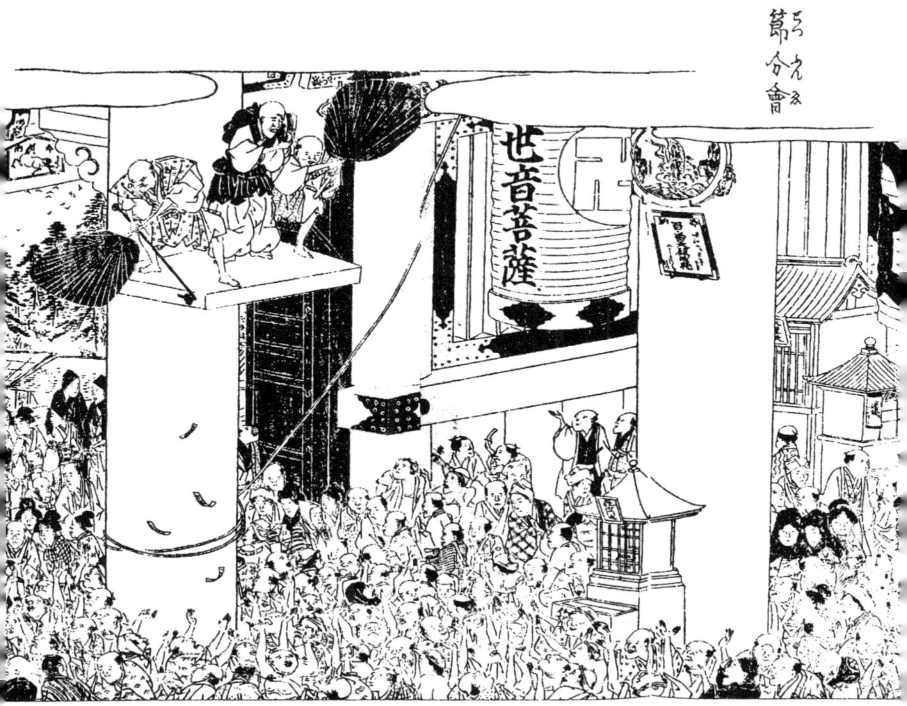

浅草寺の節分会《江戸名所図会》から

追儺　《政事要略》に
描かれた方相氏と悪鬼

追儺(ついな)　「おにやらい」とも。疫鬼を追い払う習俗。古く中国で行なわれ，日本へは陰陽道(おんようどう)の行事として取り入れられた。延喜式によれば，朝廷では毎年12月晦日(みそか)に行ない，方相氏が戈(ほこ)をもって楯(たて)をたたき，群臣がモモの弓，アシの矢で鬼を追い払った。この行事は早くすたれ，現在社寺で節分祭に行なわれるのは，民間の豆まきの習俗と古式の追儺が習合したものといわれている。法隆寺と薬師寺の鬼追式が名高い。

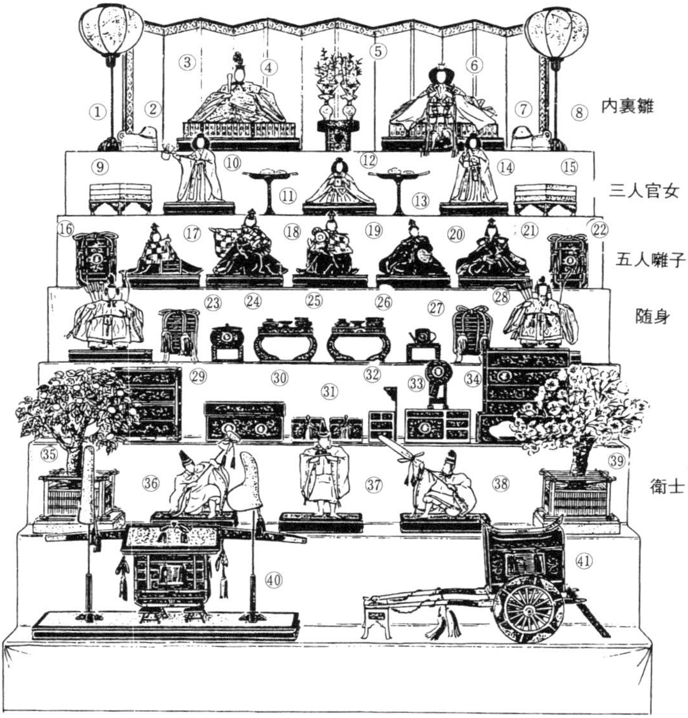

31ページ　江戸時代の雛祭《絵本小倉錦》から
雛市《江戸名所図会》から

【雛人形】ひなにんぎょう

雛祭に飾る人形。緋毛氈(ひもうせん)を敷いた雛壇(5段，7段)を設け，男女の内裏(だいり)雛，三人官女，五人囃子(ばやし)，随身(ずいじん)，衛士，調度(箪笥，長持ほか)を飾る。平安時代に始まり，江戸初期までは紙雛で簡素なものであったが，のち布製ですわった形の雛人形が現われた。現在でも各地に素朴な紙雛がある。

【雛祭】ひなまつり

3月3日の節供行事。雛人形を飾り，菱餅(ひしもち)や桃の花を供え，白酒で祝う。男子の端午の節供に対して，女子の節供とされる。雛祭の形式が現在のように整ったのは江戸時代に入ってからで，源流は祓(はらえ)のため人形(ひとがた)に供物をささげて水に流した古代の風習にあり，鳥取県の流し雛などにその風が残っている。

おとぎ犬

享保雛

30ページ上　雛段飾り

1.ぼんぼり　2.おとぎ犬　3.屏風　4.男雛　5.三方(桃花酒)　6.女雛　7.おとぎ犬　8.ぼんぼり　9.菱台　10.長柄　11.高坏　12.三方　13.高杯　14.伽　15.菱台　16.貝桶　17.太鼓　18.大鼓　19.小鼓　20.笛　21.謡手　22.貝桶　23.行器　24.飯櫃　25.御膳　26.御膳　27.湯筒　28.行器　29.箪笥　30.長持　31.挟箱　32.針箱　33.鏡台　34.重箱　35.橘　36.台笠　37.沓台　38.立傘　39.桜　40.御駕籠　41.御所車

隆専寺の枝垂桜《摂津名所図会》から

隅田堤の花見《東都歳事記》から

丁字桜

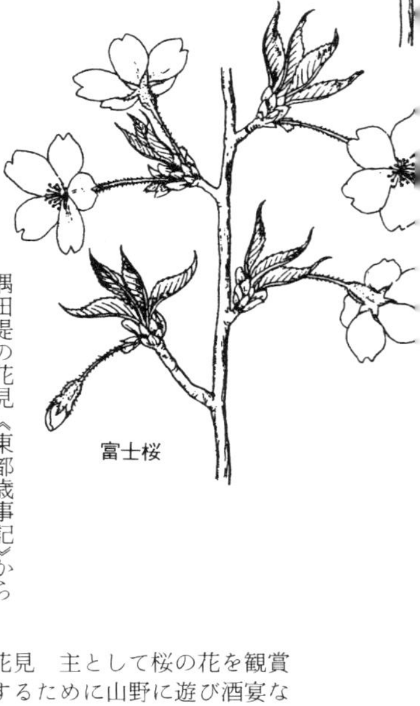

富士桜

花見　主として桜の花を観賞するために山野に遊び酒宴などを催すこと。今では春の行事として一般化したが，かつては定められた節日があり，磯遊びなどと同様の意味をもって行なわれた。3月3日の節供を花見といい，花見の勧進という行事をするところもあるが，多くは卯月(うづき)八日であった。

【桜】サクラ

バラ科サクラ属の樹木の中で花が美しく，観賞されるものを一般にサクラと呼ぶ。サクラは古来万葉集など詩歌にうたわれ，愛されてきた。ウメに代わって左近の桜が植えられたのは桓武天皇の時代といわれる。八重咲のサクラは平安時代にすでに知られていたが，特に江戸時代に入ってからは多数の品種が育成され，今日に残っているものが多い。サクラの用途としては，材は版木として重要で，細工物にもよく，樹皮はタバコ入れなどの細工物となるほか，これから咳(せき)止薬が作られる。八重咲の品種の花を塩漬にしたものは熱湯に入れて祝事に飲用，オオシマザクラの葉は桜餅に使う。

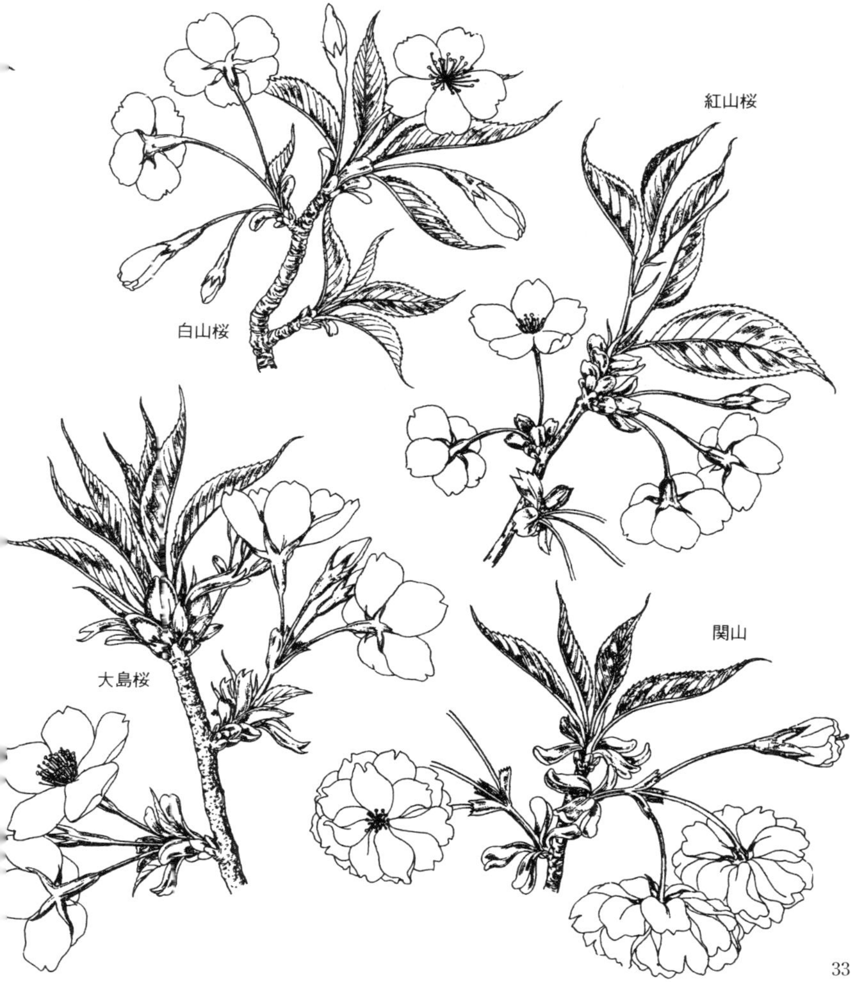

右ページ　江戸時代の端午の風景《東都歳事記》から
左　広重《名所江戸百景》の水道橋・駿河台から

【 鯉幟 】こいのぼり

紙または布でコイの形につくり，端午の節供に立てる幟。竜門(黄河の上流)をのぼったコイは竜に化すという中国の故事から出世のたとえにされ，縁起物として，江戸中期から用いられるようになった。

右ページ右から
シーボルトのスケッチの鯉幟
端午の節句の飾りの薬玉
髪に指した菖蒲飾り(埼玉県)

頻復何驚
活所
其角

右　菖蒲葺と菖蒲冑《大和耕作絵抄》から
上左　天保頃の玩具の鯉幟売り
上右　座敷幟《温古年中行事》から

【 端午 】たんご

5月5日の節供。邪気を払うと称してショウブやヨモギを軒にさし，菖蒲（しょうぶ）湯に入り，粽（ちまき）や柏餅（かしわもち）を食べる。雛（ひな）の節供に対してこれを男の子の節供とし，武具，甲冑（かっちゅう），武者人形などを飾り，庭前には鯉幟（こいのぼり）や吹流しを立てて祝う。この日競馬（くらべうま），流鏑馬（やぶさめ），印地打ち，凧（たこ）上げなど武張った勇ましい行事が多く行なわれる。

上　賀茂別雷神社（かもわけいかずちじんじゃ）の競馬会神事
下　端午の節供《日本歳事記》から

上　江戸時代の七夕祭《徳川盛世録》から
下左　虫送り　大蔵永常著《除蝗録》から
下右　茅の輪　アストン著《神道論》から

鵲橋（かささぎのはし）　中国唐の伝説で、七夕に鵲が天の川に橋をつくり織女を渡すという。

虫送り　イネの虫害を防ぐための民間行事。多くは5～8月ごろ行なわれ，わら人形を中心に松明(たいまつ)を連ね，鉦(かね)，太鼓ではやしながら田畑の中の道をねり歩く。

茅の輪(ちのわ)　6月30日の六月祓(みなづきはらえ)，夏越祓(なごしのはらえ)に用いるチガヤの輪で，スゲで作ったものは「すがぬき」ともいう。チガヤを束ねて輪の形に作り，これを参詣(さんけい)人がくぐれば病災を免れるという。《備後(びんご)国風土記》逸文に見える武塔神の説話に由来するとされている。

【 七夕 】たなばた

陰暦7月7日およびその日に行なわれる星祭の行事をいう。都会では陽暦7月7日に行なう所が多く，月遅れの地方もある。中国の牽牛と織女の伝説が，日本固有の棚機つ女(たなばたつめ=棚に設けられた機によって神の来臨を待ち，神とともに一夜を過ごす聖なる乙女)の信仰と習合して成立したとされる。6日の夜，五色の短冊に歌や字を書いて七夕竹に結び，手習や技芸の上達を祈る。七夕竹を7日に川や海に流すのを七夕送りといい，青森のねぶたはこの変形である。

盆踊　盆の7月15日を中心に，老若男女が大勢参加して，広場や道路でおどる踊り。盆に訪れてくる精霊を迎えて慰め，送る風習(神送り)に発した踊りと考えられている。踊りの形式は念仏踊から出て，小町踊や伊勢踊などの影響を受けたものとされる。全国的に分布するが，形態はさまざまである。

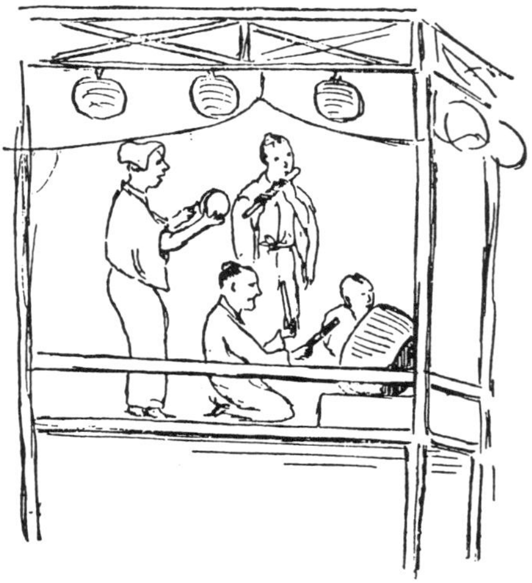

盆踊のはやしやぐら　シーボルト著《日本その日その日》から

【 盆 】ぼん

7月15日を中心に行なわれる祖先の霊をまつる行事をいい，盂蘭盆(うらぼん)の略語とされるのが通説だが，日本各地の行事の中には仏教以外の古い信仰の形をとどめているものが多い。死者，精霊を「みたま」としてまつるだけでなく，現存の親を「いきみたま」とし，魚をとって供え，生盆(いきぼん)，ぼんざかななどと称する。「ぼん」とは，これらをのせて供した器の名に由来するともいわれる。また，盆の期間も6月晦日から7月16日までの長い間だったと考えられ，正月行事に匹敵する大切な行事であった。

風祭(かざまつり)　風害をしずめ豊作を祈る祭。日本全国に行なわれ，二百十日ごろが特に多い。単純なお参りから，おこもり，お日待，獅子(しし)舞，念仏，祈禱(きとう)などが行なわれ，風を切るまじないとして鎌を立てるところもある。奈良竜田神社の風神祭などが名高い。

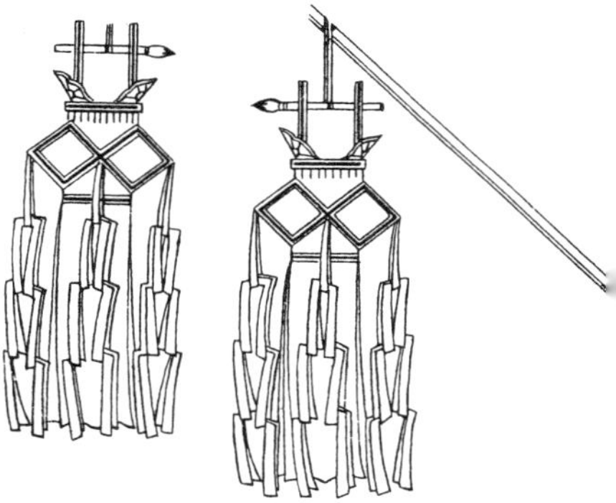

上　風祭《好色二代男》
右　幣を下げた切子の風《尾張名所図会》から
下　盆の供養

【 秋の七草 】あきのななくさ

秋に花の咲く草の中から代表的なものを7種選んだもの。《万葉集》の山上憶良の歌「萩が花尾花葛花撫子の花女郎花また藤袴朝顔の花」による。ハギ，ススキ，クズ，ナデシコ，オミナエシ，フジバカマ，アサガオであるが，このアサガオは今のアサガオという説と，ムクゲ，キキョウ，またはヒルガオという説もある。

【 月見 】つきみ

旧暦８月15日の仲秋の名月と，同９月13日の後の名月を賞する行事。中国の風にならって平安時代に始まり，宮中で詩歌管弦の催しがあった。江戸時代には民間でも盛んになり，ススキと秋草をいけ，だんご，枝豆，サトイモ，クリ，カキなどを供えるようになった。信濃の姨捨（おばすて），遠江（とおとうみ）の佐夜ノ中山などが月の名所として知られた。

下左　江戸時代の月見風俗
《月次のあそび》から
下右　芋名月の月見団子

【 月齢 】げつれい

新月の時刻から数えて，ある日の正午までの時間を日数を単位にして表わしたものをいう。１朔望（さくぼう）月（約29.5日）で循環，月の位相の目安になるが，旧暦の日付とは必ずしも一致しない。大体月齢7.4日（29.5の４分の１）が上弦，14.8日（同２分の１）が満月，22.1日（同４分の３）が下弦。

【 旧暦 】きゅうれき

日本で明治５年（1872）以前に用いられた太陰太陽暦。現在公式には用いられない。朔（さく）を含む日を各月の第１日とし，節気のうち一つおきにとった中気によって何月かを決め（たとえば正月の中気「雨水」（太陽暦で２月19日ごろ）を含む月を正月とする），中気を含まない月は閏（うるう）月とする。

満月

満月　円形に輝く月。地球から見て月が太陽と反対方向にあるとき起こる。天文学ではこのときを望といい，朔（さく）に対する。

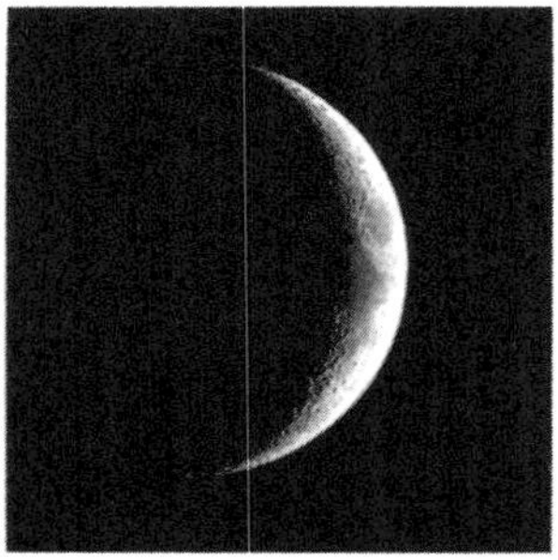

三日月

5日の月

18日の月

下弦

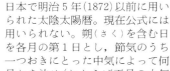

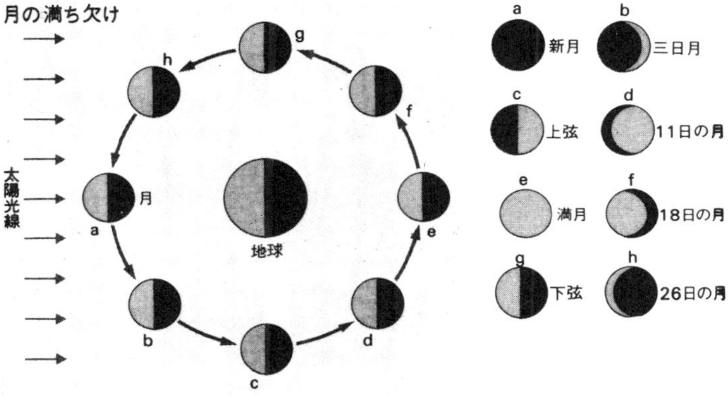

朔(さく)　新月とも。月の黄経と太陽の黄経が一致したとき(黄緯も一致したとき，つまり太陽，月，地球が全く一直線上に並んだときは日食が起こる)。月は暗黒面を地球に向けるので地球からは一日見えない。旧暦では朔を含む日を月の第１日とする。

上弦

11日の月

25日の月

27日の月

菊雛

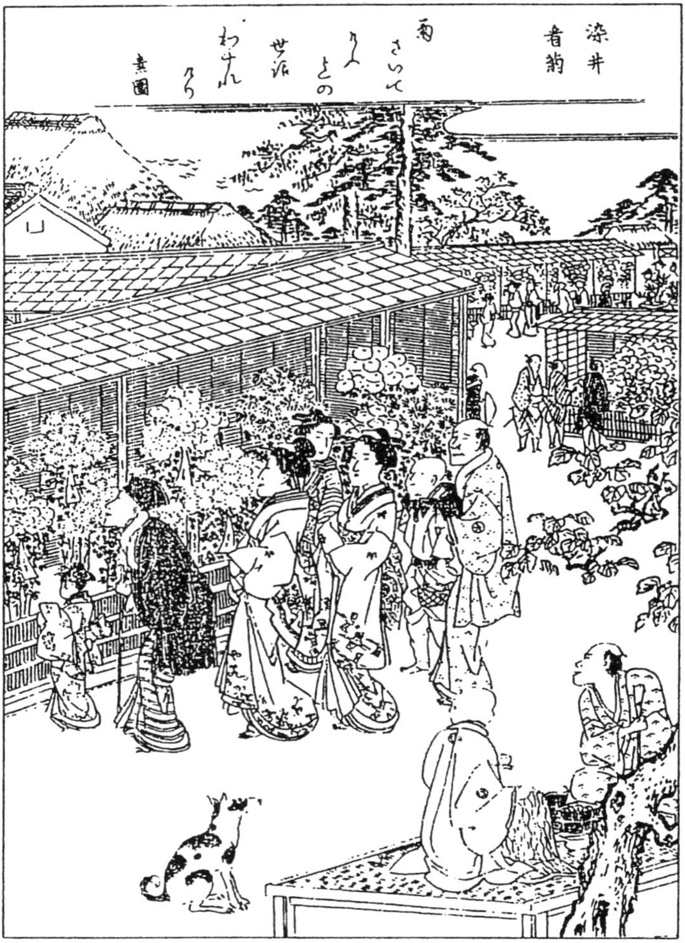

菊の展覧会の様子《東都歳事記》から

【 重陽 】ちょうよう

旧暦9月9日の節供。菊の節供とも。陽数の9を重ねた，めでたい日で，中国ではこの日，グミを飾り，高所に登って菊酒を飲み，長寿を願い災難を払う風習があった。これが日本にも伝わり，宮中で菊花の宴が行なわれ，群臣が詩歌を作り，菊酒を賜わった。江戸時代には五節供の一つとして最も盛んで，民間でも菊酒を飲み，栗飯(くりめし)をたいたが，明治以後すたれた。

上　重陽《大和耕作絵抄》から

菊人形　菊細工の人形およびその見世物。キクの花，葉を組み合わせて衣装とし人形にまとわせ，多くは歌舞伎などの名場面に仕組んで飾り，見世物とする。文化年間江戸で始められ，毎年秋多くの見物客を集めた。明治以後東京の団子坂，両国国技館のものが著名となった。

顔見世(かおみせ)　歌舞伎の興行用語。江戸時代，各劇場が毎年11月から１年契約で俳優を雇う制度だったとき，新契約の俳優を披露する11月興行のこと。江戸中期～幕末まで劇界最大の行事として続いた。明治以後この制度はすたれたが，名のみ残り，京都南座では毎年12月，さらに東京歌舞伎座でも11月を顔見世と称し，人気俳優を大勢集めた興行を行なっている。

夷講(えびすこう)　夷の祭。旧10月20日商人仲間が講宿に集まり酒宴を開いて商売繁盛を祈ったが，やがて講とは関係なく取引先を供応し，神に感謝して誓文(せいもん)払い，夷講の売出しをするようになった。これに対し旧正月20日を初夷，若夷といい，大黒とともに台所の神としてまつる。西宮神社，今宮戎(えびす)神社の十日夷，初夷は正月10日，西日本の漁村でも10日，11日に夷をまつる。

顔見世《顔見世排戯画幉》から

夷講《絵本吾妻抉》から

熊手(くまで)　穀物，落葉などをかき寄せる道具。割竹を扇形に組み先端を曲げ柄をつけたもの。江戸時代から福徳をかき集めるとしてお多福や枡(ます)などをつけた熊手を酉(とり)の市で売る。

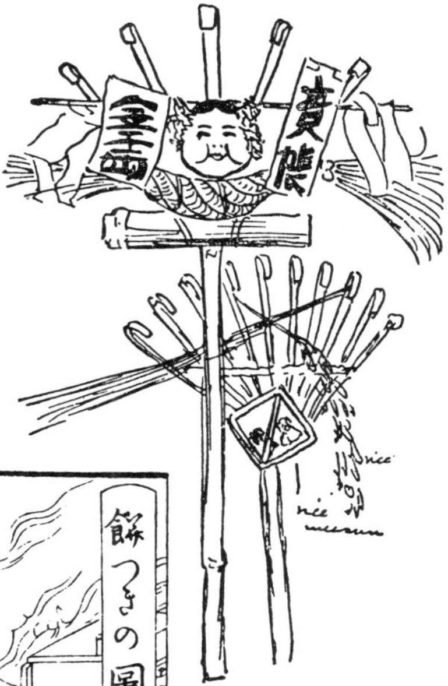

【大晦日】おおみそか

おおつごもり，大年(おおとし)ともいう。12月の最終日で総決算の日であり，元旦を控えてすべての正月準備をととのえ，年越そばを食べ，除夜の鐘を聞く。

上　熊手　シーボルトのスケッチ
左　餅つきの図《日本風俗図絵》から

1

2

3

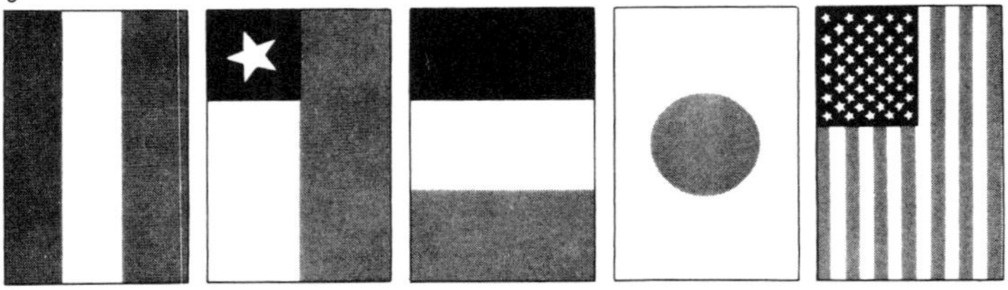

【年中行事】

ねんちゅうぎょうじ

毎年一定の時季に慣例として行なわれる儀礼。本来は神をまつるため労働をやめる日。語源は宮中で年々恒例の行事を忘れぬように示した表のこと。中国では歳時，月令という。宮中や公家，武家，民間の年中行事の別があり，いずれも日本固有の儀礼と大陸輸入の儀礼とが混交しているが，宮中の行事は比較的大陸の影響が強く，民間の行事は比較的固有の農耕儀礼に由来するものが多い。

1年のはじまりは，宮中では朔日(さくじつ)を元日とする大陸輸入の朔旦正月を公式とするのに対し，民間では満月を基準にする小正月を古式とした。そのほか年中行事の日は，月齢(十五夜，二十三夜など)，重日(5月5日の端午，7月7日の七夕(たなばた)など奇数の重なる月日)，十干十二支(初午，庚申講など)，仏教やキリスト教など宗教の記念日，国家の記念日などがある。

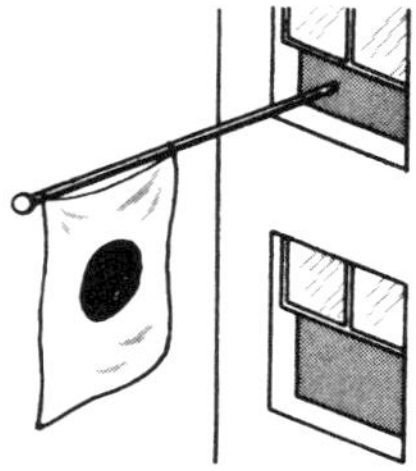

左ページ上　日本国旗と外国国旗を壁に併揚する場合を示す。１は２ヵ国の国旗の併揚，２は３ヵ国の国旗の併揚，３は４ヵ国以上の国旗を併揚する場合(アルファベット順に掲げる例)。左ページ下　日の丸を１本，門に掲揚する場合，右は建物からたらして掲揚する場合。

右　日の丸と外国国旗を交差して併揚する場合の，旗ざおの位置を示す。外国国旗のさおは門外から見ててまえにくる。

下　半旗の掲揚。

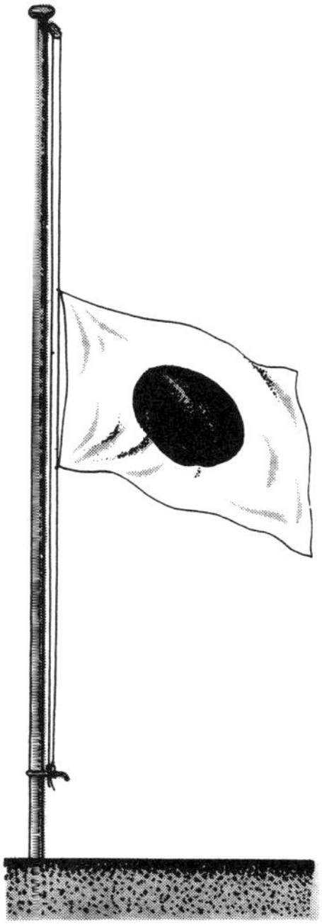

【国民の祝日】

こくみんのしゅくじつ

「国民の祝日に関する法律」(1948)に基づいて定められたもの。自由と平和を願い，よりよき社会生活を築くために祝うのが趣旨とされるが，皇室儀礼を中心とした旧来の祝日を改定したものが多い。

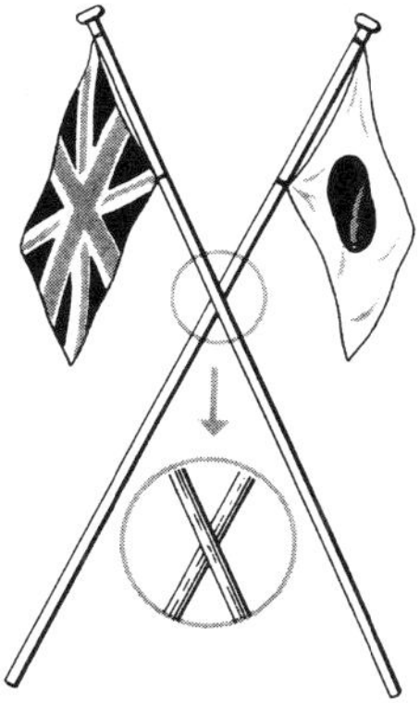

体育の日　国民の祝日の一つ。スポーツに親しみ，健康な心身の養成促進が趣旨。第18回オリンピック(1964年に東京で開催)の開会式の日(10月10日)を記念して1966年制定。下はクーベルタンが考案したオリンピック・シンボル。

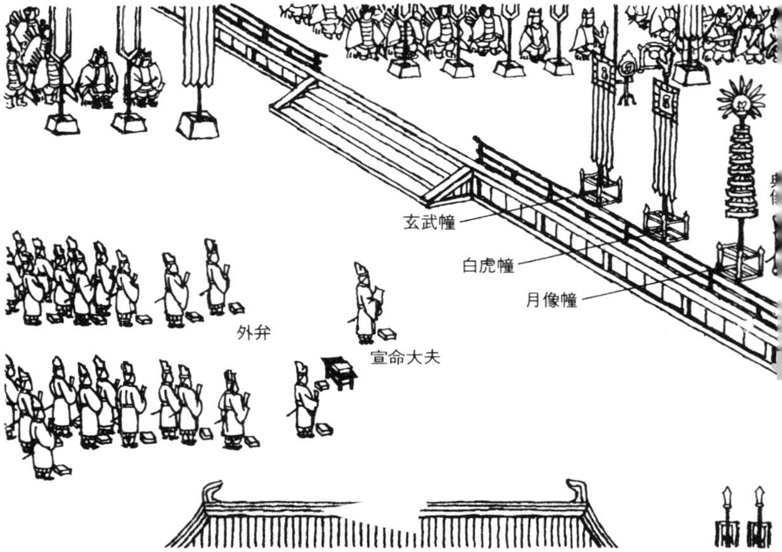

上　大極殿即位式図

賢所(かしこどころ)　宮中において天照大神の御霊代として神鏡をまつってあるところ。代々女官の内侍が奉仕しているので内侍所とも呼ばれた。平安時代は宮中の温明殿(うんめいでん)に，室町時代以後は春興殿に置かれ，明治以後は皇居内に新殿を造営して奉置してある。

即位(そくい)　天皇の位につくこと。皇室典範では天皇が崩じたとき，天皇の地位を継ぐべくあらかじめ定められていた皇子(皇嗣)が直ちに即位し，即位の礼を行なうと規定。旧皇室典範は践祚(せんそ)と即位とを分けており，現行皇室典範の即位はその践祚に当たる。

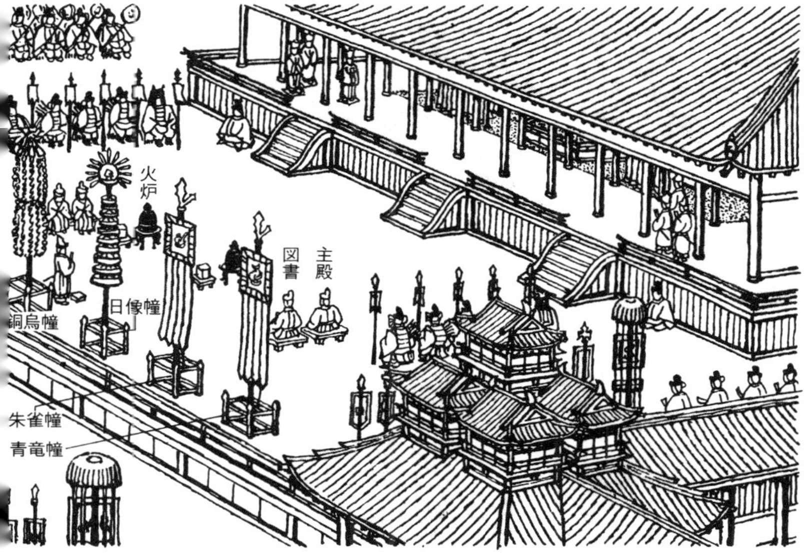

大極殿(だいごくでん)　古代宮城の正殿。朝堂院北端中央に南面し，殿内に高御座(たかみくら)を設け，即位など重要な政務・儀式の際に天皇が臨席した。中国では魏以後歴朝の正殿の名称。日本では藤原宮以後の各宮に造営されたが，平安宮の大極殿が古代末期に焼失してから紫宸(ししん)殿が正殿となった。

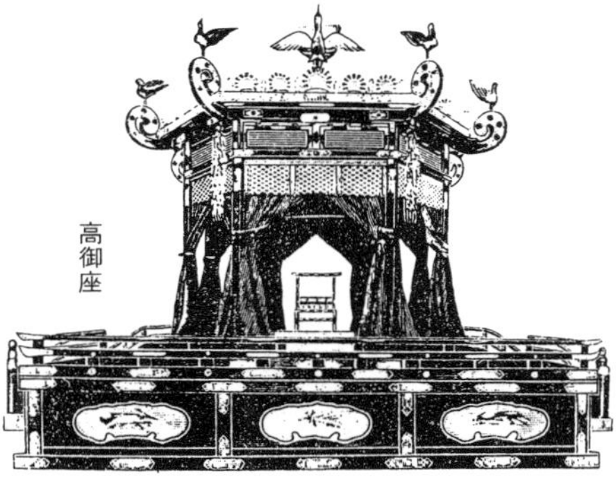
高御座

皇后の御帳台

高御座(たかみくら)　むかしは大極殿(だいごくでん)の中央に常置した天皇の御座。即位，朝賀などの大礼のときに天皇がつかれる御座で，大礼がよそで行なわれるときにはこれを大極殿から移した。現今は京都御所の紫宸殿に置かれ，即位礼の際にだけ用いられる。

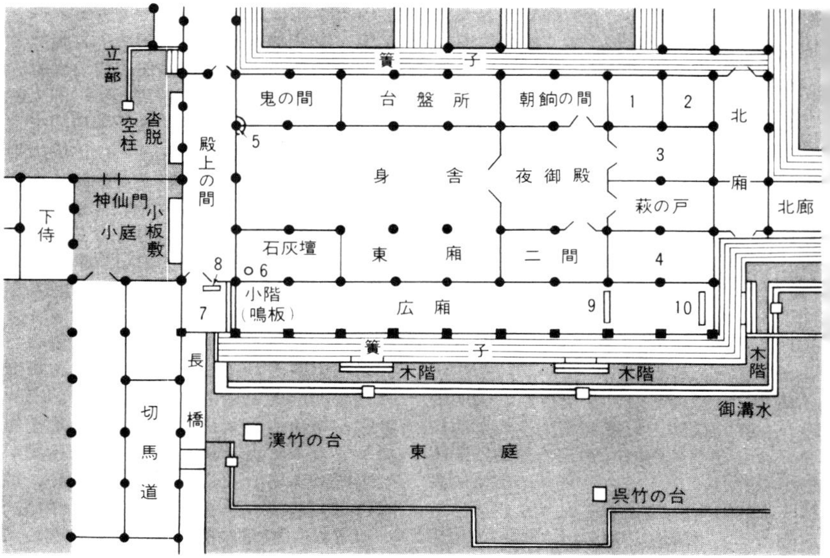

1. 御手水の間　2. 御湯殿の間　3. 藤壺の上御局　4. 弘徽殿の上御局　5. 櫛形の窓
6. 塵壺　7. 落板敷　8. 年中行事障子　9. 昆明池の障子　10. 荒海障子

清涼殿(せいりょうでん)　内裏(だいり)の建物の一つ。「せいろうでん」とも。紫宸殿(ししんでん)の北西に隣接。9間4面の白木造，屋根は檜皮葺(ひわだぶき)，入母屋(いりもや)造。天皇の日常の御座所で，四方拝や叙位，除目(じもく)などが行なわれたが，近世に御座所は常御殿(つねのごてん)に移り，清涼殿は儀式専用となった。今の京都御所の清涼殿は1885年造営，平安時代の様式をほぼ復元。

右ページ下　翳(さしば)《文安御即位調度図》から。儀式用調度で貴人にさしかけた。

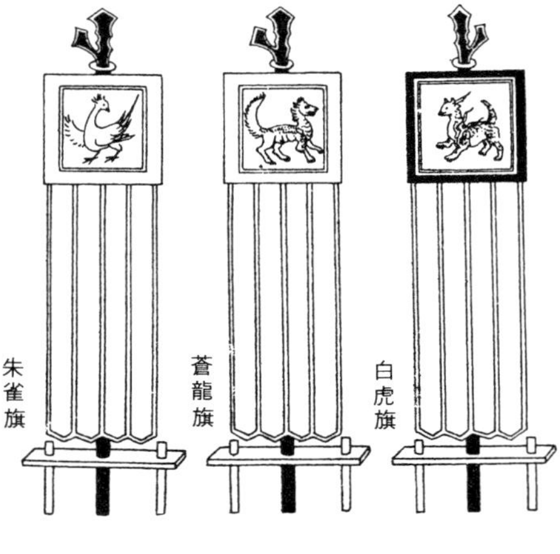

大極殿や紫宸殿の庭に立て威儀をととのえた四神旗。

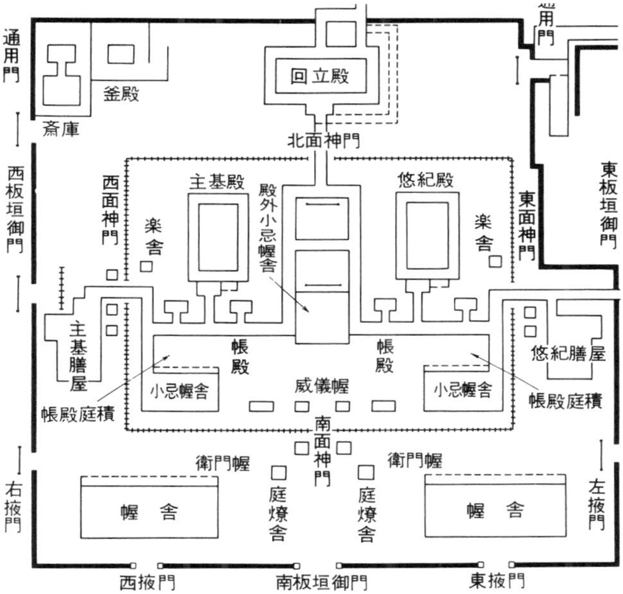

大嘗祭(だいじょうさい)「おおにえのまつり」とも。天皇が践祚(せんそ)の後，初めて行なう新嘗祭を呼ぶ。天武天皇のときから大嘗祭を例年の新嘗祭と区別したと伝える。平安末期からその祭儀は絶えていたが，明治維新によって復活された。上は祭が行われた大嘗宮の見取図。

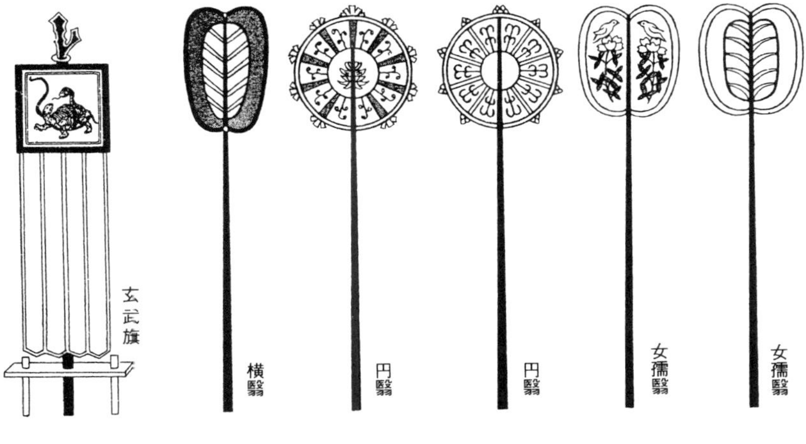

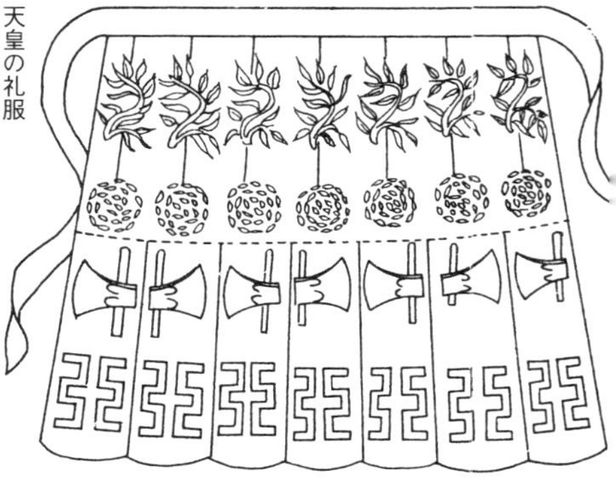

天皇の礼服　袞衣(こんえ)と褶

白馬節会(あおうまのせちえ)　朝廷の年中行事の一つ。正月7日に白馬を紫宸殿の前庭にひき出し，天覧のあと，宴を開く儀式。邪気を払う効がああるという中国の故事による。初め「かもの羽色」(大伴家持)つまり青色の馬であったが，のち白色が重んぜられ，白馬となったという。

践祚(せんそ)　天皇の位(祚)を継ぐこと。天皇の位の象徴たる剣，璽，神鏡を先帝から受け継ぐことにより践祚は実現する。桓武天皇以来，践祚の後に，改めて即位の礼が行なわれるようになり，旧皇室典範でもこれに従っていたが，現行皇室典範では両者の別はない。

白馬節会の様子

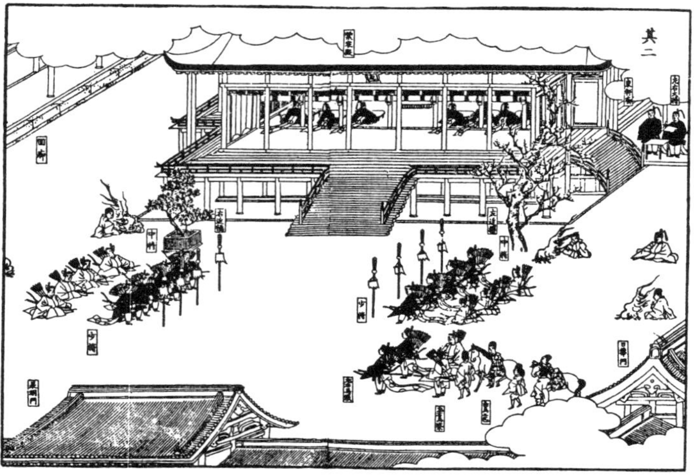

麴塵御袍（きくじんのごほう）紋唐草鳥緯糸付

菊の紋章　菊が皇室の紋章となったのは鎌倉期以後で，1871年（明治４）に皇族以外での菊花紋の使用がはっきり禁止され，天皇家は16花弁八重菊，皇族は14花弁裏菊と定められた。

節会（せちえ）　節日に朝廷で催された宴会。節宴とも。天皇が出御し，群臣に饌（せん）を賜う。平安時代には１月１日の元日節会，７日の白馬（あおうま）節会，16日の踏歌節会，５月５日の端午節会，11月の中の辰の日の豊明（とよのあかり）節会の五節会がおもなもので，そのほかに３月３日の上巳（じょうし）節会，７月７日の相撲（すまい）節会，９月９日の重陽（ちょうよう）節会があり，臨時の任大臣節会などもあった。下は相撲節会の様子。

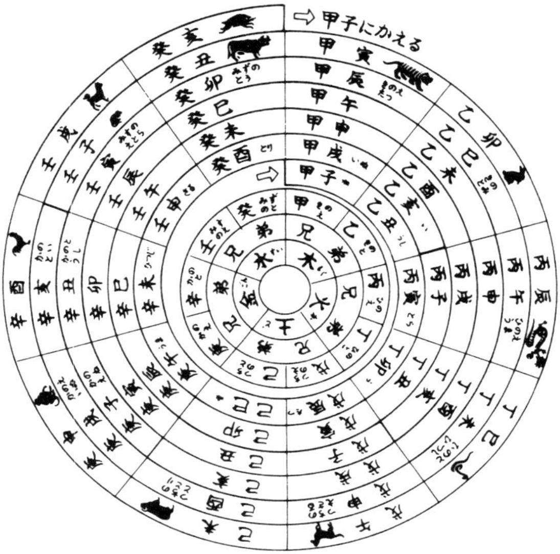

【 十干十二支 】

じっかんじゅうにし

略して，干支と書き「かんし」「えと」という。暦年，暦日等を数える方法で，古く中国の殷(いん)代に起原をもつ。干支は甲乙丙丁戊(ぼ)己(き)庚(こう)辛(しん)壬(じん)癸(き)で，十二支は子丑寅卯辰巳午未申酉戌亥である。十干は五行の木火土金水にそれぞれ2個を配当し，兄弟(えと)に分ける。甲を「きのえ」，乙を「きのと」と呼ぶがごとくである。十二支は日本では，「ね」「うし」「とら」などのように動物名を当てる。また60配を一巡とする場合も「甲子」を「きのえね」，「乙丑」を「きのとうし」のように呼ぶ。なお10世紀初頭から，時刻の呼び方に十二支を使用し，内容は時代により変化したが，幕末まで続いた。

身體

人相　手相　運勢判断　観相　つぼ　鍼　ラジオ体操
曲芸　サーカス　軽業　居合　捕縄　入墨　拷問
戒具　五刑　切腹　晒

十二支の三番目　寅（とら）
東京の張抜製虎

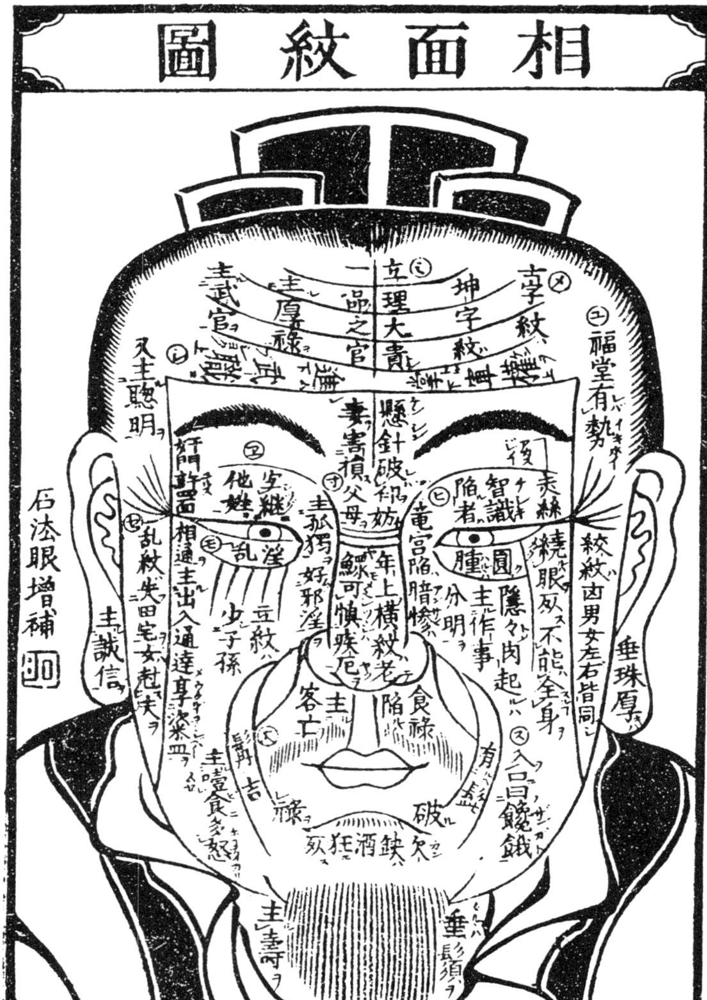

【人相】にんそう

人の体型・動作，特に顔面の特徴から，人の性格，能力，運勢を判断する方法。古代中国で疾病診断の一方法として用いられ，のち運勢判断の面が分化し，宋～明に《神相全編》として完成。日本では江戸初期に伝えられ，水野南北らが研究・普及した。

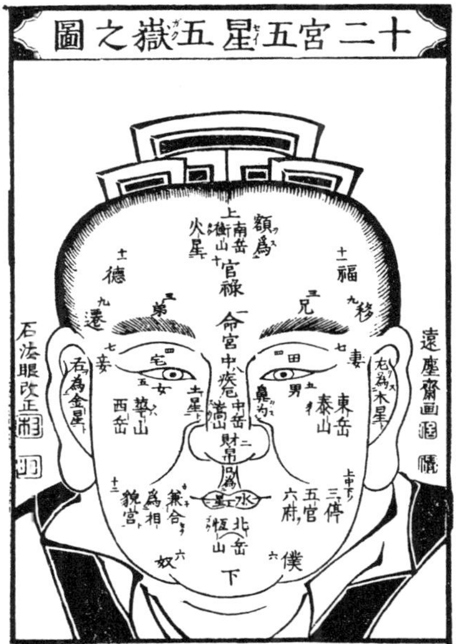

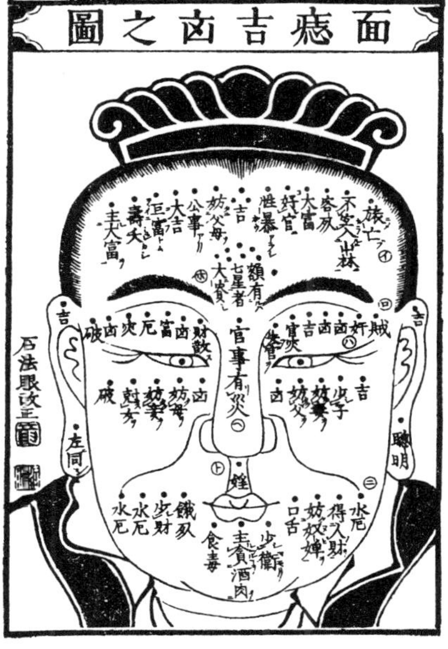

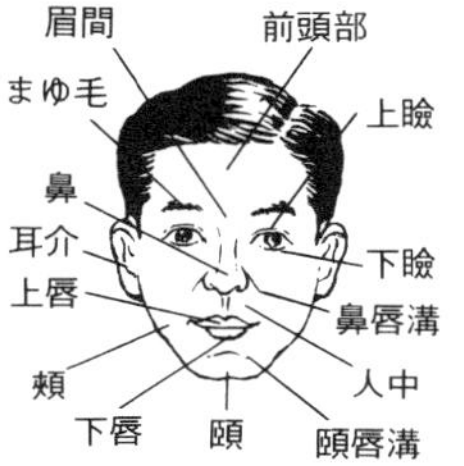

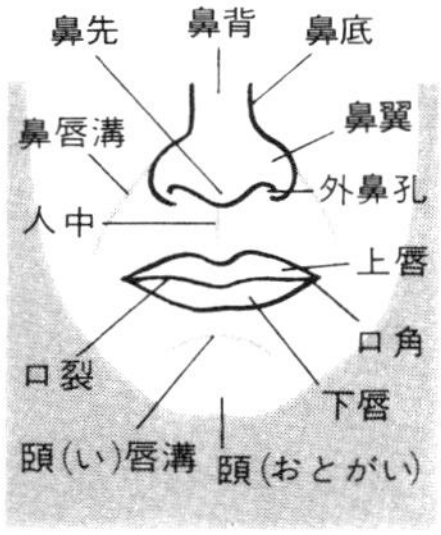

上　十二宮五星五嶽之図
下　面痣吉凶之図
左ページ　相面紋図
いずれも《神相全編正義》から

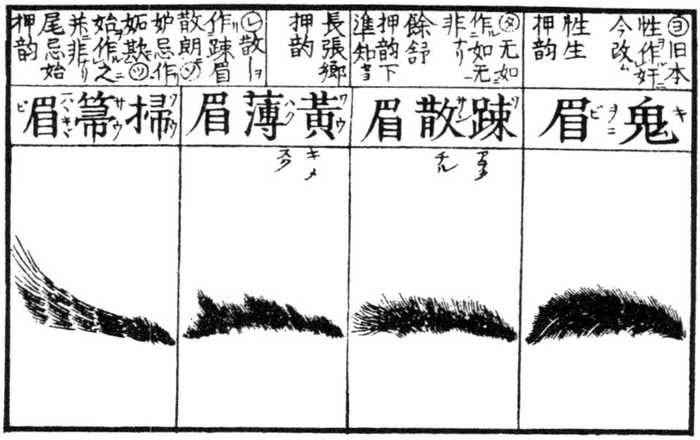

《神相全編正義》眉相二十四相から

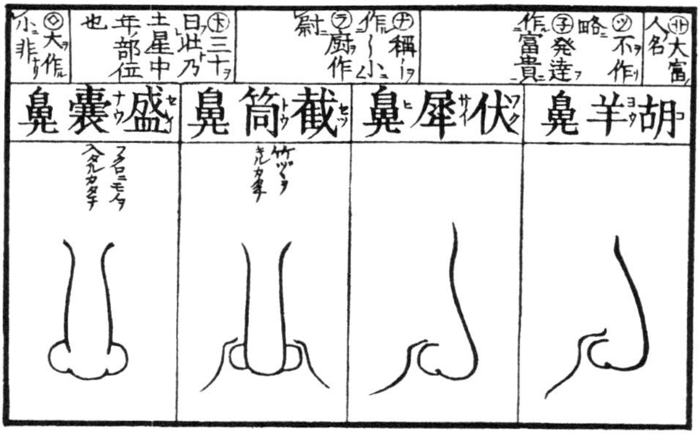

《神相全編正義》鼻相二十五相から

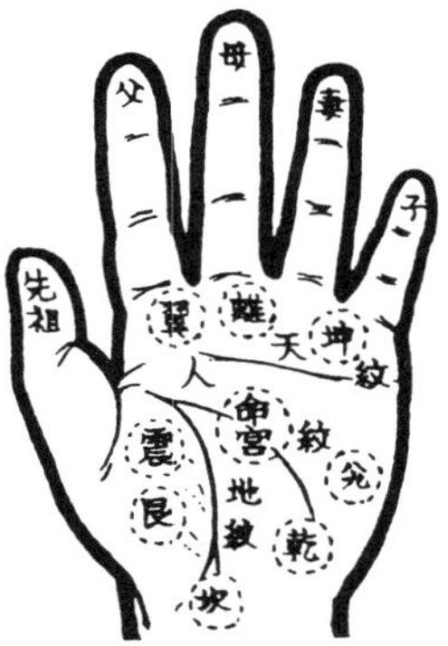

【 手相 】てそう

手の大きさや形状，硬軟，手のひらの筋などの状態によって，人の性格，過去・現在・未来などについて知る方法。一種の占いで，現在では未来の吉凶を判断する方法をさす。起原はインド。日本では古くから中国の手相術が伝えられていたが，大正時代に生命線・運命線・頭脳線・感情線などの判断を中心とする西洋の手相術がもたらされてから大きく変化した。

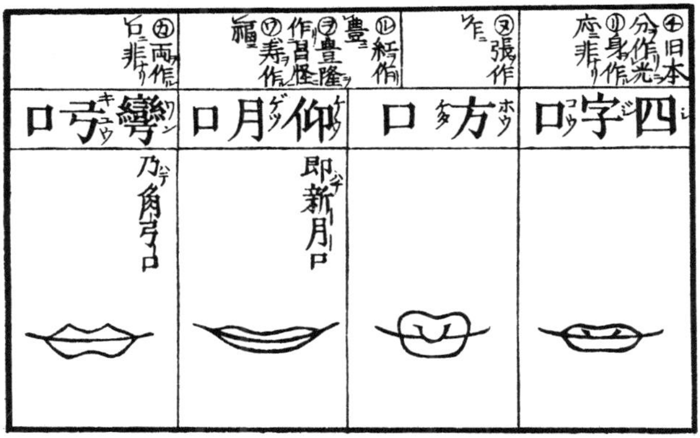

《神相全編正義》唇口相十六相から

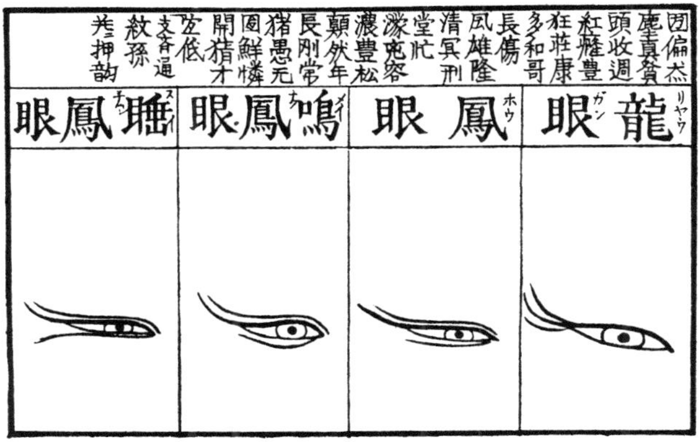

《神相全編正義》眼相三十九相から

【 運勢判断 】うんせいはんだん

宇宙の万象や人間生活の理法が運命によって支配されているという信仰から，その運命が吉凶いずれの方に向こうとしているかをあらかじめ知ろうとすること。判断の方法には，生年月日を陰陽五行，十干十二支に配当する方法，日時や方位による方法，姓名，家相，人相，手相などによる方法などが一般に用いられている。これらの方法は平安時代に陰陽(おんみょう)博士が置かれてから盛んになったが，庶民間に流行したのは江戸中期からとみられている。易者による運命占いもある。

【 観相 】かんそう

広義には手相，人相，骨相(骨相学)など人の身体的特徴によって，その人の運勢の吉凶を判断する方法。狭義には人相判断をさす。

厚相(吉相)《神相全編正義》から

【つぼ】

経穴とも呼ばれ，灸療法に用いられる。灸は作用機転は必ずしも明らかではないが，内臓の諸病変が経絡という連絡路を介して体表の経穴に投射され，適当な経穴に灸をすえることにより病変をなおすことができるとするもので，約360の正穴と約150の奇穴を設定している。

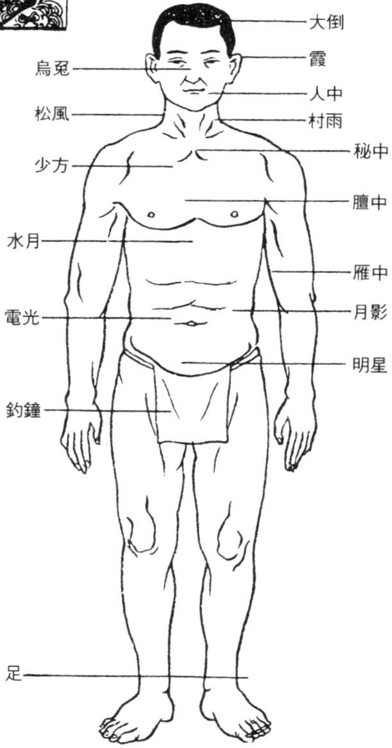

急所(きゅうしょ)
人体の中で傷つけると生命にかかわったり，気絶する部位。武術では攻撃の的とする。右はおもな急所の位置と名称。

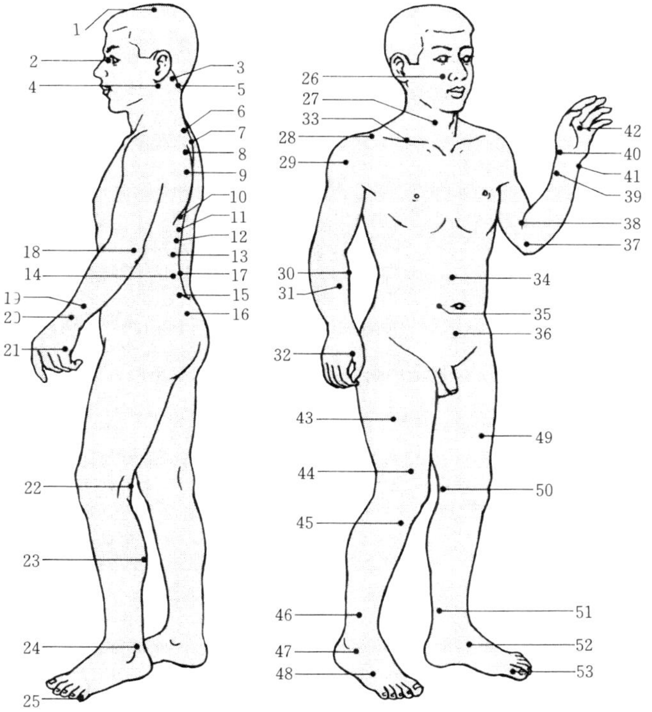

つぼ　おもな正穴

1 百会ひゃくえ　2 睛明せいめい　3 風池ふうち　4 翳風えいふう　5 天柱てんちゅう　6 大椎たいつい　7 身柱しんちゅう　8 肺兪はいゆ　9 心兪しんゆ　10 肝兪かんゆ　11 胆兪たんゆ　12 脾兪ひゆ　13 胃兪いゆ　14 腎兪じんゆ　15 大腸兪だいちょうゆ　16 次髎じりょう　17 命門めいもん　18 小海しょうかい　19 外関がいかん　20 陽池ようち　21 後谿ごけい　22 委中いちゅう　23 承山しょうざん　24 崑崙こんろん　25 至陰しいん　26 迎香げいこう　27 人迎じんげい　28 肩井けんせい　29 肩髃けんぐう　30 手三里てさんり　31 孔最こうさい　32 合谷ごうこく　33 欠盆けつぼん　34 中脘ちゅうかん　35 天枢てんすう　36 関元かんげん　37 少海しょうかい　38 曲沢きょくたく　39 列欠れっけつ　40 太淵 たいえん　41 神門 しんもん　42 労宮ろうきゅう　43 風市ふうし　44 梁丘りょうきゅう　45 三里さんり　46 懸鐘けんしょう　47 丘墟きゅうきょ　48 臨泣りんきゅう　49 血海けっかい　50 曲泉きょくせん　51 三陰交さんいんこう　52 中封ちゅうふう　53 隠白いんぱく

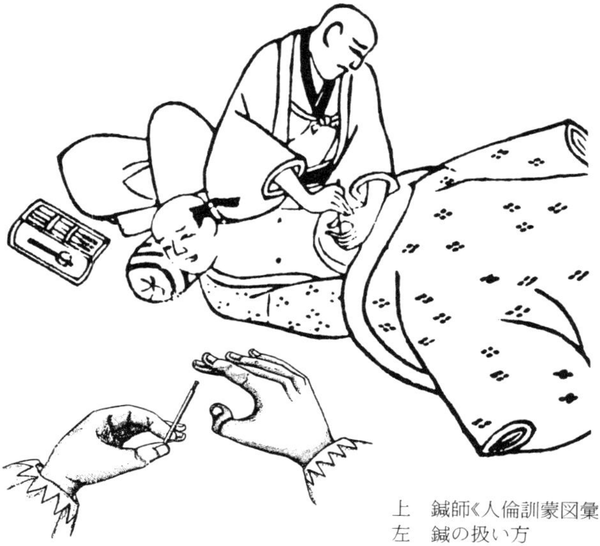

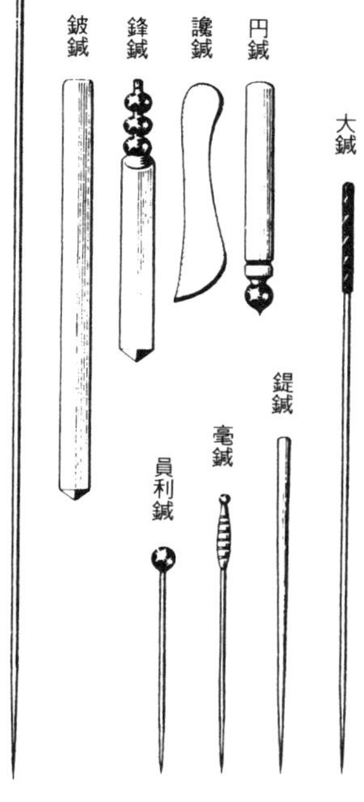

上　鍼師《人倫訓蒙図彙》から
左　鍼の扱い方

【 鍼 】はり

治療用の特殊な針状器具，またはそれを用いる療法で，灸(きゅう)とともに漢方の重要な物理療法。普通は，毫鍼(ごうしん)という径約0.2ミリ，長さ4.3～5.3センチの鍼が用いられる。材料は金，銀，プラチナなど。管鍼は元来盲人用に発明されたもので，金属管の中に鍼を収め刺しやすくしたもの。鍼の原理は灸と同じく経絡経穴説により，内臓の諸病変に対応する皮膚の経穴(つぼ)を刺し，その刺激により，効果的な生体反応を起こさせ，病気の治癒を図る。

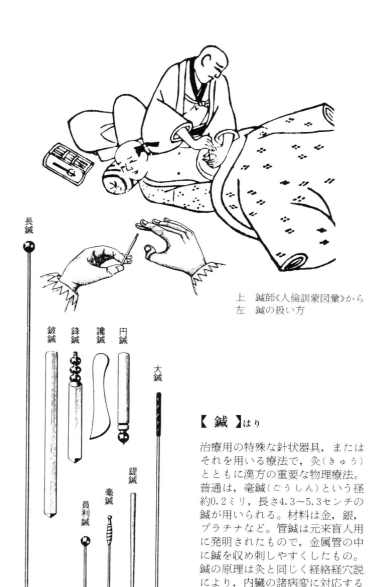

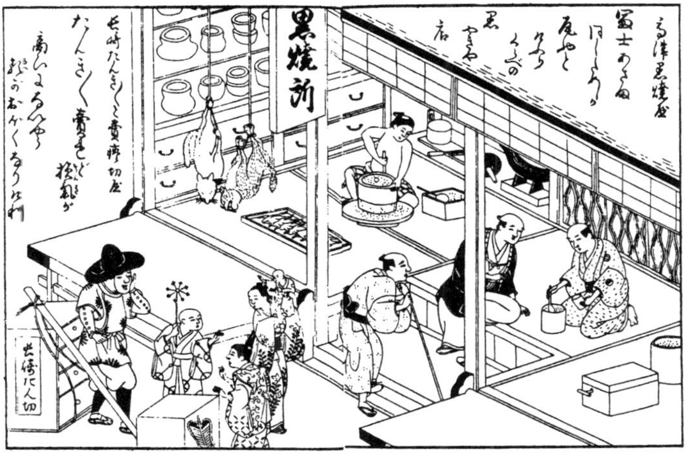

江戸時代の黒焼店《日本風俗図絵》から

【ラジオ体操】ラジオたいそう

ラジオ放送による音楽・号令に合わせて行なう体操。1928年11月簡易保険局が御大典記念事業の一つとして制定した国民保健体操をNHKのラジオ放送によって全国に普及指導したのが始まり。第二次大戦後廃止されたが，51年5月新ラジオ体操(第1体操)が生まれ，翌52年5月に第2体操も加えられ今日に至る。第1・第2体操とも基本的動作を主流として13種の運動を連続的に編成してある。

ラジオ体操第1　郵政省，NHK制定　　1番の運動は8呼間，他は全部16呼間

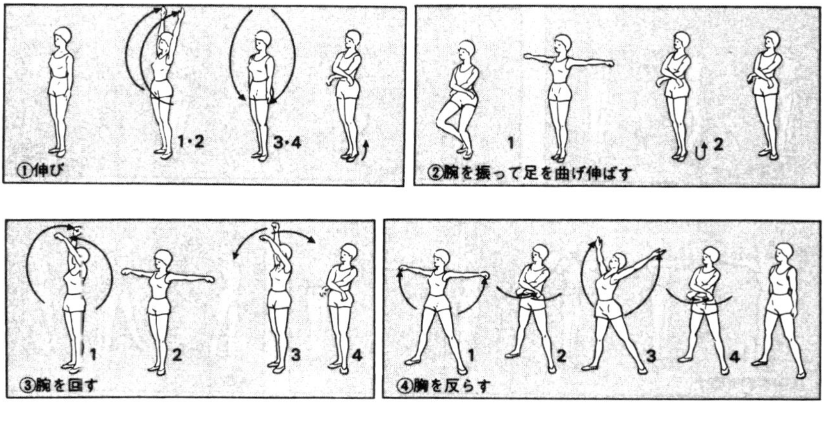

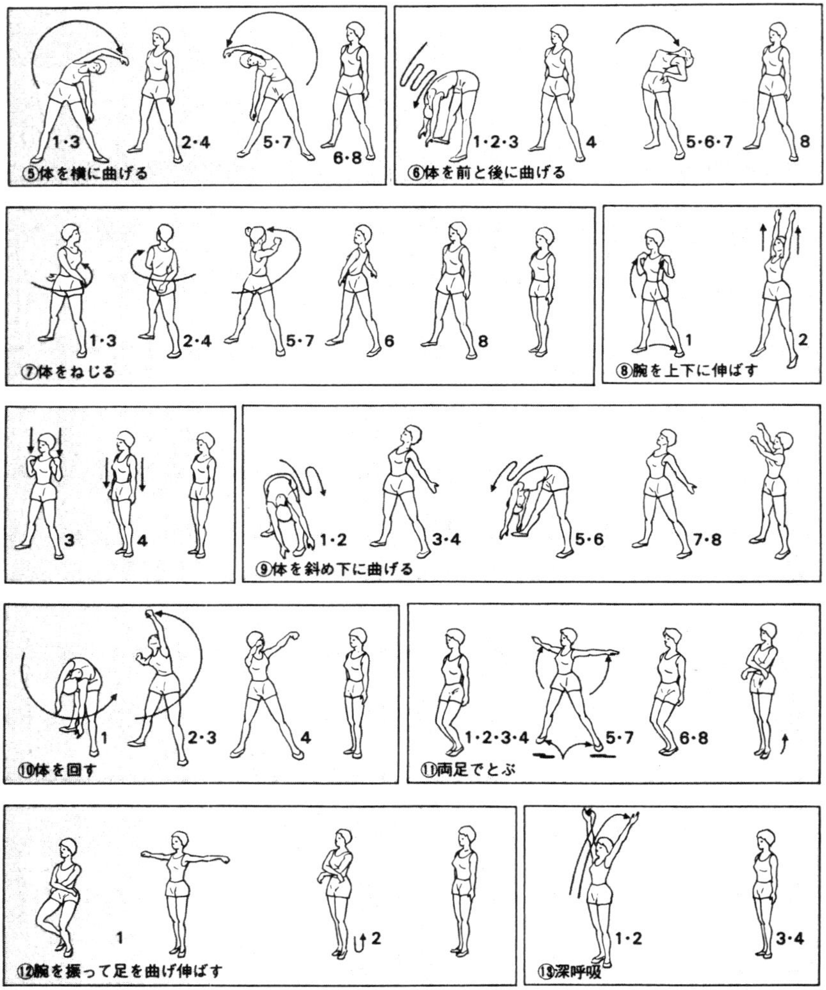

拳(けん)　手や指でいろいろの形を示し，掛け声をかけながら，相対した2人が勝負する遊戯。元禄初期に中国から伝来，長崎拳，崎陽拳とも呼ばれた本拳と三竦(さんすくみ)拳(狐拳やじゃんけんなど)の2種がある。本拳は5本の指を開いたり縮めたりして6種の形をつくり，11種の掛声と合わせて勝負した。

右は「独りけいこ」の拳

一
二
三
四
五
六
ぴいのぴい
七
八
のろ
九
一〇
一一
一二
一三
一四
一五
一六
一七
一八
おひげを
ひげを
一九
二〇
二一
「ヨイ〳〵」

鉄棒　体操器具の一種，またこれを用いて行なう運動をいう。体操競技男子種目の一つ。F.L.ヤーンが1812年に水平棒を作って懸垂運動を創始したのに始まる。懸垂，回転，蹴上り等の運動を行なう。競技には高さ2.8メートル，幅2.4メートル，棒の直径28ミリの鉄棒を使用。

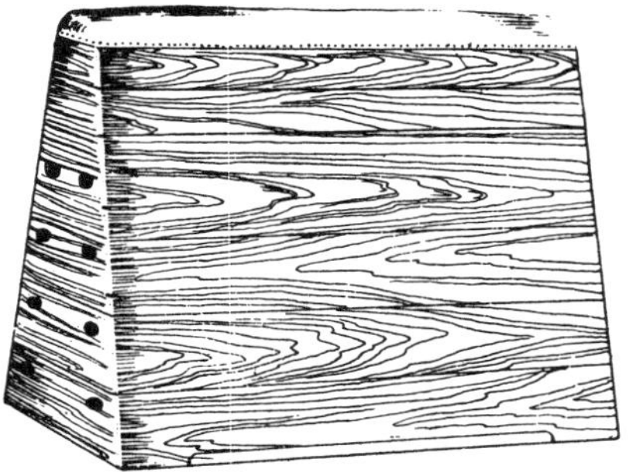

跳箱　器械体操用具の一つ。長方形の木製の枠(高さ10〜15センチ程度)を数段積み重ね，その上にフェルトを詰め布や革をはった台(高さ30センチ程度)を置いたもの。踏切板を使用し，とび越し，踏み越し，回転などの運動を行なう。跳躍力や弾力性が養成される。

ラジオ体操第2
郵政省，NHK制定

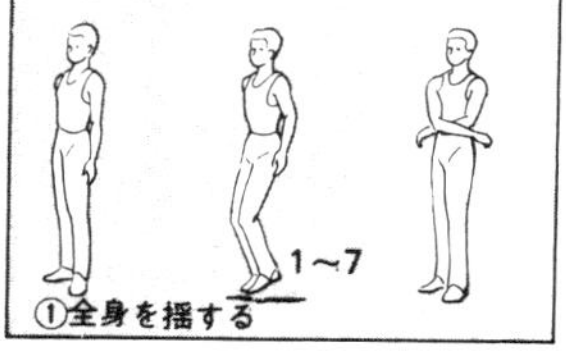

I 番の運動は 8 呼間，II番は12呼間，他は16呼間

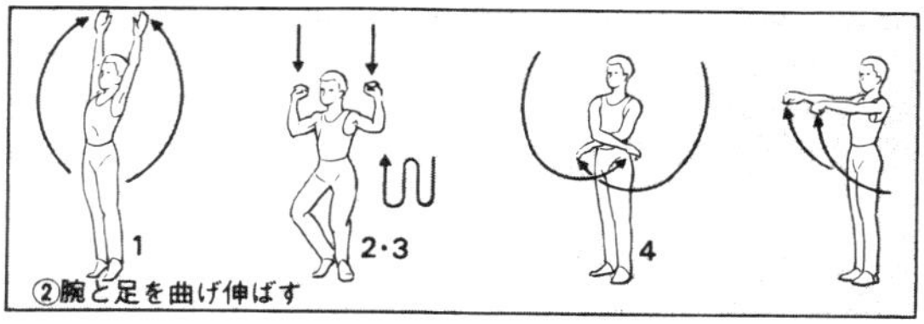

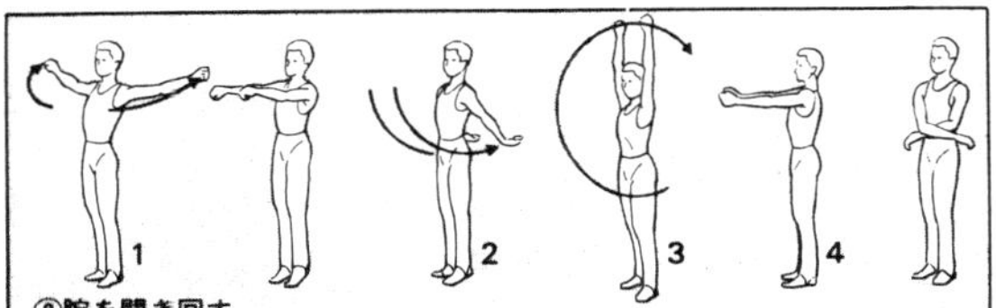

③腕を開き回す

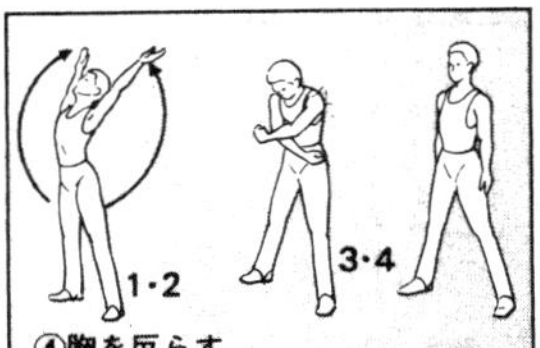

④胸を反らす

⑤体を横に曲げる

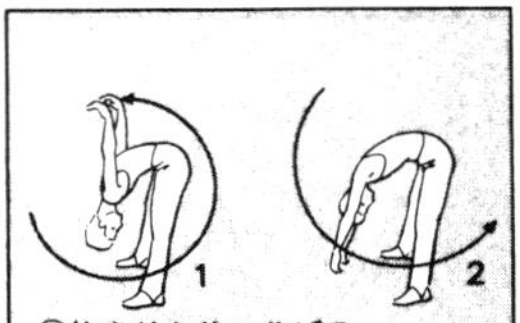

⑥体を前と後に曲げる

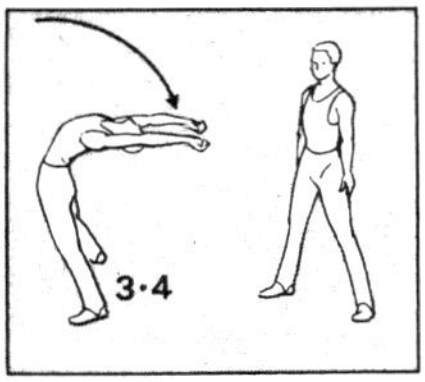

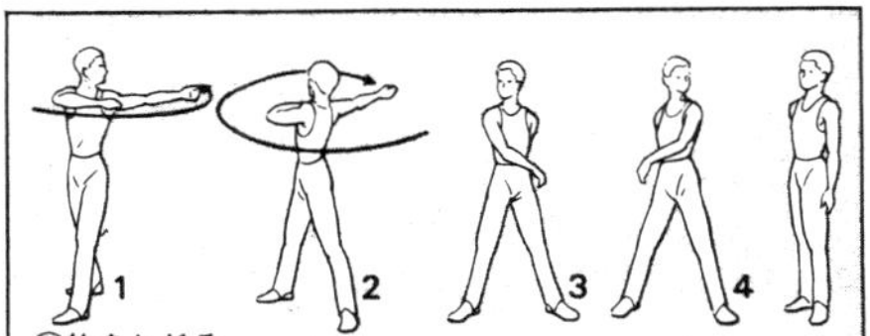

⑦体をねじる

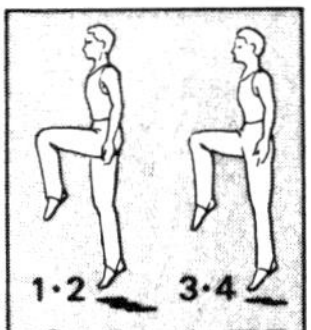

⑧片足とびと駆足

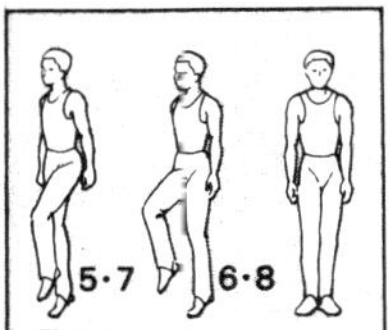

足ぶみ

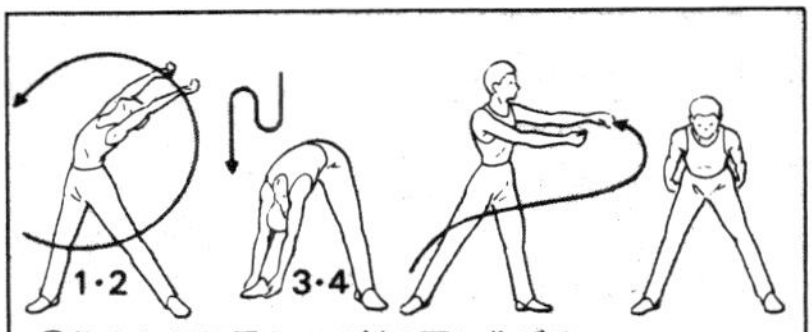

⑨体をねじり反らせて斜め下に曲げる

⑩体を倒す

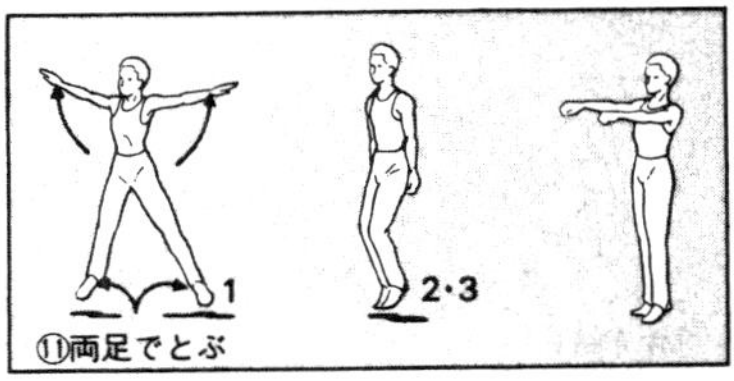

⑪両足でとぶ

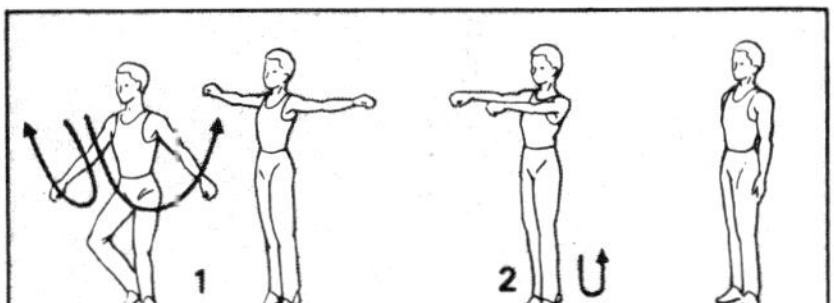

⑫腕を振って足を曲げ伸ばす

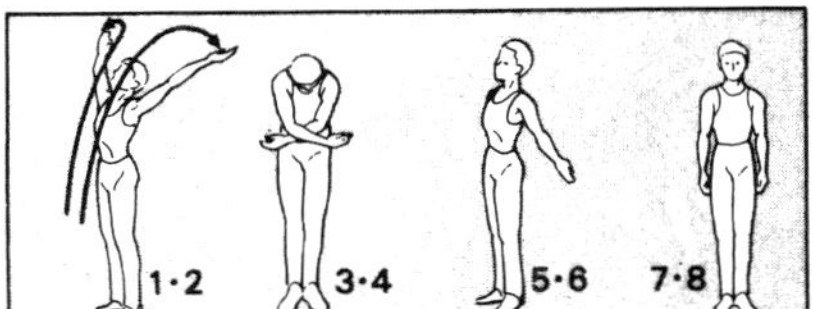

⑬深呼吸

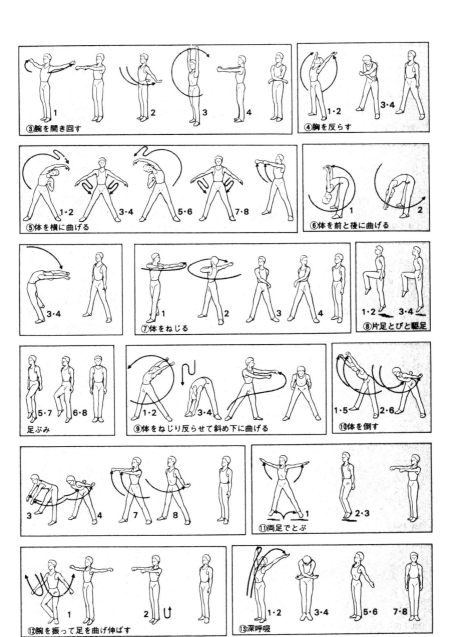

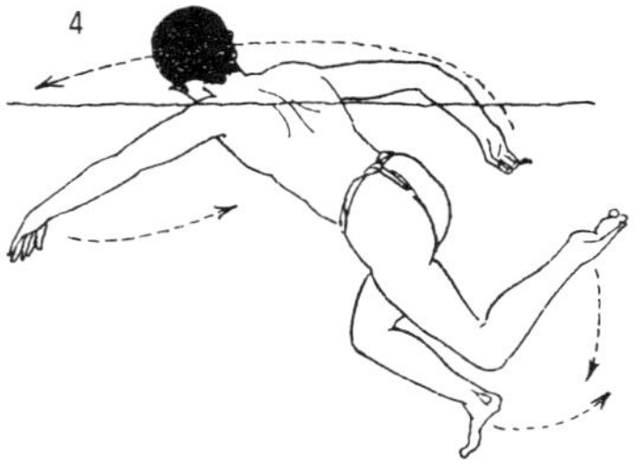

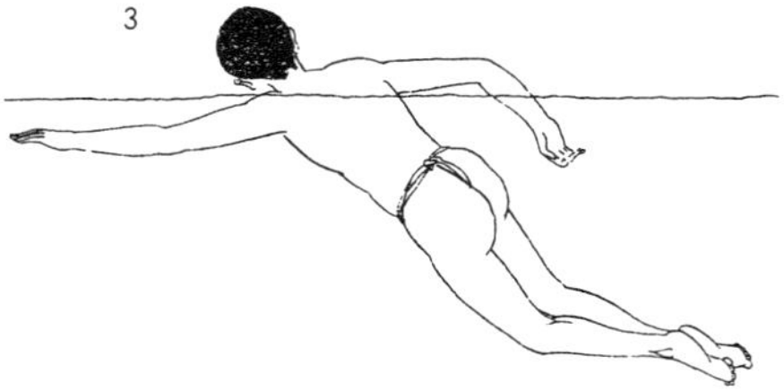

褌(ふんどし)　男子の股間(こかん)をおおう布。下帯，犢鼻褌(たふさぎ)とも。六尺褌は長さからの名称。越中褌は3尺の布にT字状に紐(ひも)をつける。松平越中守や遊女越中の考案というのは俗説。もっこ褌は越中をさらに簡略化し運搬具のもっこ形の布で股間をおおう。褌祝は9～15歳の男子の成人を祝って，初めて褌を締める儀礼。へこ祝ともいう。

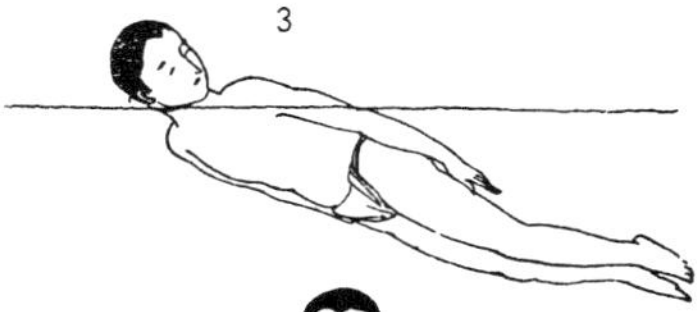

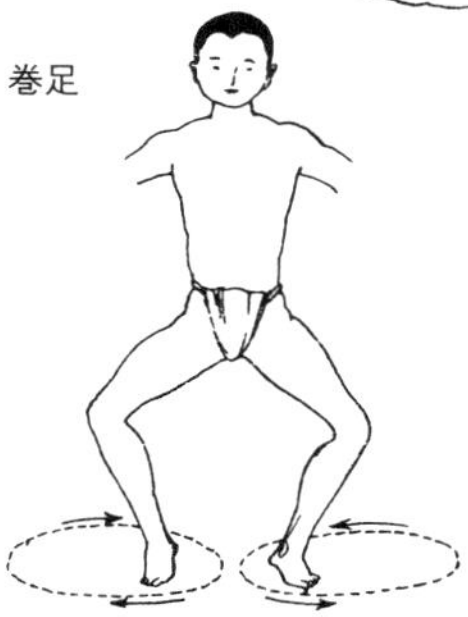

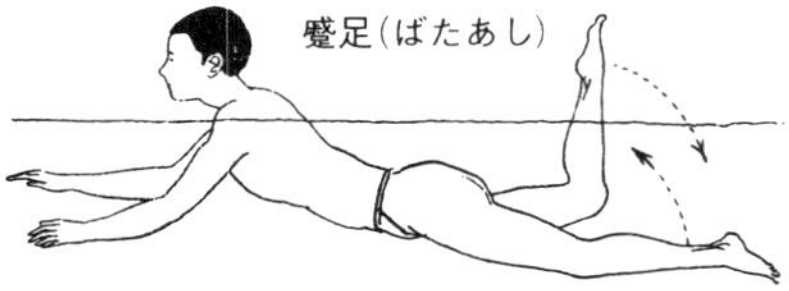

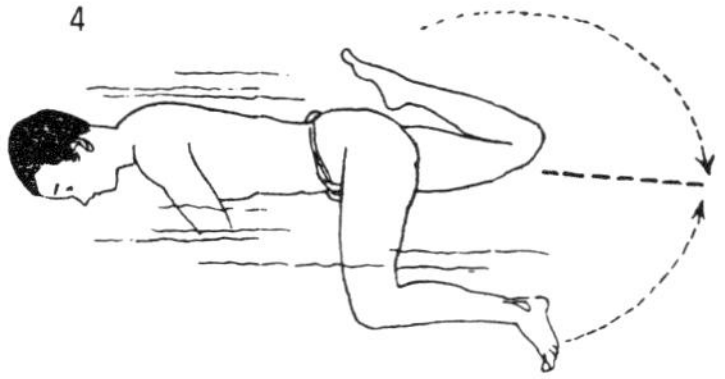

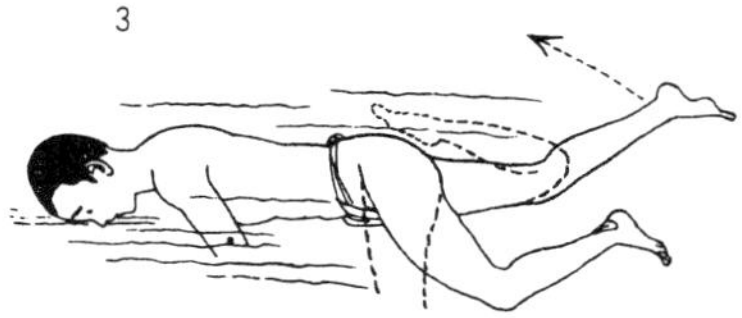

日本泳法　武芸の一つとして発達した日本古来の泳法。抜手(ぬきて)，伸(のし)，巻足などの泳法を特色とする。江戸時代に諸流派が生まれ，水書，扇返しなどの要素を入れ，今日にもその伝統を伝える。おもな流派は能島流，河合流，小堀流，水府流，神伝流，観海流，向井流など。

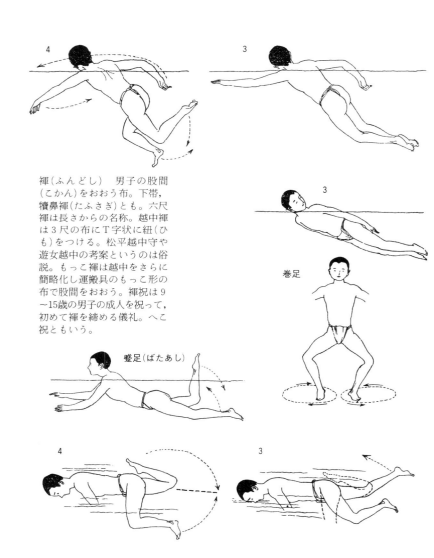

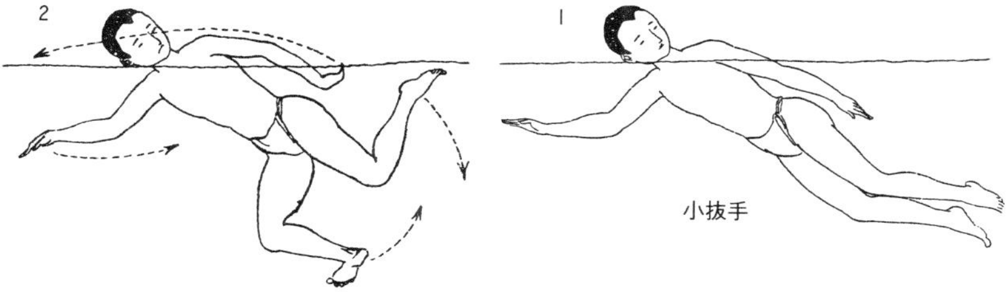

小抜手

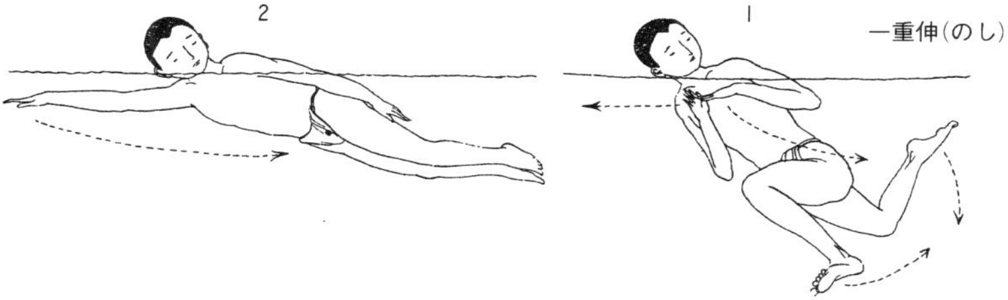

一重伸(のし)

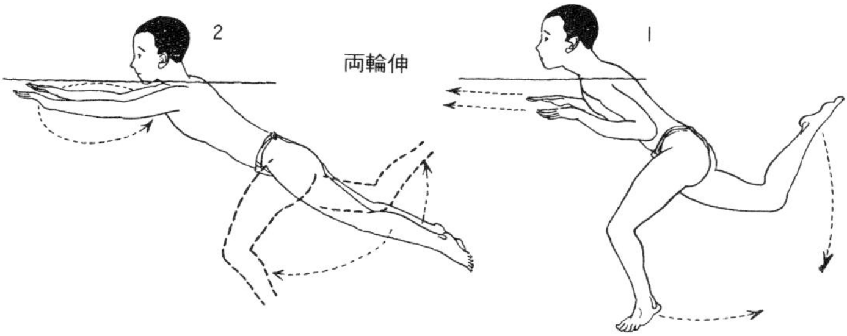

両輪伸

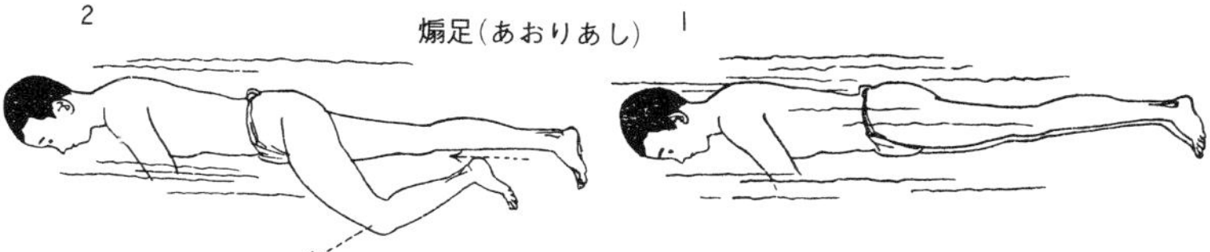

煽足(あおりあし)

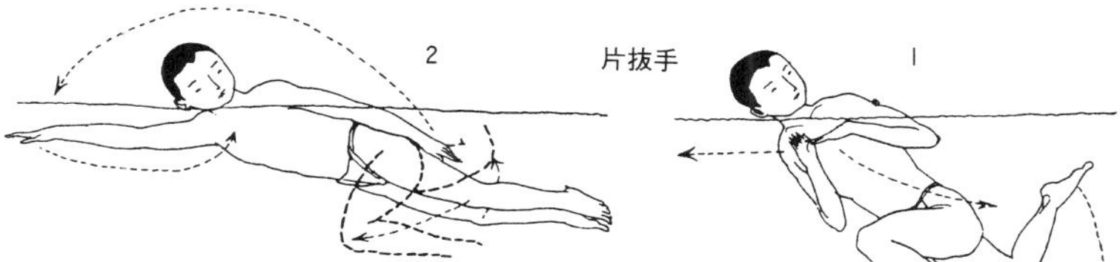

片抜手

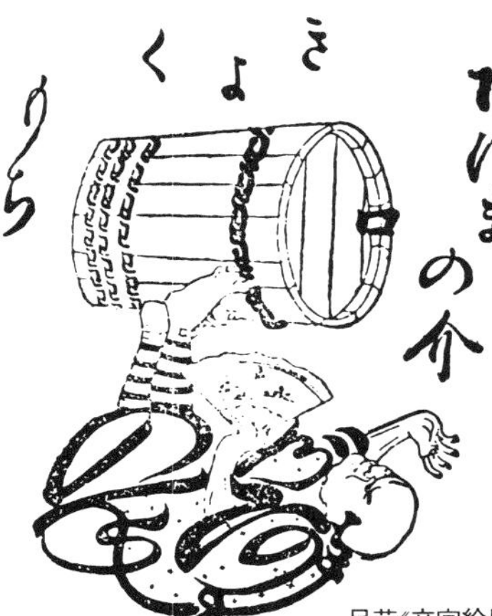

足芸《文字絵尽》から

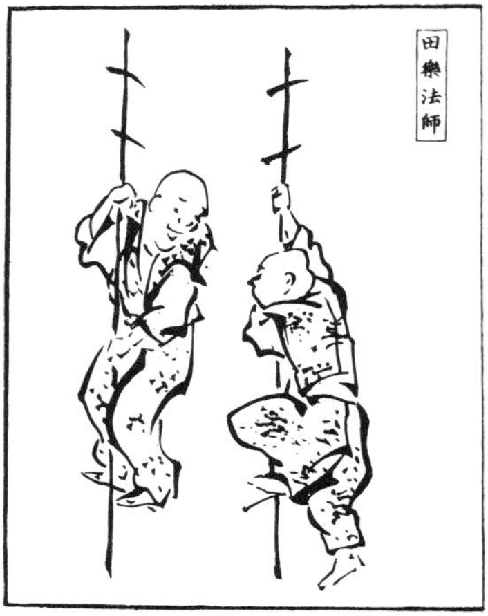

左　刀玉《春日大宮若宮祭礼図》から　右　品玉を演じる桔梗笠《守貞漫稿》から

フランス大曲馬スリエの宣伝ビラ（明治4年）

【曲芸】きょくげい

熟練した技術で人目を驚かす芸当を見せるものの総称。全身的な業（わざ）を主とする軽業，アクロバット，小手先の業を主とする奇術のほか，馬や猛獣などの動物曲芸がある。日本では江戸末期から寄席興行として発達，現在はサーカスで行なわれている。

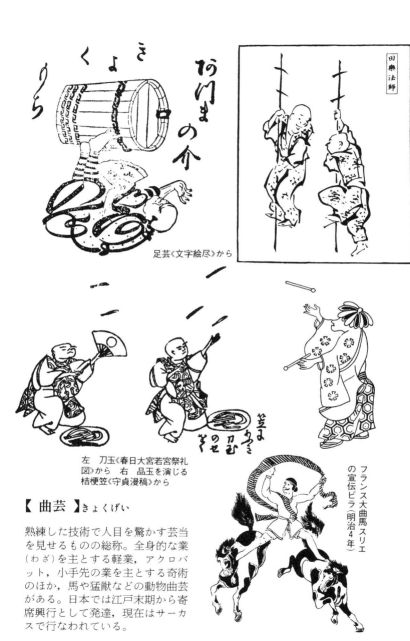

早桜安太郎の軽業のビラ
左　高足に乗る田楽法師《日光山志》から

【サーカス】サーカス

語源はラテン語でリングの意。巡回テントや円形劇場で曲芸，奇術，軽業（かるわざ）などを演じ，動物の芸当や道化芝居も行なう見世物。日本では江戸時代に曲馬を中心とするサーカスの源流がみられるが，1886年イタリア人チャリネが来日，東京秋葉原で興行して以後，西欧風のサーカスが行なわれるようになり，有田，木下，シバタなどのサーカス団が組織された。なお大正期まで曲馬団といわれ，昭和になってからサーカスの呼称が用いられた。

浅草の玉乗（明治18年）

上　放下《人倫訓蒙図彙》から
右　竜馬琴之介のかご抜け
下　骨抜き曲芸
　　ともに《役者づくし》から

雑芸(ぞうげい)　典雅な芸能に対し，曲芸・軽業・奇術・人形回しなど雑多な卑俗な芸能をさす名称で，中国では百戯ともいった。

【軽業】かるわざ

曲芸の一種。人体を身軽に扱って種々の芸当をみせる。欧米のアクロバットがほぼこれに当たる。奈良時代に中国から伝来した散楽のうちに，竿(さお)登り，綱渡りなどがあり，山伏の宗教的行法と結びついて太刀渡りなどとなった。これらが田楽法師，放下僧などに受け継がれ，室町時代には蜘蛛舞(くもまい)などの興行が行なわれた。江戸時代に入って見世物化し，中国から新たに籠抜け，蓮飛(れんとび)などが伝来，女の軽業も流行，その技術は歌舞伎にもとり入れられた。しかしサーカスの渡来以後日本式の軽業は次第に衰えた。

上右　皿回し《このころ草》から
上左　枕の曲梯子《日本風俗図絵》から
下　竹沢藤治の曲ごま

猿芝居(さるしばい)　サルに芝居させる見世物。猿回しの系統をひくもので，江戸時代に盛んに行なわれ，小川門太夫一座が有名。太夫がサルを綱であやつって《三番叟(さんばそう)》《忠臣蔵》などを演じさせたが，これにイヌが参加することが多く，ネコ，ネズミを一緒に芝居させたものもあった。

上　猿芝居《絵本弄》から
右　傀儡子《このころ草》から
下　猿回し《人倫訓蒙図彙》から

猿回し(さるまわし)　猿曳(ひき)とも。サルを舞わせて米銭をもらい受ける芸人。鎌倉時代にすでに記録が見えるが，本来は厩(うまや)にきてサルを舞わせ，厩馬(きゅうば)の安全を祈禱(きとう)した。サルが馬の厄病除(やくびょうよけ)のまじないとされた中国の慣習にならったものである。江戸時代には各地に集団があり，江戸では弾左衛門の配下に入り，暮～正月に辻芸(つじげい)や門付(かどづけ)に出た。

角兵衛獅子

左　えびすまわし《人倫訓蒙図彙》から

角兵衛獅子（かくべえじし）　門付（かどづけ）の一つ。獅子頭をつけた少年の踊子が，親方（または組頭）の口上や太鼓に合わせ，逆立ちなどの曲芸を演じる。もと越後蒲原地方に興ったというが，江戸中期以後，江戸その他に進出して人気を集めた。長唄，所作事などの《越後獅子》もこれを素材とする。明治以降は衰えたが，現在も郷土芸能として残る。

傀儡子（くぐつし）　傀儡師とも書き，「くぐつまわし」また「かいらいし」ともいう。傀儡，つまり人形をあやつるものの呼称。平安末期，大江匡房（まさふさ）の《傀儡子記》によると，彼らは集団で各地を漂泊し，男は狩猟をし，人形回しや曲芸，幻術などを演じ，女は歌を歌い，売春も行なった。のち寺社に帰属して各地で人形回しをするものもでき，摂津西宮を根拠に夷（えびす）人形を回し歩く芸団なども現われた。これら人形回しの流れは，人形浄瑠璃の成立を促したが，一方，胸にかけた箱から人形を出して回す首かけ芝居の形で，江戸時代まで大道芸として存続した。

傀儡子

【 居合 】いあい

古武道の一種。抜刀術とも。機に臨み，一瞬にして刀を抜き放ち相手を切る技法。座姿勢でのいわゆる居合と立姿勢での立居とがある。戦国時代林崎甚助重信が始めた林崎神明夢想流が最初とされ，のち田宮，片山伯耆，新田宮，長谷川，大森など諸流が出た。なお江戸末期になると俗に居合抜きという一種の見世物芸にも利用されるようになり，松井源水，長井兵助らが著名であった。

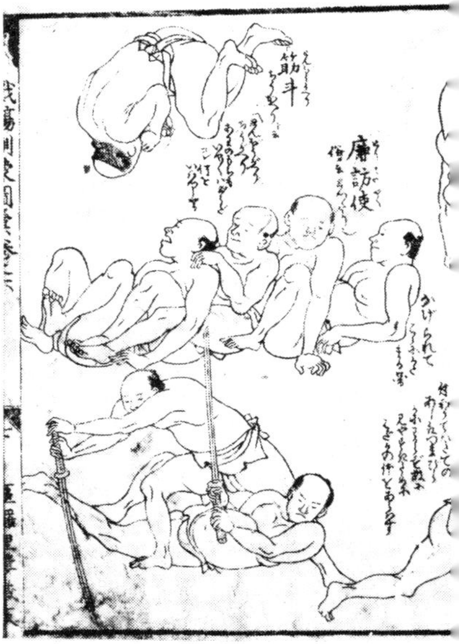

右　たての型《戯場訓蒙図彙》から
下　松井源水の居合抜

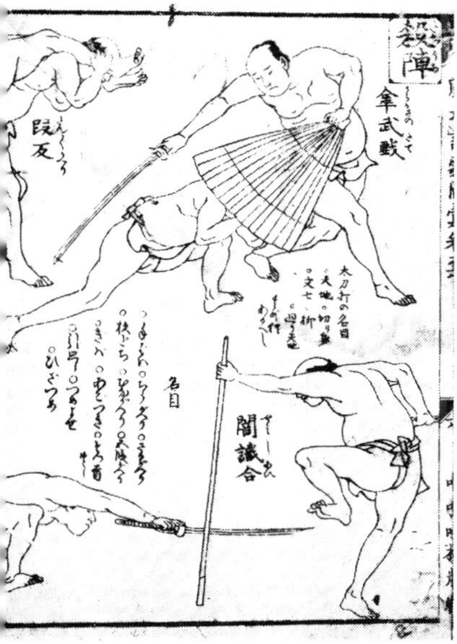

たて　演劇用語。戦争，捕物，殺し，喧嘩(けんか)など，広く闘争の演技をいう。立回りとも呼び，殺陣とも書く。歌舞伎では，特に様式化・舞踊化された美しい動きをみせるのが特徴。たての技巧を専門に工夫し，俳優に教える人を殺陣師(たてし)という。

長松小僧

六十六部

下左　居合抜《人倫訓蒙図彙》から
下右　大道芸の樽人形

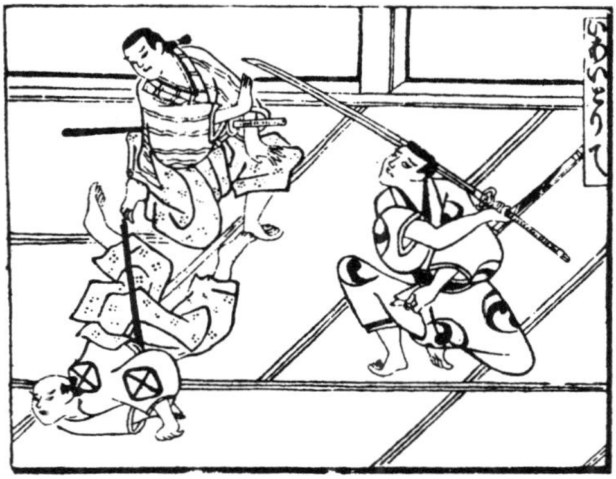

本陽菱

本陽十文字陰

本陽十文字

早蟹緘

早陰菱

早陽菱

女五方

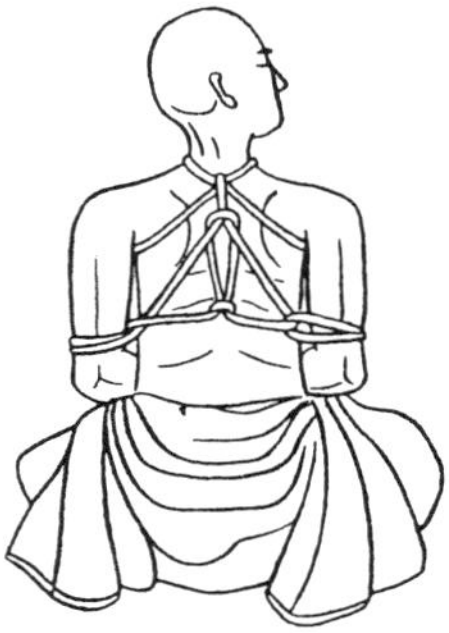

長袖鱗形

引渡鎖掛

【捕縄】ほじょう

犯罪の捜査および裁判，刑の執行のため，人を捕え，あるいは連行するために用いる縄。江戸時代には取縄(とりなわ)といい，早縄(はやなわ)は長さ2尋(ひろ)半，逮捕用，本縄(ほんなわ)は5尋，罪名確定後に使用で，奉行所によって色を異にし，身分・性別によって縄の縛り方が違った。伊予大洲藩の武知吉太夫の方円流が有名。

軽卒草総角

士行総角

将真総角

早陰十文字

早陽十文字

本陰菱

先王形仕込

早蜘蛛絲

早猿結

方円流十八法

【 入墨 】いれずみ

刺青(しせい)ともいい，文身(ぶんしん)の一種。墨，朱，緑青(ろくしょう)などの溶液を針につけて皮膚を刺し，皮膚内，皮下組織に色素を沈着させる。成人，出身，功労，犯罪のしるし，魔除(まよけ)，装飾として古来世界各地で行なわれ，日本の古例は記紀や《魏志倭人(ぎしわじん)伝》にも見える。江戸時代の1720年から盗みを犯した者の腕や額に入墨の刑を実施，前科者を入墨者と称した。江戸後期職人などに精巧な図柄の入墨が流行したが，1872年太政官令で禁止，現在は一部にのみみられる。

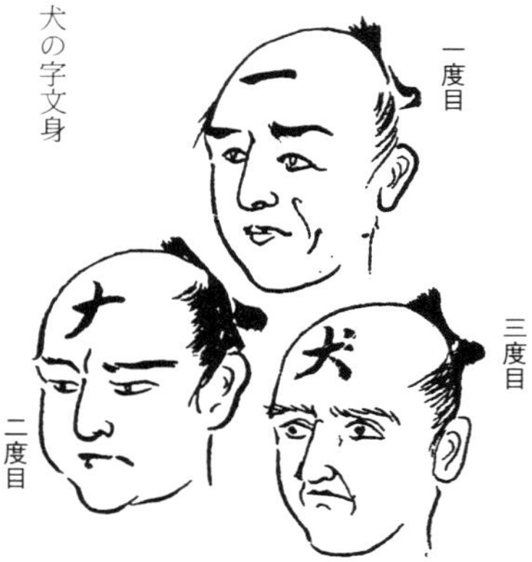

枷(かせ)　械，杻とも書き，「かし」ともいう。昔の刑具で，罪人の手足や首などを拘束するもの。木製または金属製で，首枷，足枷，手枷などがある。

上　足枷
下　懲鎖《新律綱領》から

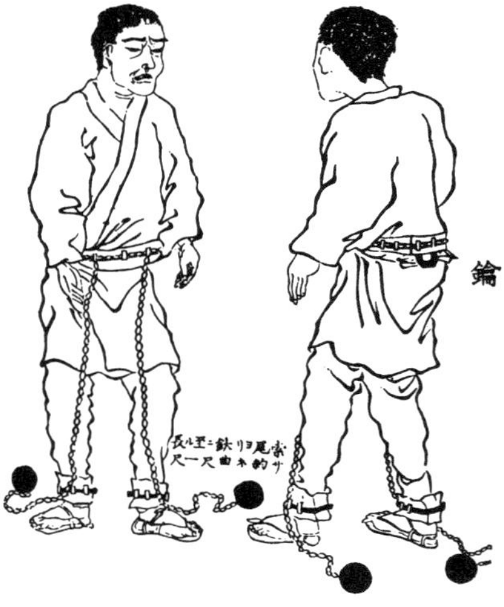

手錠(てじょう)　錠のついた鉄製の腕輪で，犯人などの手にはめて逮捕，拘引の際や刑務所内の戒具として用いられる。江戸時代には手鎖と書き，軽い刑罰(期間は30日，50日，100日の３種)にも使用。

江戸時代の
手鎖

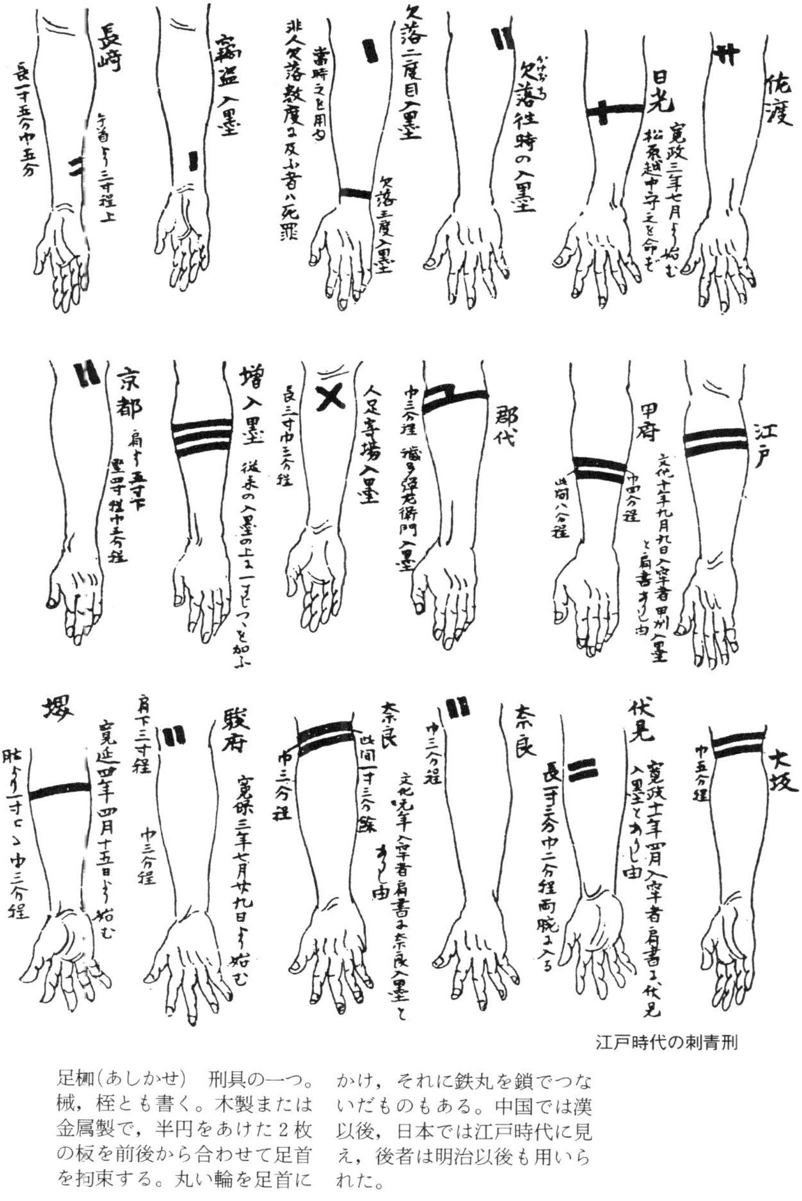

江戸時代の刺青刑

足枷(あしかせ)　刑具の一つ。械，桎とも書く。木製または金属製で，半円をあけた2枚の板を前後から合わせて足首を拘束する。丸い輪を足首にかけ，それに鉄丸を鎖でつないだものもある。中国では漢以後，日本では江戸時代に見え，後者は明治以後も用いられた。

【 拷問 】ごうもん

被告人，被疑者に自白を強要するため，身体的苦痛を加えること。「自白は証拠の王」とされ，自白強要のため拷問は跡を絶たなかった。日本の憲法は公務員による拷問を絶対に禁止し，また拷問による自白は証拠とできないと規定。

【 戒具 】かいぐ

犯罪人や刑事被告人の逃走，暴行などを防ぐために用いる身体を拘束する器具。古くは足枷(かせ)，手枷，首枷などが用いられた。

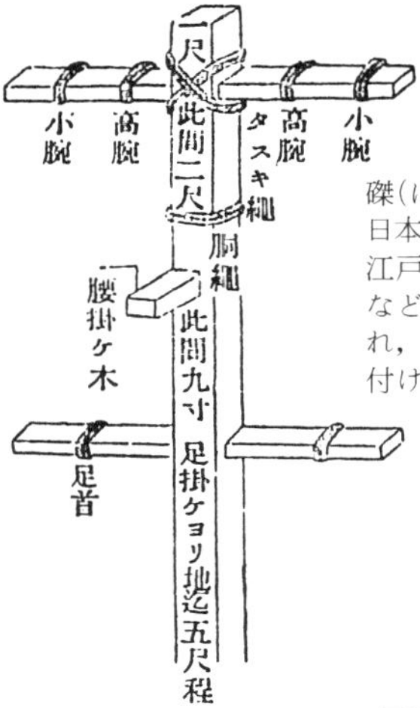

磔(はりつけ)　死刑の一方法。日本では平安時代から現われ，江戸時代には主殺し，親殺しなどに対する最重の死刑とされ，受刑者の手足を柱に縛り付けて，槍(やり)で突いた。

石子詰

石抱

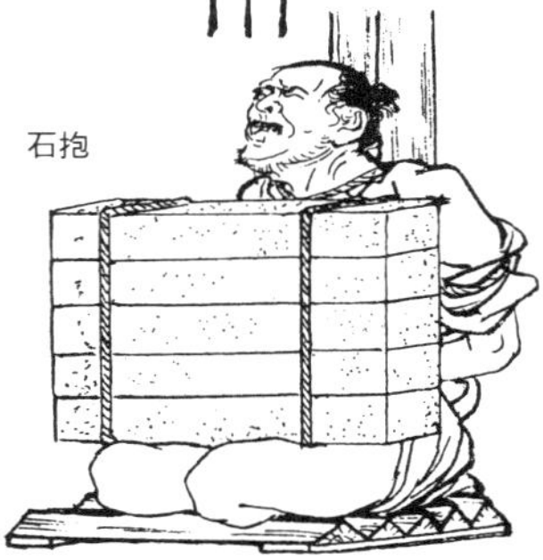

海老ぜめ

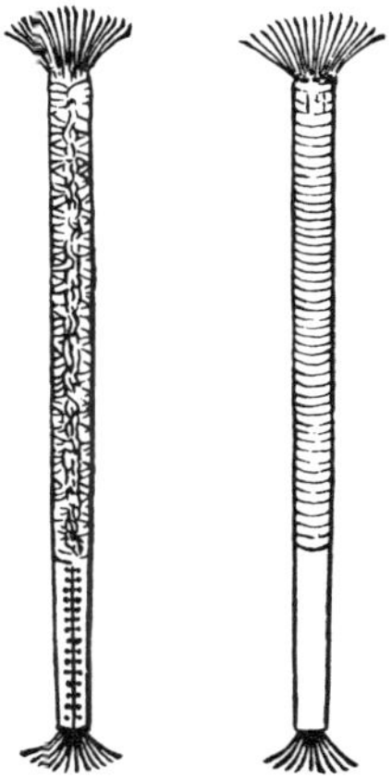

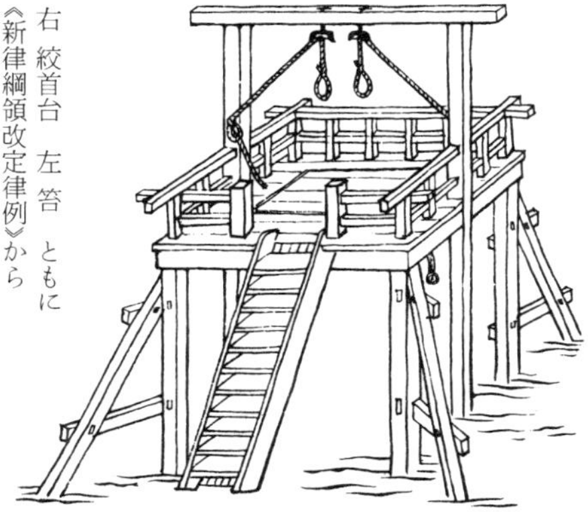

右　絞首台　左　笞　ともに《新律綱領改定律例》から

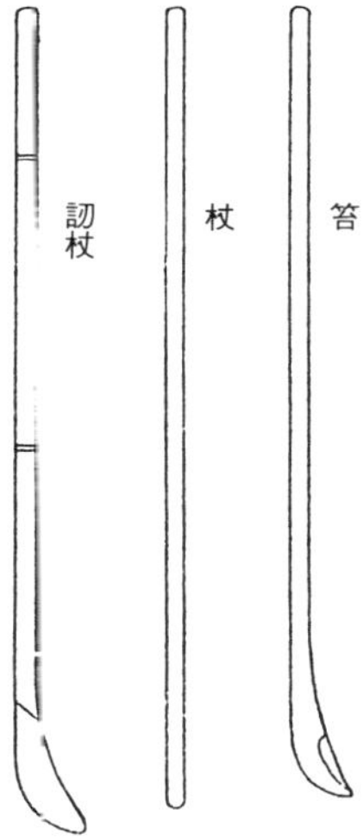

下　絞柱と縄，懸錘

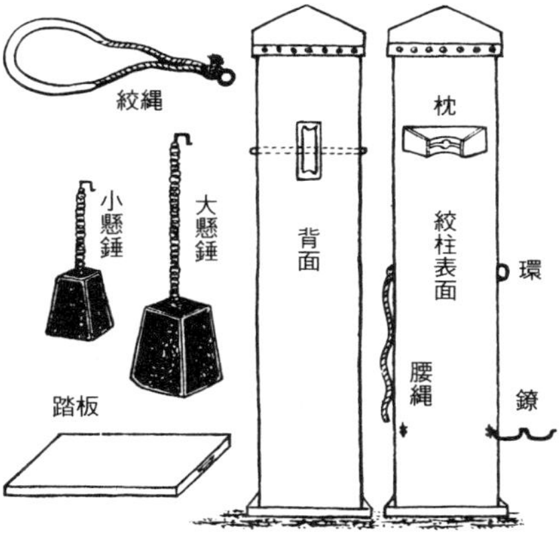

刑具　刑罰を執行するために用いられた道具を中心に，罪人の検束や拷問のための道具をもさす。死刑を執行するもの，笞(むち)・杖(つえ)などのように身体に苦痛を与えるもの，枷(かせ)などのように自由を奪うもの，さらしのために使われる首枷などに分かれる。

【五刑】ごけい

古く中国では，死刑と四つの肉刑をさした。肉刑とは宮(男子は去勢，女子は幽閉する)，刖(げつ=足切り)，劓(ぎ=鼻切り)，黥(げい=入墨)をいう。隋・唐では笞(ち)，杖(じょう)，徒(ず)，流(る)，死をさした。大宝律令は，同じく笞，杖，徒，流(遠・中・近とあったが，後には遠流だけが用いられた)，死をさしていった。

【 切腹 】せっぷく

割腹(かっぷく)，屠腹(とふく)，腹切(はらきり)とも。武士の間で行なわれた自尽の方法。江戸時代には武士に対する特別の刑罰としても行なわれ，検断立会いのもとに介錯人(かいしゃくにん)が首を打った。斬首(ざんしゅ)より武士の名誉を重んじた刑。

御預けの罪人切腹の場　1 切腹人　2 介錯人　3 介添　4 と 5 当家の家来　6 当家の留守居および取次役　7 同心　8 徒士(かち)目付　9 大目付または目付　10目付または使番　11当家の主人　12近侍

獄門(ごくもん)　武家時代における死刑の一種。梟首(きょうしゅ)とも。囚人の首を牢獄の門や刑場の木架の上などにさらしてみせしめとした。肉親・主殺しなどの重罪に対して科せられたが，明治初年に廃止。

生胴の刑

斬罪《刑罪大秘録》から

左　獄門首《刑罪大秘録》から
下　江戸引回しの刑
左ページ下　牛裂きの刑

【晒】さらし

江戸時代に行なわれた刑罰の一種。付加刑であって，心中未遂の男女双方，女犯の僧，逆罪の犯人などに科せられた。犯人を大道にすわらせて手を後ろの柱に縛り付けておく。穴晒は首に枷(かせ)をはめ，首だけ出して箱に入れ，土中に埋めるもの。犯人にはずかしめを与えるとともに，みせしめともした。西洋・東洋を通じて類似の刑罰があった。

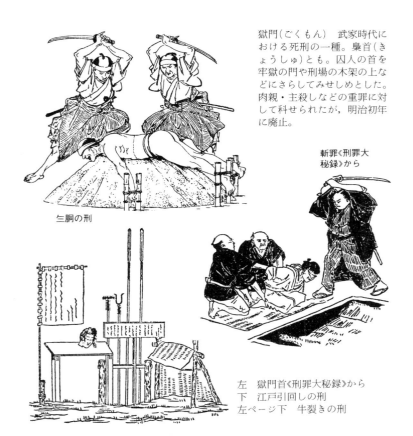

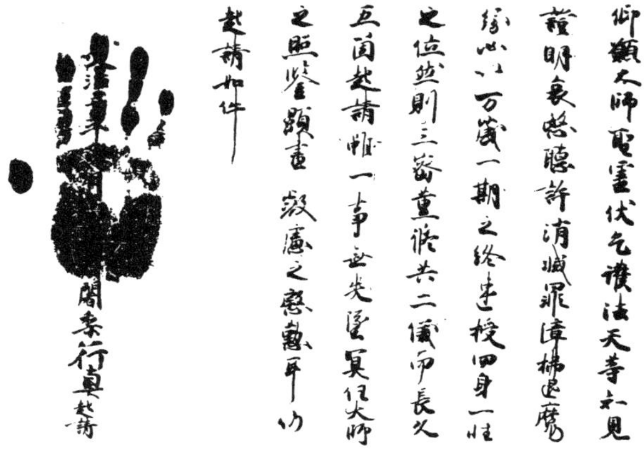

右　後白河天皇手印起請文
下　画指の例

画指(かくし)　字が書けない者が指の長さを記して署名の代りにしたもの。直線で表わしたり，関節を点で表わしたりする。唐代の古文書に例があり，日本では大宝令に無筆者の離別状の署名には画指を用いることが規定されている。正倉院文書に奈良時代の例があり，下って鎌倉時代初めまでの例を知り得る。

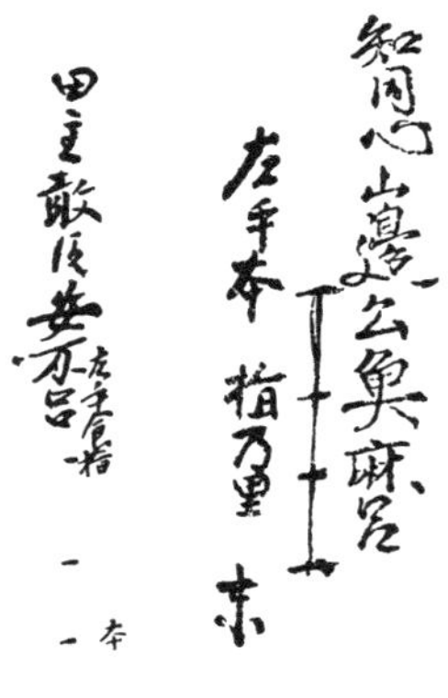

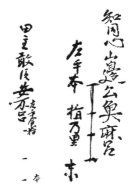

異界

伝説　鬼　地獄　妖怪　竜　麒麟　鳳凰　河童　幽霊
丑の刻参り　日高川伝説　人魂

十二支の四番目　卯(う)
東京の練物製かちかち山の兎

中世の巨人伝説の図

讃岐のアマンジャク
手洗鬼

巨人の足跡　《和漢古今角偉談》から　5指がはっきりし，草も生えないという

天邪鬼(あまのじゃく)　民話の怪物。他人の姿や口まね，物まねをして人に逆らい，ついには滅ぼされる。瓜子(うりこ)姫の話に出てくる天邪鬼は典型的。古代の被征服者を典型化したものという。東北地方では山姥(やまうば)や鬼といい，山彦(やまびこ)の名とするところもある。

【伝説】でんせつ

自然現象や歴史的事件に関する口伝えの報告や解説。昔話と同様，空想の産物だが，空想の楽しさを重んじる昔話に対し，伝説は一定の場所や時代や人物に結合し事実の信憑(しんぴょう)性を重んじる。巨人伝説，金鶏伝説，大太法師(だいだらぼっち)，白米城，三輪山伝説，機織淵(はたおりぶち)，平家谷，椀貸伝説，笠地蔵，白鳥処女伝説，日高川伝説，姥捨(おばすて)山伝説など多くのタイプがある。

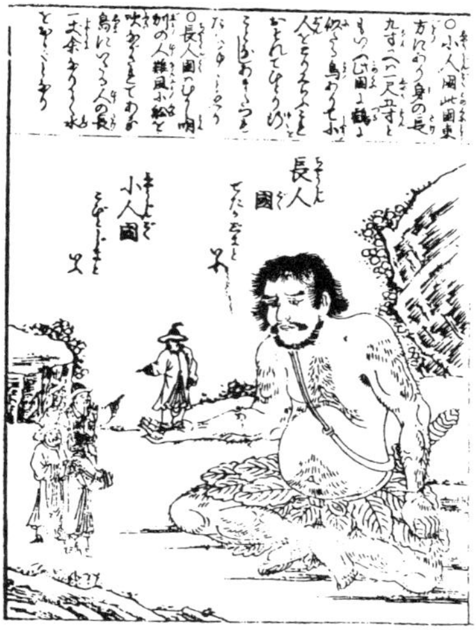

小人国《頭書増補訓蒙図彙》から

一寸法師(いっすんぼうし)身長1寸の小男。お椀(わん)の舟に箸(はし)の櫂(かい)をあやつり京に上って公家(くげ)に仕え，鬼を退治して打出の小槌(こづち)を奪い，その効で身長を伸ばし姫君と結婚，立身出世する。御伽(おとぎ)草子の一冊として室町時代に成立したが，「小さ子」の信仰は，少彦名(すくなひこな)神をはじめ神話にもみられ，昔話にも「親指太郎」などの小さ子の主人公がいる。

鬼面(法隆寺蔵)

鬼面(田中内蔵丞作)

地獄の鬼

牛祭の鬼

【 鬼 】おに

中国の鬼(き)の観念とは異なり，古代日本では人を食う異形の怪物の意。仏教の影響を受けてからは，餓鬼(がき)，疫鬼，地獄の赤鬼や青鬼，羅生門で渡辺綱に腕を切られた鬼(茨木童子)，こぶとり爺の鬼などが出現した。のち裸の人間で牛の角とトラの牙(きば)をもちトラの皮の腰布をした姿に描かれた。これは丑寅(うしとら)の方角を鬼門とし鬼が集まるという陰陽道の影響で牛とトラに関係づけられたもの。ほかに酒呑(しゅてん)童子，戸隠山や鈴鹿山の鬼などの山賊的な鬼，各地に鬼の足跡の伝説を残す巨人伝説の鬼などがある。

うわなりの鬼女

上　黒縄地獄《往生要集》から
左　地獄で罪人を裁く閻魔大王

閻魔(えんま)　冥府(めいふ)の王，地獄の総帥。もとインド神話では死後の楽園ヤーマをいったが，仏教に取り入れられてからは，餓鬼道または地獄の王と考えられ，18人の属将と８万の獄卒(おに)を率い，人の生前の行為を審判する。中国において道教と混じ，十王の一つとされ，その姿が日本でも一般化した。

大江山酒呑童子の酒盛
《大江山絵巻》から

往生要集(おうじょうようしゅう)　平安時代の仏教書。源信の撰述。985年に成立。3巻。阿弥陀仏の浄土に往生するために必要な経文の類を抜粋したもの。10章よりなり，地獄の様相と極楽の荘厳(しょうごん)を説き，念仏を勧める。思想，文学，美術の上に多大の影響を及ぼし，地獄変，浄土変等は本書の描写に基づく。

天邪鬼《貧福とりかえばや》から

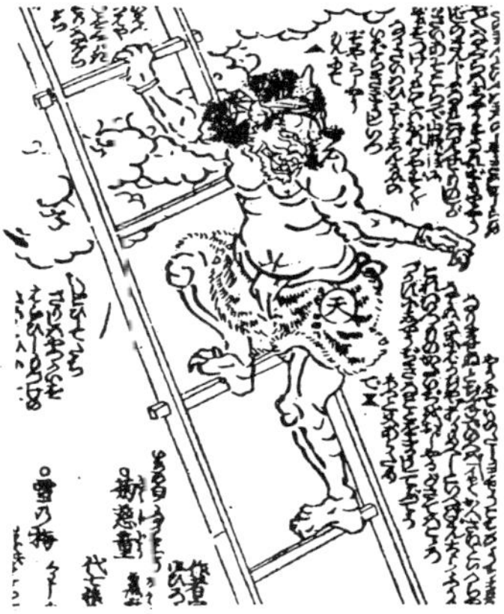

酒呑童子(しゅてんどうじ)　御伽(おとぎ)草子23編の一つ。2巻。《大江山絵詞》とも。南北朝ころ成立か。源頼光と坂田公時・渡辺綱・卜部季武・碓井貞光の四天王，藤原保昌の6人が，大江山に住んで人に害をなす酒呑童子を神仏の助けを借りて退治する物語。中世に多い怪物退治談，英雄伝説の代表作。大江山を伊吹山とする異本もある。

【地獄】じごく

死後苦しみを受ける地下の牢獄。仏教では，罪を犯した人間が死後に行くところとされ，地下または地の果てにあるという。語源は梵(ぼん)語で音写は奈落(ならく)。経論により種々説かれるが，無間(むげん)，八熱(八大)，八寒，孤独など136の地獄がある。このような考えは各民族にある。

【妖怪】ようかい

恐ろしさをそそる超自然的存在を化物というが，妖怪は，幽霊と違って特定の人を選ばず，特定の場所や時間に現われる化物。児童語では「がご」「もう」という。山の怪，海の怪，家の怪，雪の怪，火の怪，音の怪，家を訪れる怪，木の怪，動物の怪，道の怪など種類が多く，民俗学では信仰の普遍性が失われて零落した神々の姿という。

茨木(いばらき)　長唄所作事。3世杵屋正次郎作曲。河竹黙阿弥作詞。1883年初演。新古演劇十種の一つ。羅生門で渡辺綱に片腕を切り取られた茨木童子が，叔母に化けて綱を油断させ，まんまと腕を取り戻す。

天保年間神田明神祭礼の鬼の山車《江戸名所図会》から

久米仙人(くめのせんにん)　伝説の仙人。天平年間，大和国吉野郡竜門寺で飛行術を学んだが，久米川で洗濯する女の白いすねを見て欲心を起こし，通力を失って墜落。のち高市遷都の際潔斎して通力を回復，巨材を運んだので天皇から免田30町を賜り，久米寺を開いたという。《今昔物語集》《徒然草》《元亨釈書》などに所載。

天狗(てんぐ)　妖怪の一種。中国では流星の尾を天の狗(いぬ)にたとえた。この名が同じ隠現自在の働きをする日本の山の神にあてられ，中世以後修験(しゅげん)道などの影響で，鼻が高く嘴(くちばし)と羽翼をもち，山伏の服装をした天狗が成立。民間伝承では人をさらい(神隠し)，大木を倒し(天狗倒し)，どこからか礫(つぶて)を投げ(天狗礫)，隠れて哄笑(こうしょう)する(天狗笑い)などという。

大津絵　江戸初頭より近江大津の追分あたりで売り出された民俗絵画のこと。追分絵とも。粗放な筆致や賦彩が素朴な味わいをかもし出す民芸品で，主題はほぼ一定し《鬼の念仏》《藤娘》《鷹匠》などの戯画と《阿弥陀三尊》《青面金剛》などの仏画に大別される。

大津絵《鬼の三味線》

京下りの生人形(見世物)の久米仙人
右には弥次喜多がいる(文化文政ころ)

右　天狗形の雷(いかずち)《三教捜神大全》から
左　稲妻《難字訓蒙図彙》から

人魚《南総里見八犬伝》から

人魚(にんぎょ)　上半身が女，下半身が魚で，川や海にすむ空想上の動物。英語ではマーメイド。緑または金色の長い髪をした美女で，その歌声に魅せられて船が難破する。ジュゴンを見た船乗りの想像から生まれたともいう。男性の半人半魚のものもある。

海坊主　海に出没する妖怪。半身を海上に現わし、船を沈めたりする。
左は国芳筆のものから　下右は《小夜しぐれ》から

右ページ　左　地震を起こすナマズを要石で封じた行者。右　竜に囲まれた日本。古くは竜が地震を起こすとされた。

荒海障子(あらうみのしょうじ)　清涼殿の萩(はぎ)の戸の前，弘廂(ひろびさし)に立ててある障子。《山海(せんがい)経》から題材を得て，手長足長のいる荒海の絵があるためこの名がある。裏には宇治川の網代(あじろ)が描かれている。《枕草子》にこの障子のことが記されている。

上　玉兎
左上　麒麟《毛詩名物図説》から
左下　鳳凰《人倫訓蒙図彙》から

金烏　金烏は太陽に住むといわれる三本脚のカラス。月には玉兎が住むという。いずれも《難字訓蒙図彙》から

竜の類　左から虬竜(きゅうりょう),竜(たつ),蛟竜(みずち),蜃(しん)

【竜】りゅう

大蛇に翼，角，猛獣や猛鳥の頭を組み合わせた伝説の動物。水中，地中，天空にすみ，４足(無足や多足も)，１頭または多頭。中国では四神または四霊の一つで，鱗虫の長として尊敬され，特に天子・君主の象徴とされる。虺竜文(きりゅうもん)，蟠螭文(ばんちもん)，竜首雲気文，五彩竜文などの各種の竜文はすべて竜崇拝の所産である。日本では「たつ」(神出現の意)ともいい，竜宮にいる海神の一族，雨乞いの水神として尊崇。

【麒麟】きりん

中国の想像上の動物。シカに似て牛尾一角。雄を麒，雌を麟という。仁獣かつ瑞獣(ずいじゅう)で聖王の代に出現するという。

【鳳凰】ほうおう

中国で麒麟(きりん)・竜・亀とともに霊獣視された瑞鳥(ずいちょう)。雄を鳳，雌を凰といい，聖徳の天子の代に現われるとされる。《説文》では首はヘビ，尾は魚，頷(あご)はツバメ，喙(くちばし)は鶏，背はカメに似て，五色の模様の羽根をもつとされる。後漢代から種々の装飾・工芸品・文様などにもその姿が用いられた。

【 河童 】かっぱ

水にすむ妖怪(ようかい)。みずし，めどち，えんこ，かわこともいう。総身灰または青色，口はとがり，赤い髪をたれ(おかっぱ)，頭上に水をたたえた皿，手に鋭いつめとみずかきをもつ。人馬を害し，相撲とキュウリを好む。毎年6月川祭や水神祭の名でキュウリを供えて河童をまつる地方が多い。

児雷也(じらいや)　自来也とも記。草双紙(くさぞうし)，歌舞伎に現われる怪盗。中国明代の小説に，出没自在で，襲った家の門扉に「自来也」と記して去る我来也という怪盗のことがあり，これを翻案してこの主人公がつくられた。児雷也は蝦蟇(がま)の術を使い，蛇の術を使う大蛇(おろち)丸，蛞蝓(なめくじ)の術を使う綱手(お綱)といわゆる三すくみの妖術争いを展開する。歌舞伎では，美図垣笑顔作の草双紙を河竹黙阿弥が脚色し，《児雷也豪傑物語》と題して1852年河原崎座で初演。

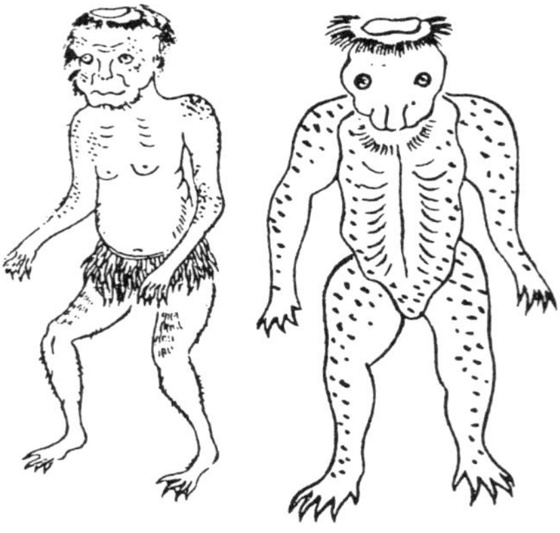

上　いろいろな姿の河童
左　児雷也

お多福(おたふく)　低い鼻，豊かな頬(ほお)の女の面。一名おかめ。天鈿女(あめのうずめ)命に由来するともいわれ，文楽人形ではお福，狂言面では乙御前(おとごぜ)，乙といった。里神楽(さとかぐら)ではひょっとこと一対の道化。神楽面としては福神系。のちこの面に似た醜女を一般にお多福，おかめと呼んだ。

上　福助とおかめ
左　鍾馗

鍾馗(しょうき)　中国の魔除(まよけ)の神。唐の玄宗皇帝の夢に現われ邪鬼を払ったので，その姿を呉道子に命じて描かせたのが起りという。その画像を除夜にはった風俗がのち端午に変わり，日本でも端午の幟(のぼり)，五月人形に作る。容貌魁偉(ようぼうかいい)，黒髭(ひげ)，右手に剣を握る。

左　うぶめ
右　青女房

《累解脱蓮葉》の累（かさね）の怪

【幽霊】ゆうれい

妖怪(ようかい)とともに化物の一種。死者の霊が生前の姿で出現する現象。《四谷怪談》《番町皿屋敷》《牡丹灯籠》などに語られ，丑(うし)三つどき柳の影に髪をふり乱して両手をたれ，足がないのに草履(ぞうり)の音がする姿に類型化された。中国では死霊を鬼(き)と呼び，横死したり供養を忘れた死霊は幽鬼となって出現。経書，剣，桃は幽鬼退散に効力があるとされた。

右《けいせい浅間嶽》の幽霊
左《東海道五十三対》の宮路山の鬼女

うぶめは，子を抱いて現われる女の幽霊。青女房は本来は位の低い女官だが，古御所に出現する妖怪をさす。

小豆洗　川のそばで小豆を洗っているという妖怪。
《桃山人夜話》から

朝顔火の幽霊　昔の歌舞伎の仕掛。焼酎をもやし幽霊の腰から下一面を火とする。

油赤子　油盗人が死後再生した妖怪で灯火の油をなめる。一夜にして油がなくなるのはそのもののしわざ。

上左　怪談絵本《妖物しぐれ》挿図
上右　上田秋成《雨月物語》挿図

中形怪談本のはじめといわれる《古今百物語評判》の貞享版の挿絵

笈を投げ捨て逃げる安珍を追う清姫

【 丑の刻参り 】

うしのこくまいり

他人をのろい殺す呪(まじない)。深夜丑の刻(2時ころ)神社に参り人をかたどった藁人形に釘を打ち込む。ふつう，女が口に櫛(くし)をくわえ鉢巻に蠟燭を結わえつけた姿で描かれる。他人に見られると効果がないとされた。室町時代までは必ずしものろいでなく広く願掛けを目的とした。

【 日高川伝説 】

ひだかがわでんせつ

安珍清姫伝説とも。熊野参りの若い僧安珍に恋慕した清姫が，逃げる安珍を追って蛇体となって日高川を渡り，道成寺の釣鐘に隠れた安珍を鐘もろとも焼く。この伝説は和歌山県道成寺の縁起となり，能，浄瑠璃，歌舞伎に何度も脚色され，道成寺物と呼ばれる系統をなす。

左は関東の狐火，
右は人魂《和漢三才図会》から

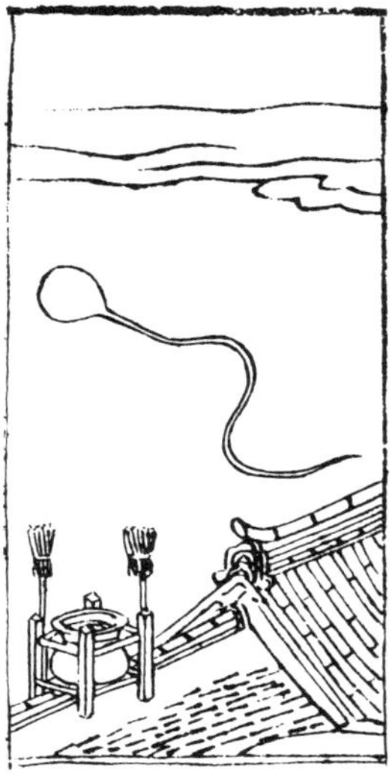

【人魂】ひとだま

人の死の前後に身体を放れて遊飛するという霊魂。夜間空中を飛ぶ怪火の正体とされ，火の玉と呼ぶ地方もある。《万葉集》にも見え，その色は青白く，球状で尾をひくと考えられている。

兒童

氏子　碁石遊　郷土玩具　御伽草子　お伽噺　牛痘

十二支の五番目　辰（たつ）
住吉十二支の竜

宮参り　生児が初めて氏神に参ること。生後30日前後で行なうが，この日は鳥居までで，正式には75日目，100日目にするところもある。村人の一人となったことを氏神に認めてもらう儀礼で，このとき鍋墨で生児の額に犬の字や×印をつけて健康を祈る習俗もみられる。宮参り着は男児は羽二重の熨斗目(のしめ)模様など，女児は縮緬(ちりめん)や綸子(りんず)の総模様が多い。

帯祝　妊娠5ヵ月または7ヵ月の人に岩田帯を結ぶ祝。イヌのように産が軽いようにと戌(いぬ)の日に行なうことが多い。帯は妊婦の里方から米やアズキとともに贈るのが普通で，この日から産婆を頼む風習もあった。

下右　岩田帯は腹部の保護のために用いた
下左　江戸時代の祝物の産着

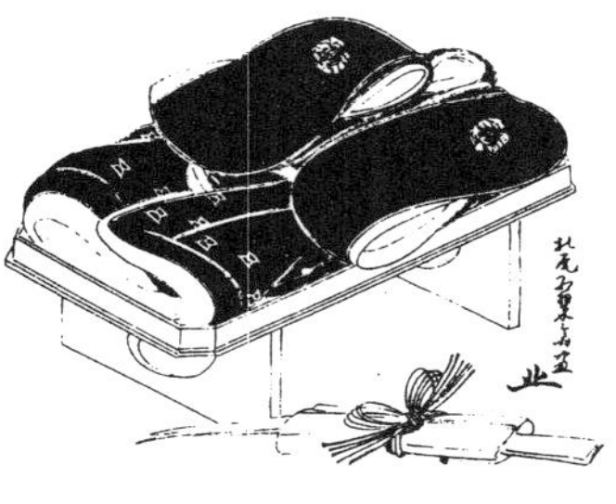

【 氏子 】うじこ

氏神をまつる権利と義務をもつ地域集団の成員。英雄などをまつる神社で祭祀(さいし)圏が地域的に限定されない場合は，氏子は普通存在しない。氏子の地域的閉鎖性は本来血縁の神であった氏神の信仰が地縁化したことに照応するもので，土地に生まれた子やよそから嫁入り・婿入りしたものは宮参りをして氏子入りの承認を受ける。また離村，入村や分家などによって村構成が複雑化すると，一部の氏子によって宮座という特権的な祭祀組織が生じ，さらに神事を輪番で主宰するようになり，これを頭屋(とうや)，一年神主などという。

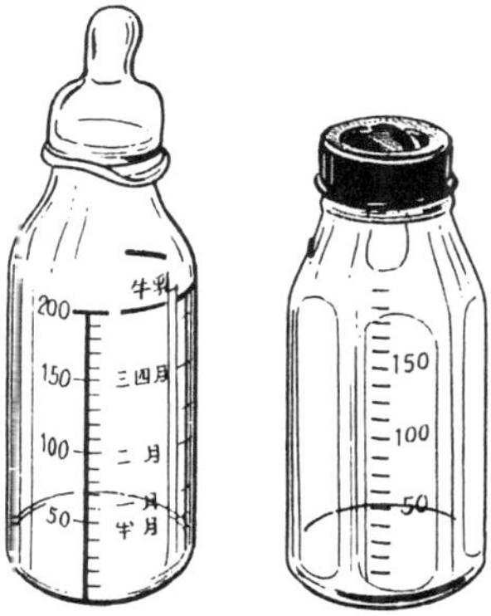

上　平安以後の子供の髪形「うない」
左　哺乳瓶

氏子入り　紀州若一王子神社における前年生まれた男子の座入りの式《紀伊国名所図会》から

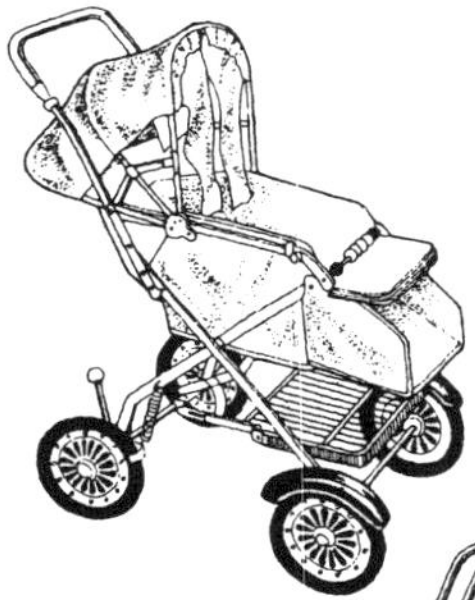

サークル兼用
ベッド

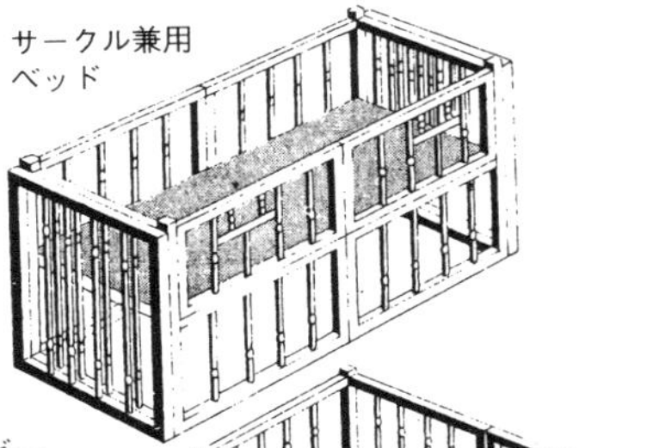

ベビー
サークル

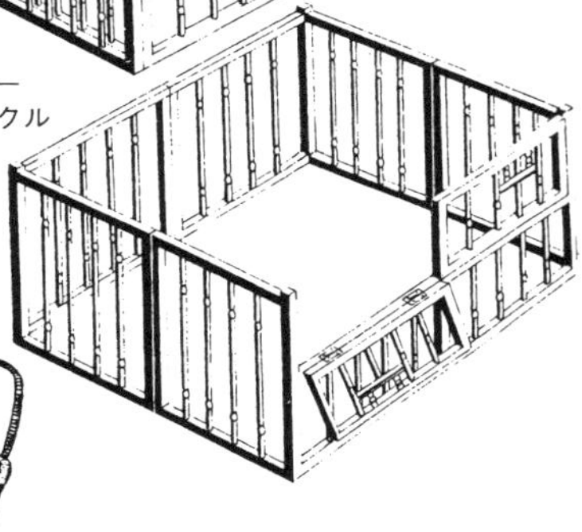

上・右　乳母車の種類

明治時代の乳母車《子育艸》から

育児家具

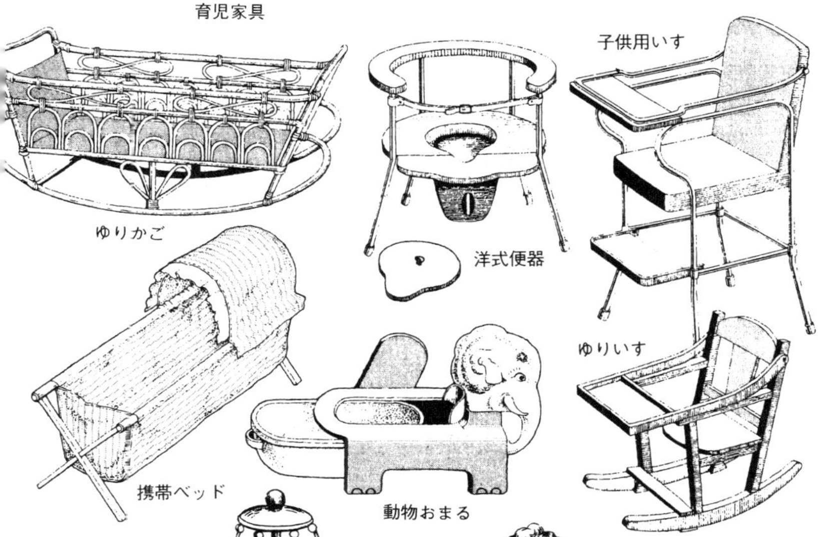

ガラガラ

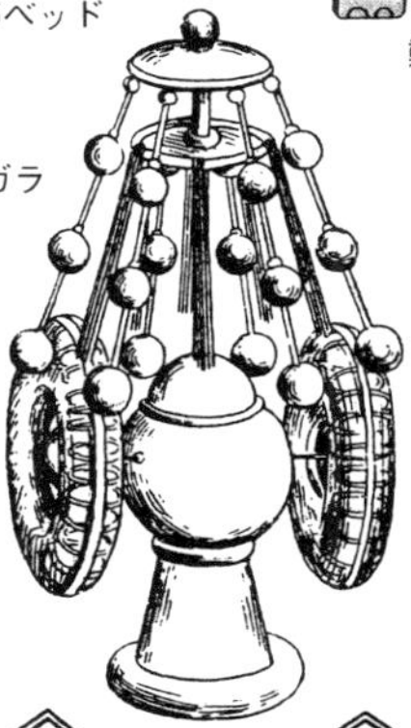

びっくりハウス　人体に矢印の方向に回転する錯覚を与えるため(図上)、中心軸からさげたぶらんこは静止させたまま家を矢印の方向に回転させる(図下)。

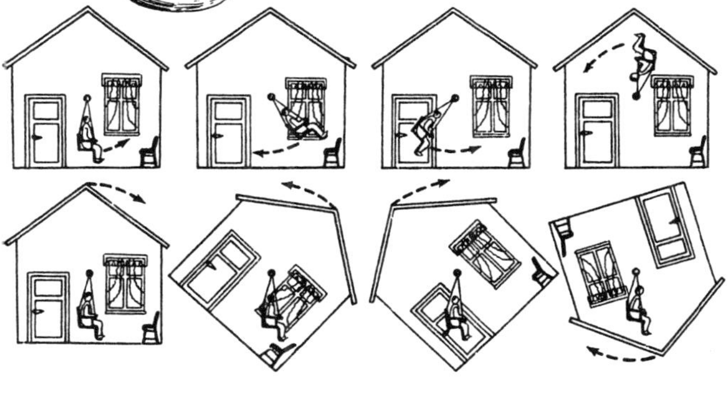

千住大橋の綱引《東都歳事記》から

江戸時代の子買の様子《信夫草》から

綱引(つなひき)　２組の人びとが綱の両端を引き合う競技。スポーツとしても行なわれるが，もとは正月，盆，中秋，端午，その他社寺の祭礼などに，豊作を祈って行なう民俗行事。村と村，男女，老若，あるいは農民と漁民などに分かれて綱を引き合い，勝負によって吉凶を占う一種の年占(としうら)神事である。

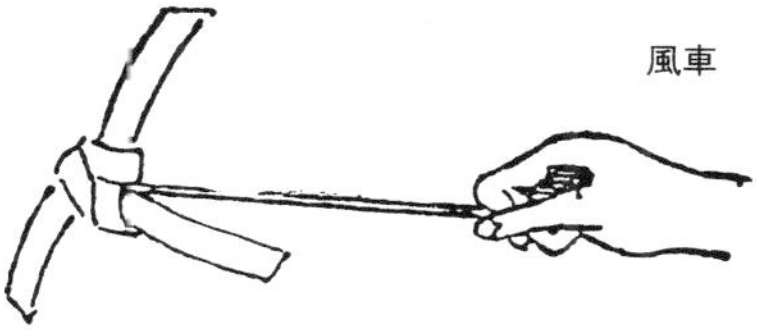

風車

松葉つなぎ

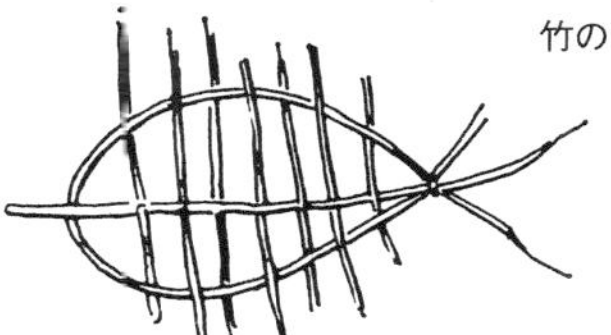

竹の亀の子

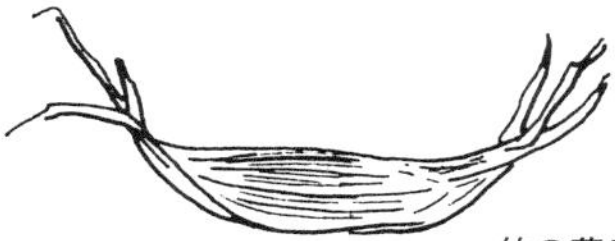

竹の葉舟

椿草履
(ツバキぞうり)

草履かくし

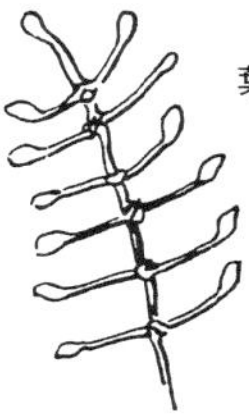

葉っぱのむかで

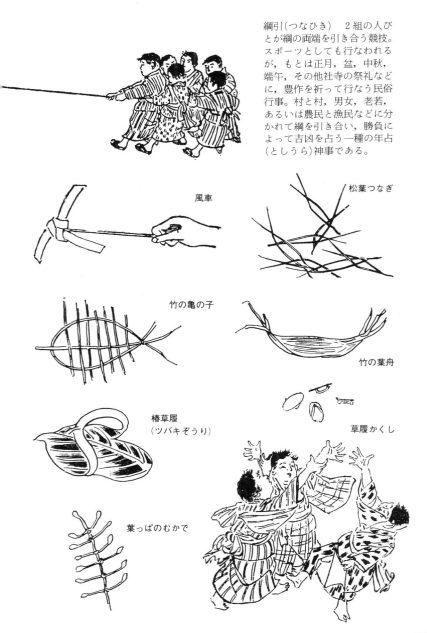

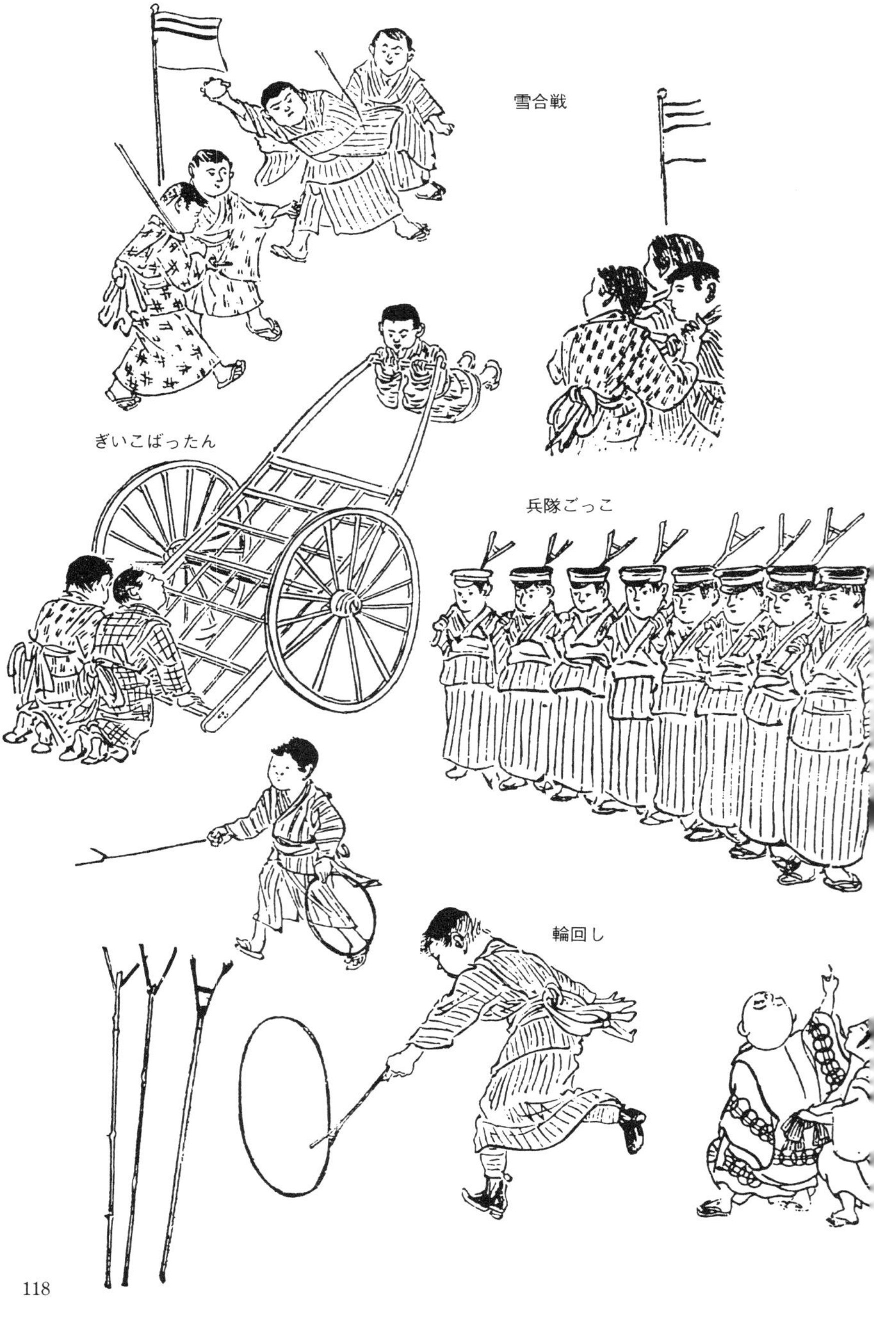
雪合戦
ぎいこばったん
兵隊ごっこ
輪回し

おんごく

みこし

回りの小仏
《守貞漫稿》から

いもむし遊び

子とろ子とろ

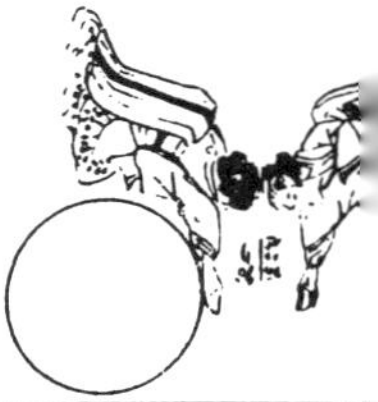

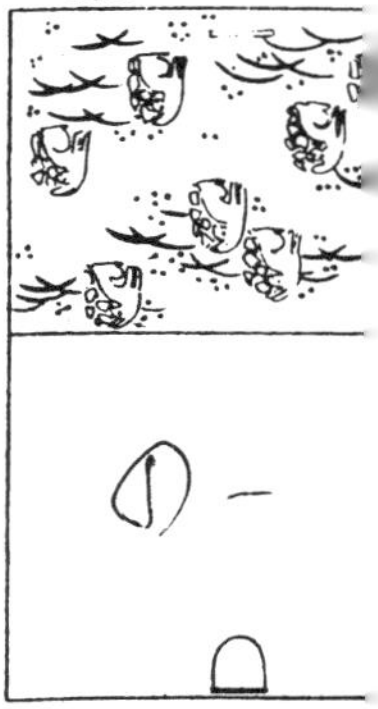

上　紙芝居の人形絵

吹矢　江戸時代以後、射的のような子どもの遊びになった。

陰芝居(かげしばい)
隅田川の納涼船相手の演芸。行灯(あんどん)を目じるしに客を集めて芝居の声色(こわいろ)を聞かせた。

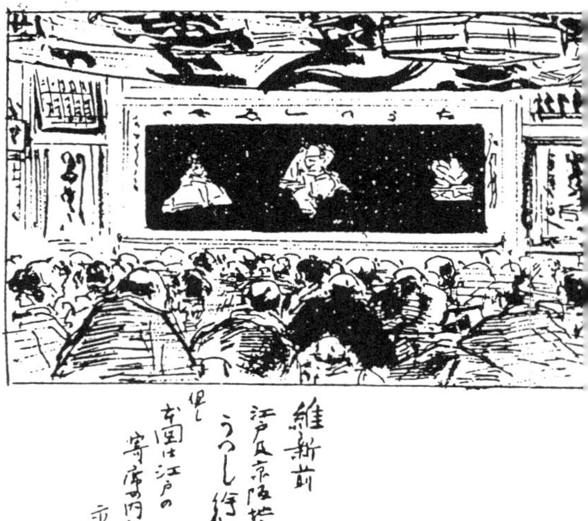

当物絵(あてものえ)

子供の切りぬき絵の一種。円の周囲に職業を配し、当てて遊ぶ。明治のはじめに大流行した。

写し絵(うつしえ)

下　写し絵の道具。写し絵は簡単な幻灯機で，フィルムにあたる部分の細工で絵が動く。左は写し絵の興業。

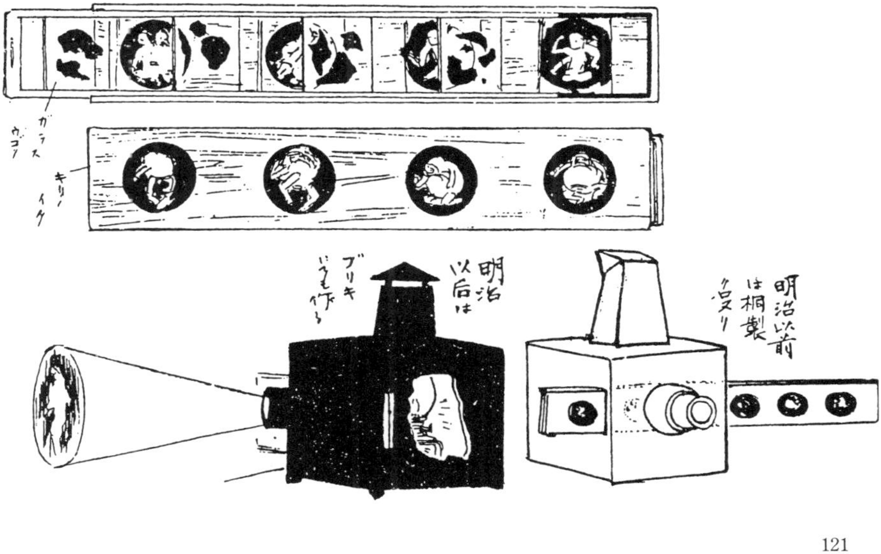

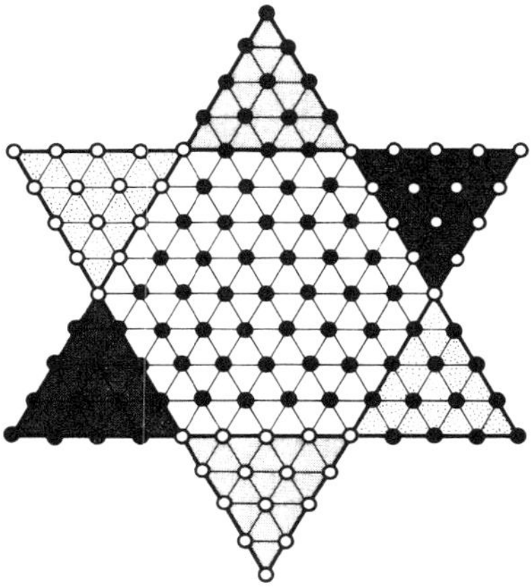

ダイヤモンド・ゲームの盤面。○印のところにこまを並べる。ダイヤモンド・ゲームは３人で行う室内遊戯。星形の盤面に各15個の持ごまを進め早く対面に達した方が勝とする。

知恵の板　左図のように方形を分割したピースを組み合わせて形をつくる。左は「やっこ踊」，右は雛人形。

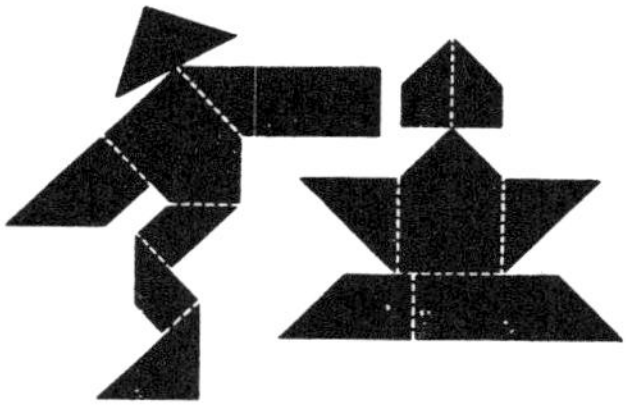

炙り出し(あぶりだし)　紙に酒，ミカンの絞り汁，ミョウバン水溶液，希硫酸などで絵や文字をかいたもの。そのままでは見えないが，火にあぶると紙のセルロースの水分が奪われ，炭化して，焦茶色に絵や文字が現われる。塩化コバルトの水溶液を使うと緑色に出る。

【碁石遊】ごいしあそび

碁石を使い行なう遊戯。日本では室町時代以前から「盗人かくし」「佐々立(ささだて)」「島立」「十不足」「百五減」「まま子立て」などの碁石によるパズル遊びが，中国から伝来して行なわれた。

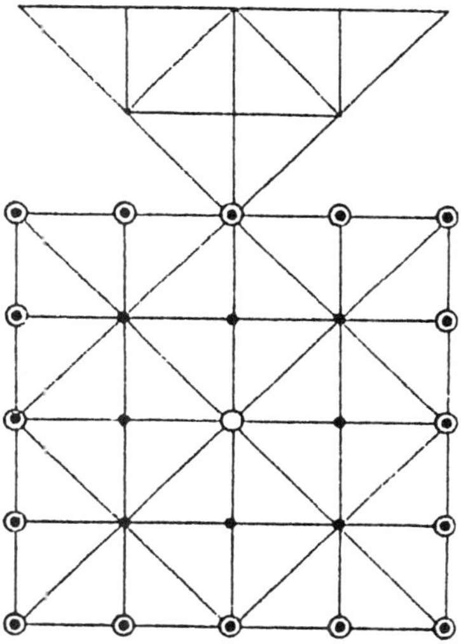

十六六指(じゅうろくむさし)　十六武蔵とも書く。江戸時代から明治の中葉まで行なわれた室内遊戯。盤は方形と三角形をつないだ形で，内側を縦，横，斜めの線で区分，計33の点がある。方形の中央に親石を置き，周囲に16個の子石を配する。親は線のところを1こまずつ動き，子の間に割り込むと，両側の子を取る。子は間に割り込まれないようにして，親の進路を妨げ，三角形の牛部屋あるいは雪隠(せっちん)に追い込んで動けないようにすると勝となる。反対に親が子を取ってしまうと親の勝。原形は平安時代に中国から伝来した八道行成(やさすかり)と考えられる。

碁石遊びの例　aとbは「盗人かくし」，cは「まま子立て」，bは「なぞの黒白」

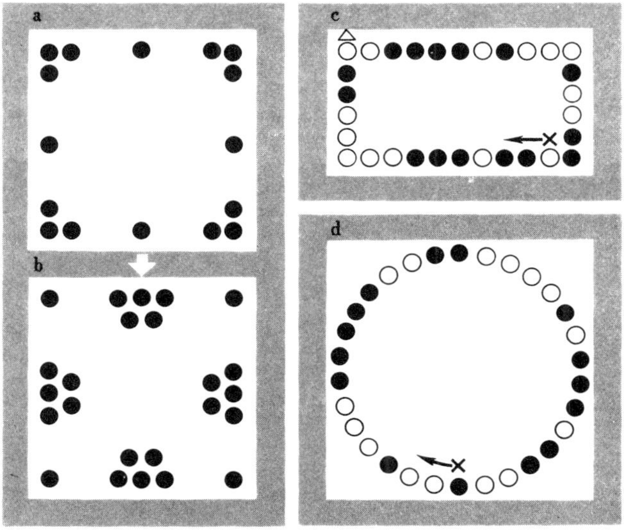

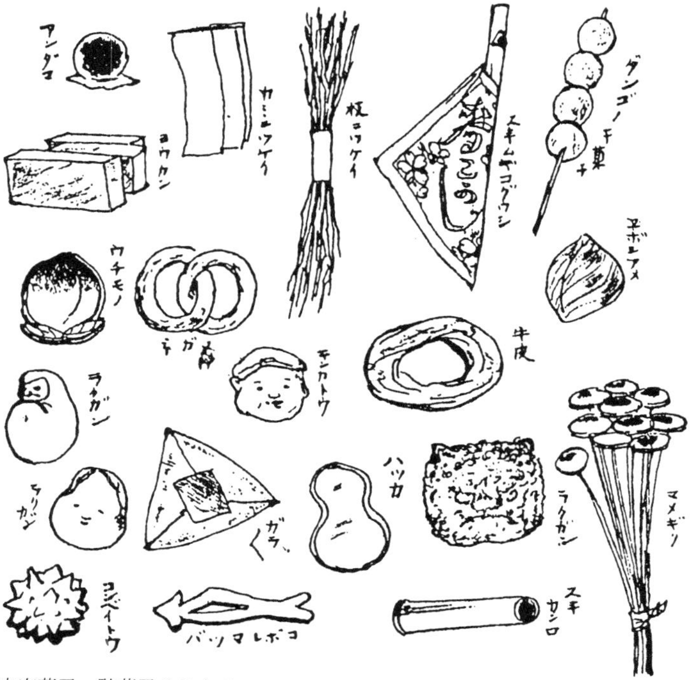

一文字菓子　駄菓子のことで安価な材料でつくった子供用の菓子

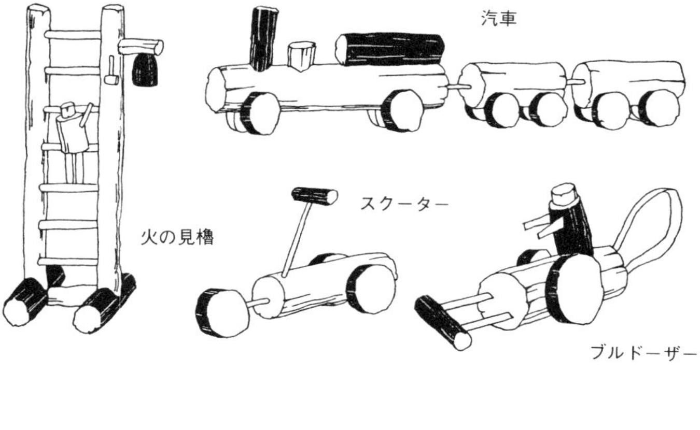

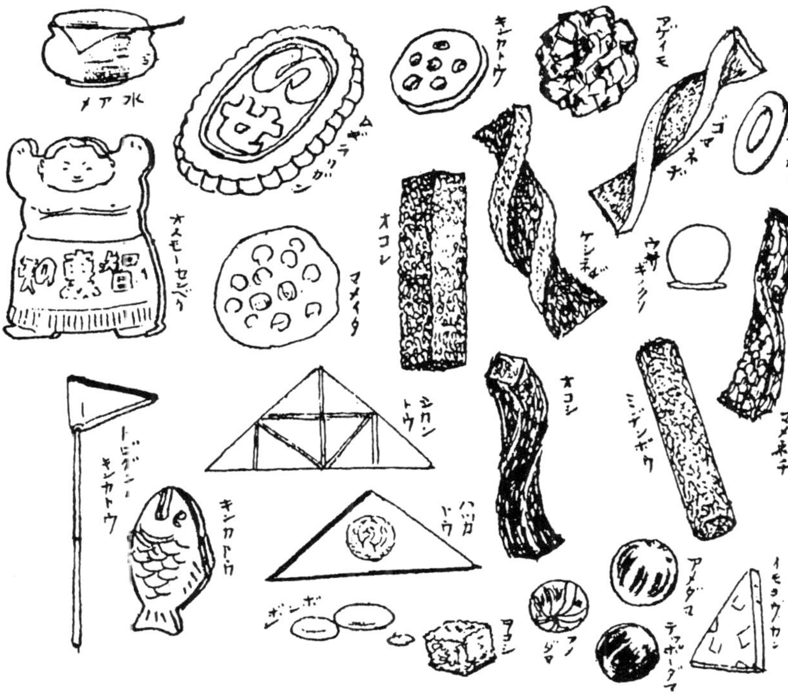

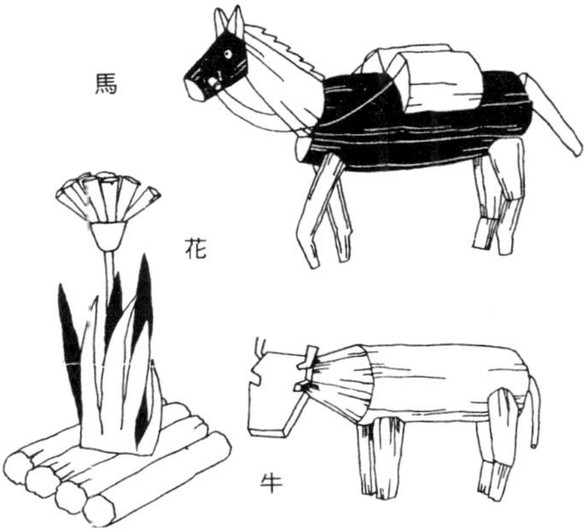

黍(キビ)　イネ科の一年生作物。東アジア原産といわれる。初夏に種子をまき，秋収穫。種子をだんご，もち，酒などの加工原料，飼料とするほかに乾燥した茎の髄をきびがら細工に使う。

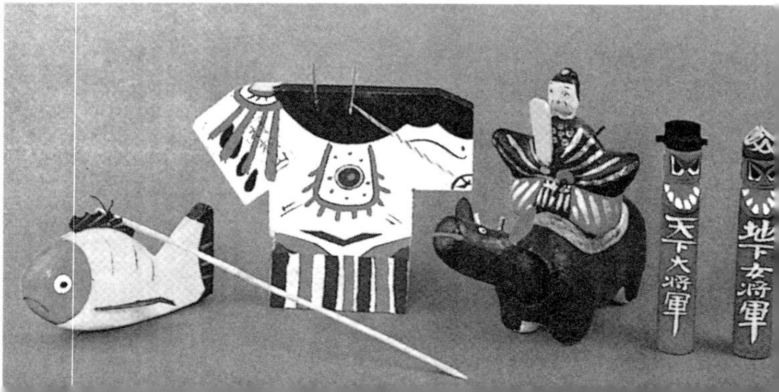
天下大将軍
地下女将軍

左　左から宇都宮の黄ぶな，茨城県村松山の真弓駒，埼玉県船渡の牛のり天神，埼玉県飯能の将軍標　上　こけし，説明は128ページ

【 郷土玩具 】きょうどがんぐ

江戸時代に，各地方で土地の風物，習慣，信仰に結びついて作られ，正月・盆の節日や社寺の縁日に売られ，また湯治場のみやげ物とされた玩具を起源とするものが多い。土人形，張子，木彫のものなどいろいろな種類があるが，明治以後，一括して郷土玩具の名で呼ばれるようになった。現在では，その生産は衰えたがおとなの観賞用玩具として愛好されている。

前ページ　こけしは東北地方の郷土玩具。木牌子，小芥子などと書く。ろくろ細工の木製人形で，円筒形の胴に丸い頭をつける。もと木地屋の副業としてつくられ，明治初期から東北地方の温泉場のみやげとして売られ，大正半ば以後広く愛好されるようになった。産地によって特色があり，土湯・弥治郎・遠刈田・鳴子・作並・蔵王・木地山・南部・津軽の各系統などに分けられる。前列左から花巻のきなきな坊(南部系)，宮城県蔵王の遠刈田系。前列右の３点は山形市のこけしで，その系統は左から宮城県の作並系，宮城県の鳴子系，山形県の肘折系。後列左から，青森県温湯(ぬるゆ)の津軽系，秋田県の木地山系，福島県の土湯系，宮城県白石の弥治郎系，山形県温海(あつみ)の蔵王高湯系。後列右端は栄五郎形と呼ばれる弥治郎こけしの一種。

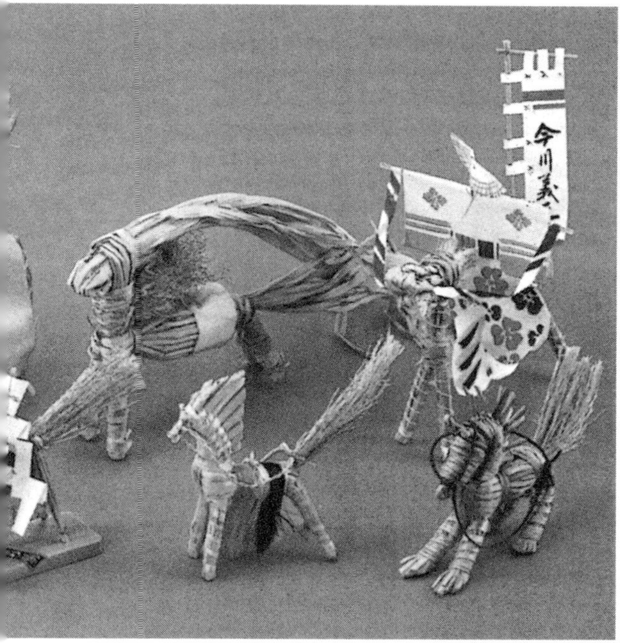

わら馬　稲・麦のほか、スゲ、マコモ、ホウキグサなどでもつくる。前列左から東京調布深大寺の赤駒、山梨県甲府の甲斐駒、長野県諏訪のわら馬、岐阜県飛騨の勇み駒。後列左から新潟県新井のすげ荷馬、岩手県花巻の忍び駒、千葉県手賀沼地方のまこも馬、福岡県芦屋の八朔の馬。

木馬　左から福島県三春の三春駒、岩手県盛岡の南部ちゃぐちゃぐ馬こ、宮城県仙台の木下駒、青森県八戸の八幡駒2種で、赤駒は機械仕上げの近代的なもので右端は手彫。三春駒、木下駒、八幡駒を日本三大木馬と呼ぶ。

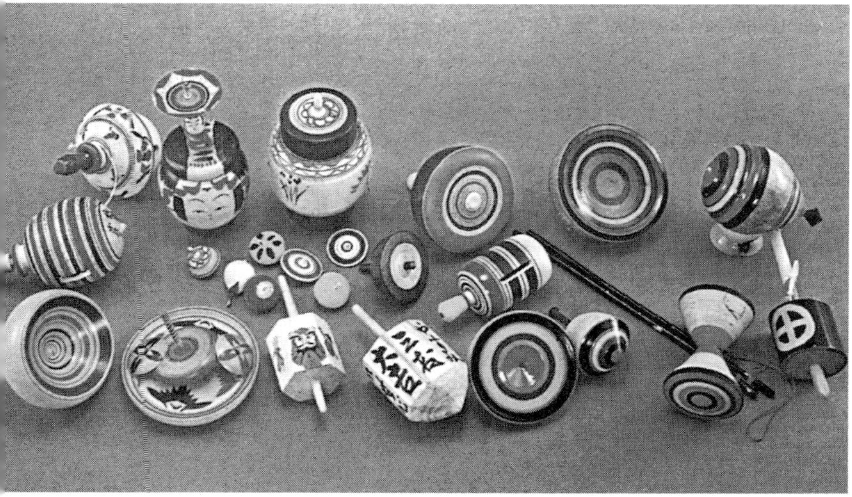

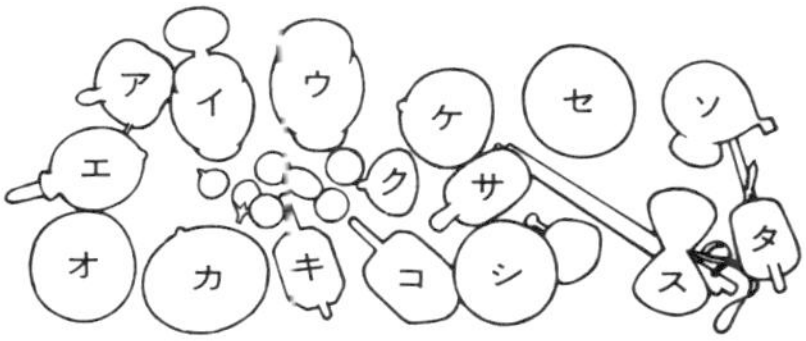

ア．宮城県遠刈田の釜風ごま　イ．宮城県弥治郎のこけしごま　ウ．山形県温海の提灯ごま，ふたもこまになり，中に手前の小さな野菜ごまなどが入っている　エ．秋田県木地山のうなりごま　オ．青森県弘前のずぐり　カ．宮城県鳴子の競馬ごま　キ．鳴子の六角ごま　ク．東京浅草のけんかごま　ケ．神奈川県大山の掛けごま　コ．鳥取の大吉ごま　サ．伊勢の竹ごま　シ．熊本の掛けごま２種　ス．佐世保のりゅご　セ．佐世保の掛けごま　ソ．佐世保のらっきょうごま　タ．宮崎県佐土原の神代ごま

左ページ
上は面　左から福島県久之浜の天狗面，上段左から高松の鬼面，鳥取の猩々面，倉吉の狼面。下段左から豊橋の鍾馗面，三春の獅子面，京都嵯峨の雷神面。
中　東北地方の郷土玩具。左から会津若松の会津天神，花巻の鹿踊，弘前の扇ねぷたと金魚ねぷた，福島県久之浜の熊のり金太郎。
下　東京の郷土玩具。左から浅草の犬張子とざるかぶり犬，雑司ヶ谷のすすきみみずく，柴又のはじき猿，富士神社のわら蛇。

上は土人形　上段左から青森県弘前の下川原土人形，秋田県横手の中山土人形浦島，愛知県起の武者人形，京都伏見土人形まんじゅう食い，長崎の古賀人形おらんださん，熊本県玉東の木の葉猿，佐賀県鹿島の能古見人形面浮立。下段左から秋田県八橋の土人形牛のり天神，仙台の堤人形，長野県諏訪の鳩笛，富山の土人形，広島県宮島の鹿猿，大阪府堺の湊焼土人形(堺土人形)，南蛮人形３点，岡山県蒜山地方のうわはん人形５点，福岡県筑後の赤坂土人形三番叟。

左　四国地方の郷土玩具。左から徳島のアイつきお蔵，愛媛県松山の花まり，愛媛県宇和島のぶうやれ，右は高松張子。後ろの背の高いのが越後獅子，ほかの五つが嫁入人形。

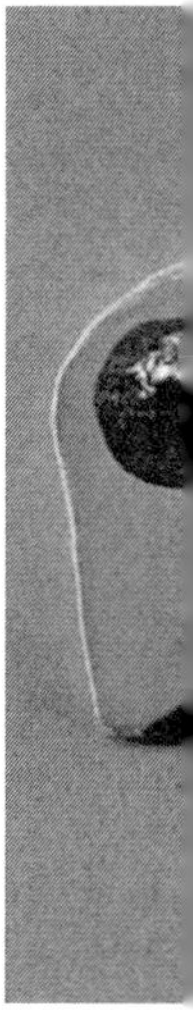

上はだるま。前列左から会津若松の起き姫，東京調布深大寺の目なしだるま2点，諏訪の炭だるま，甲府の子持ちだるま，新潟の三角だるま，愛媛県松山の姫だるま，高知の女だるま。中列左から仙台の松川だるま，千葉県柏の女だるま，金沢の八幡起上り，甲府の信玄だるま，豊橋の目なしだるま，大分県竹田の女だるま，博多の男だるまと女だるま。後列左から仙台の開運だるま，仙台の火伏だるま，三春のだるま，神奈川県大山のだるまおとし，倉吉のだるま，高松のおかめだるまと猩々だるま。
右は牛。左から会津若松の首ふり赤べこ，岩手県花巻の俵牛，花巻の金べこ。

136ページ　上は鳥　左の二つは山形県米沢の笹野彫。尾長鶏とお鷹ぽっぽ。中央は東京亀戸天満宮の鷽(うそ)。右は福岡県太宰府天満宮の鷽。いずれも1本の木から削り出し簡単な彩色をしたもの。下　長崎県郷ノ浦の鬼ようちょう，または鬼凧と呼ばれている変形凧。

137ページ　上は張子の虎。左から出雲・福島久之浜・三春の虎。
下は中国地方の郷土玩具。左から鳥取の流し雛，倉吉の張子はこた人形，尾道の田面船，下関のフグ提灯と笛。

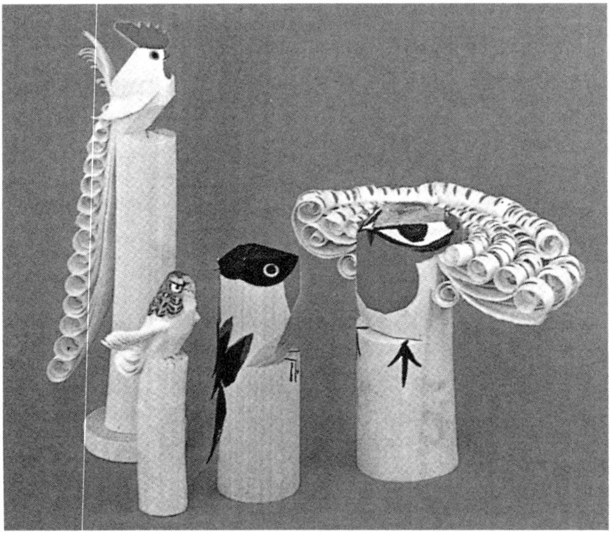

右　鳥　下　凧（説明は134ページ）

上　張子の虎　右　中国地方の郷土玩具

【 御伽草子 】おとぎぞうし

室町時代の通俗短編小説の総称。狭義には，江戸時代，御伽草子と題して一括刊行された《文正草子》《鉢かづき》《物臭太郎》《一寸法師》《浦島太郎》《酒呑（しゅてん）童子》など23編をさすが，広義にはこれらに類似の小説群約500種をいう。作者・成立年代は未詳のものが多い。公家文学衰滅のあとをうけて登場。前代の物語・説話・軍記・歌書等から取材し，場面・登場人物も多方面にわたる。構想・表現ともに稚拙で文芸性に乏しいが，物語文学から浮世草子に至る過渡的作品として注目される。

【 お伽噺 】おとぎばなし

大名の話相手である御伽衆の手で整理・修飾された昔話のこと。今は童話の一形式。《かちかち山》《桃太郎》はその典型。

浦島太郎（うらしまたろう）室町時代成立の御伽（おとぎ）草子。丹後国の漁夫浦島太郎がカメを助けた縁で，竜宮におもむき美女に化したカメと契り，のち帰郷して玉手箱を開くと白髪の翁となったという話。浦島伝説は古く《日本書紀》《丹後国風土記》《万葉集》にもみえ，浦島の釣岩，墓，玉手箱を寺宝とする寺などもある。この伝説は動物報恩，竜宮，あけるなという禁忌をもつ宝箱の三つのモチーフからなり，沖縄にも伝わっている。

こがね丸　親の敵の虎を育て親の牛の協力で犬の兄弟が討つ。挿絵は武内桂舟画。

文福茶釜(ぶんぶくちゃがま)タヌキかキツネが貧しい男の好意にむくい，茶釜に化けて寺へ売られていく昔話。文福は茶釜の湯が沸く音の擬音。群馬県館林の茂林寺が有名だが全国的に分布。釣鐘に化けて寺へ売られたり，馬や美女に化けて長者に売られる話にもなっている。

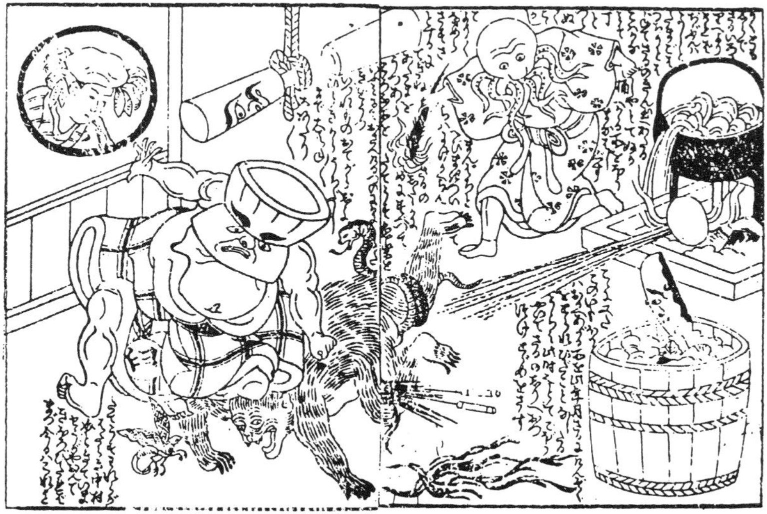

猿蟹合戦(さるかにかっせん) 昔話。サルがカキの種と交換にカニの握り飯をだましとり，カキに実がなるとそれもだましとるが，カニはクリ，ハチ，臼(うす)の助太刀で敵討(かたきうち)をするという話。曲亭馬琴の《燕石襍志》や赤本などで広まった。東北地方には，サルがカニ(ガマ)と共同でついた餅(もち)をだましとろうとして失敗する餅争いの話もある。後半の臼，卵，ハチ(針)，糞(くそ)などの助太刀で敵討をする民話は世界的に分布している。

かちかち山　昔話。悪いタヌキが婆(ばば)を殺して化け，婆汁にして爺(じじ)に食わせる。ウサギが同情して，タヌキをしば刈にさそって火傷させ，さらに泥舟に乗せて水に沈める。敵を土舟に乗せて敵討(かたきうち)をする話は東南アジアの島々に伝わっており，沈められるのはサルかジャコウネコである。

舌切雀(したきりすずめ)　糊(のり)をなめて婆(ばば)に舌を切られた雀の昔話。やさしい爺(じじ)は雀の宿をたずね宝物をもらうが，婆はそれをまねして失敗。雀の報恩談は，腰折れ雀を助けた恩返しに米のなる瓢(ふくべ)をもらう話など類話が多く，《宇治拾遺物語》にもみえ，朝鮮，中国にもある。

桃太郎(ももたろう)　昔話。川上から流れてきたモモまたは香箱から生まれた男の子が鬼ヶ島征伐をし家を富ませる。後半は地獄から姫を連れてきたり，花咲爺や猿蟹合戦の話と混交する地方もある。瓜子姫や一寸法師とともに，神から授かった「小さ子」が漂着，特異な能力を発揮する昔話。

日本最初の牛痘法宣伝ビラ(安政年間・江戸)

【牛痘】ぎゅうとう

ウシの天然痘。普通は全身症状を起こさず，乳房に限局した数個の痘疱(とうほう)を生ずる。牛痘ウイルスはヒトの皮膚創傷から感染し痘疱を生ずるが，一度牛痘にかかれば，人痘に対する免疫を獲得する。この事実をジェンナーが痘瘡予防に利用した。

學書

学校　小学校　ペン　鉛筆　万年筆　シャープペンシル
ボールペン　活字　仮名　印章

十二支の六番目　巳(み)
伊勢の土製巳玉

上　足利学校全図
下　大学寮平面図

右ページ上　昌平黌　1691年湯島へ移
転時の図　下　1798年の新校舎の図面

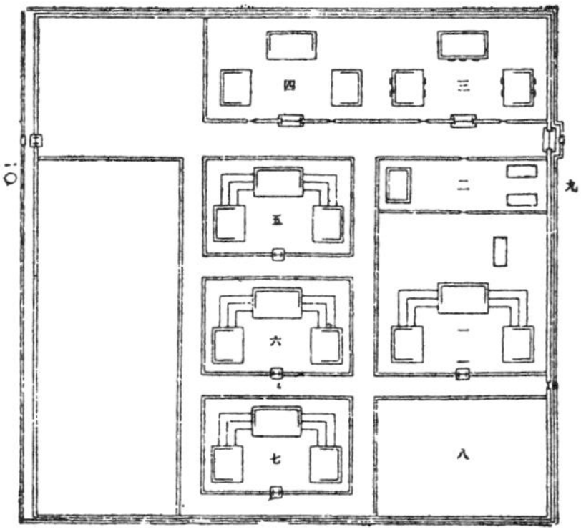

足利学校　足利市昌平町にあった中世の学校施設。創立者は諸説あるが足利義兼説が有力。1439年上杉憲実が学則を定め，学校として整備した。以後，上杉・北条・徳川氏の保護を受けて継続，1872年校務を廃した。現在は足利学校遺跡図書館。史跡。

【 学校 】がっこう

児童・生徒・学生を教師が一定期間，系統的に教育する施設。初等・中等・高等教育の３段階のうち，先進国では前期中等教育まで義務制。日本では戦後学校教育法により六三三四制に移行，義務教育を９ヵ年に延長。小学校，中学校，高等学校，大学などがある。

大学　唐を模範として創設され，律令制で官吏養成機関として整備。式部省大学寮の所管。博士(はかせ) 1，助博士 2 (養老令では助教)が主として儒教古典を教授した。音(おん)・書・算の博士各 2 が読み・書き・算術の基礎を担当。

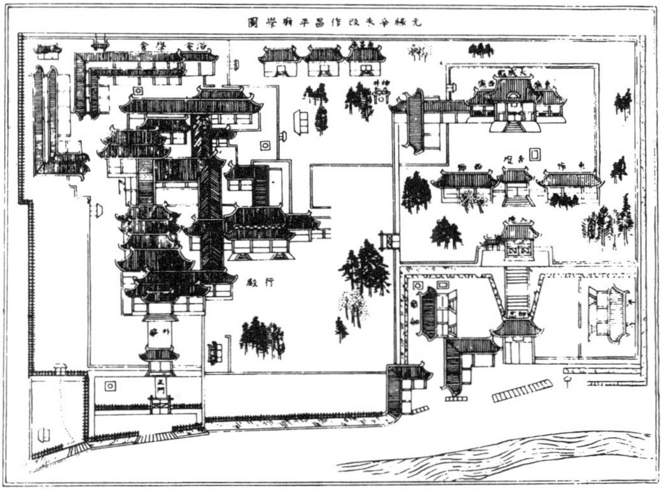

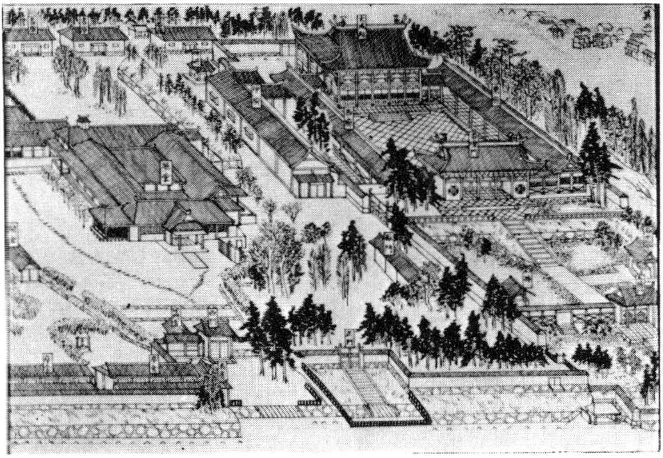

昌平黌(しょうへいこう)　江戸幕府の学問所，直轄学校。1691年将軍徳川綱吉が江戸上野忍岡から聖堂とともに林家の家塾を湯島に移し，次第に官学化したもの。幕府教学の本山という位置にあり，林家が大学頭(だいがくのかみ)として主宰，朱子学を講じた。寛政異学の禁に際し，昌平坂学問所と改称，旗本の子弟などのほか，一般の聴講も許すこととした。明治維新ののち昌平学校，次いで大学校と改称されたが，1871年廃止。

上　1781年刊《孝経童子訓》巻頭に描かれたもの。現存する寺子屋の図のうち最古のものの一つとされる。
下　元禄時代の寺子屋。1693年刊の《男重宝記》から。

寺子屋　寺小屋とも記。江戸時代の初等教育機関。武家子弟向きのものもあったが，おもに庶民子弟を収容。中世の寺院教育が起原。多くは平民が経営，明治初年までの開設数約１万5000。手習を通して読み書きを教えるものが多く，後には算術(そろばん)も加えられた。

教科書　学校で教科のおもな教材として学習に用いられる図書。日本では往来物が先駆。一般に認可・検定・国定等の制度がある。1886年から検定制，1903年から国定教科書，戦後は小・中・高の各学校では，文部省著作または文部大臣の検定を経たものが使用を許される。

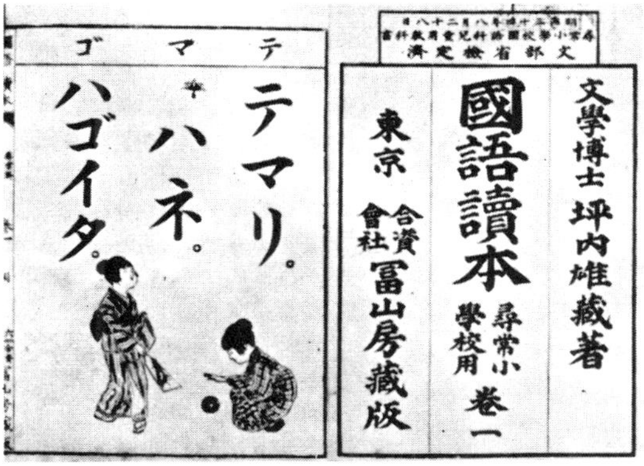

上 坪内雄蔵編《国語読本》表紙と本文
左 文部省編《読書入門》表紙と本文

国定教科書　教科書の編集を政府機関(文部省)が行ない，その内容に基準性を与えようとしたもの。結果的には，教科書が画一化し，その内容に国家権力の意図するものが入ってくる。日本では，1903年から小学校の教科書が国定とされ，忠孝の教育が強調された。48年以降は検定制に移行。

【小学校】しょうがっこう

初等普通教育を施し，学校系統上最も基礎的な段階をなす義務制の学校。日本では寺子屋の系譜をひき，1872年学制により4年制で出発。86年尋常小学校4年(義務制)，高等小学校4年の2段階となり，1907年尋常小学校6年，高等小学校2～3年に改編，41年国民学校(初等科6年，高等科2年)と改称。戦後47年の学校教育法による六三三四制の実施に伴い，初等科を小学校に再編，義務教育9年の前期とされた。就学年齢満6歳から。

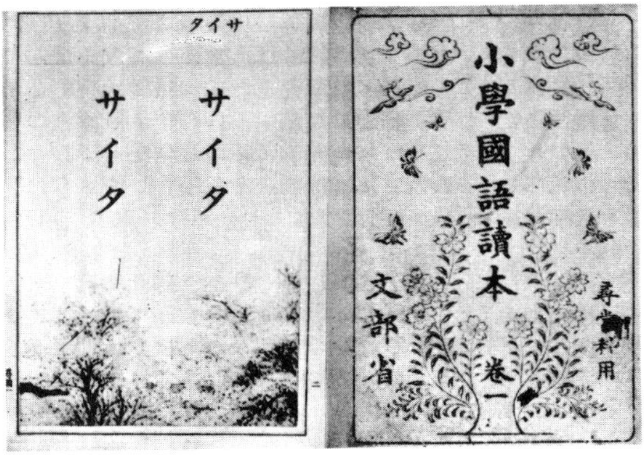

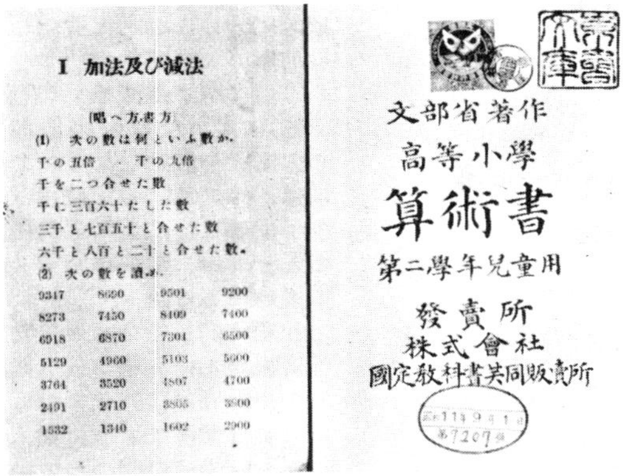
I 加法及び減法

唱へ方書方

(1) 次の數は何といふ數か。
千の五倍　千の九倍
千を二つ合せた數
千に三百六十たした數
三千と七百五十と合せた數
六千と八百と二十と合せた數。
(2) 次の數を讀め。

9347	8690	9501	9200
8273	7450	8409	7400
6918	6870	7304	6500
5129	4960	5103	5600
3764	3520	4807	4700
2491	2710	3855	3500
1532	1340	1602	2000

文部省著作
高等小學
算術書
第二學年兒童用
發賣所
株式會社
國定教科書共同販賣所

国定時代（1903～46）の教科書。上は文部省著《小学国語読本》の表紙と本文。左は文部省著《高等小学算術書》の表紙と本文。

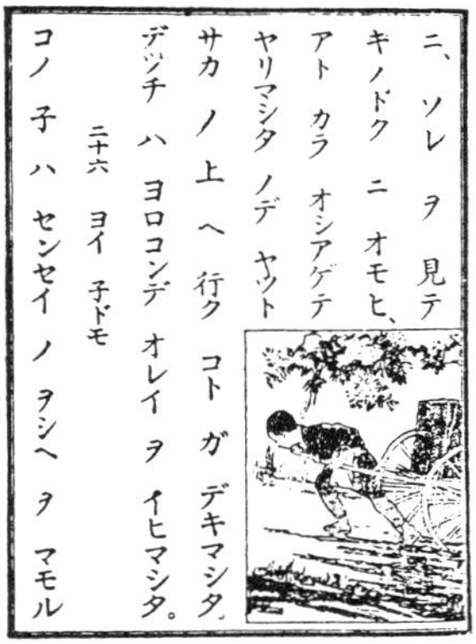
ニ、ソレ ヲ 見テ
キノドク ニ オモヒ、
アト カラ オシアゲテ
ヤリマシタ ノデ ヤット
サカ ノ 上 ヘ 行ク コト ガ デキマシタ。
デッチ ハ ヨロコンデ オレイ ヲ イヒマシタ。
二十六 ヨイ 子ドモ
コノ 子 ハ センセイ ノ ヲシヘ ヲ マモル

ヨイ 子ドモ デス。學校 ニ 行ツテ モ、
家 ニ ヰテ モ、ココロガケ
ガ ヨク、トモダチ ト ハ
ナカ ヨクシ、人 カラ ウケタ
オン ヲ ワスレズ、ジブン ノ
コト ハ ジブン デ シ、
イツモ テンノウ ヘイカ ノ
ゴオン ヲ アリガタク

1918年から昭和初期にかけて使用された修身教科書の本文と挿絵。

訓点　漢文の訓読を示すため，原漢文に記入した文字・符号の総称。一般に句読点，返り点，送り仮名および振り仮名を用いる。振り仮名は片仮名が主だが近時は平仮名をも交用する。訓点の記入は８世紀末ごろから生じ，最初は句読点，返り点のみであったが，９世紀に入ると振り仮名，送り仮名も生じた。当初は万葉仮名，平仮名，片仮名を併用し，また多くはヲコト点と交用した。10世紀ごろから仮名は片仮名がもっぱら用いられた。

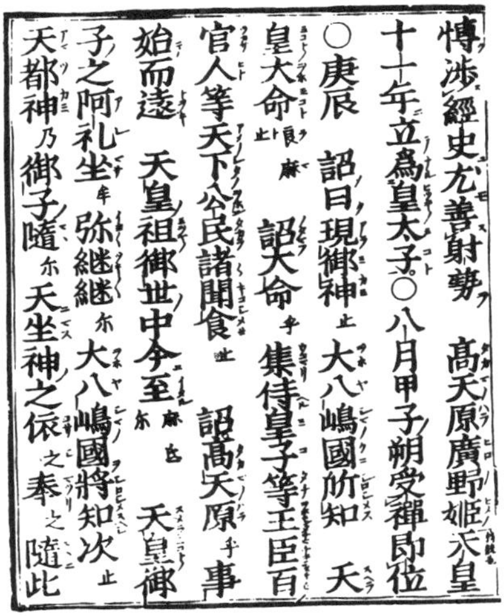
博渉經史尤善射藝　高天原廣野姫天皇
十一年立為皇太子○八月甲子朔受禪即位
○庚辰　詔曰現御神止大八嶋國所知天
皇大命良麻止詔大命乎集侍皇子等王臣百
官人等天下公民諸聞食止詔高天原尒事
始而遠　天皇祖御世中今至麻弖尒　天皇御
子之阿礼坐牟弥継継尒大八嶋國將知次止
天都神乃御子隨尒天坐神之依之奉之隨此

訓点の例　木版本《続日本紀》の文武紀から

千字文(せんじもん)　中国の習字手本および初学教科書。梁の周興嗣(470？～521)撰。四言古詩250句計1000の異なった漢字からなる。東晋の王羲之の筆跡中から集めたといい，唐代以後普及した。智永の《真草千字文》，懐素の《草書千字文》が名高い。日本へは，《古事記》によると，応神天皇16年に百済の王仁(わに)が伝えたという。王羲之の筆跡の模本が天平年間に渡来し，現存する。

《図画音訓平仄韻付千字文》絵入千字文の中で代表的なもの

【ペン】ペン

インキをつけて書く筆記具。ラテン語が語源，古くはガチョウなどの羽根の軸を削って使用。のち，切れ目を入れ中央に穴をあけた鋼製ペン先，金ペンの先にイリジウムをつけた万年筆用ペン先等が作られた。用途により製図用，事務用，日本字用，鉄道用など種類が多い。

インキ　一般筆記用のブルーブラックインキは，タンニン酸または没食子酸の水溶液に硫酸第一鉄を加えたものが本体で，これに少量の硫酸，アラビアゴム，防腐剤，アニリンブルーなどの青色染料を加えてある。筆記後，空気に触れると第一鉄イオンが酸化され，タンニン酸第二鉄，没食子酸第二鉄の堅牢な黒色沈殿を生ずる。

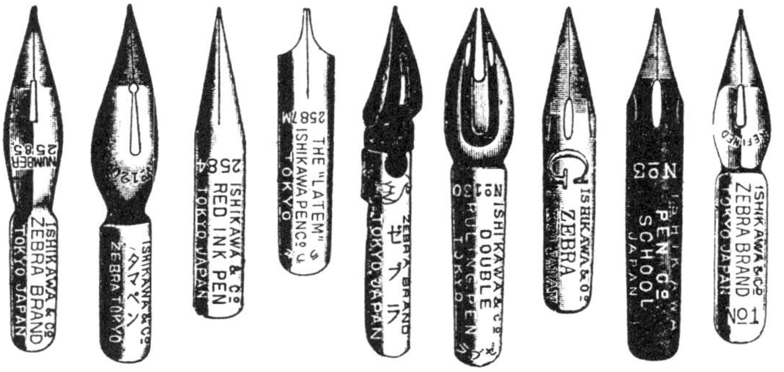

日本字ペン　玉ペン　赤インキペン　ラテンペン　二重ペン　鉄道ペン　Gペン　学校ペン　銀行ペン

単線ラウンドペン(左11本)と複線ラウンドペン

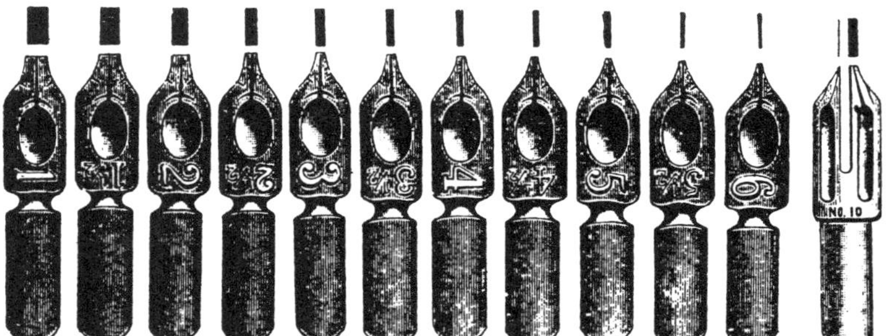

消ゴム　文房具の一種。鉛筆書きを消すのに使用するゴム。生ゴム10%に塩化イオウと植物油を混ぜた白サブスティチュート35%のほかイオウ，リトポン，沈降性炭酸カルシウム，鉱物油などを混和して製造。また植物油と塩化イオウを主原料とした油性消ゴム，金剛砂，ガラス粉などを配合した堅めのもの，プラスチック製などもある。

鉛筆のできるまで　鉛筆の長さに切った板にみぞをほり，芯をならべて入れ，はり合わせ，片面ずつけずり，切断し，塗装などの加工をする

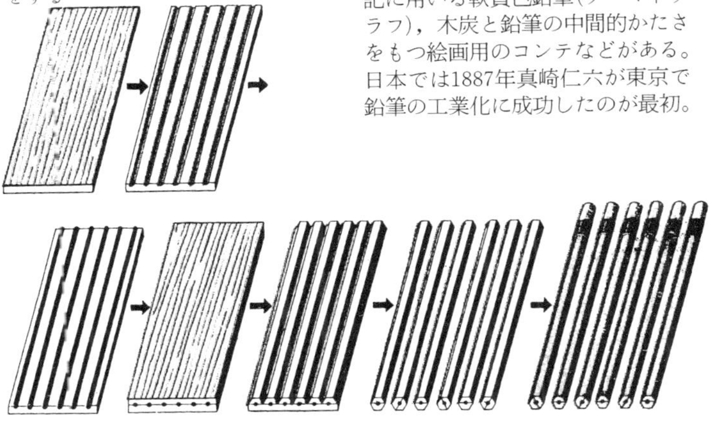

【鉛筆】えんぴつ

鉛筆の心は黒鉛粉末と粘土を練り合わせ，プレスで押し出し，るつぼで焼成，油をしみ込ませてつくる。軸木はシナノキ，ハンノキ，ヒノキなどが使われるが，北米産のレッドシダー，インセンスシダーが最高級とされる。芯(しん)のかたさはHBを中心に９Ｈ～６Ｂまで H が多いほどかたく，Ｂが多いほどやわらかい。色鉛筆は，白色粘土，蠟(ろう)，顔料などを混合，JISでは48色を規定。ほかに芯を紙テープで巻き，ガラスなどへの筆記に用いる軟質色鉛筆(ダーマトグラフ)，木炭と鉛筆の中間的かたさをもつ絵画用のコンテなどがある。日本では1887年真崎仁六が東京で鉛筆の工業化に成功したのが最初。

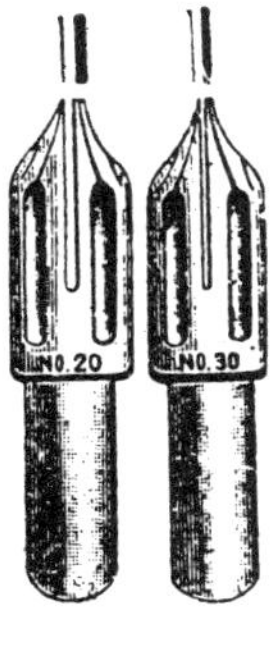

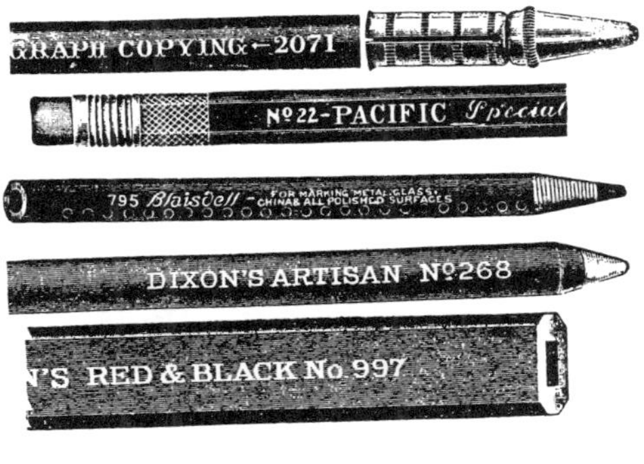

各種の鉛筆　上から冠付鉛筆、消ゴム付六角鉛筆、紙まき鉛筆、軸に直接消ゴムをつけたもの、赤黒両芯大軸鉛筆

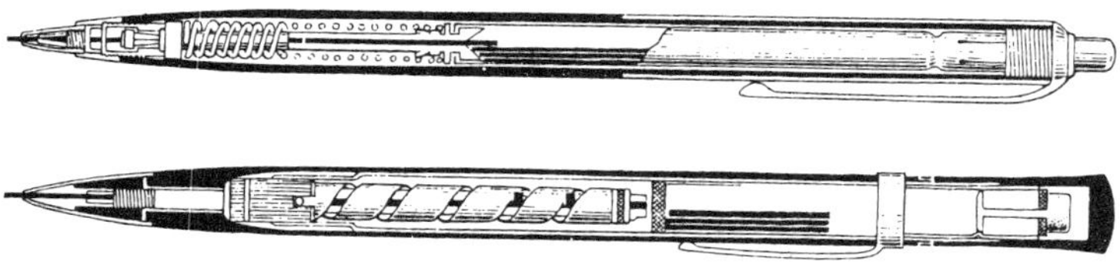

万年筆の構造　左　てこ式　レバーを矢印の方向に動かすと，ばねがゆるんで圧迫されていたゴム・チューブがしだいにふくらみ，それと同時にインキが吸い込まれる。中　スペア式　インキがすでに入っているチューブ(スペア)を取りかえてインキを補給する。図はキャップのいらない万年筆で，ノブを上にあげるとペン先が軸内に隠れる。右　スタイログラフィック・ペン　分銅を内蔵した軸の先に針がついていて，ペン先を下にすると分銅の重みで上からのインキの流れを止める。右下は書いているときのペン先の拡大図。紙面で押し上げられた針は分銅を持ち上げ，インキは矢印のところをつたわって毛細管のペン先に流れ込む。現在では製図用に活用されている。

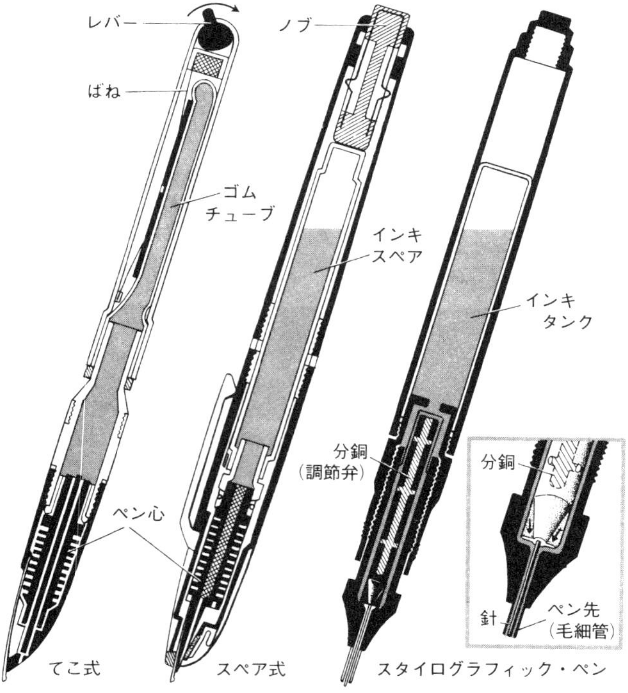

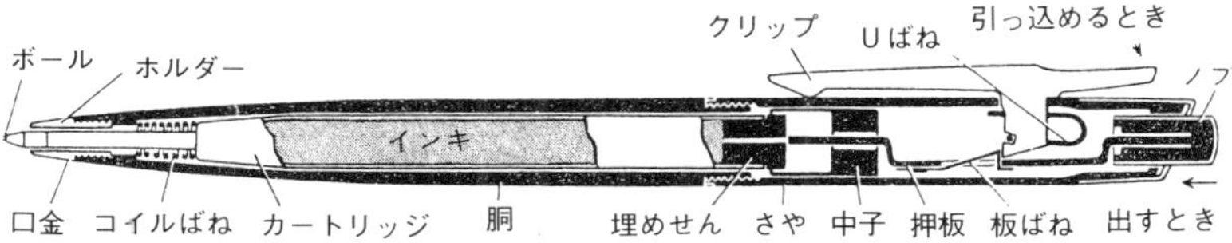

上　ボールペンの構造
左ページ上　シャープペンの構造

先端のボール拡大図

インキ止め式万年筆

スポイト式万年筆

てこ式万年筆

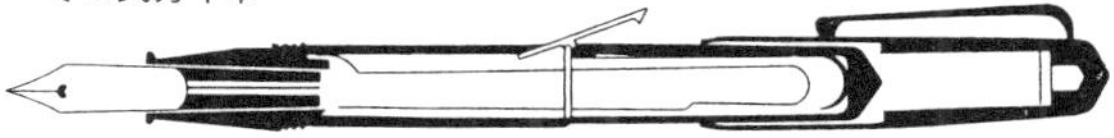

【 万年筆 】まんねんひつ

軸内にインキをたくわえ，これが使用時に自動的にペンの先に流れ出る携帯用筆記用具。金または白金，イリジウム製のペン先を使用。細いプラスチックの容器にインキを入れ，なくなればこれを交換するカートリッジ式，各種の方式でインキびんからインキを吸い上げて詰める吸入式に大別される。

【 シャープペンシル 】

芯(しん)を内蔵，必要に応じこれを繰り出して書く鉛筆の改良品。1837～38年頃，米国で「エバーシャープ」の商標で発売。日本では早川徳次が発売。芯を入れ替えることができるため長さが一定し，長期使用ができる。芯の繰出しには，らせんを利用し回転により芯を出す繰出し式，そのまま押し出す押出し式，軸端を押しスプリングにより芯を押し出すノック式などがあり，軸はプラスチック，金属などで作られる。

【 ボールペン 】ボールペン

筆記具の一つ。ペン軸先端の小球が，運筆に応じて回転し，軸内のインキは小球を伝わって流出し記録される。小球はタングステン炭素鋼，クロム鋼，ステンレス鋼，人造宝石などが使われ，直径は1.2ミリが標準，細字用には0.7ミリがある。1888年米国で発明された。インキもれの欠点があったが改良され，1940年代に商品化されて広く普及した。

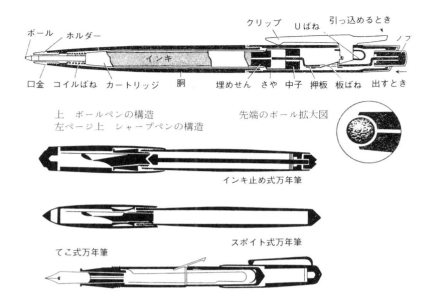

製図用具　製図に必要な道具類の総称。製図器械，定規類，物差，分度器，製図板類など。製図器械はコンパス，烏口(からすぐち)，ディバイダーなど数種類をセットにしたものが広く利用されている。これには英国式，ドイツ式，フランス式などがある。

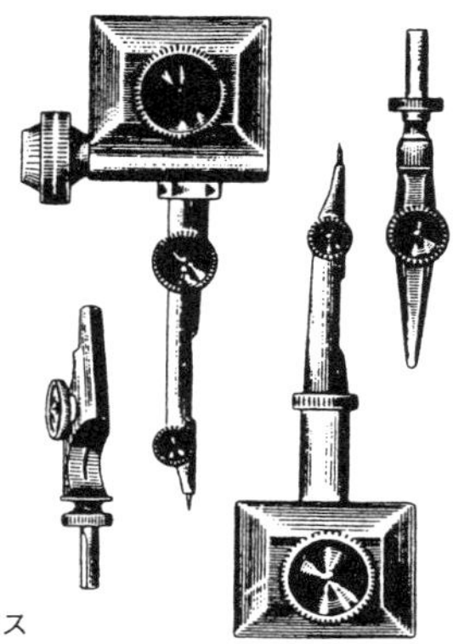

ビームコンパス

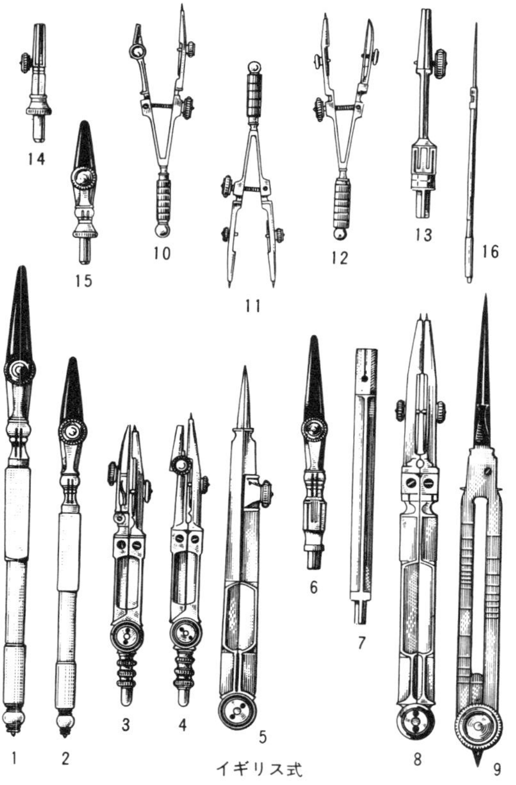

イギリス式

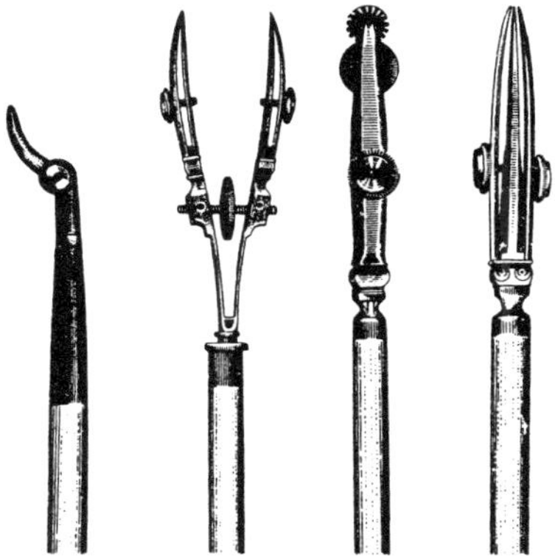

特別な烏口　左から曲線引き，双頭，点線引き，太線引き

下　製図器械　1.と2.烏口　3.烏口用中コンパス　4.中コンパス　5.ディバイダー　6.大コンパス用烏口　7.大コンパス用中継ぎ　8.大コンパス　9.比例コンパス　10.11.12.スプリングコンパス　13.大コンパス用鉛筆脚　14.中コンパス用鉛筆脚　15.中コンパス用烏口　16.ナイフ兼やすり　17.ドライバー　18.ドロップコンパス　19.ドロップコンパス用鉛筆脚

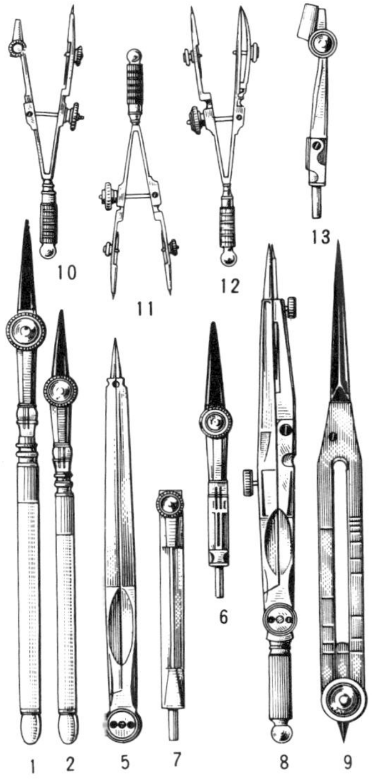

フランス式

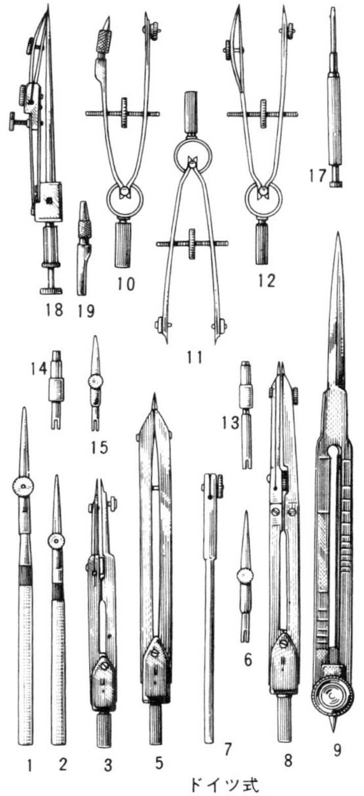

ドイツ式

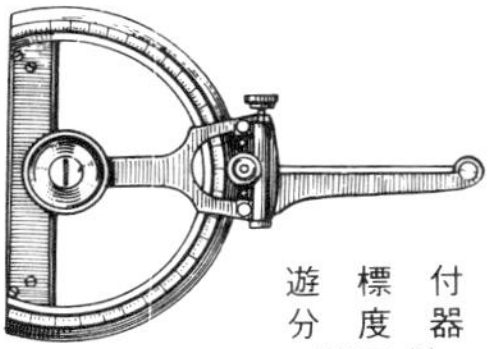

遊標付分度器
（半円式）

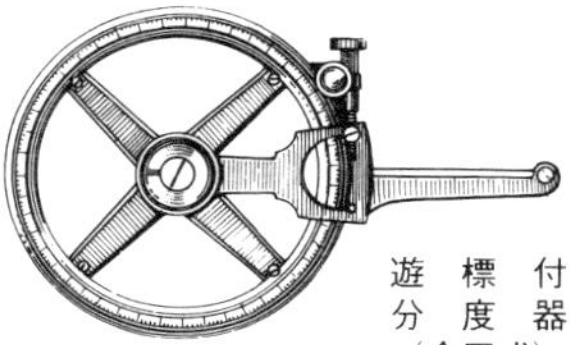

遊標付分度器
（全円式）

雲形定規

万能雲形定規

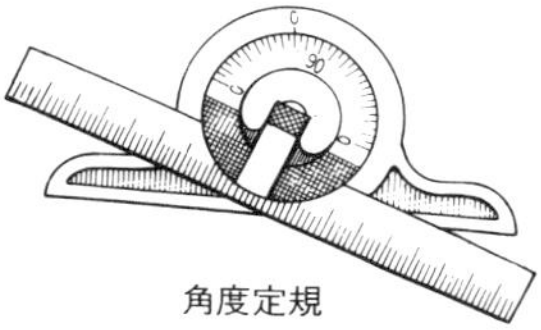

角度定規

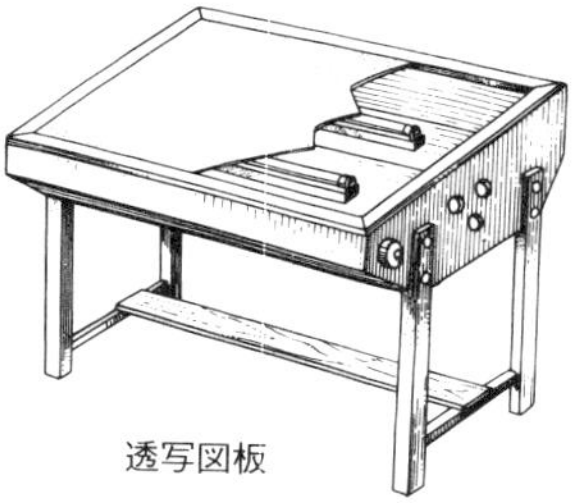

透写図板

傾斜自在製図机

製図板　製図に用いる木製の台板。材はヒノキが最高，ホオノキ，カツラのものや合板製もある。表面は平滑に作られ製図用紙がはりつけられる。左側面は板表面と正しく直角に，直線に削られ，T定規の頭の縁をこの面に当ててすべらせ，平行線を引く。

字消し板

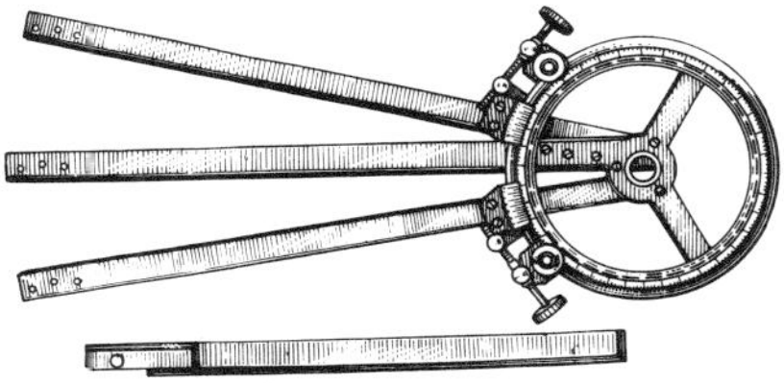

三杆分度器

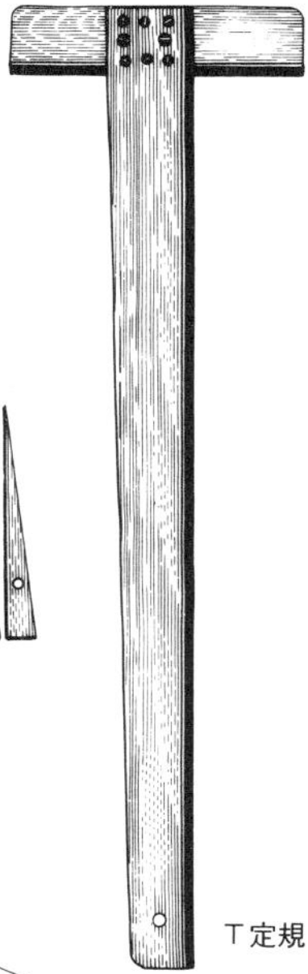

T定規

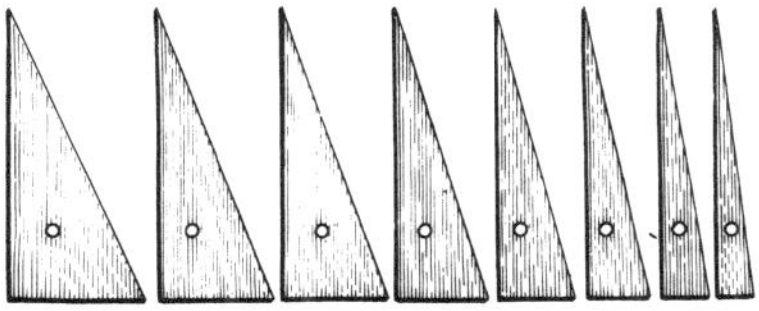

勾配定規

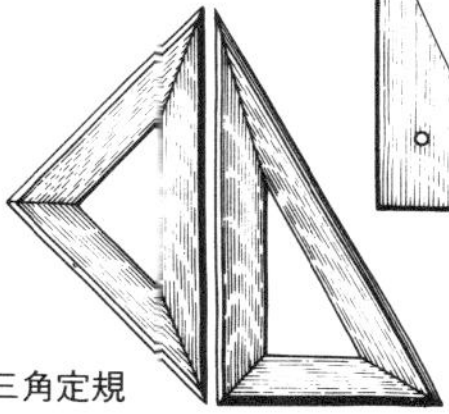

三角定規

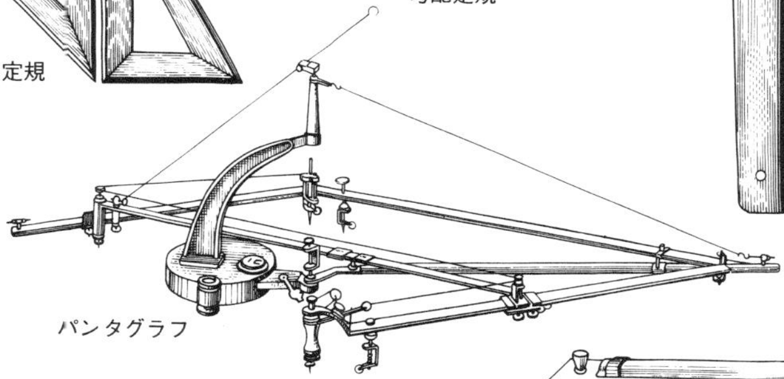

パンタグラフ

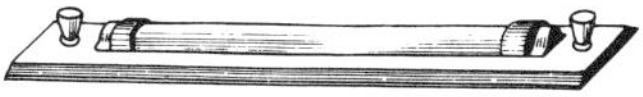

車付平行定規

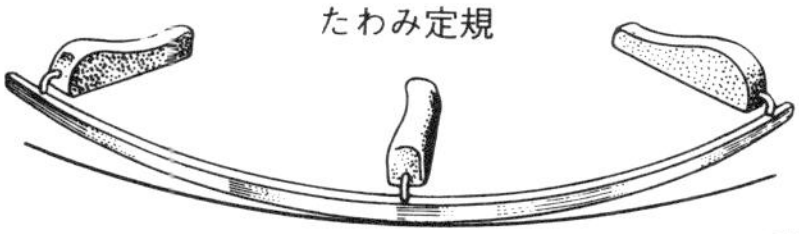

たわみ定規

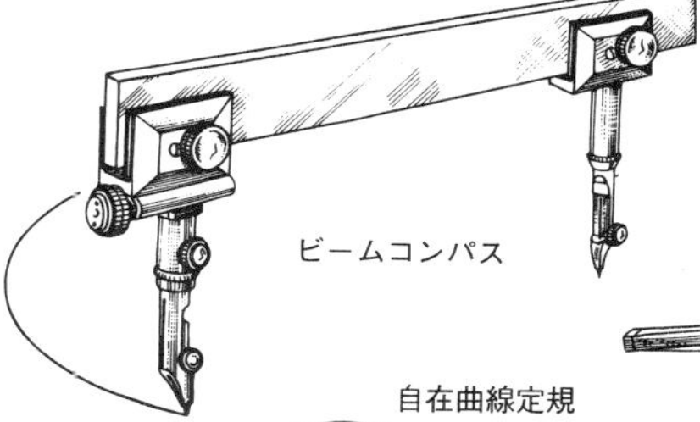

ビームコンパス

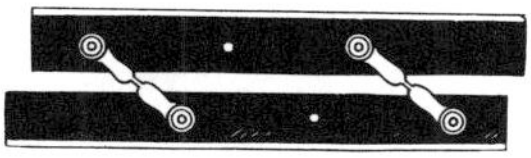

車なし平行定規

弓定規

自在曲線定規

【活字】かつじ

原則として１字ずつに分かれ文字面が凸形の版で，活版印刷に使用。活字合金を母型に鋳込んで造る。11世紀以降，中国・朝鮮で粘土または木製の活字が使用されたが，近代的な洋式活字は15世紀半ばにグーテンベルクが発明した。活字の大きさは背から腹までの距離を示し，単位は日本では古くから号数制(初～７号)とポイント制(36～４ポ)が使われてきた。

明《みん》朝体
ゴシック
教科書体
清《せい》朝体
宋朝体
アンチック

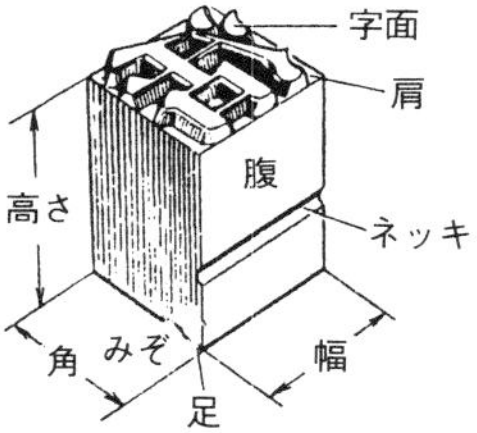

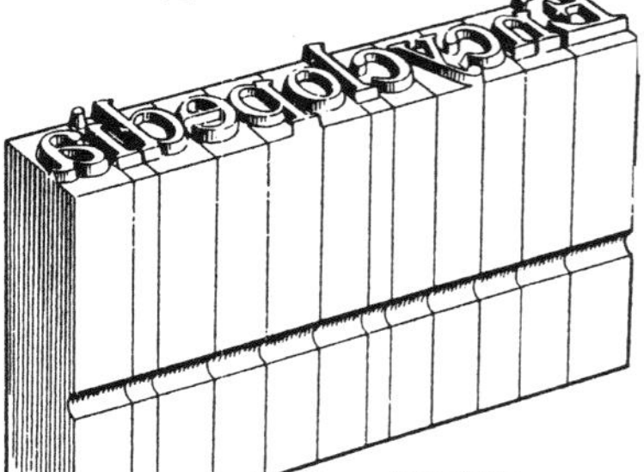

欧文活字

ポイント活字

36 ポ	明朝体
32 ポ	明朝体
30 ポ	明朝体
24 ポ	明朝体は
20 ポ	明朝体は他
18 ポ	明朝体は他の
16 ポ	明朝体は他の書
14 ポ	明朝体は他の書
12 ポ	明朝体は他の書体の
10 ポ	明朝体は他の書体の文字
9 ポ	明朝体は他の書体の文字に
新８ポ	明朝体は他の書体の文字に比
8 ポ	明朝体は他の書体の文字に比
7 ポ	明朝体は他の書体の文字に比較し
6 ポ	明朝体は他の書体の文字に比較して読み
5 ポ	みんちょうたいはたのしょたいのもじにひかく

他
也
の
書
本の
の文
文字
こに
比較し
て読み
読みやす
やすく，
やすく，
幾何学
的美しさと
かがくてきう

号数活字と大きさの関係

カッコ内の数字はポイント

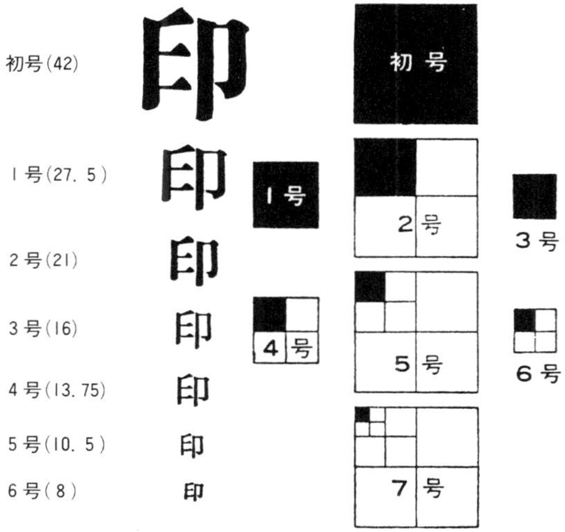

百万塔陀羅尼(ひゃくまんとうだらに)　764年恵美押勝の乱が平定されたとき，称徳天皇が100万の三重小塔をつくりその内部に納めた陀羅尼(梵語による呪言)。塔は木造，高さ約23センチで，770年完成。十大寺(南都七大寺，四天王寺，崇福寺，弘福寺)に分置され，現在法隆寺に伝わる102基が重文に指定されている。陀羅尼は，縦約5センチ，横17～50センチの紙に印刷されており，印刷方法は不明であるが，年代の明確な印刷物としては世界最古。

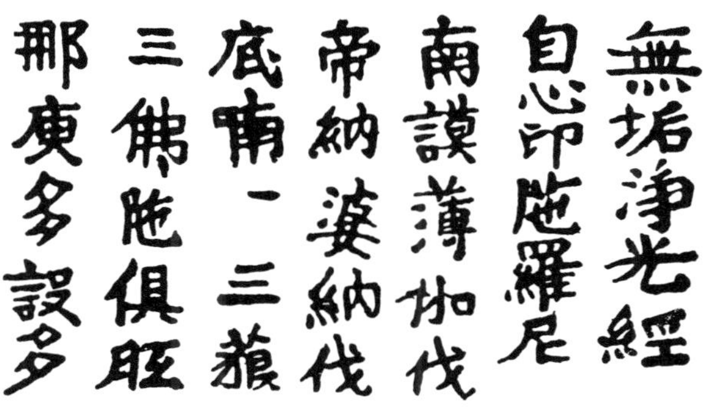
無垢浄光經
自心印陀羅尼
南謨薄伽伐
帝納婆納伐
底喃一三藐
三佛陀俱胝
那庾多設多

国字の例

俤(おもかげ)　働(はたらき)　凩(こがらし)　凪(なぎ)　峠(とうげ)　朤(さやけし)　杣(そま)　楾(はんぞう)　椙(すぎ)　榊(さかき)　栂(とが)　樫(かし)　栬(もみじ)　椛(もみじ)　柾(まさ)　榀(こまい)　畑(はた)　畠(はたけ)　畗(の)　笹(ささ)　芼(ところ)　萪(くたびれ)　籾(もみ)　糀(こうじ)　蚫(あわび)　蟷(ひむし)　睼(しかと)　襅(ちはや)　襷(たすき)　諚(じょう)　躮(せがれ)　躵(ねらう)　躾(しつけ)　躻(うつけ)　軈(やがて)　辻(つじ)　込(こむ)　迚(とても)　適(あっぱれ)　鎹(かすがい)　鐥(じん)　鎺(はばき)　鈨(はばき)　錵(にえ)　鑓(やり)　閊(つかえる)　鞆(とも)　鰚(はらか)　鮎(なまず)　鰯(いわし)　鱹(はえ)　𩸕(はえ)　鰙(はえ)　鱈(たら)　鯵(どじょう)　鯐(すばしり)　鮱(ぼら)　鮴(いさざ)　鮗(このしろ)　鯎(うぐい)　鱇(こう)　鯑(かずのこ)　鮩(あみ)　鯤(ぎぎ)　𩺊(あおさば)　鰀鱜(あいきょう)　鯒(こち)　鮲(まて)　鱰(しいら)　魞(えり)　鯏(あさり)　鴇(とき)　鳰(にお)　鵆(ちどり)　鴫(しぎ)　鵥(かしどり)　鶎(きくいただき)　鵤(いかるが)　麿(まろ)

(以上《同文通考》によって摘出

梺(ふもと)　雫(しずく)　颪(おろし)　忝(あたま)　𡝐(こなみ)　町(ままいもと)　妷(せ)　糈(くましね)　宊(うつぼ)　靭(うつぼ)　棰(たるき)　鞐(こはぜ)　鋲(びょう)　𣏚(もみじ)　櫌(おうち)　榁(むろ)　杤(とち)　桲(たく)　棔(かつら)　訶(か)　鶸(ひわ)　鰹(かつお)　鯰(なまず)　𩵨(なまず)　𩵖(たこ)　鮥(ぼら)　䳏(くいな)　狆(ちん)　鶇(つぐみ)　鱁(いるか)　𩶧(訓不明)　鮏(訓不明)　鱚(きす)　鰤(ぶり)　扠(さて)　憖(なまじい)　蘰(かずら)　綛(かすり)　毟(むしる)　𩚤(あさる)　怺(こらえる)　潶(はぐろめ)

(以上《国字考》にのみあるもの)

中国にはなく，日本でつくられた漢字。倭字(わじ)とも。訓のみで音がないのはふつうである。

鴇

鯏

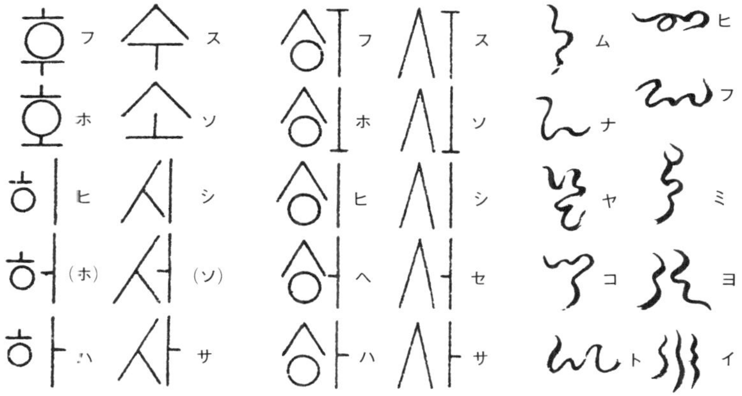

日文(ひぶみ)　日本固有の神から伝えられた文字とされる神代(じんだい)文字の一種。右は字母表の一部で合理的な意味を見いだし得ない。中は平田篤胤が《神字日文伝》で支持した阿比留(あびる)文字。しかし明らかに左のハングル文字に類似している。

壹貳參肆伍陸漆捌玖拾

1　2　3　4　5　6　7　8　9　10

大字　漢数字一，二，三，……の代りに領収書などで使用，改変を防ぐ。

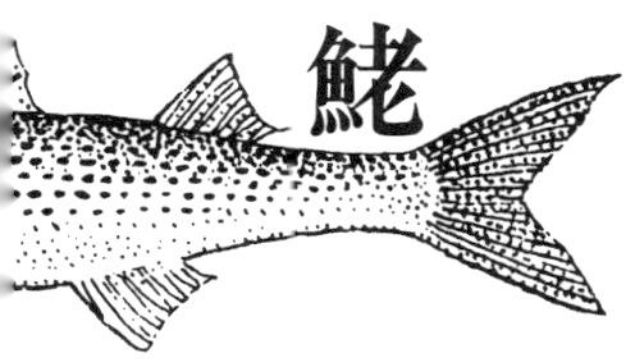

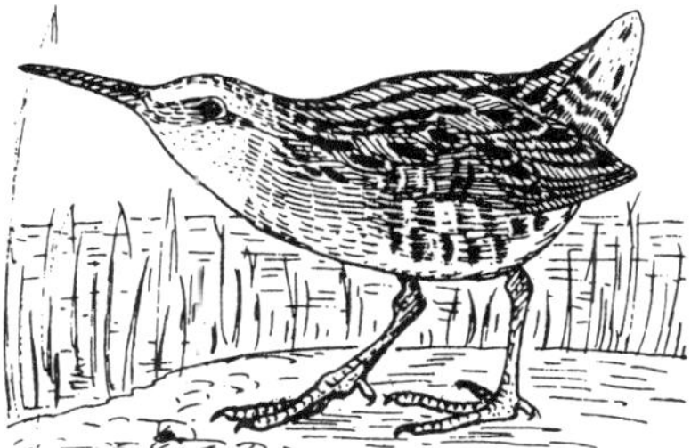

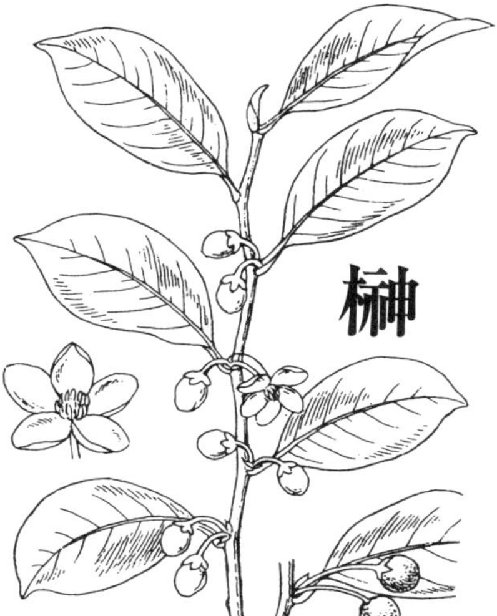

【仮名】かな

日本語を表音的に書き表わす文字。万葉仮名，平仮名，片仮名の３種がある。万葉仮名は，字形は漢字のままでありながら日本語の表音的表記に供せられるものだが，平仮名と片仮名は万葉仮名に発した日本語表記専用の文字である。後２者を総括して仮名ともいう。

片仮名　音節文字の一つ。日本語を表音的に表記する目的で，万葉仮名の漢字の字画の一部だけをとったもの（伊がイ，呂がロなど）。また二がニ，八がハのように少画字の全画のこともある。漢字の字画を省くことは古くから行なわれ，万葉仮名の省画も８世紀初めから例があるが，９世紀に入って漢文の訓点記入が起こると，速書および細書のため省画の万葉仮名を記すことが多くなった。

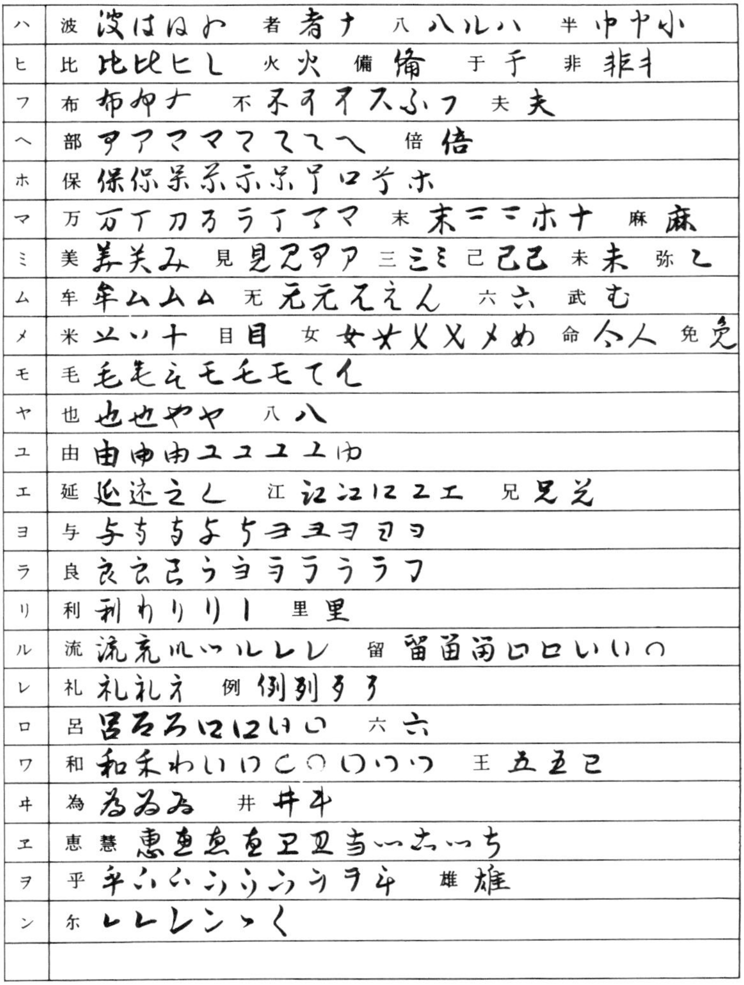

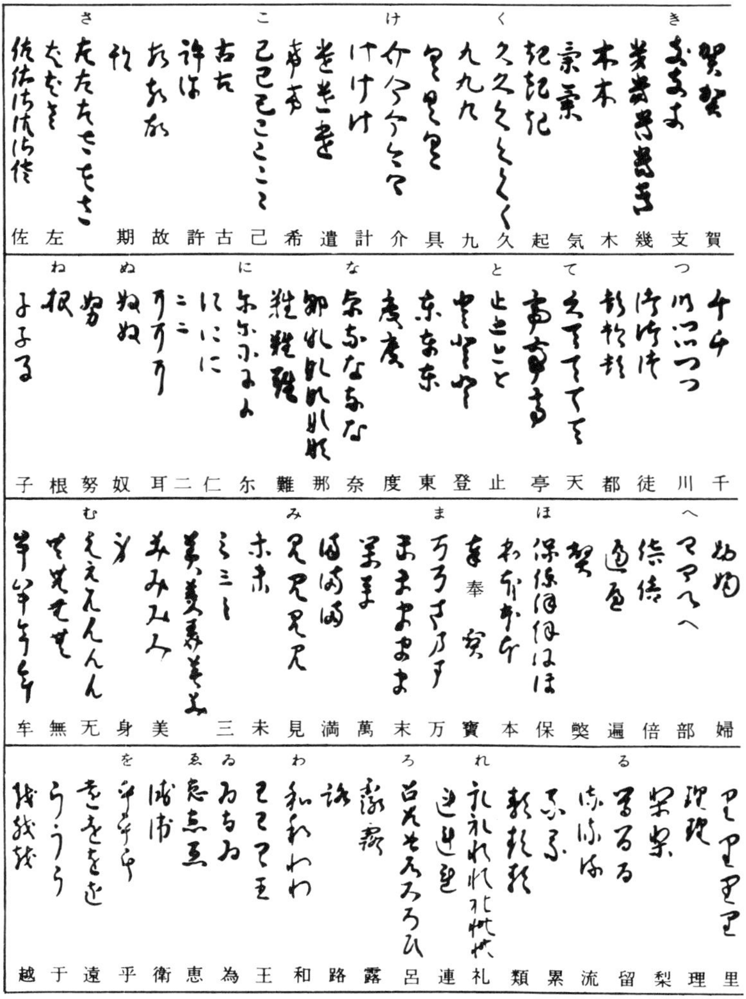

平仮名　音節文字の一つ。日本語を表音的に表記するために万葉仮名の漢字の字体が極度に草体化されてできた文字。8世紀末ごろの文書には草体の万葉仮名が用いられていたが，9世紀中ごろから極端な草体化が出現した。それらの使用者はおもに諸官省や諸大寺の書記であったらしい。また女子の世界でも万葉仮名の草体化が進められ，女手(おんなで)と呼ばれて流麗な平仮名文に発達していった。

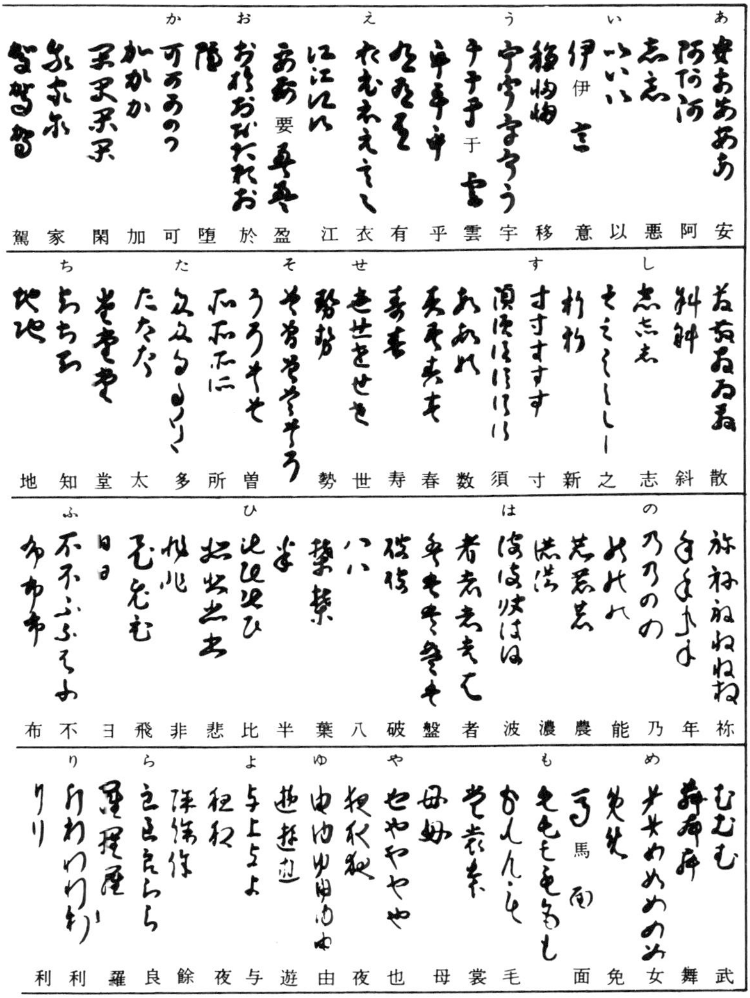

万葉仮名　真仮名(まがな)とも。漢字のもつ意味を捨て，音だけを用いて日本語を表音的に表記するもの。字音を借りたものを音仮名といい，やま(山)を也麻，うつせみを鬱瞻と書く。和訓を借りたものを訓仮名といい，やまと(大和)を八間跡，なつかし(懐し)を夏樫と書く。古く5世紀ごろから固有名詞の表記に用いられ，8世紀からは歌謡・書簡文などにも用いられた。ことに万葉集での用法が多彩。

書体事典　江戸時代になってから千字文の版本やそれぞれの書体の字典などが多く刊行されている。篆書の字典類はもっぱら篆刻の研究に役立つ。行書の専門の字典は日本独特のものである。また，草書の字典がとくに多いのは，その書体のくずし方が複雑で変化が多いためである。ここにはその主要なものを掲げた。

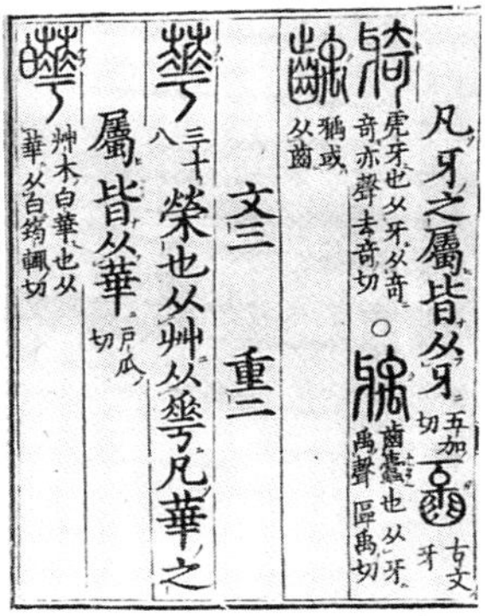
説文解字五音韻譜

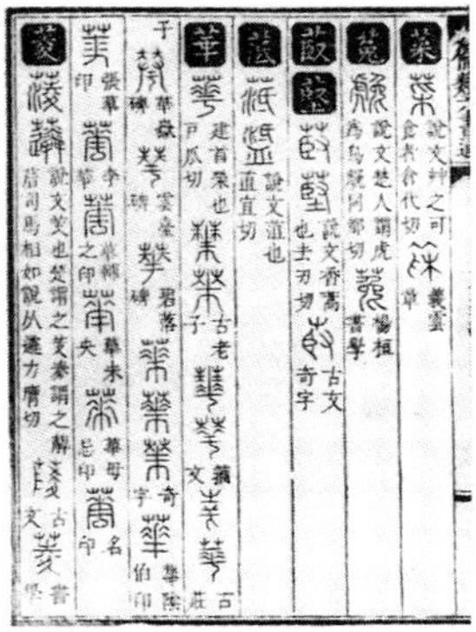
遍類六書通

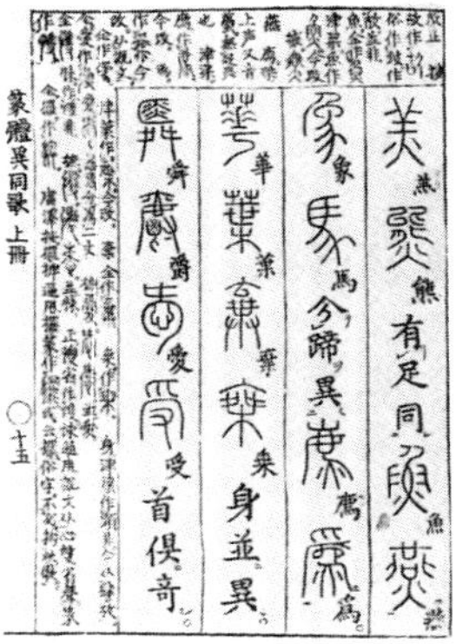
篆体異同歌

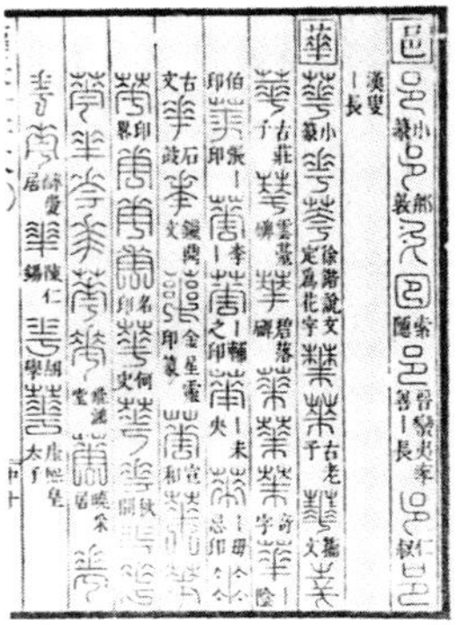
漢篆千字文

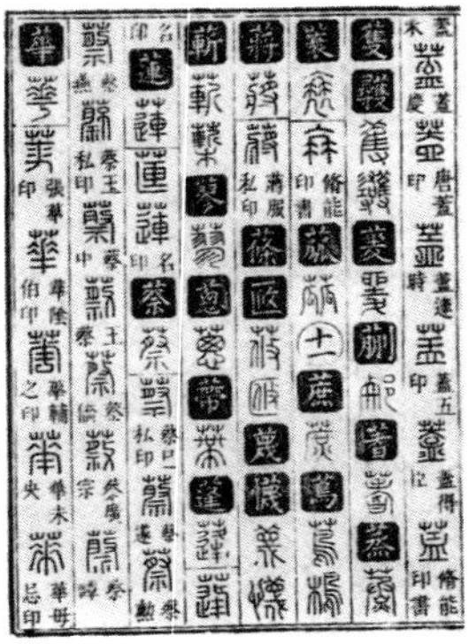
集古印篆

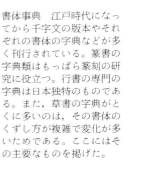

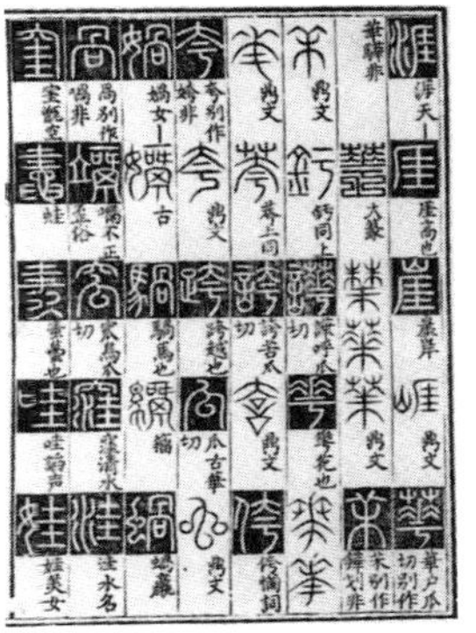

韻譜古篆彙選

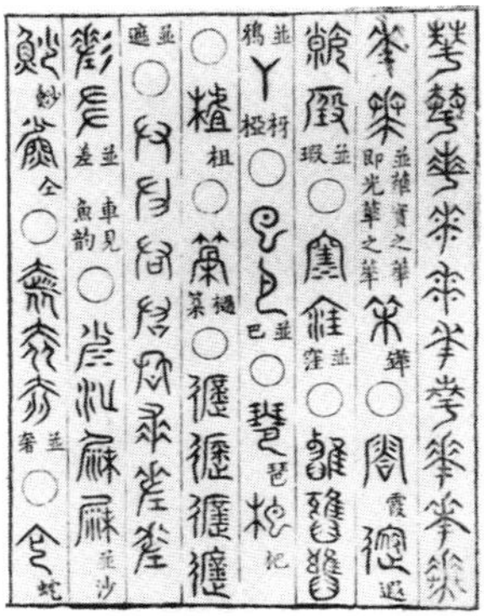

摭古遺文

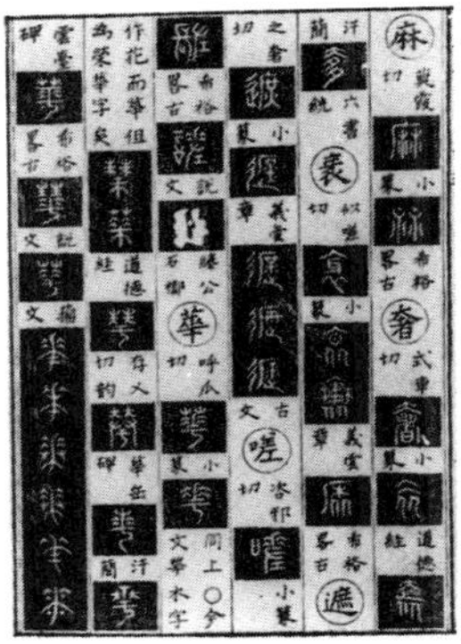

広金石韻府

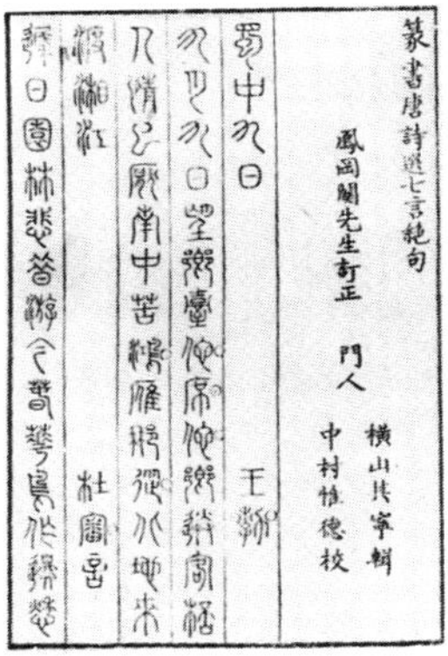

篆書唐詩選七言絶句

篆書(てんしょ)　漢字の書体の一つ。大篆と小篆の２種がある。大篆は周の宣王のときに史籀(しちゅう)が作ったと伝えられ，籀書，籀文ともいう。小篆は秦の丞相の李斯が作ったといわれ，大篆をやや簡易化したもの。

草書(そうしょ)　漢字の書体の一つで，曲線が多く，流動性に富む最も自由な書体。中国，秦末，漢初のころ，文章の草稿などを簡便に書く必要から自然に生まれたもので，後漢になると独自の芸術的な美しさを備えるに至った。初めは単体の章草(独草体)であったが，やがて連綿を加える今草へと発展。

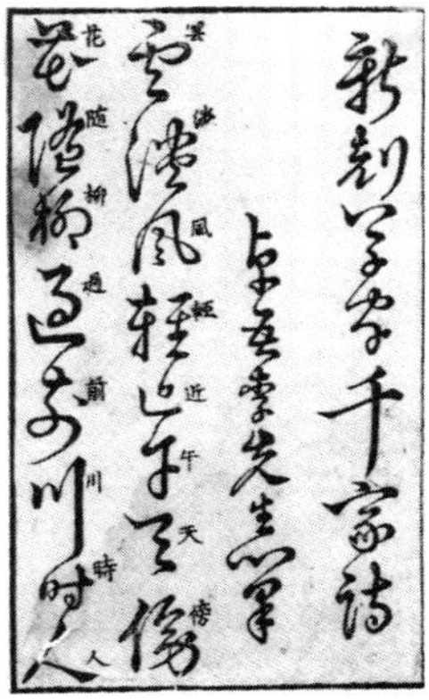

新刻草字千家詩

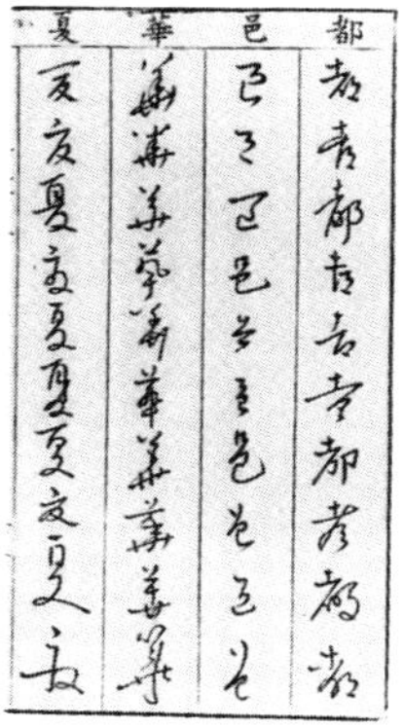

草書十体千字文

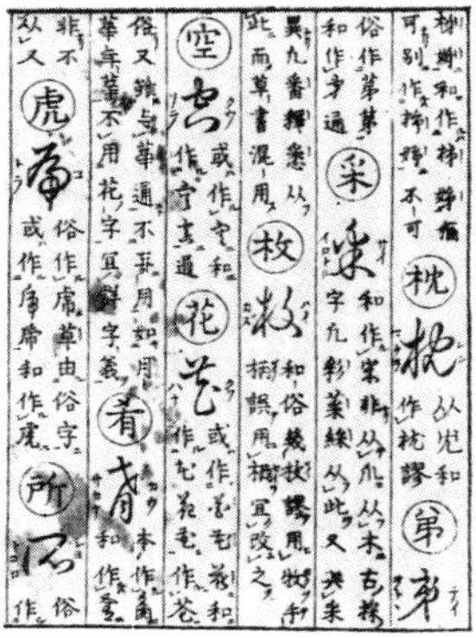

和漢草字弁

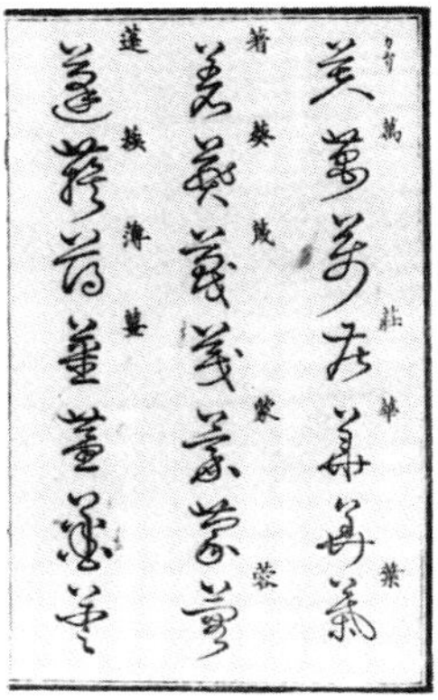

草書格

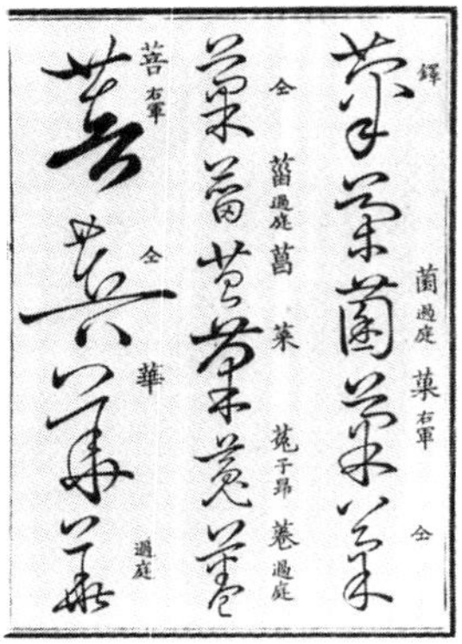

草字彙

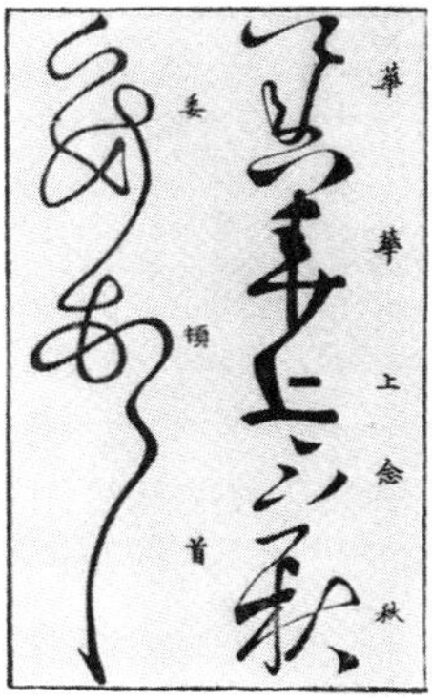
草書要領

草書淵海

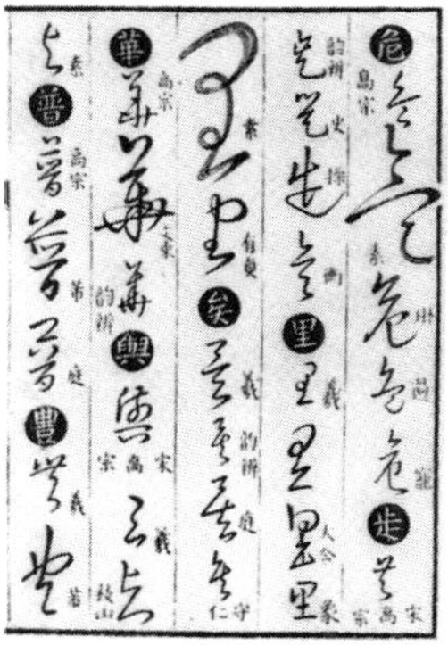
草書法要

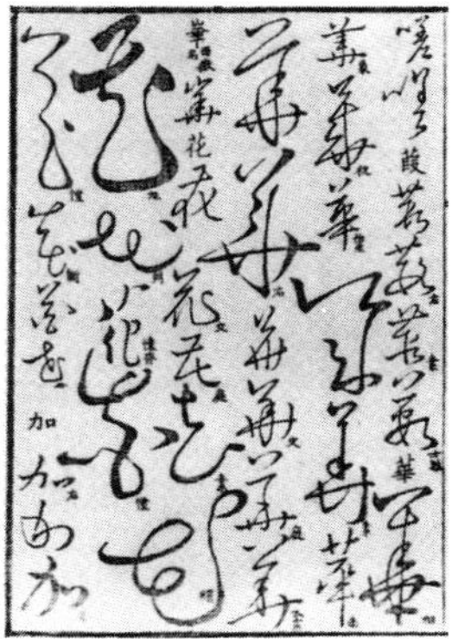
草彙

歴代草書選

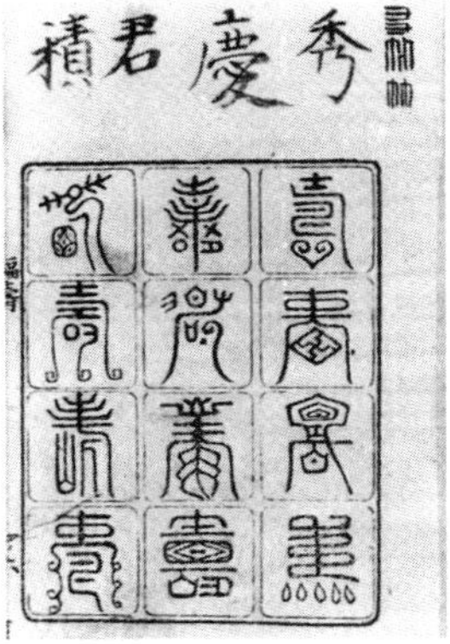

福壽千字文

書体　文字，特に漢字の書体は，筆者の個人的な風格を越えて，時代や用途に応じてさまざまに変化している。中国には，周秦の篆書(てんしょ)，漢魏の隷書(れいしょ)，六朝以後の楷書(かいしょ)などの正体があり，また漢で興った章草，草書，行書などのくずした書体もある。また南朝末期には装飾性の濃い雑体書が流行した。日本では，草書から仮名を創案し，平安時代以後優雅な書芸術を展開した。

運筆の基礎

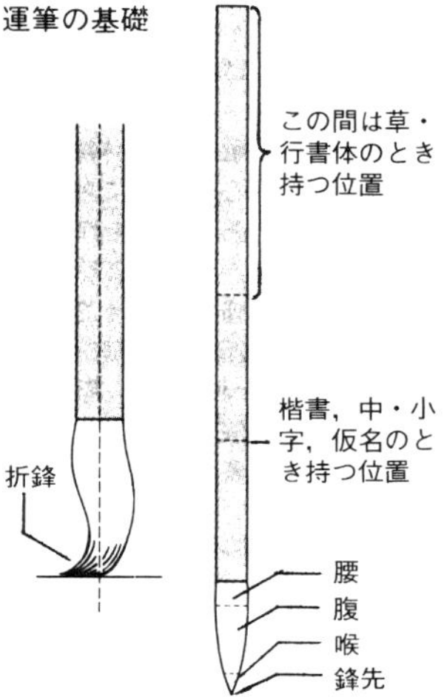

行書

楷書

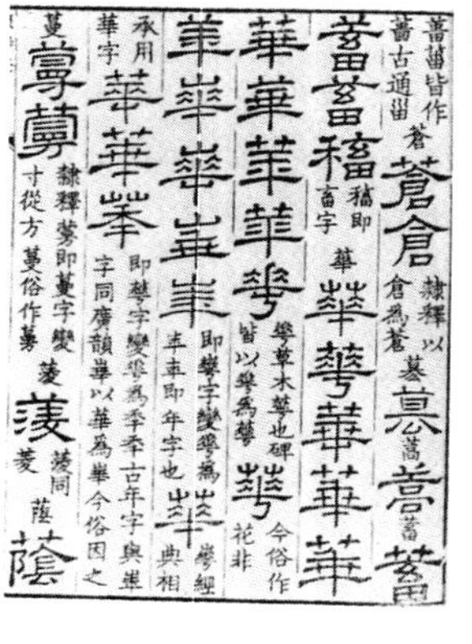
隷弁

楷行薈編

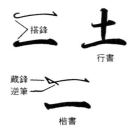

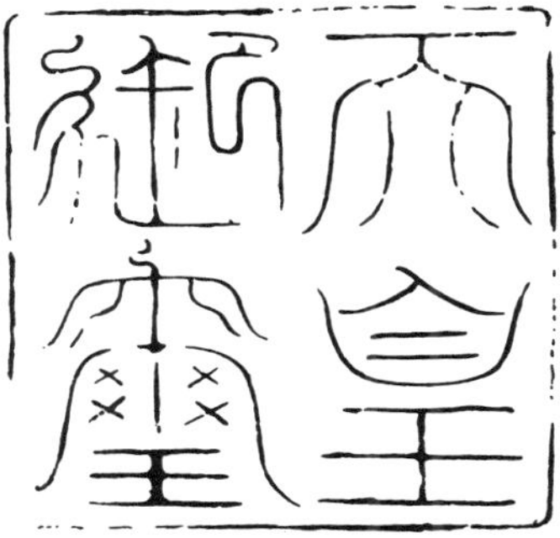

天皇御璽

鵤寺(法隆寺)倉院

太政官印

春屋印

豊臣秀吉印

頼山陽印

富岡鉄斎印

織田信長
「天下布武」

大友宗麟
「FRCO」

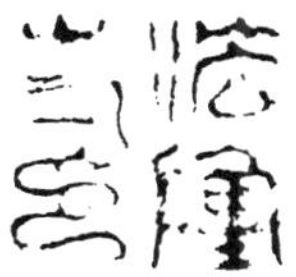

法隆寺印

【印章】いんしょう

日本の印章は漢委奴国王(かんのわのなのこくおう)印のように中国の制にならったもので，印影として残っているものでは正倉院文書が最古。のち社寺でも用いるようになり，鎌倉・室町時代には禅僧によって自署に印を用いることが伝えられた。室町末期から印判状が盛んになった。明治以降，慣習や法令によって，署名の代りに記名捺印が通常となり，印が重要視されるようになった。

細井広沢「君子林」

与謝蕪村「春星」

滕知慎印

篆刻(てんこく)　中国近世の文人の四芸の一つで，印材に文字を刻すること。多く篆書を用いたのでこの名がある。中国の印章は漢代に一応完成をみたが，清代の金石学の発達とともに，籀文(ちゅうぶん)なども彫られ，書体の工夫も進み，種々の流派も生まれた。

軍事

戦車　陸軍　銃剣術　海軍　駆逐艦　戦艦
航空母艦　潜水艦　手旗信号　旗旒信号
航路標識　空軍　軍用機　曲技飛行　軍人勅諭

十二支の七番目　午(うま)
博多の練物製馬上天神

キャタピラー　無限軌道。鋼板を鎖のように無端環状に接続した履帯を，車輪の周囲にとりつけた走行装置。車輪で履帯を動かして走るが，地面との接触面積が大きく，単位面積当りの荷重が小さくなり，粘着力は大きい。このため急坂路，湿地帯，凹凸路などを容易に通過できる。

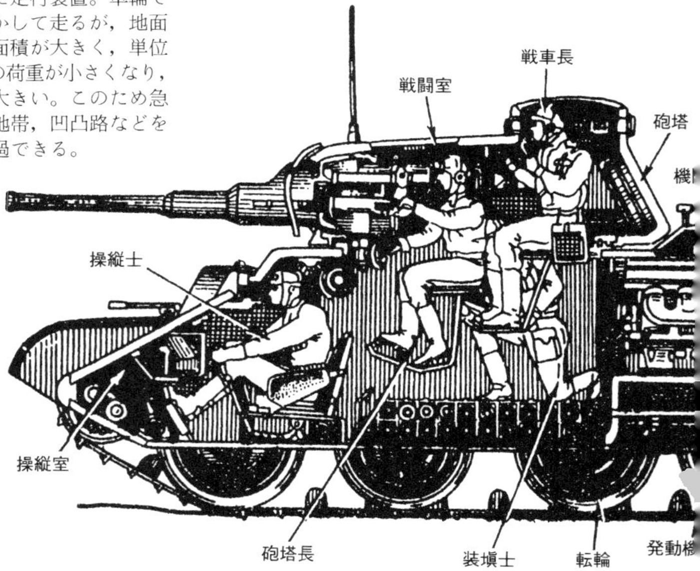

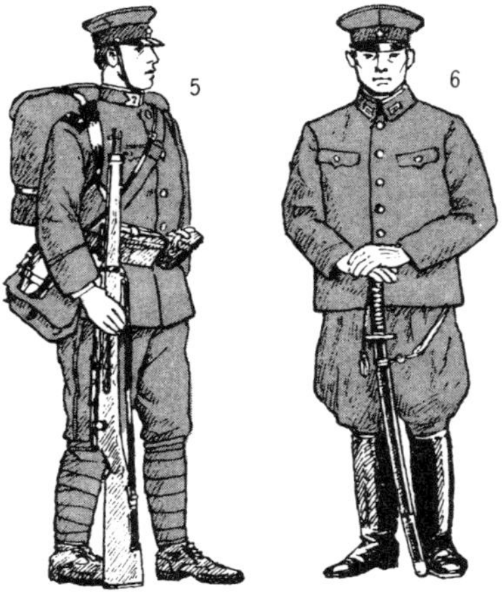

日本陸軍の軍服の変遷　1.明治19年(1886)制定の歩兵将校の武装　2.明治19年制定の近衛騎兵下士官の軍服　3.日清・日露戦争の歩兵将校の武装　4.明治38年(1905)制定の歩兵将校の軍服　5.明治38年制定の歩兵卒の武装　6.昭和13年(1938)ころの将校の軍服

【戦車】せんしゃ

攻撃力として威力の大きい砲などをもち，防御力として十分な強さの装甲板で包まれ，キャタピラーにより道路のない原野などをも自由に走行できる戦闘車両。現代的な戦車は1916年９月第一次大戦のソンム会戦で英軍が使用し，独軍の機関銃火力を排除し奇襲効果の威力を発揮したのに始まる。水タンクに似ていたので，機密を守るためもあってタンクと呼ばれた。以後，火砲の発達，装甲板の改良，強力軽量の機関の出現などで性能が向上し，無線通信機の装備により集団的戦闘指揮が可能となった。第二次大戦では戦車を中心とする装甲部隊の威力が実証され，地上戦闘の主力の地位を確立した。

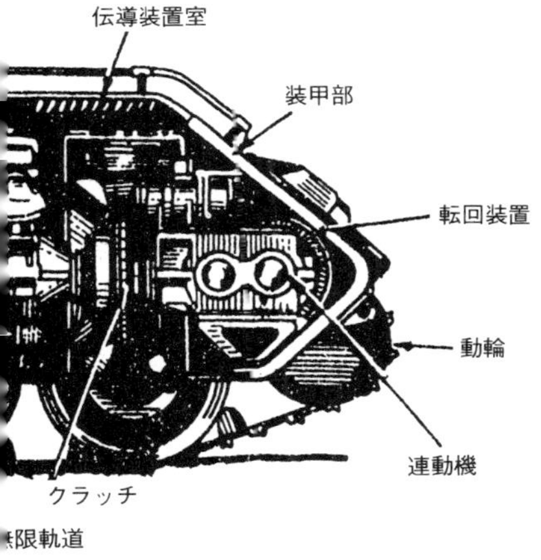

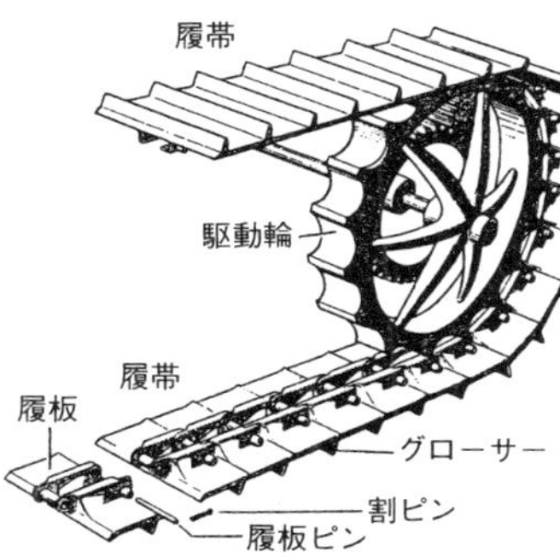

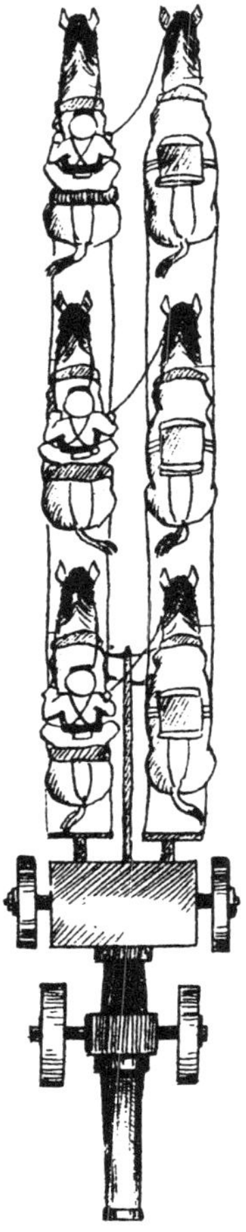

砲車を引く軍馬

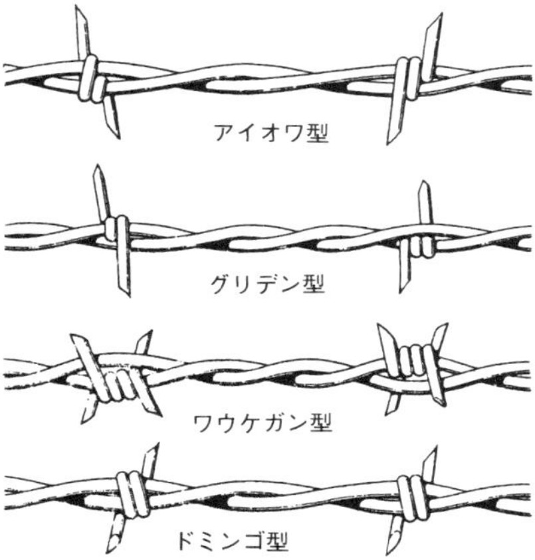

有刺鉄線の種類

有刺鉄線　俗に鉄条網，鬼針金とも。亜鉛めっき鉄線(針金)を撚り合わせ適宜の間隔にとげを植えたもの。素線の線径，撚り線数，とげの形・数，とげの間隔などにより種類が多い。軍用のほか垣根用などに使われる。

鉄兜(てつかぶと)

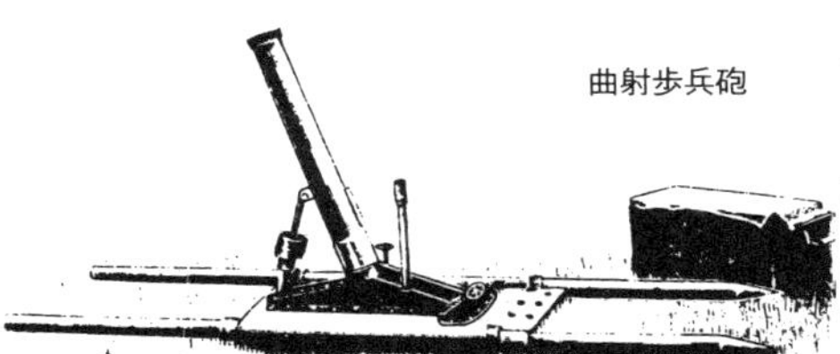

曲射歩兵砲

曲射砲　火砲に大きな射角を与えて弾道を湾曲させる射法を曲射といい，この射法を主とする火砲を曲射砲という。榴弾(りゅうだん)砲，臼(きゅう)砲などがこれに属し，弾丸の垂直威力および援護物背後の敵の射撃などを目的とする。

【陸軍】りくぐん

日本陸軍の起原となったのは，1871年組織された御親兵で薩・長・土3藩の献兵約1万名であった。72年陸軍省が設置され，徴兵令も施行。78年参謀本部が創設され軍政・軍令機関が分離された。88年より師団による編制が行なわれた。日清・日露戦争を経て兵力は，大正時代の一時期を除き拡大の一途をたどり太平洋戦争に突入。敗戦により解体された。

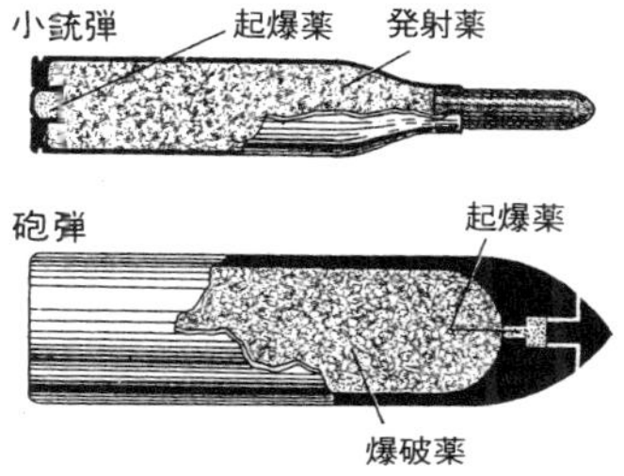

銃弾　ふつう口径12.7ミリ以下の銃で使用する弾薬をいい，徹甲弾，曳光(えいこう)弾，普通弾(弾丸は鉛または鉄の弾身に銅合金の被甲をかぶせたもの)の3種類がある。

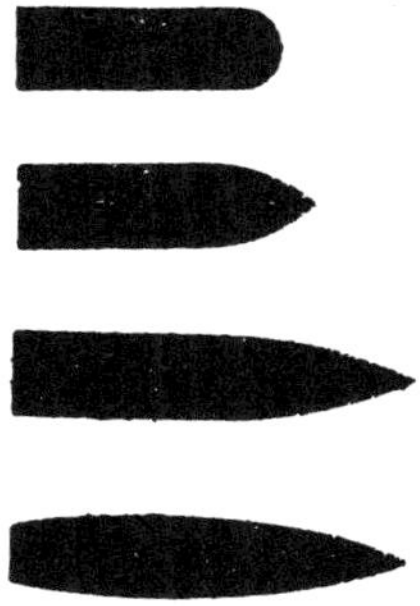

上　銃(砲)弾の形の変化
下　信管の構造

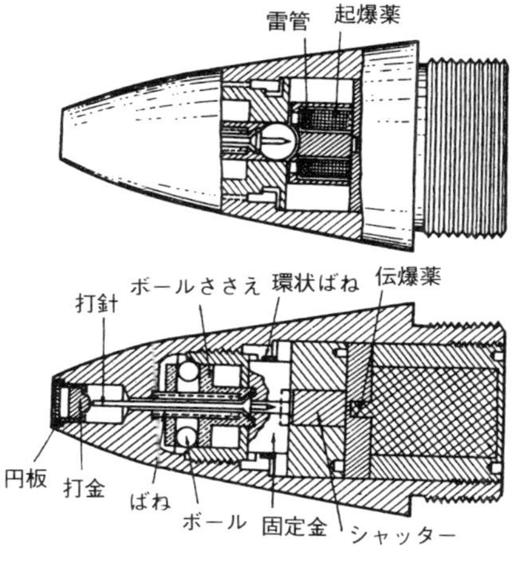

大砲　火薬の爆発力で弾丸を発射する兵器で，口径11ミリ以上，運搬と操作に2人以上を要するもの。性能別にカノン砲，榴(りゅう)弾砲，臼(きゅう)砲に，用途などから野砲，重砲，山砲，歩兵砲，高射砲，対戦車砲，海軍砲などに分ける。14世紀初めアラビアで発明され，砲身は青銅，鉄などの鋳造砲から，鋳鉄の中ぐり砲身に進歩し，砲架をもつようになり，弾丸は当初の石から鉛・鋳鉄弾，さらに爆裂する榴弾，散弾に変わった。近代的な砲の出現は産業革命後で，19世紀には錬鉄製の後装砲，旋条砲，駐退機，球弾から長弾への変化など，発明・改良が相次ぎ，1880年クルップは画期的な鋼鉄砲を製作した。

リボルバーの内部

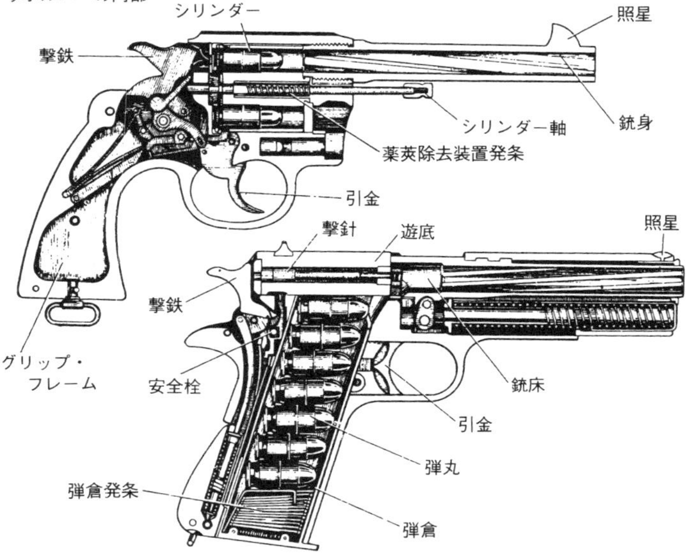

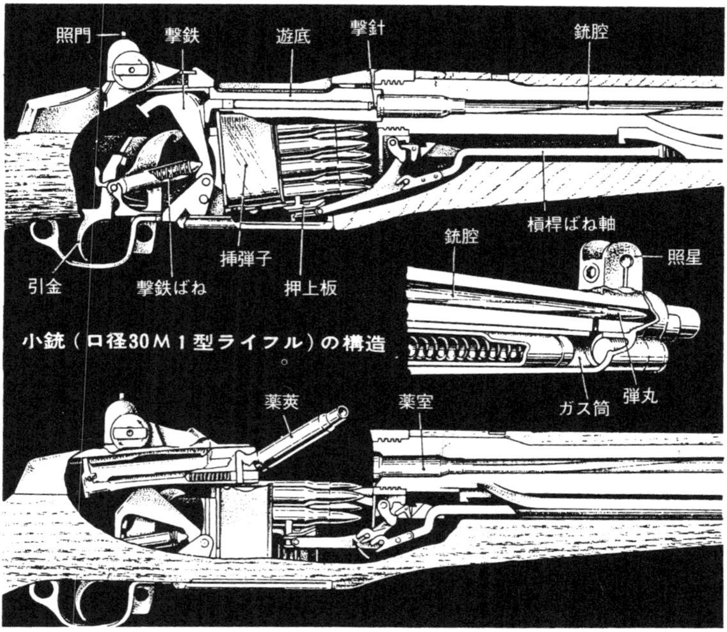

小銃（口径30M１型ライフル）の構造

拳銃　ピストル。護身用または至近距離戦闘用の片手で操作できる小型軽火器。引金を引くたびに弾丸を発射し同時に次弾の装塡(そうてん)が自動的に行なわれる。弾数は通常5〜10発。口径はインチ単位で表わし，45口径は100分の45インチのこと，ほかに38・32・25・22口径など。重量は0.5〜1.3キロ。5〜20メートルの射程で使用。銃身後部に蓮根(れんこん)状の弾倉をもつ回転拳銃(リボルバー)と，銃把(じゅうは)の内部が弾倉になっている自動拳銃(オートマチック)に大別される。

機関銃　引金を引き続ければ連発し，また単発もできる自動火器。重・軽，空冷・水冷の別，また給弾方式に弾倉式，ベルト式の別がある。17世紀ころから銃身を数本たばね手動で順次に発火することが行なわれ，南北戦争時に出現したガットリング銃は有名である。1887年マキシムが火薬ガスを利用して自動的に連発する本格的機関銃を完成。ブール戦争，日露戦争で威力を発揮，第一次大戦以後歩兵の主要戦闘火器となり，航空機，戦車にも積載，対空用も出現した。

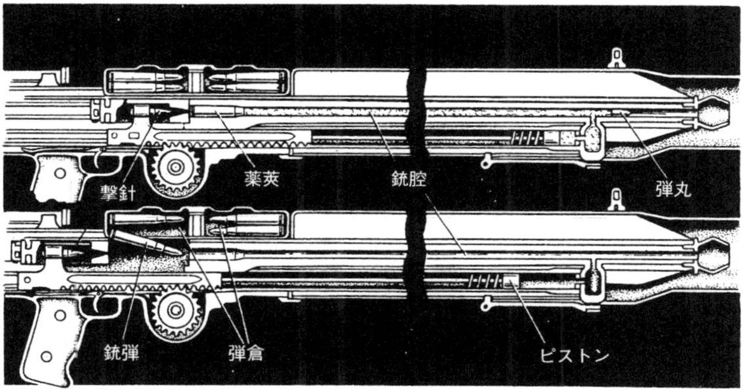

引金を引くと撃針が薬莢の背部を打って爆発させる。銃弾が銃腔を通過するとき爆発ガスは下側の室に入りこみピストンを後におす。このピストンの動きで不要の薬莢はほうり出され新しいのが位置につき，ばねと歯車とがピストンをもとの位置へもどす。

小銃　小口径の軍用携帯火器。単発銃，連発銃および自動小銃の別があるが，単発銃はすでに使用されなくなった。連発銃は遊底の操作によりばねの作用で弾倉内の銃弾を順次発射位置に送り込み，引金の操作で撃針が雷管を打って発射する。有効射程1500メートル程度まで。旧日本陸軍の三八式歩兵銃は代表的なもの。両度の大戦を経て今日ではほとんどの国が自動小銃を装備している。

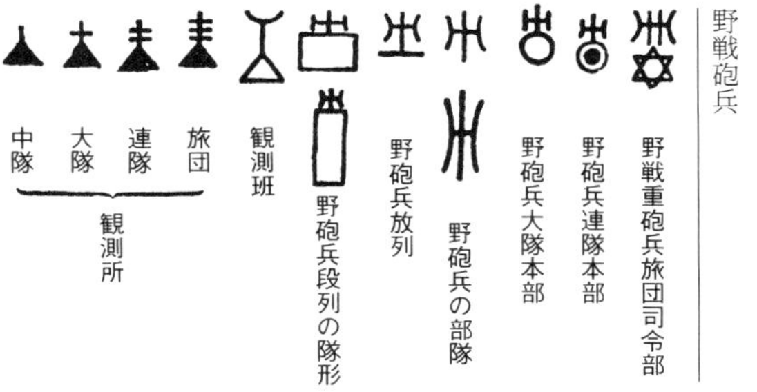

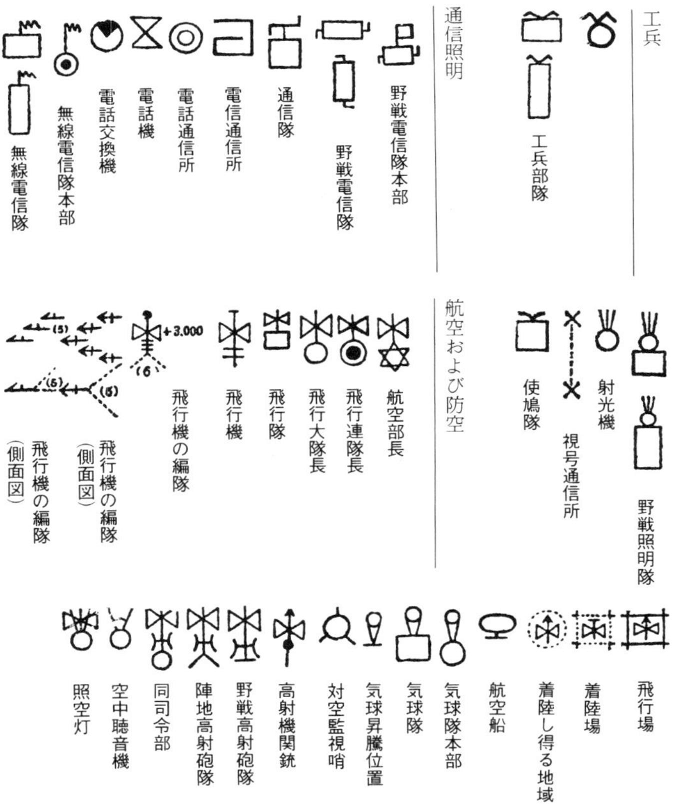

軍隊符号　軍隊の行動および戦況を図上に表示するために用いる符号。

各兵共通

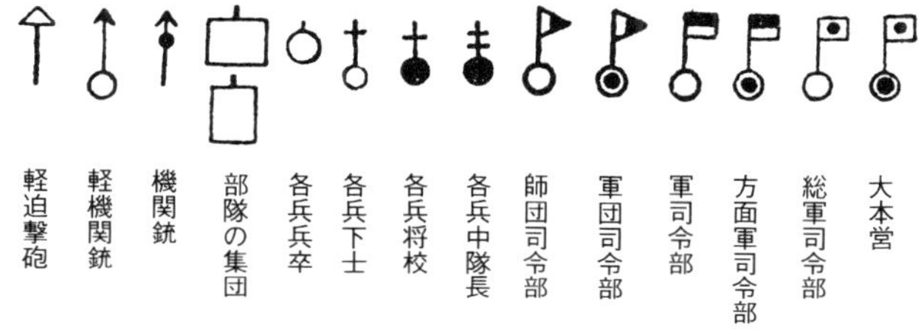
大本営
総軍司令部
方面軍司令部
軍司令部
軍団司令部
師団司令部
各兵中隊長
各兵将校
各兵下士
各兵兵卒
部隊の集団
機関銃
軽機関銃
軽迫撃砲

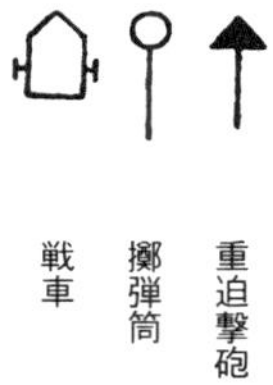
重迫撃砲
擲弾筒
戦車

歩兵

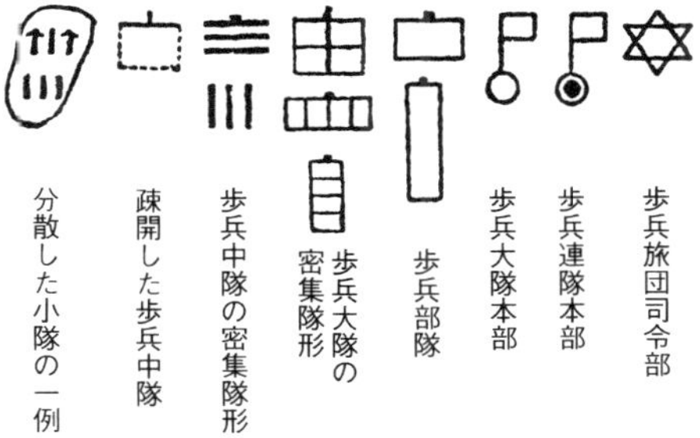
歩兵旅団司令部
歩兵連隊本部
歩兵大隊本部
歩兵部隊
歩兵大隊の密集隊形
歩兵中隊の密集隊形
疎開した歩兵中隊
分散した小隊の一例

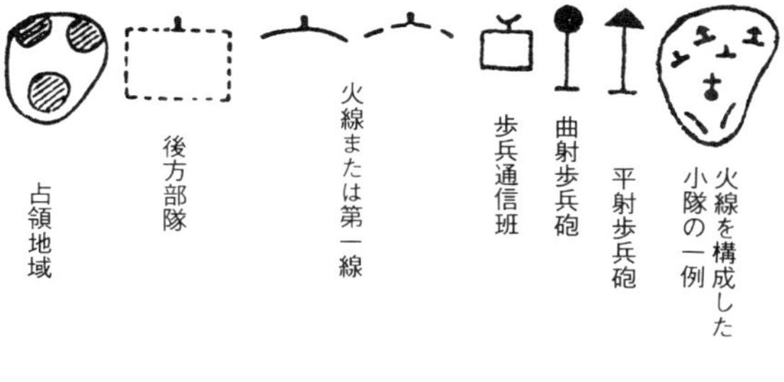
火線を構成した小隊の一例
平射歩兵砲
曲射歩兵砲
歩兵通信班
火線または第一線
後方部隊
占領地域

騎兵

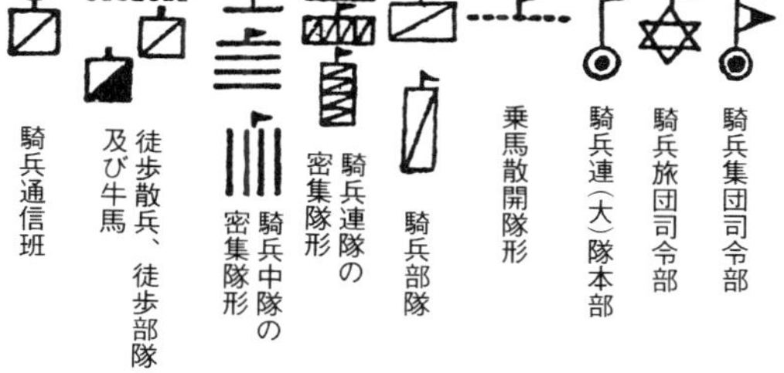
騎兵集団司令部
騎兵旅団司令部
騎兵連（大）隊本部
乗馬散開隊形
騎兵部隊
騎兵連隊の密集隊形
騎兵中隊の密集隊形
徒歩散兵、徒歩部隊及び牛馬
騎兵通信班

【銃剣術】じゅうけんじゅつ

小銃の銃口に銃剣を装着して行なう白兵戦の訓練を主目的とする戦技。小銃をかたどった木銃と，特に左胸部を強化した剣道類似の防具を使用する。旧軍では武技の訓練のほか兵員の精神鍛練の場としても重視，民間でも銃剣道と称し普及が図られたが，敗戦によりすたれた。

立銃

右側面

左側面

構銃

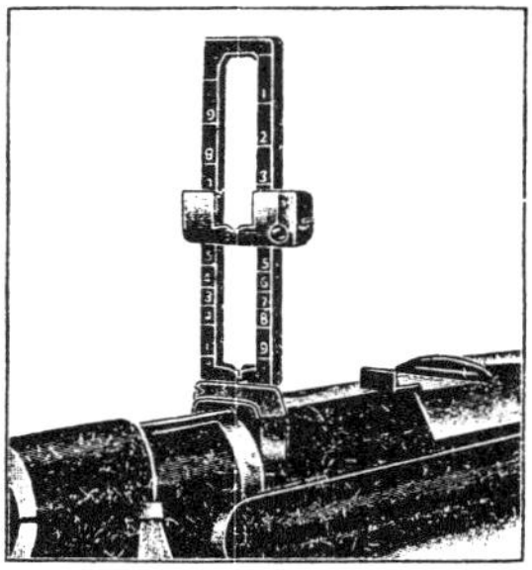

照尺

照準　銃砲のねらいをつけることを照準といい銃身の手前にある照尺と，銃口近くの照星を見通して定める。

照星

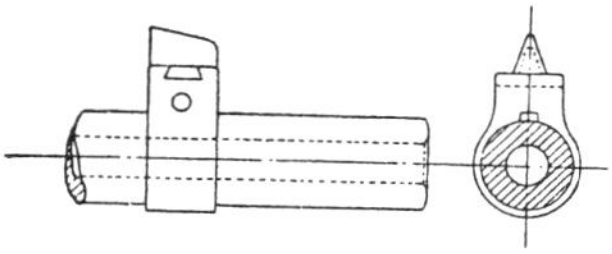

銃の交叉

直突

脱突

下突

【海軍】かいぐん

制海権の確保維持を目的とする軍事組織。平時の任務として航海，通商，貿易，海外居住，植民地の保護，水路調査などを行なう。艦艇部隊のほかに航空部隊，陸戦部隊などを包含し，これらの指揮，管理，補給，維持の組織を総称する。日本海軍の基礎となったのは，江戸幕府の海軍伝習所，軍艦伝習所，海軍操練所など。1870年以後海軍の制式は英国式に統一。海軍省，軍令部の設置など制度が整えられた。日露戦争後は米国を仮想敵国として大艦巨砲主義にのっとる膨大な建艦が行なわれ，海軍予算は国家財政中最大となった。第一次大戦後，ワシントン条約，ロンドン条約で国際的建艦競争は一時中断し，1930年代の無条約時代に入って巨艦武蔵・大和や多数の空母が建造されたが，太平洋戦争で壊滅。

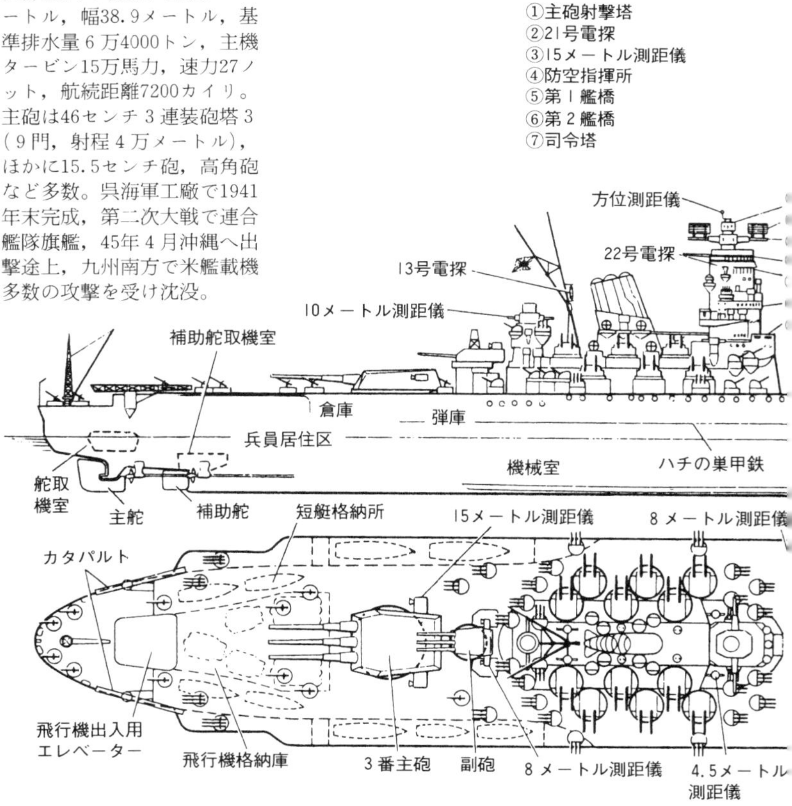

戦艦大和　旧日本海軍建造の世界最大の戦艦。全長263メートル，幅38.9メートル，基準排水量6万4000トン，主機タービン15万馬力，速力27ノット，航続距離7200カイリ。主砲は46センチ3連装砲塔3（9門，射程4万メートル），ほかに15.5センチ砲，高角砲など多数。呉海軍工廠で1941年末完成，第二次大戦で連合艦隊旗艦，45年4月沖縄へ出撃途上，九州南方で米艦載機多数の攻撃を受け沈没。

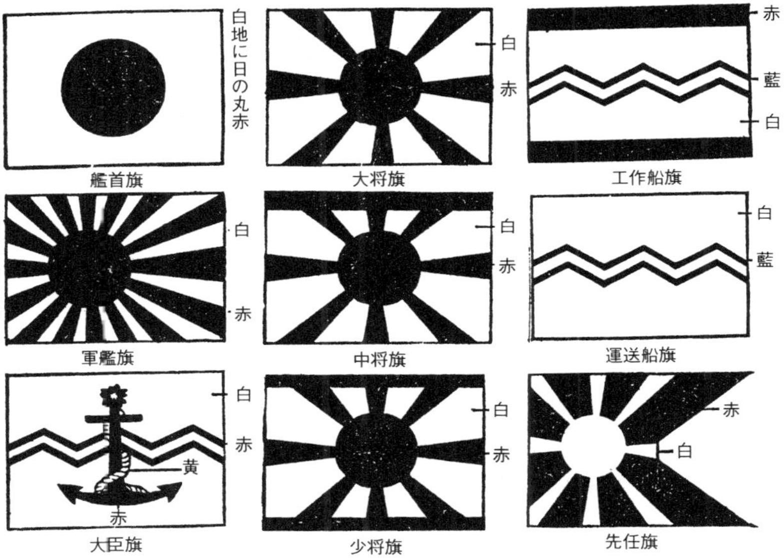
白地に日の丸赤
艦首旗
白
赤
大将旗
赤
藍
白
工作船旗
白
赤
軍艦旗
白
赤
中将旗
白
藍
運送船旗
白
赤
黄
赤
大臣旗
白
赤
少将旗
赤
白
先任旗

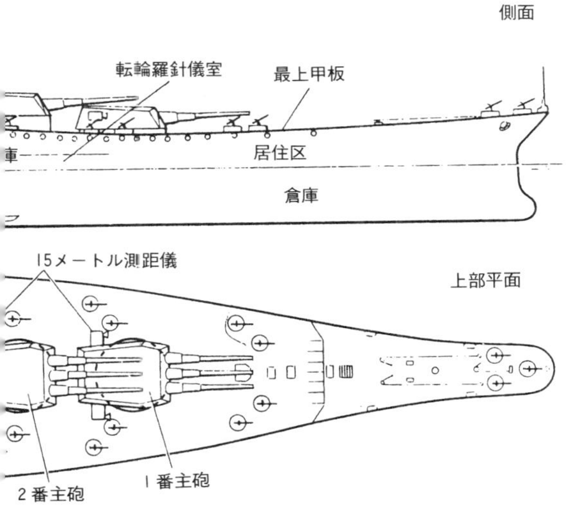
側面
転輪羅針儀室
最上甲板
居住区
倉庫
15メートル測距儀
上部平面
2番主砲
1番主砲

赤地白十字旗

当直旗

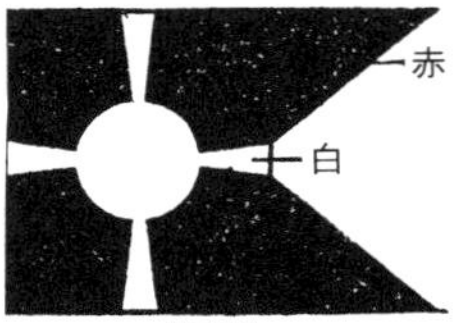

代将旗

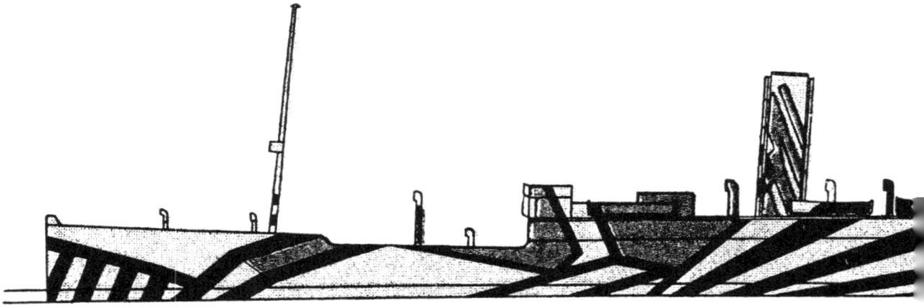

カムフラージュ　偽装，迷彩などと訳す。兵員，兵器，艦艇，陣地などを，敵の目をくらまして偵察，攻撃を避けるため，周囲の自然に似せて目だたなくすること。第一次大戦から盛んになった。周囲と同色の被服をつけ，網をかぶせ，色彩を施すなどの方法を使用。

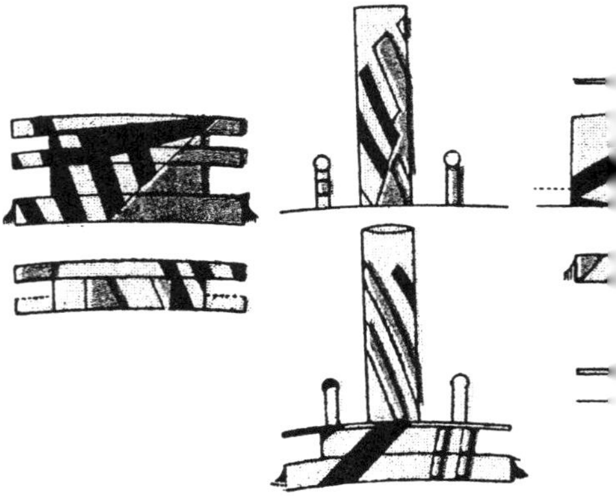

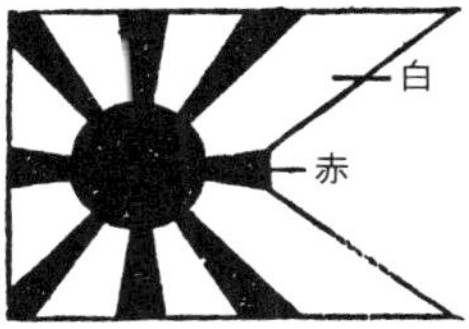

司令旗

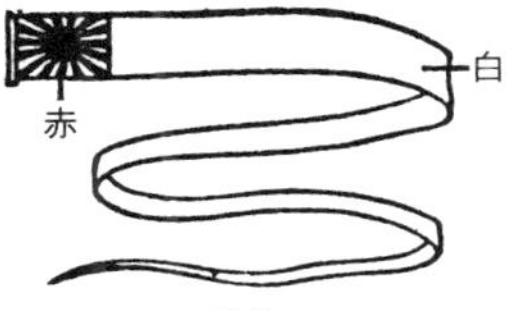

長旒

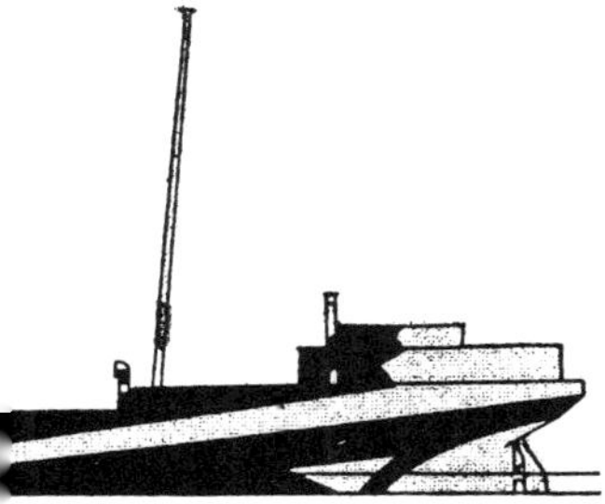

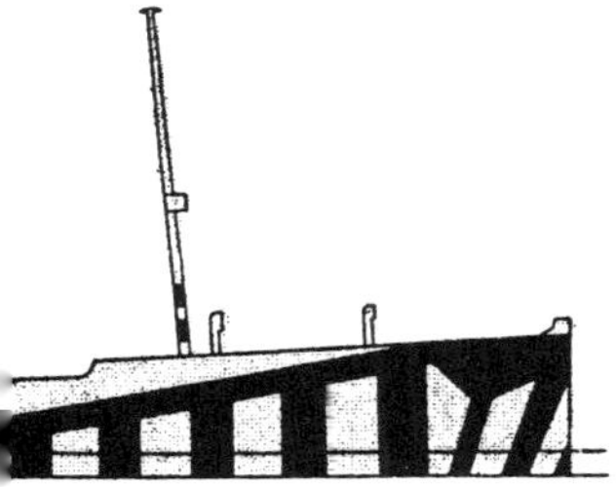

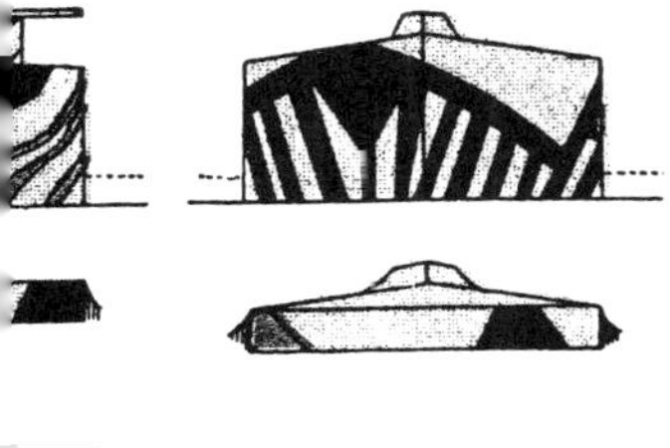

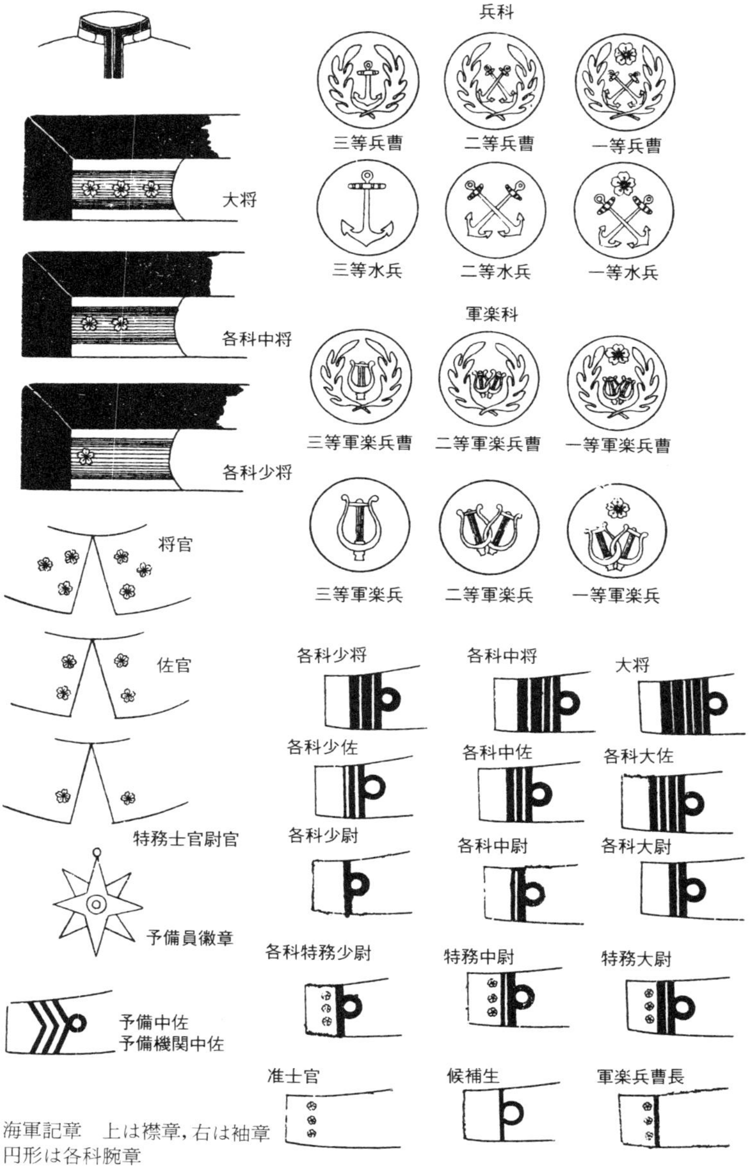

海軍記章　上は襟章，右は袖章
円形は各科腕章

航空科

三等航空兵曹　二等航空兵曹　一等航空兵曹

三等航空兵　二等航空兵　一等航空兵

機関科

三等機関兵曹　二等機関兵曹　一等機関兵曹

三等機関兵　二等機関兵　一等機関兵

看護科

三等看護兵曹　二等看護兵曹　一等看護兵曹

三等看護兵　二等看護兵　一等看護兵

主計科

三等主計兵曹　二等主計兵曹　一等主計兵曹

三等主計兵　二等主計兵　一等主計兵

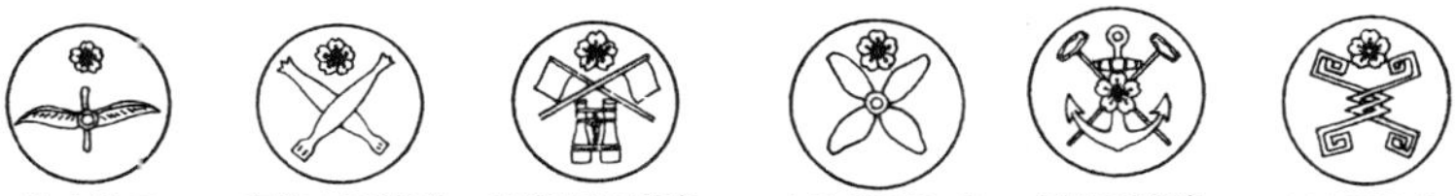

航空術章　高等水雷術章　高等信号術章　高等機関術章　特修工術章　高等電機術章

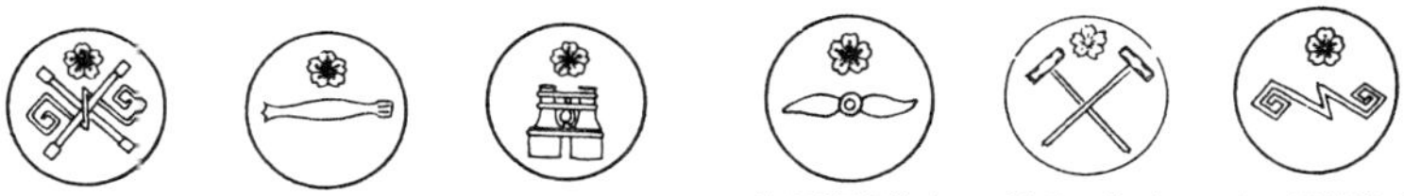

測的術章　普通水雷術章　普通信号術章　普通機関術章　普通工術章　普通電機術章

特修軍楽術章　高等電信術章　高等砲術章　高等整備術章　高等経理術章　高等看護術章

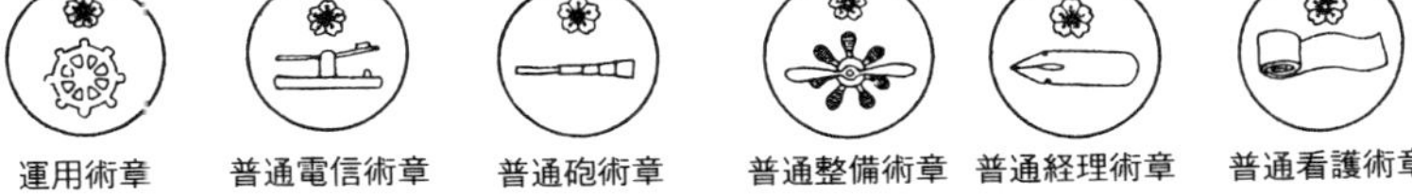

運用術章　普通電信術章　普通砲術章　普通整備術章　普通経理術章　普通看護術章

【 駆逐艦 】くちくかん

元来は魚雷を主兵装とし高速で敵艦隊を襲撃するのを主任務とした軍艦。第二次大戦からは船団護衛，哨戒(しょうかい)，対潜攻撃，対空防御など広範な任務をもつようになった。このためフリゲート，コルベット，あるいは任務に応じて対潜艦，護衛艦，哨戒艦などと呼ばれるようになり，駆逐艦の名は廃されつつある。排水量は大体1000～4000トン，高速を特色とし，兵装は7.5～12.7センチ砲，対空ミサイル，前投兵器を主とし爆雷を併用する対潜兵器など。

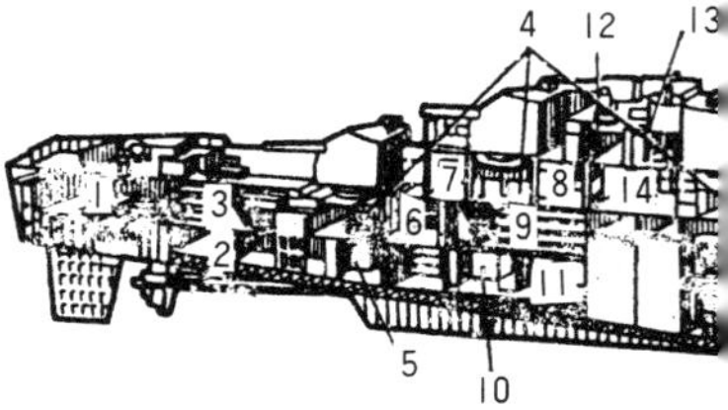

下　駆逐艦の形式

1.春雨型初代　1897～1909年，335トン，29ノット。最初の国内建造艦　2.秋月型　1942～45年，2700トン，33ノット。防空用直衛艦　3.吹雪型(特型)　1928～33年，1680トン，38ノット　4.樅型　1919～22年，770トン，36ノット　5.鴻(おおとり)型(水雷艇)　1936～37年，840トン，30.5ノット　6.陽炎型，夕雲型　1939～44年，2000～2077トン，35ノット。第二次世界大戦における典型艦　7.松型　1944～45年，1262トン，27.8ノット。戦時量産型で，対空および対潜護衛艦　8.峰風型　1920～22年，1215トン，39ノット

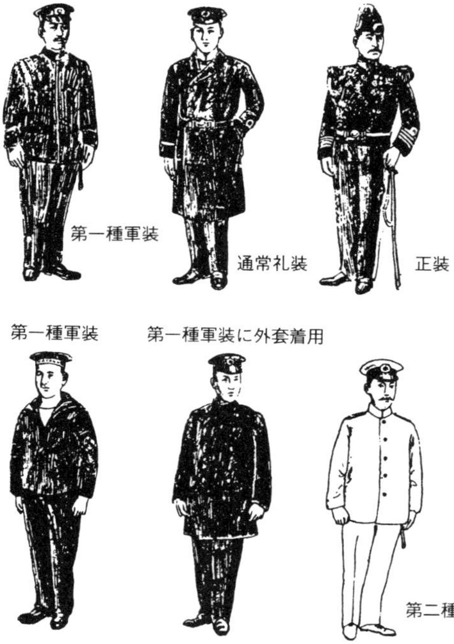

第一種軍装　通常礼装　正装

第一種軍装　第一種軍装に外套着用　第二種軍装

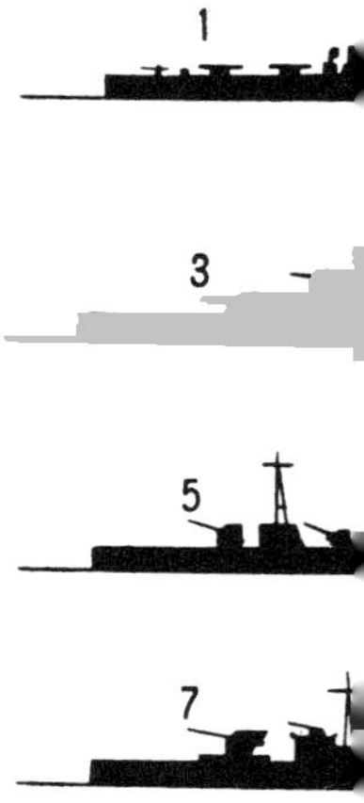

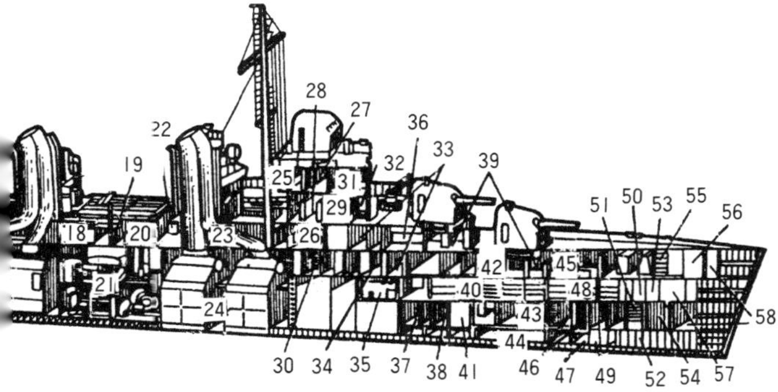

上　駆逐艦の構造
1.舵取機械室　2.機銃弾薬庫　3.兵員室　4.5インチ砲給弾室　5.5インチ砲弾薬室　6.兵員室　7.通風機室　8.下士官兵便所　9.兵員室　10.機銃弾薬庫　11.40ミリ機銃弾薬庫　12.機銃員待機室　13.装備室　14.下士官兵洗面所兼後部応急治療室　15.後部機械室　16.砲術科および水雷科工作場　17.後部ボイラー室　18.薬剤倉庫　19.充電室　20.洗濯機室　21.前部機械室　22.調理室　23.煙路区画　24.前部ボイラー室　25.艦橋艦長室　26.パン庫　27.海図室兼発射発令所　28.無線電信室　29.無線指揮室　30.発令所　31.コンパス・ブリッジ　32.機銃員待機所　33.通路　34.便所兼シャワー　35.前部応急治療室　36.士官室　37.冷却機室　38.冷蔵庫　39.5インチ砲弾薬室　40.兵員室　41.野菜果実庫　42.先任下士官室　43.倉庫　44.20ミリ，40ミリ機銃弾薬庫　45.先任下士官公室　46.探信儀室　47.発振器装備部　48.兵員室　49.糧食庫　50.工作材料庫　51.主計科倉庫　52.軽質油庫　53.アルコール庫　54.錨鎖庫　55.揚錨機室　56.士官室倉庫　57.糧食庫　58.運用科倉庫

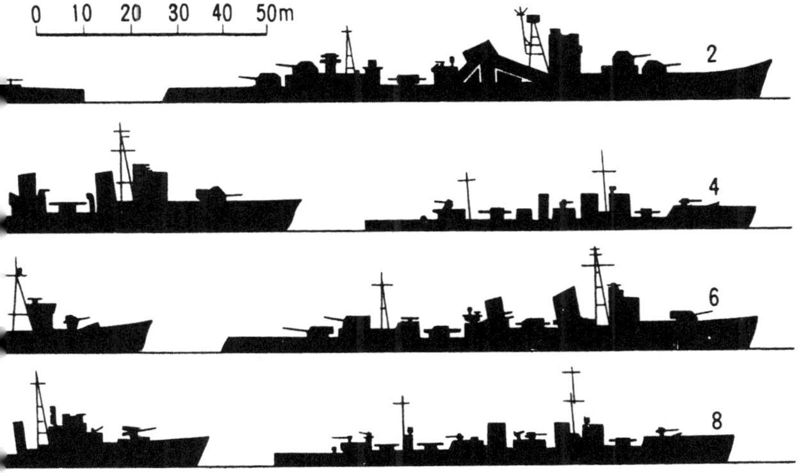

【戦艦】せんかん

砲戦が主であった時代の最大最強の軍艦。装甲連装砲塔に大口径砲を装備，副砲多数を両舷に配置，厚い舷側装甲の防御を施し，第二次大戦まで艦隊の主力を形成した。近代の戦艦は1880年ごろ英国を中心に，排水量１万トン以上，30～35センチ砲装備，速力16～17ノットの装甲艦が建造されたのに始まる。日本海海戦における三笠などこの級の戦艦の示した威力は大艦巨砲主義を生み，1906年進水の英国のドレッドノートは１万7900トン，30センチ砲10門，21ノットでこの時期の典型的戦艦であり，各国ともド(弩)級戦艦を就役させた。

砲塔　戦艦，巡洋艦など大型軍艦の大口径砲を装備する，厚い装甲板でつくられた塔。砲身の旋回は塔全体が，俯仰(ふぎょう)は砲身だけが動く。塔下部に弾薬用のリフトがある。１砲塔内に砲２門，３門を備える連装砲塔もあり，旧日本海軍の大和級の46センチ３連装砲塔は全重量2500トンで史上最大。

長門級　16インチ砲８門

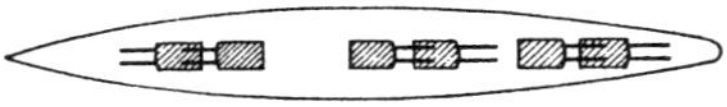

伊勢級　14インチ砲12門

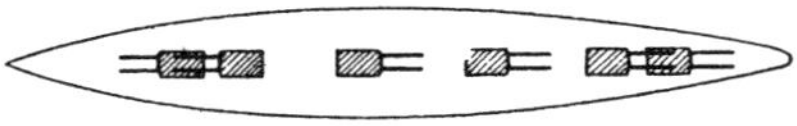

山城級　14インチ砲12門

金剛級　14インチ砲８門

長門・陸奥(ながと・むつ)　旧日本海軍の高速戦艦。八八艦隊主力として建造された姉妹艦で，世界最初の40センチ(16インチ)砲積載艦。それぞれ1917年，18年起工，20年，21年完成。常備排水量３万3800トン，蒸気タービン８万馬力，26.5ノット，40センチ砲８。陸奥は43年呉軍港港外の柱島沖で原因不明の火薬庫爆発により，長門は46年ビキニの米原爆実験の標的艦とされて沈没。

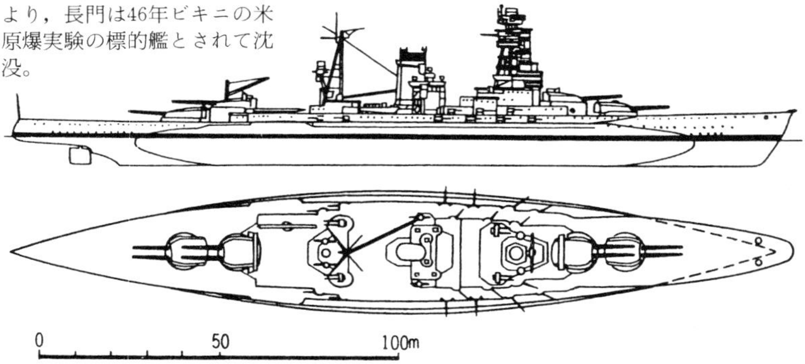

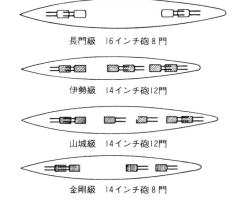

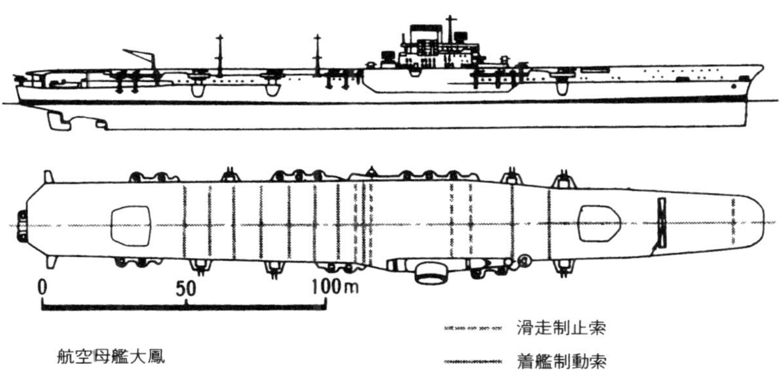

航空母艦大鳳

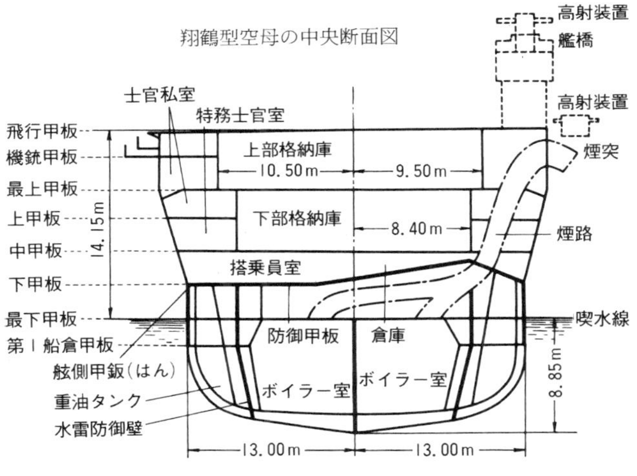

翔鶴型空母の中央断面図

【航空母艦】こうくうぼかん

略して空母。多数の飛行機を積載し，発進・着艦用の広い甲板をもつ軍艦。飛行甲板上に全く障害物のないフラッシュデッキ型と，司令塔，砲塔などの上部構造物(片舷または張出しに構築)をもつアイランド型がある。第一次大戦後期，英国で巡洋艦の前・後部甲板を連絡し飛行機の滑走発進を可能にしたのに始まり，日・米・英など主要海軍国では，以後，商船や戦艦を改造し，また新造の多くの空母を建造，第二次大戦からは海戦の主力となった。

シュノーケル潜水艦　潜航時，潜望鏡深度において，昇降式の給排気筒を水面上に出して，ディーゼル機関を運転し艦内の給排気も行なう潜水艦。第二次大戦中ドイツで実用化，以後各国に普及。レーダーによる被探知距離が大幅に縮小する。シュノーケルによる航走は主として夜間で，蓄電池の充電も行なう。

魚雷　魚形水雷の略。水中を航走，敵艦船の喫水線下に命中爆破する海戦用攻撃兵器。特に潜水艦の有力な攻撃手段であるが，水上艦艇や飛行機からも発射または投下する。推進は通常圧縮空気による。無航跡魚雷としては蓄電池による電動機推進の電気魚雷や，1933年日本で完成した酸素魚雷がある。

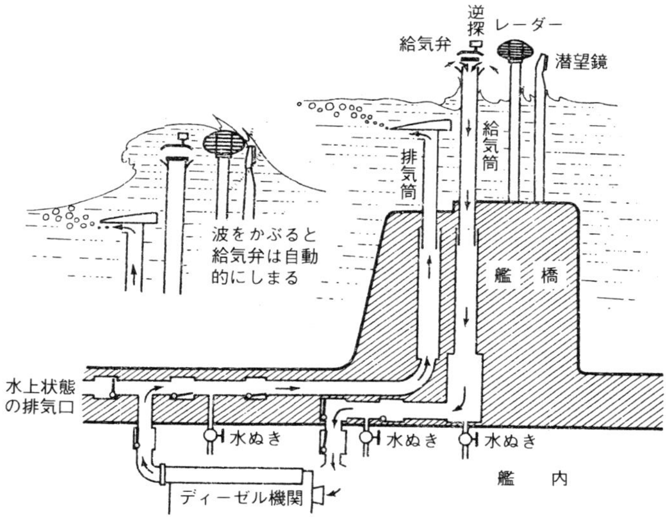

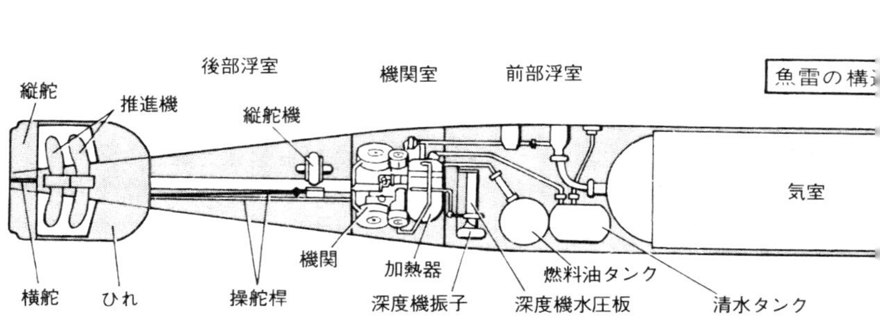

潜望鏡　ペリスコープ。潜航中の潜水艦から海面上に出して外況を見るための一種の望遠鏡。長さ10～20メートル，両端に全反射プリズムがあり，垂直軸のまわりに回転すれば水平方向全周を見ることができる。特殊なプリズムにより垂直方向を望見できるもの，レーダーを備えあらかじめ目標を捕えてから使用するものもある。

爆雷　潜航中の潜水艦攻撃用の兵器。ドラム缶形または涙滴形の缶に爆薬を詰めたもので，重量150～200キロ。艦尾の軌条から投下，または爆雷投射機(片舷投射のＫ砲，両舷投射のＹ砲など，射程120メートル)で投射され，あらかじめ調定された深度で爆発する。今日では核爆雷も出現している。

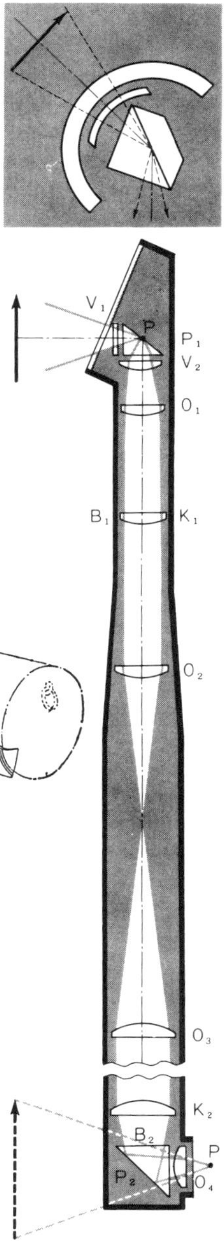

潜望鏡
構造断面と上方を見る装置

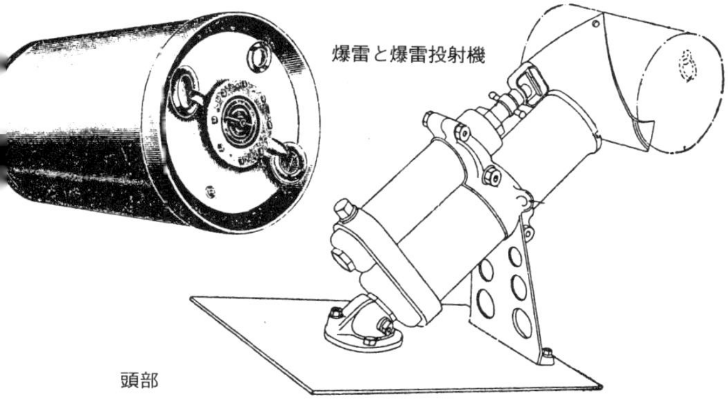

爆雷と爆雷投射機

頭部

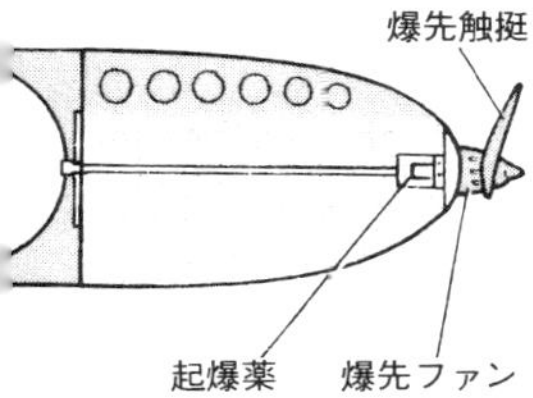

特殊潜航艇　甲標的丁型(蛟竜)

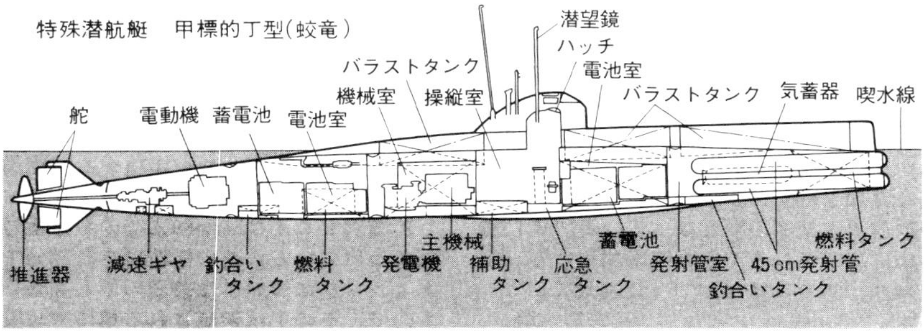

【潜水艦】せんすいかん

海中に全潜航して戦闘をなしえる軍艦。ふつうディーゼル機関で水上航走し，蓄電池で潜航する。19世紀末ごろから各国海軍に実験的に導入されたが，実用化はディーゼル機関の発達以後で，第一次大戦では特にドイツのUボートが魚雷攻撃により通商破壊などで多大の戦果をあげた。第二次大戦でも艦船攻撃のほか，機雷敷設，哨戒(しょうかい)，隠密輸送などの任務に当たり，大戦末期にはシュノーケル潜水艦が出現，兵装もホーミング魚雷が採用された。戦後も電池の改良などにより水中の航続性・高速性が向上し，ミサイル装備のものも現われた。さらに原子力潜水艦も多く就航している。

測深機　水深を測る機械の総称。ロープまたは鋼索に錘(測鉛)をつけ，着底したときの長さを測る錘測法ではロープや鋼索の繰出し・巻揚げに用いる一種の巻揚機のことをいう。超音波の海底からの反射を利用し水深を測る音響測深機も広く用いられ，航海中の自動記録も可能。

15型(乙型)潜水艦配置図

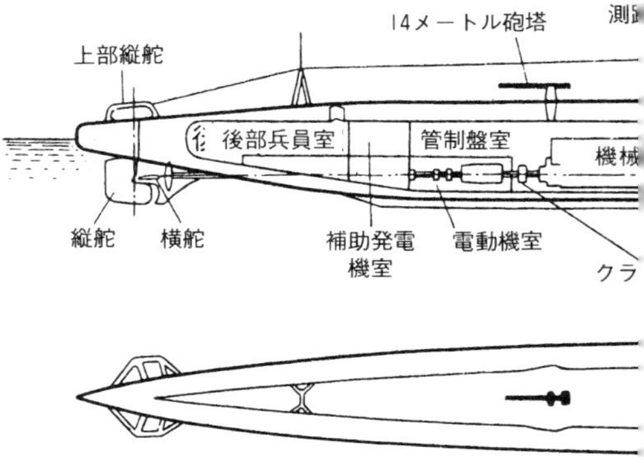

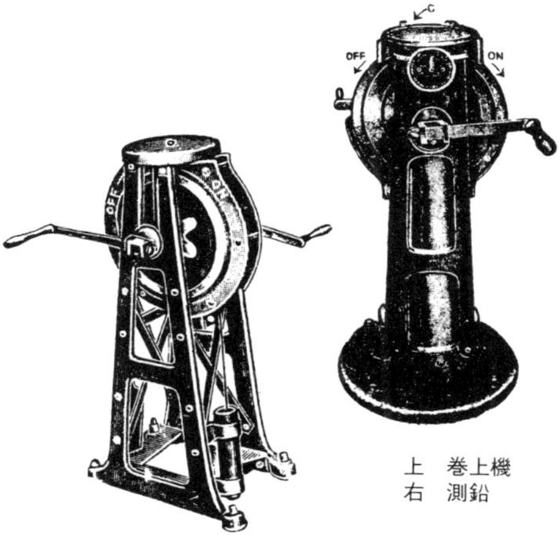
OFF
ON
OFF
ON
C

上　巻上機
右　測鉛

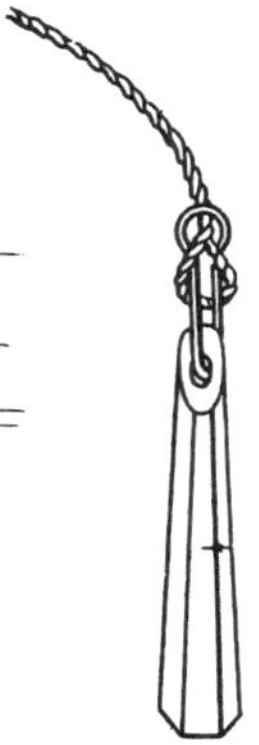

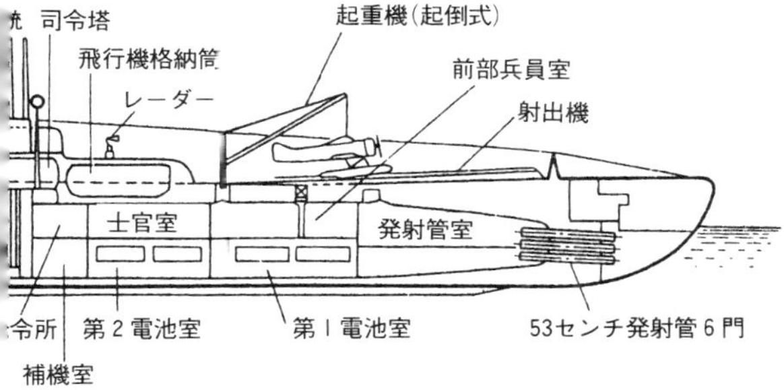
司令塔
飛行機格納筒
レーダー
起重機(起倒式)
前部兵員室
射出機
士官室
発射管室
令所
第2電池室
第1電池室
53センチ発射管6門
補機室

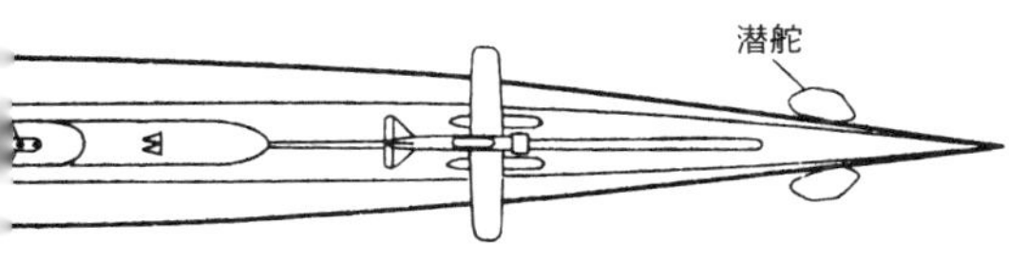
潜舵

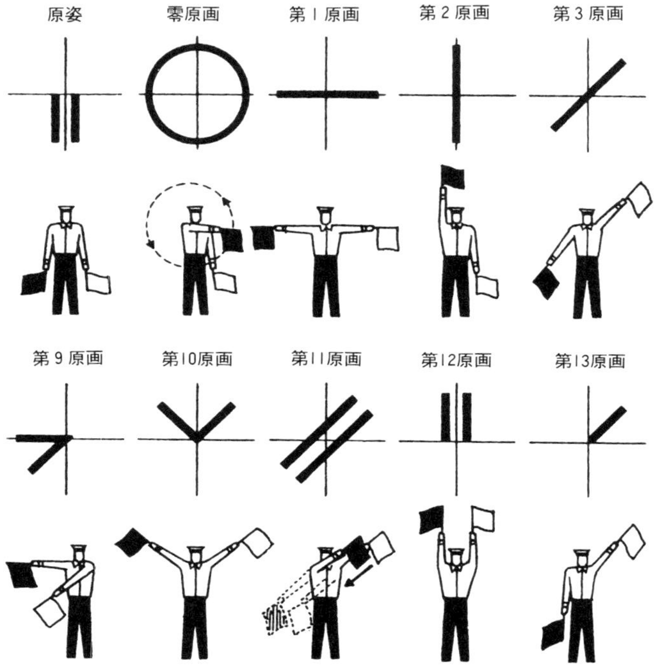

【 手旗信号 】てばたしんごう

両手に持った2本の小旗で特定の形象を描いて文字を示す通信法。艦船などで使用。和文信号と欧文信号があり，後者では腕木装置によるマセホア信号も含める。和文信号の基本は原画形象，交信区別形象，記号形象で，文字は原画形象を組み合わせ手旗と身体で片仮名の裏字を描く。

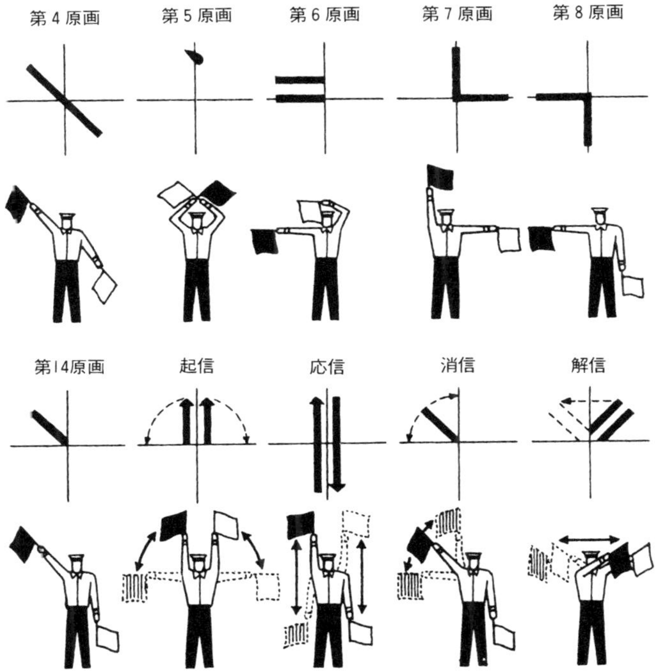

手旗信号の原画と交信信号
終信は第12原画，句点は第14原画で表わす。数字を入れるときは第13原画を前後におき，その間に零原画より第9原画までを数字として用いる。

手旗信号　1，2，3の番号はそれぞれ第1動，第2動，第3動を表わす。1字画を表わすには第1動よりただちに第2動に移り，終ると原姿に戻してから次の字に移る。

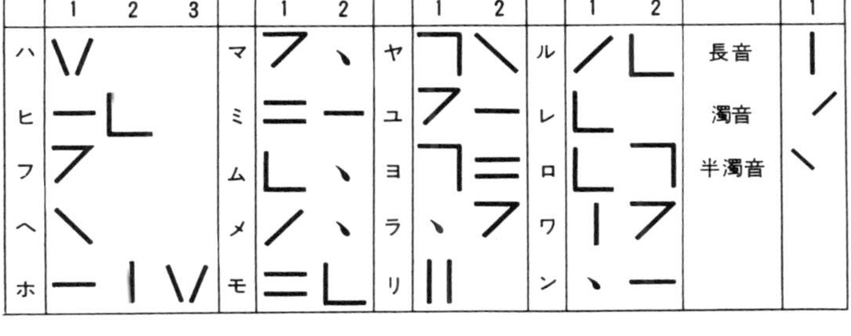

文字旗

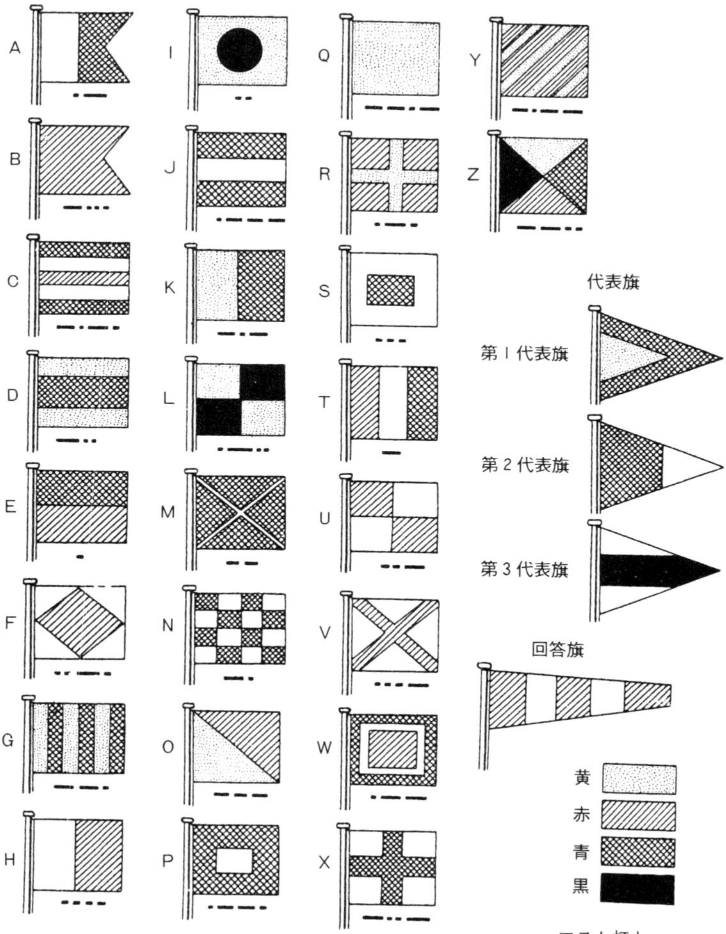

船灯の種類と位置

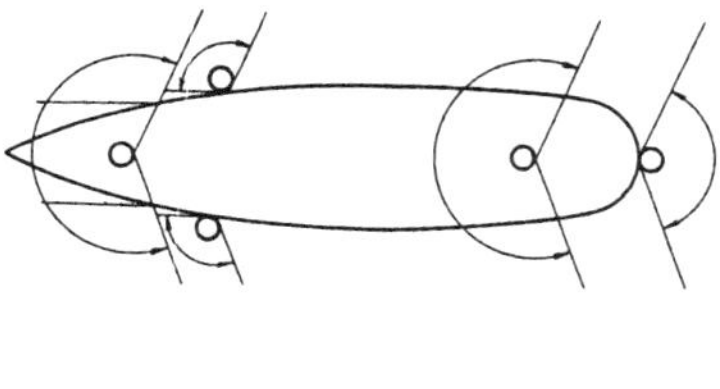

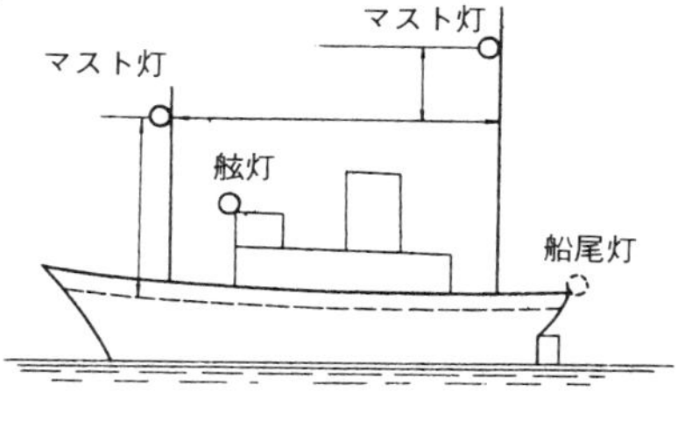

【 旗旒信号 】きりゅうしんごう

旗の組合せで船と船，船と陸上信号所などの間に交わされる信号。1857年英国商務省が初めて国際通信書を発行して制定，以後数次の国際会議を経て世界的に実施されてきた。信号旗はアルファベット旗26，数字旗10，代表旗３，回答旗１の合計40旗があり，１旗または２～４旗の組合せで特定の意味を表わしたが，1968年から新国際通信書が実施された。これは信号旗の種別はそのままとし，信号文を少なくして１旗，２旗信号でほとんどの重要な信号を表わし，３旗信号はＭを冠する医療用信号文だけ，地名のための４旗信号は削られた。

数字旗

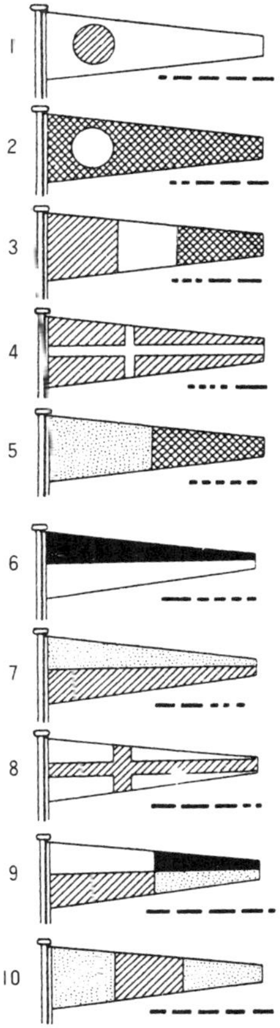

満載喫水線標　プリムソル標とも。船の安全上最小のフリーボードすなわち最大の喫水を定める標示。1930年の国際満載喫水線条約に基づき，船体の形状，強度から算定され，季節と海域によって差がある。船体中央両側に記号を用いて表示される。TF(熱帯淡水)の喫水が一番深く，以下Ｆ(淡水)，Ｔ(熱帯)，Ｓ(夏季)，W(冬季)，WNA(冬季北大西洋)と続く。

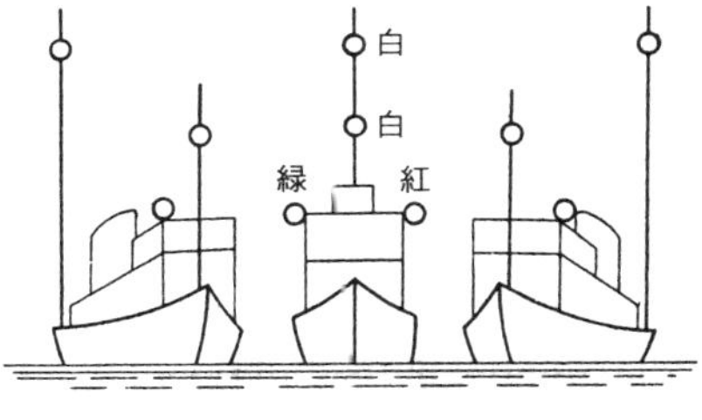

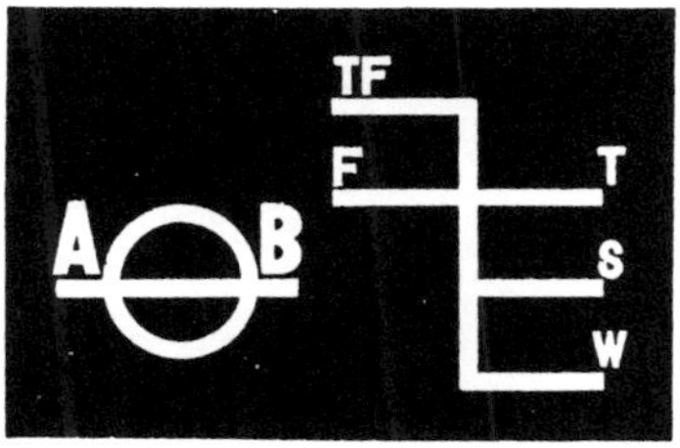

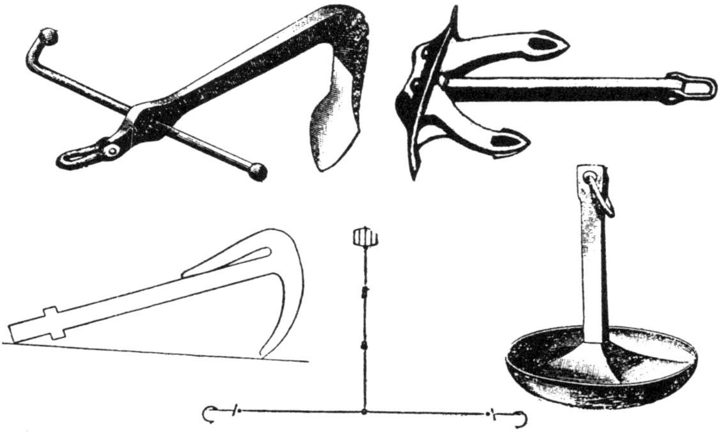

錨のいろいろ
下段右　マッドアンカー
中　2個の錨の用い方

錨(いかり)　アンカー。鋳鋼または鍛鋼製で，シャンク(柄)とアーム(腕)があり，アーム先端の爪が水底に食い込み，その抵抗力で船，浮ドック，ブイなどをつなぎとめる。ストックアンカーとストックレスアンカーがあり，一般に後者を用いるが，これはアームが動いて爪が食い込みやすい。操作は揚錨機(ようびょうき)(ウィンドラス)で行なう。

和船の四ツ爪錨

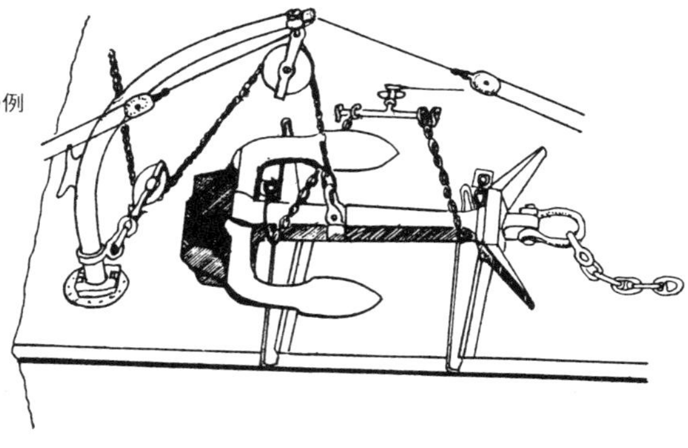

錨の格納の例

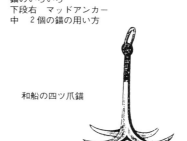

【 航路標識 】こうろひょうしき

海上交通の激しい港口，危険な沿岸航路，潮流の強い海峡，水道などで，船位を知らせ航路を示すために設ける標識。灯光を発する灯台，灯標などの夜標，形象，彩色による立標，浮標などの昼標，および霧信号所，潮流信号所などがある。海上保安庁が管理する。

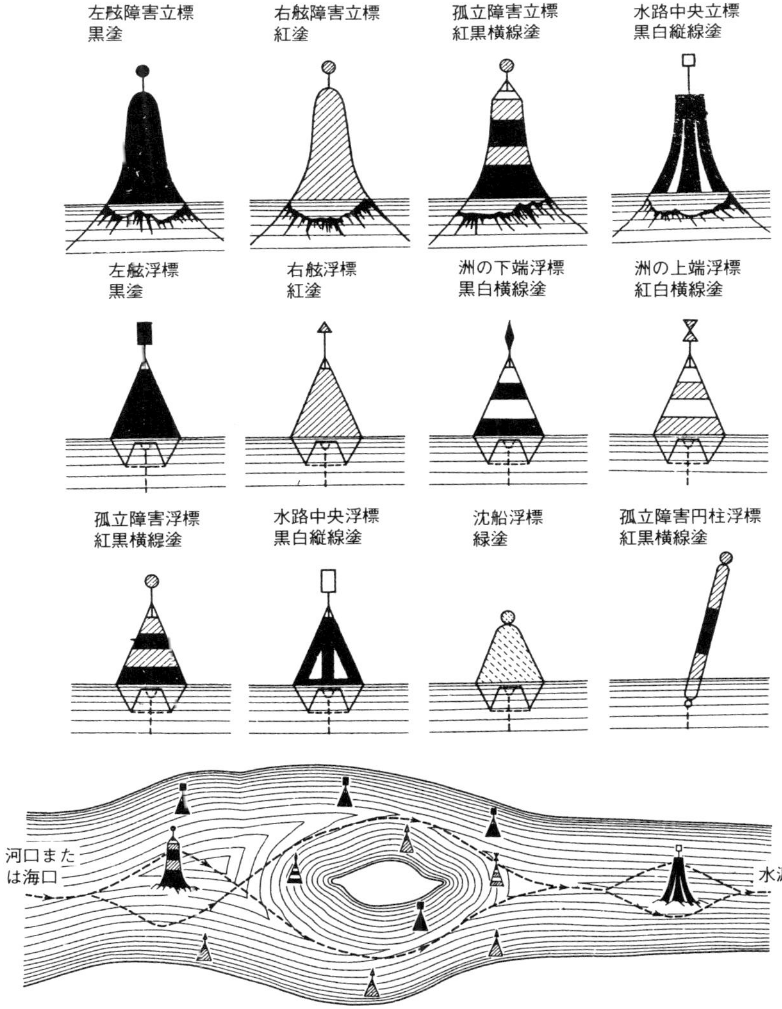

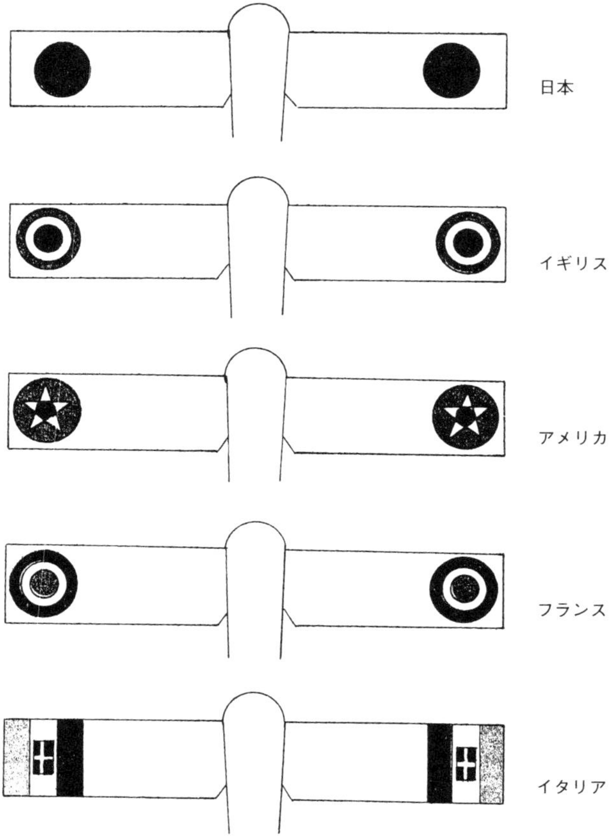

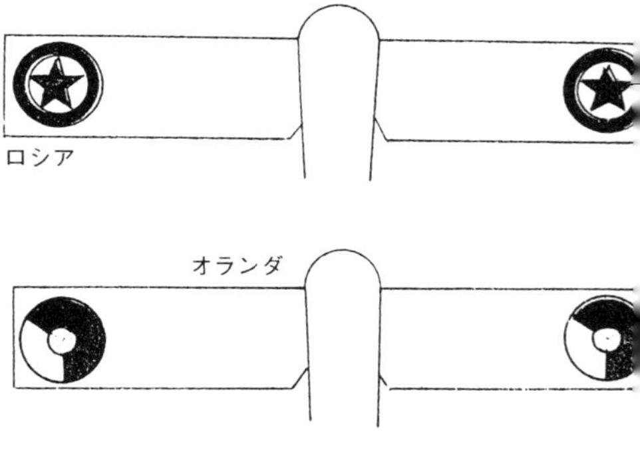

戦闘機　敵航空機の攻撃または迎撃を任務とする軍用機。第一次大戦以後，時代に応じた用兵上の要求から軽・重・艦上・遠距離など，また単座・複座・多座と大小各種の戦闘機が出現したが，今日では迎撃戦闘機，戦術戦闘機の２機種にまとまりつつある。

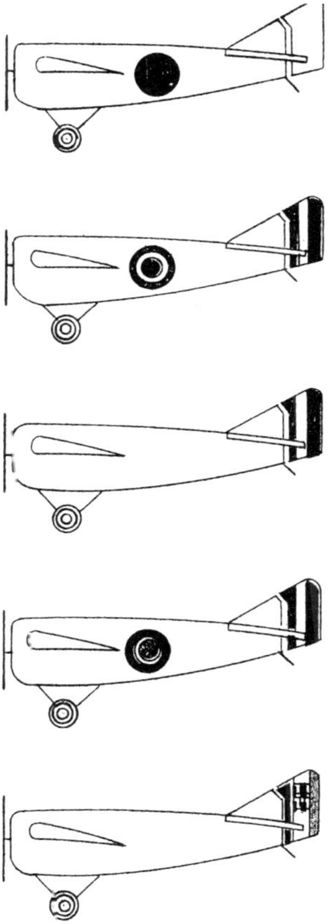

【空軍】くうぐん

航空機をおもな戦闘手段とし，空中作戦，地上攻撃，海上攻撃を行なう軍事組織。航空機が実用化された20世紀初めから，これを軍用に使うことが研究され，第一次大戦では主として偵察，爆撃，および機関銃を装備して空中戦に用いられた。その後航空機の急速な発達によって，空軍を陸海軍から独立させる国がふえた。第二次大戦では制空権が戦闘の勝敗を決する重要性をもち，特に海軍の場合は，航空母艦を中心とした機動部隊が重要な意味を持った。

【軍用機】ぐんようき

軍の用いる航空機は用途に適応する高度の性能を第一義とする点で，採算性を重視する民間機と異なる。軍事航空の発達のため多種多様となり，戦闘機，偵察機，爆撃機，攻撃機，哨戒(しょうかい)機，輸送機，早期警戒機，給油機，連絡機，救難機，気象観測機，および軍用ヘリコプター(輸送，攻撃，対潜，救難等)などがある。これらは戦略・戦術の観点からさらに細分される。

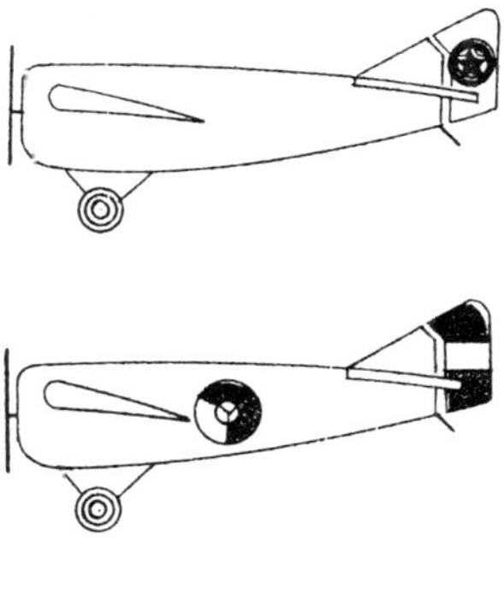

爆撃機　爆撃を主目的とする軍用機。第二次大戦まで軽爆撃機と重爆撃機に分けたが，今日では，前者は戦闘機から進化した，地上支援，迎撃，爆撃などのできる攻撃機にかわり，後者は大航続力の戦略爆撃機となった。

三菱〈神風〉連絡機　1937年4月東京～ロンドン間94時間17分56秒（飛行時間51時間19分23秒），平均時速300キロで飛行した。550HP機関１基で，最高時速480キロ，航続距離2400キロ。

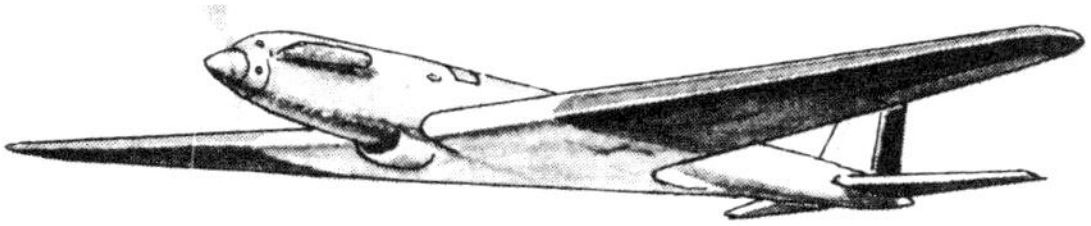

航空研究所長距離機　1938年５月，木更津～銚子～太田～平塚の周回コースを29周し，１万1651キロ（62時間22分49秒）の周回距離の世界記録を樹立した。

零（れい）式艦上戦闘機（ゼロ戦）　戦時中１万430機が生産された日本の代表的戦闘機。950HPエンジン１基，最大時速533キロ，航続距離3500キロ。空戦性能に卓越していた。

隼（はやぶさ）　日本陸軍の代表的戦闘機で，最大時速555キロ，1230HP機関１基，航続距離3000キロ。

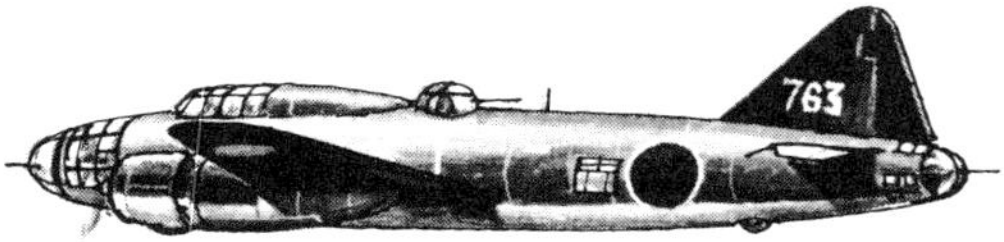

一式陸上攻撃機。零戦とともに日本海軍航空隊の主力であった双発攻撃機。最大時速428キロ，航続距離 4287キロ，800キロの爆弾か魚雷を積載。

橘花（きっか）　日本最初のジェット機。1945年６月敵艦または地上攻撃用に海軍で１号機を製作。最大時速680キロ，爆弾500～800キロを１個積載。

ボーイングB-29〈スーパーフォートレス〉(超空の要塞)と呼ばれ，日本への空襲で有名。第二次大戦中最大の米空軍長距離重爆撃機。2300HP機関 4 基で，航続距離5230キロ，最大時速550キロ，爆弾540キロを 4 個積載，気密室，レーダー装置，遠隔操作のできる機関銃など画期的な装備を有していた。

二式大型飛行艇　哨戒(しょうかい)，爆撃，輸送などに活躍した高性能の日本海軍大型飛行艇。最大時速433〜467キロ，巡航時速296キロ，爆弾1600キロ積載。

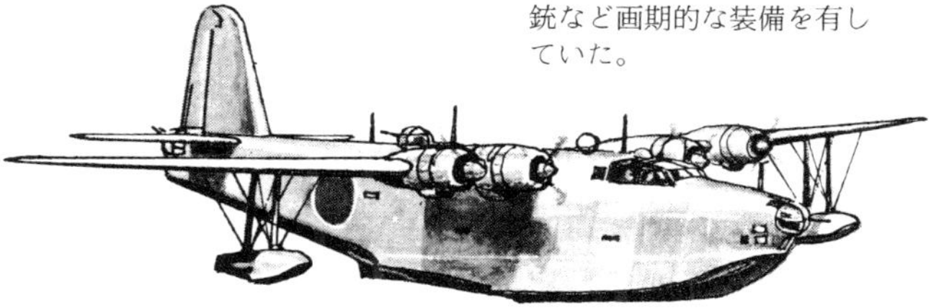

四式重爆撃機〈飛竜〉　日本陸軍の代表的重爆撃機(双発)で，雷撃・特攻用にも使われた。最大時速537キロ，航続距離3800キロ。

YS-11　戦後日本ではじめての国産中型輸送機。ターボプロップ双発で，1000メートルの滑走路で離着陸できる。短距離輸送に最も適した経済性をもつ，特色のある設計で製作されている。

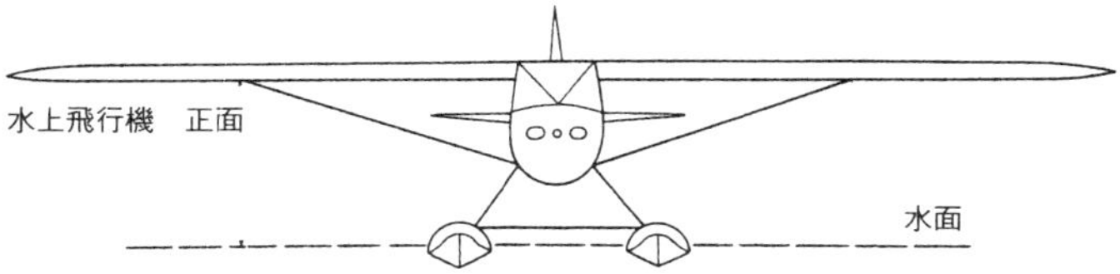

水上飛行機　正面

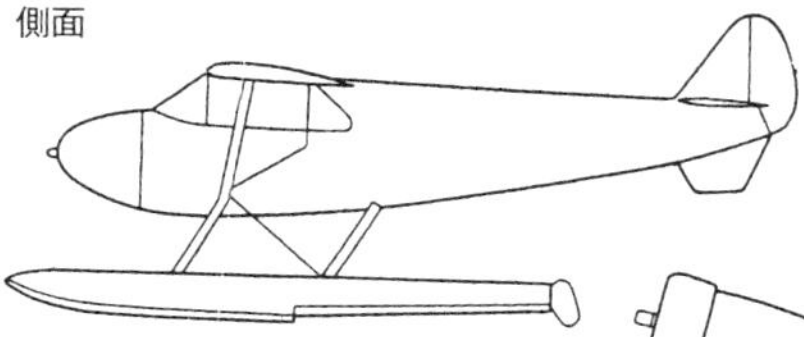
側面

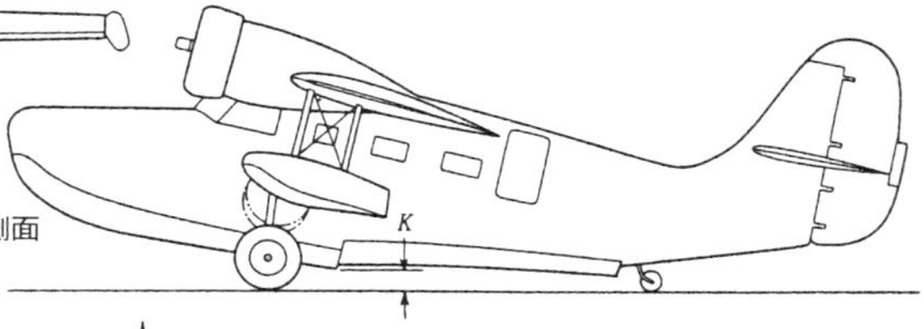

飛行艇　側面

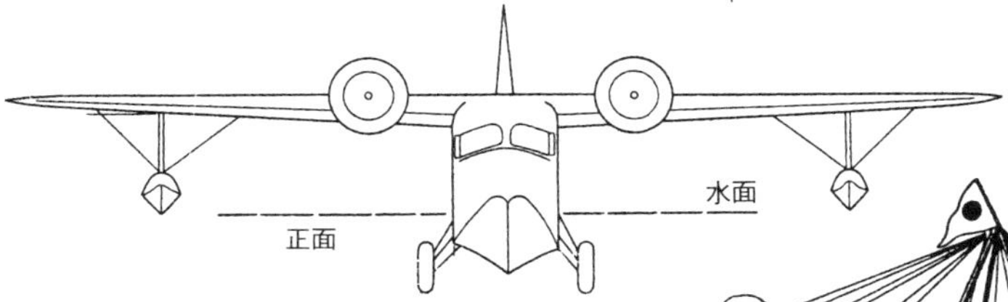

正面

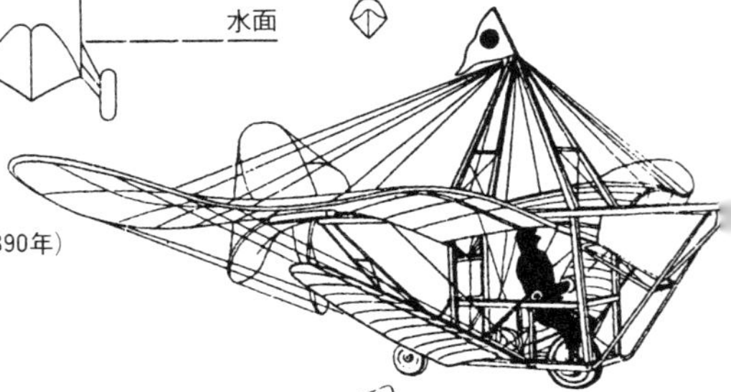
二宮忠八の飛行機模型(1890年)

雪原着陸用飛行機

飛行艇　水上に発着する飛行機のうち，胴体をそのまま艇体として利用する形式のもの。着陸装置や滑走路の制約がないため，かつては大型長距離機に適した形式として広く使われた。しかし抗力の大きい胴体形状が高速に適さず，最近では対潜哨戒(しょうかい)用，救難用など用途が限られている。

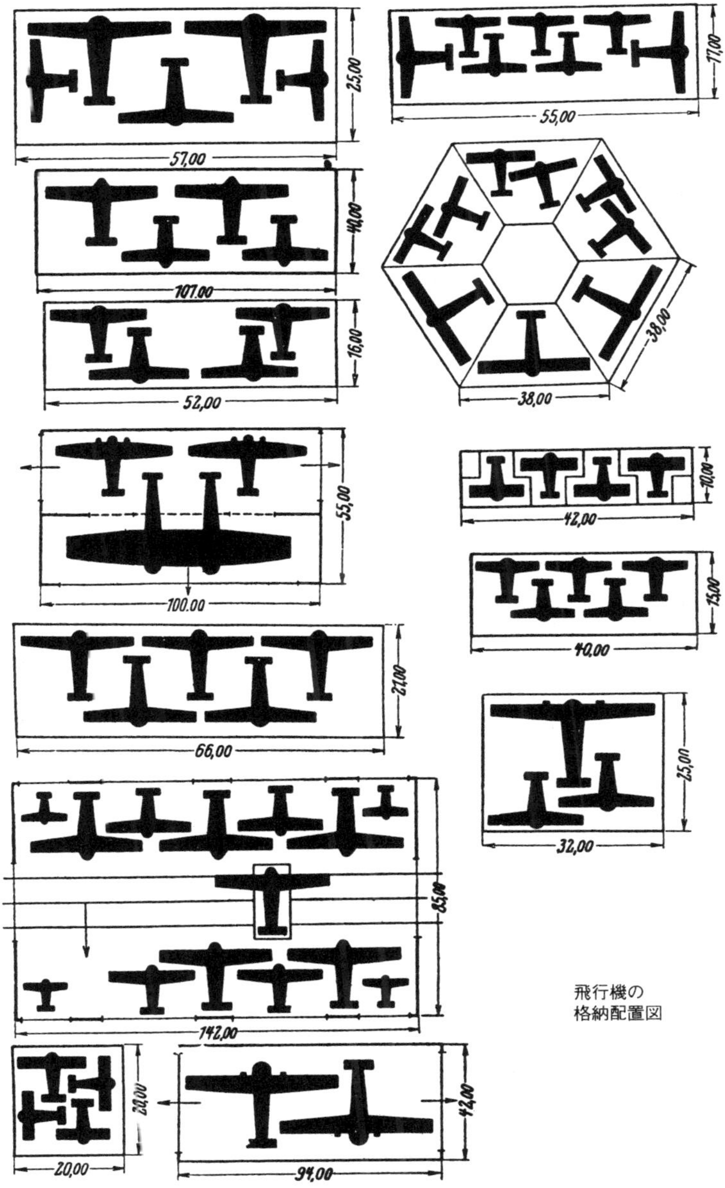
25,00
57,00
17,00
55,00
40,00
107.00
16,00
52,00
38,00
38,00
55,00
100.00
10,00
42,00
15,00
40,00
27,00
66,00
25,00
32,00
85,00
142,00
20,00
20,00
42,00
94,00

飛行機の
格納配置図

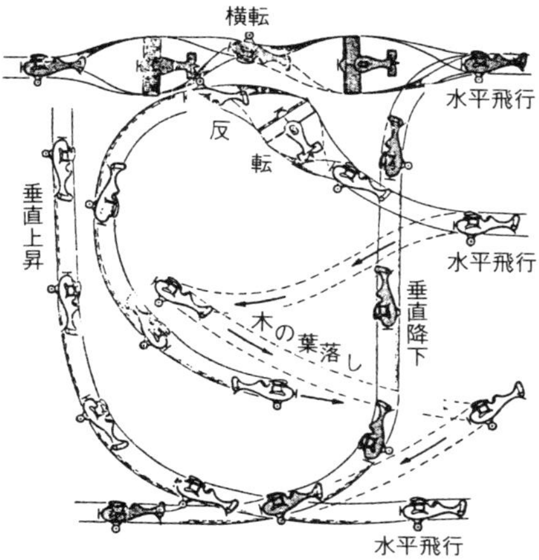

パラシュート降下

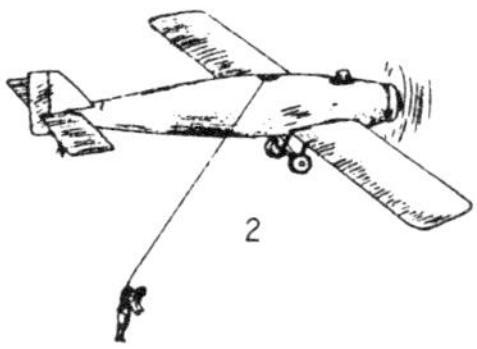

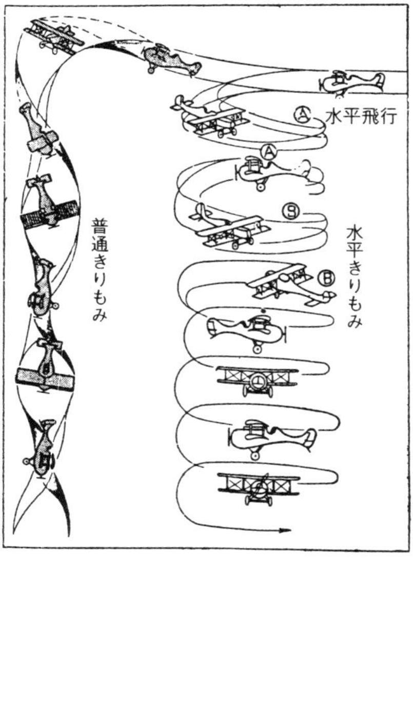

パラシュート　落下傘(らっかさん)。布製の大きな半球形の傘の空気抵抗により，人や物品を安全に大気中を落下させる装置。従来はもっぱら緊急脱出用であったが，今日では人員や重量物の投下用，人工衛星などの回収，またスカイダイビングなどにも使用される。材料は最近ではすべてナイロン等の合成繊維。

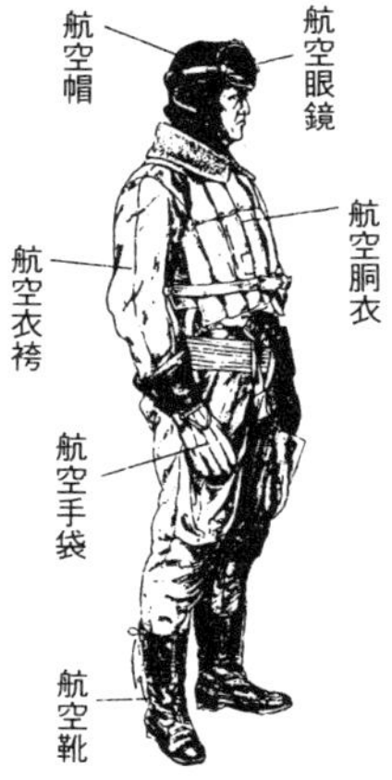

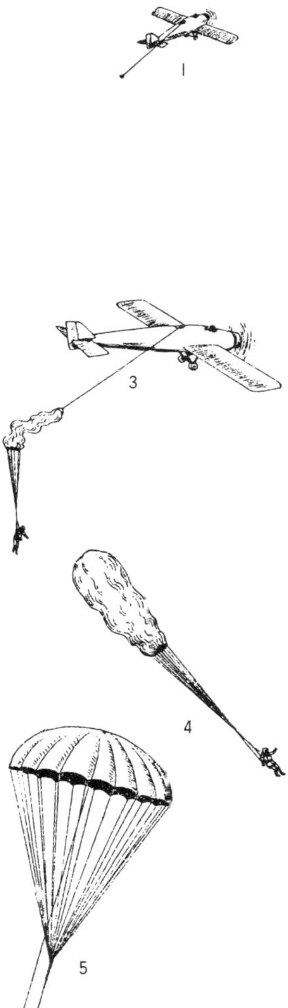

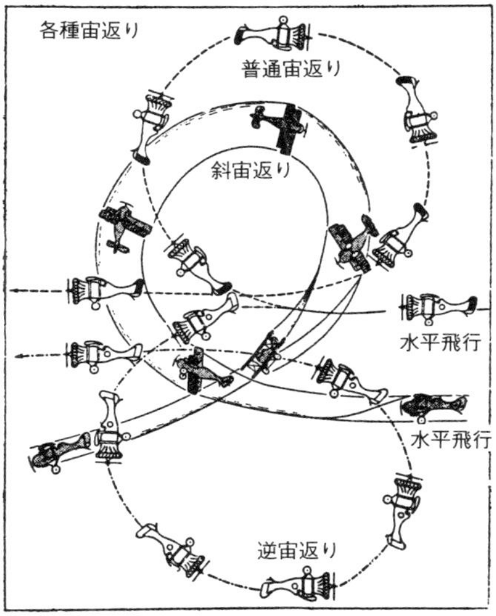

緩横転と垂直八字飛行

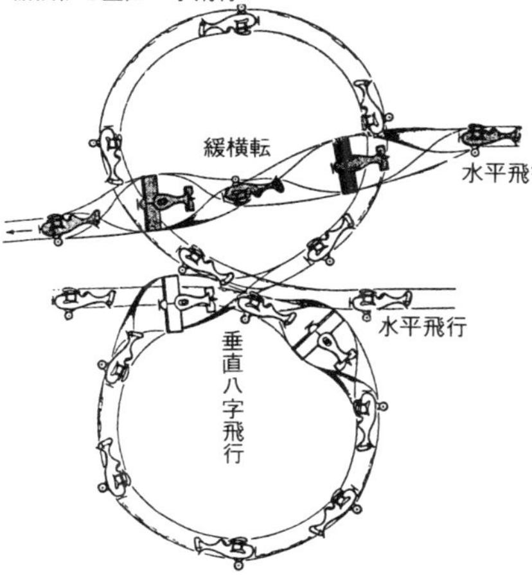

【 曲技飛行 】きょくぎひこう

特殊飛行とも。元来は空中戦の必要から発達したが，現在は戦技としてほとんど実用性はなく，操縦感覚の養成に役立てている。宙返り，横転，きりもみ，反転，背面飛行など，およびこれらの組合せを，1機または数機の編隊で行なう。

〈我軍旅順港砲台攻撃之図〉
楊斎延一画

【軍人勅諭】ぐんじんちょくゆ

1882年(明治15)，明治天皇が軍人に下した勅諭。参謀本部長山県有朋が西周に起草させた。大元帥である天皇が直接軍の統帥に当たること，天皇への忠節を第一とし，礼儀・武勇・信義・質素の五徳目を掲げ，天皇への絶対的服従を強調する。

軍人将棋のこま

鐵道

鉄道　機関車　蒸気機関車　貨車　停車場
東海道新幹線　山陽新幹線　電気機関車　電車
ディーゼル動車　ディーゼル機関車　鉄道信号
レール　トンネル

十二支の八番目　未(ひつじ)
京都伏見焼の羊

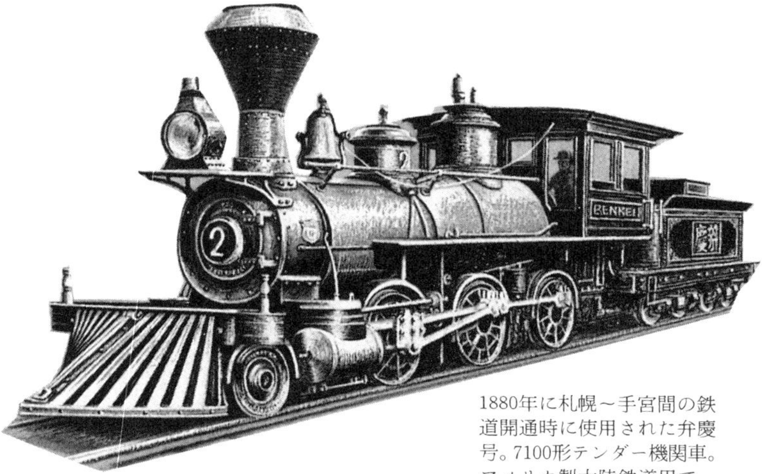

1880年に札幌～手宮間の鉄道開通時に使用された弁慶号。7100形テンダー機関車。アメリカ製大陸鉄道用で，前部にカウ・キャッチャー（排障器）がついている。

【 鉄道 】てつどう

軌道を敷設した通路上に動力を用いた車両を運転し，人，物を運ぶ陸上交通機関。狭義には軌道を敷設した通路だけをいう。日本には幕末に露・米の使節から模型機関車がもたらされたが，鉄道創業は1872年東京（新橋）～横浜間である。その後，国営・民営並行して拡大され，1906年全国幹線の国有化を図る鉄道国有法の公布で日本国有鉄道の基礎が固められ，以後，幹線網の整備とローカル線の建設が進んだ。一方，大正末～昭和初年には大都市周辺などに私鉄網（大部分が電気鉄道）が建設されて今日に到っている。

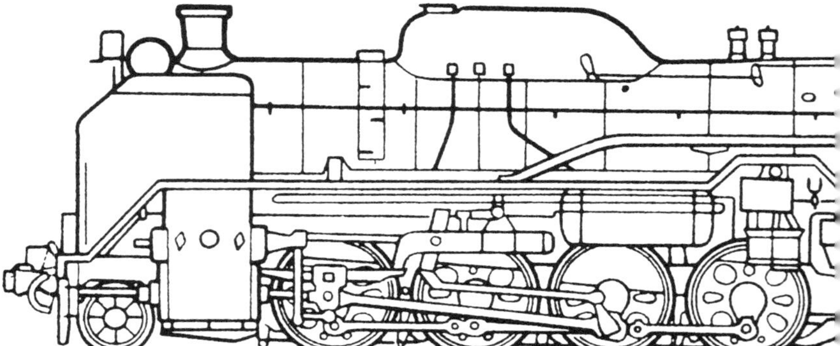

1872年に新橋～横浜間を走った第1号機関車。イギリス製150形。

1893年につくられた国産第1号機関車。860形複式タンク機関車。部品の多くは英国から輸入されたものを用いた。

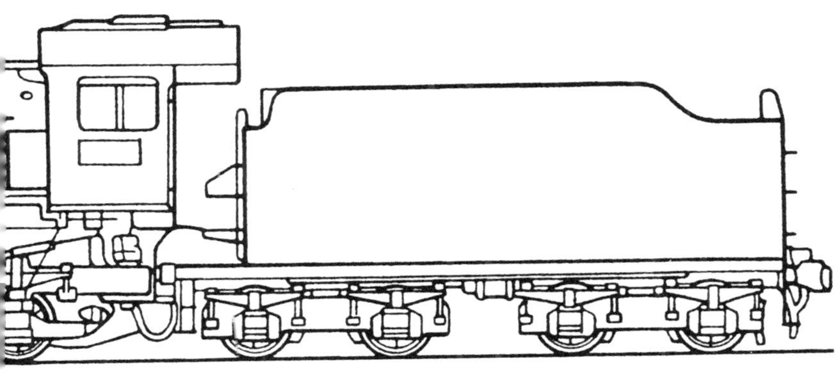

1.ボイラー胴　2.外火室　3.内火室　4.燃焼室　5.煙室胴　6.煙室炉　7.番号板　8.煙突　9.ペチコート　10.吐出管　11.主蒸気管　12.大煙管　13.小煙管　14.蒸気だめ　15.ボイラー安全弁　16.管寄せ　17.加減弁　18.加減弁ハンドル　19.汽笛　20.灰箱　21.水面計　22.シリンダー　23.蒸気室　24.空気弁　25.ピストン棒　26.先棒ささえ受け　27.すべり棒　28.クロスヘッド　29.主連棒　30.連結棒　31.返りクランク　32.偏心棒　33.合併てこ　34.結びリンク　35.加減リンク　36.心向棒　37.逆転棒　38.先台車　39.動輪　40.従台車　41.動輪軸箱　42.ころ軸箱　43.制輪子　44.主台枠

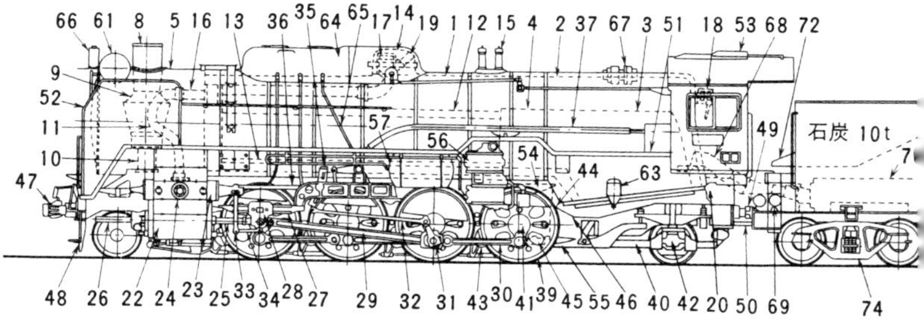

【機関車】きかんしゃ

原動機をもち客車・貨車を牽引する鉄道車両で，旅客・貨物の積載設備をもたないもの。原動機の種類により蒸気機関車，電気機関車，ディーゼル機関車に分ける。用途上からは，速度を主眼とする旅客列車用，引張力を主眼とする貨物列車用，小型の入換用および支線区用などに分けるが，最近の電気・ディーゼル機関車は客貨いずれも牽引できるよう設計されることが多い。ほかに蓄電池機関車，圧縮空気機関車(ともに坑内用など)，ガスタービン機関車などの特殊機関車がある。蒸気機関車は効率が低いなどの欠点があり，近年は電化，ディーゼル化が世界の鉄道の大勢である。JRでは，機関車の形式の表示に記号と番号を用い，記号は動輪軸数１，２，３，…をA，B，C，…で示し，電気機関車，ディーゼル機関車はこれにE，Dを冠する。番号の左２けたは，蒸気機関車では10～49がタンク機関車，50～99がテンダー機関車，その他機関車では10～49が最高時速85キロ以下，50～89が同85キロ超，90～99が試作車を示し，３位以下は製作順を示す。

【蒸気機関車】じょうききかんしゃ

ボイラーをもち，発生した蒸気で蒸気機関を動かして走る機関車。炭水車の有無によりテンダー機関車とタンク機関車に分けられる。使用目的からは旅客列車用，貨物列車用，入換用，勾配(こうばい)区間用などに分けられるが，この区分は動輪が旅客用では大きく，貨物用ではそれほど大きくないが数が多いなど，車輪の配置や構造の差でもある。

45.軸箱守控え　46.ボイラー膨張受け　47.自動連結器　48.排障器　49.中間緩衝器　50.中間引張棒　51.歩み板　52.除煙板　53.運転室　54.にないばね　55.従台車釣合いばね　56.空気圧縮機　57.元空気だめ　58.ブレーキ弁　59.ボイラー圧力計　60.空気圧力計　61.給水加熱器　62.注水器(インゼクター)　63.ボイラー水清浄装置　64.砂箱　65.砂まき管　66.前照灯　67.タービン発電機　68.自動給炭機　69.自動給炭機関　70.トラフ(送炭管)　71.炭水車　72.石炭取出口　73.水タンク　74.台車

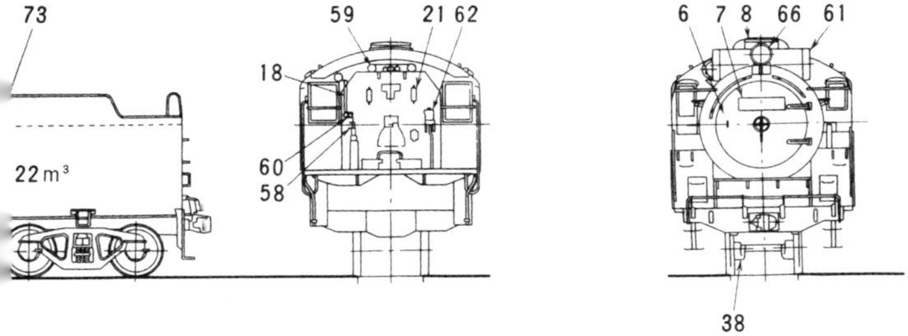

P62の側面図，背面，前面(右)
下　蒸気機関車の内部

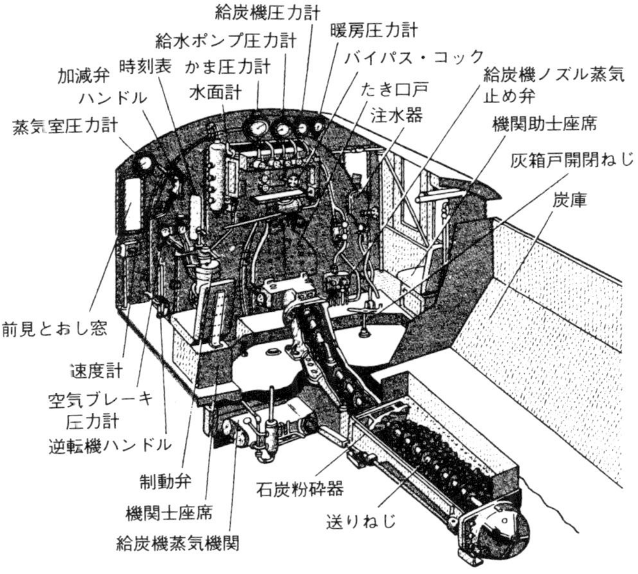

【 貨車 】かしゃ

貨物を積載する設備のある鉄道車両。構造と用途により有蓋(ゆうがい)貨車，タンク貨車，無蓋貨車，ホッパー貨車に分ける。これらはさらに冷蔵車，家畜車，長物車，石炭車など多種類に区別され，用途に応じた設備をもつ。以上の営業用貨車のほか，車掌車，雪かき車，操重車などは貨物積載を目的としないが，外観，用途，構造などから事業用貨車として貨車に分類される。日本の貨車はこれまで積載量15トン以下の小型２軸車が多数を占めたが，近年の輸送需要の変化と，安全性・高速性確保の上から，大型化，ボギー化，また貨物別の専用化の傾向にあり，コンテナ車の増加も著しい。

鉄道線路　広義には列車または車両を走らせる通路で，停車場設備，信号保安設備，通信設備など必要な一切の施設を含む。狭義には路盤およびその上に構築された軌道をさす。また運転取扱上は本線と側線に区分。

180トン積大物車(シキ)

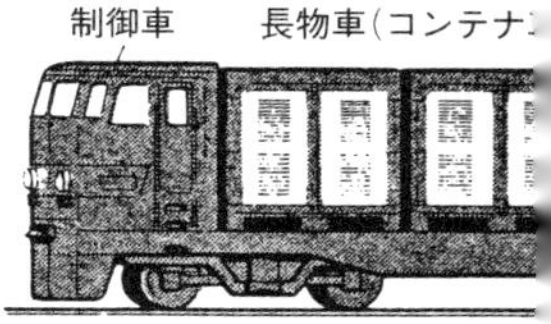

有蓋車(ワム80000)

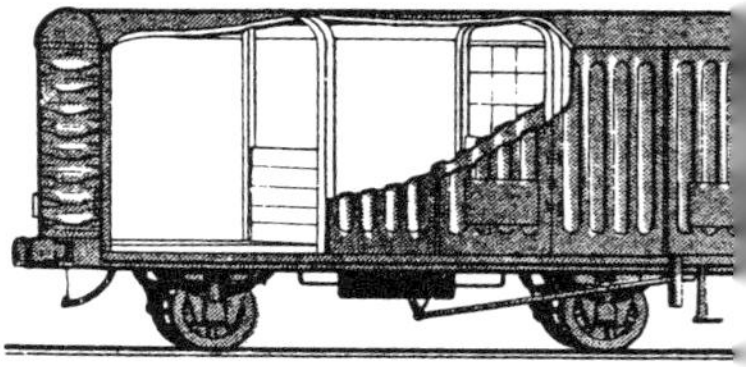

無蓋車(トラ35000)

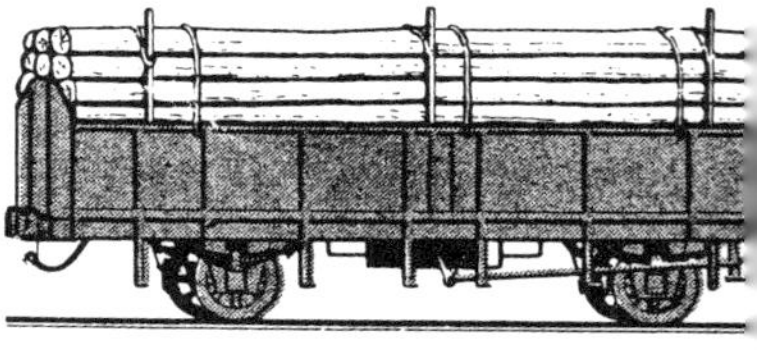

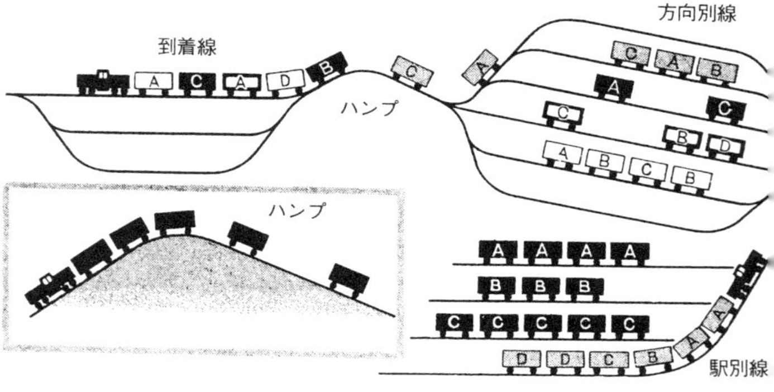

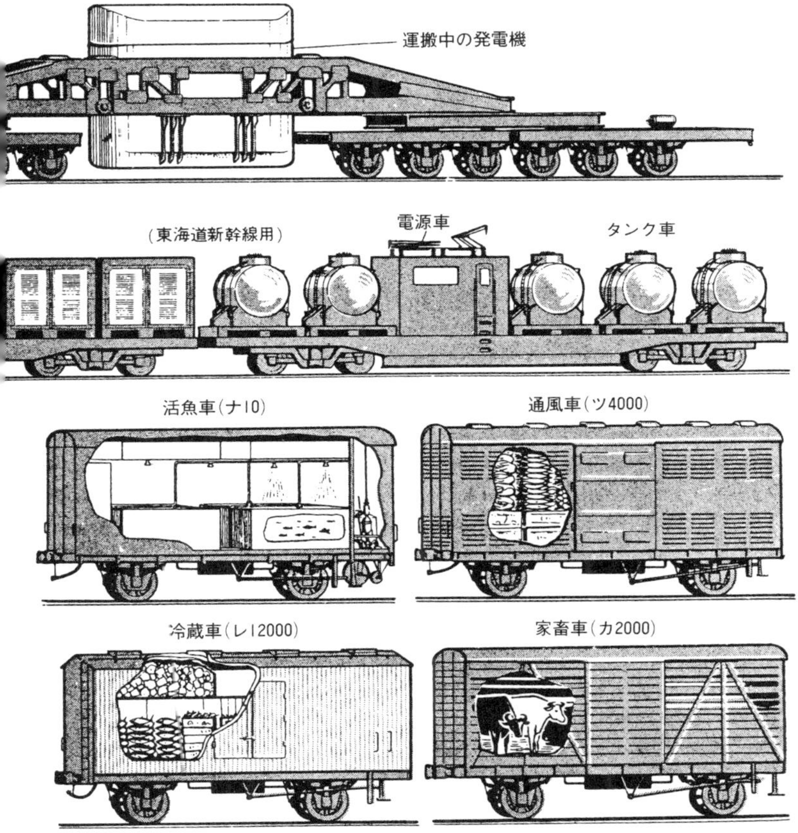

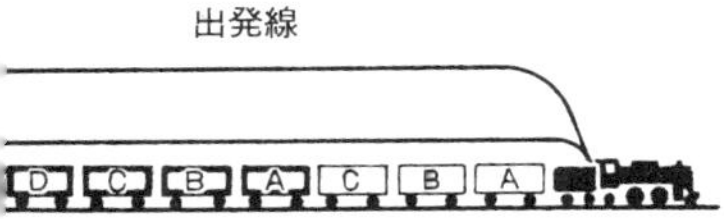

操車場　列車の組成を行なう場所。扱う列車の客貨の別により客車操車場と貨車操車場に分ける。後者には小丘(ハンプ)の下り勾配(こうばい)を利用して貨車を転走させ仕分けるハンプ操車場，入換機関車で仕分ける平面操車場がある。

特急さくらのマーク

正称は桜号。東京下関間を運転した三等特別急行列車。片路20時間前後を要したが，普通急行より約2時間早かった。

【 停車場 】ていしゃじょう

列車が発着する場所。旅客・貨物を取り扱う駅，列車の編成，車両の入換えなどを行なう操車場，列車の行違い，待合せのみを行なう信号場の3種に区分。一般には駅のことを停車場と呼ぶが，鉄道輸送業務の基地的存在である3種とも停車場である。

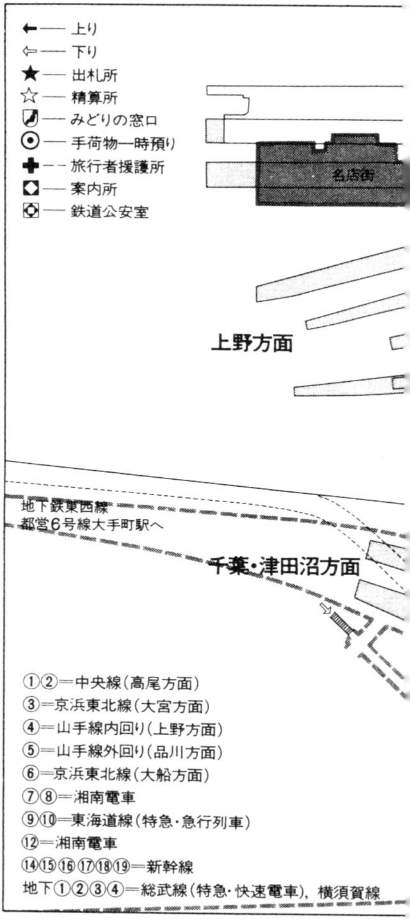

東京駅　東京都千代田区丸の内にあるJR駅。1914年開業。東海道本線，各新幹線，中央本線，総武本線，東北本線，京葉線の起点をなす。1日平均乗車人員は約38万2100人(1998)。駅舎(現在の丸の内側)は辰野金吾設計のルネサンス風建築で，1945年戦災。戦後改修したが，原形を著しくそこなった。55年八重洲口に八重洲本屋(鉄道会館)が完成。56年には地下鉄の乗入れをみた。69年大地下街ができ，72年総武本線，90年京葉線が地下駅に乗り入れた。2012年創建当時の姿に復元された。

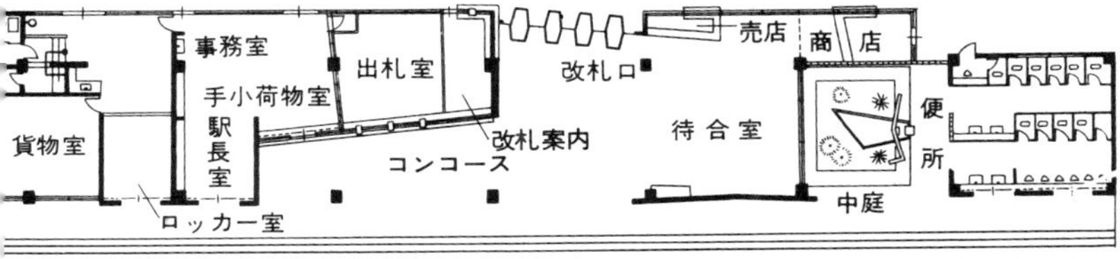

旧国鉄の停車場
上　藤枝駅
下　東京駅

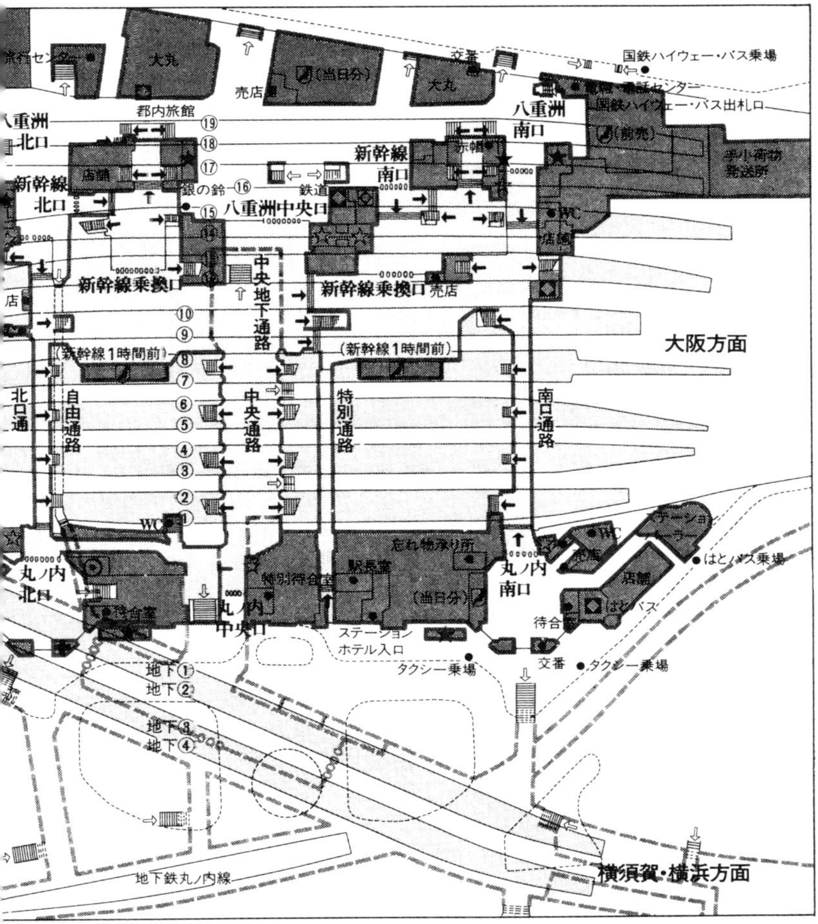

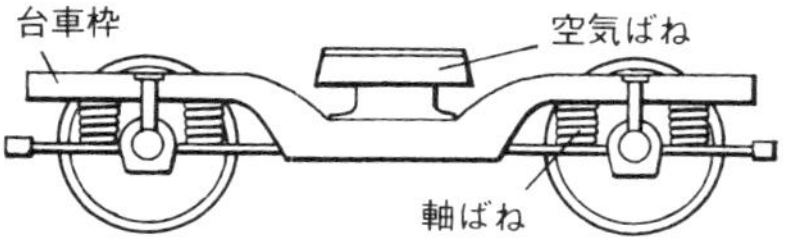

右　新幹線用台車の構造
下　新幹線電車の平面と断面

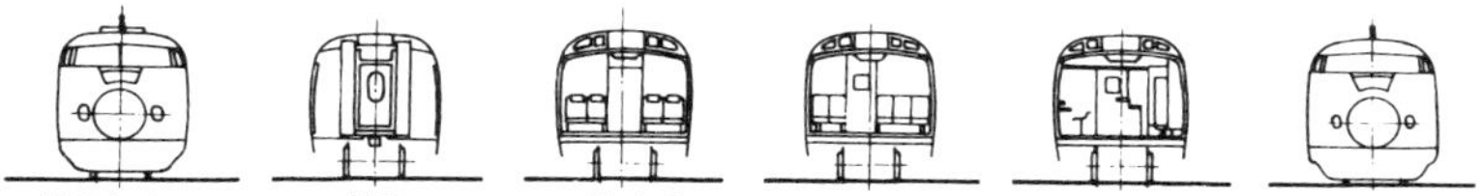

第３図　東海道新幹線電車の平面(下)と断面(上)

M_C 先頭車　M_S 1等車　M_B ビュッフェ車　は動力車をあらわす。

電車方式	2両1ユニットで電気的にまとめられている
車両の大きさ	長さ25m　高さ3.98m　幅3.38m
車両の重さ	定員乗車時60 t
座席数(12両)	1等132名　2等855名　計987名
車輪直径	910mm
主電動機出力	185kW(定格速度時速168キロで)
1編成出力(12両)	8880kW
主変圧器	外鉄形送油風冷式不燃性油使用
シリコン整流器	単相ブリッジ結線強制風冷式出力直流1550kW

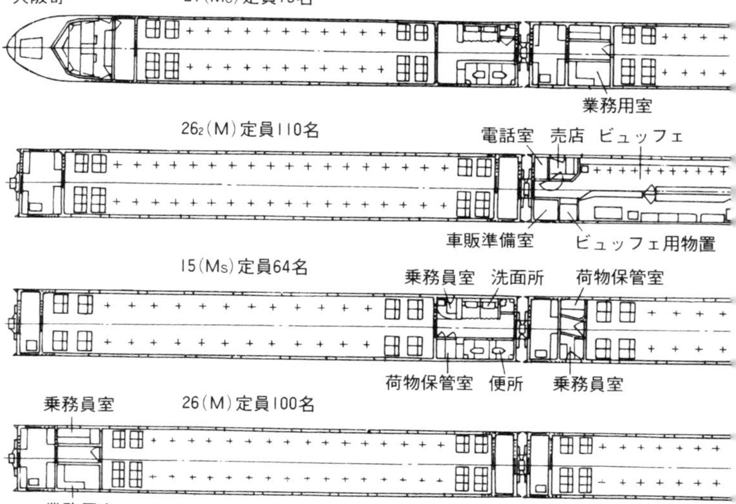

【 東海道新幹線 】

とうかいどうしんかんせん

飽和に達した東海道本線の鉄道輸送を打開するため建設された高速新線。東京～新大阪間，路線延長515.4キロは1959年着工，64年10月営業運転開始。当時の停車駅は新横浜,名古屋,京都など12駅。72年山陽新幹線開業に伴い直通運転開始。電気方式は単相交流60Hz，25kVで，時速200キロ以上の高速運転(最高時速は「のぞみ」の270キロ)を実現するため，全線をロングレール化し，道路とはすべて立体交差で踏切を設けず，自動列車制御・集中列車制御装置を採用，車両も高速時の安定を図り，軽量化，気密化した流線形電車を用いるなど，最新の鉄道技術を駆使している。東海道新幹線の成功により陸上輸送における鉄道の効果が再認識された。

【 山陽新幹線 】

さんようしんかんせん

限界に達した山陽本線の輸送力打開のため，東海道新幹線を博多まで延長した新線。1967年着工，72年新大阪～岡山間162キロが完成，開業。75年2月岡山～博多間398キロが完成し，同3月から全線営業を開始した。現在は，東京～博多間を最短4時間46分で結んでいる。路線は時速250キロ運転に備えて，カーブを大きく勾配(こうばい)をゆるくとったため,トンネル部分が多くなり，新大阪～岡山では全延長の35％，約57キロ，岡山～博多では52％，約210キロに達する。トンネルの中には延長16.2キロの六甲トンネル，18.7キロの新関門トンネルなど，8キロ以上の長大トンネルが6ヵ所ある。

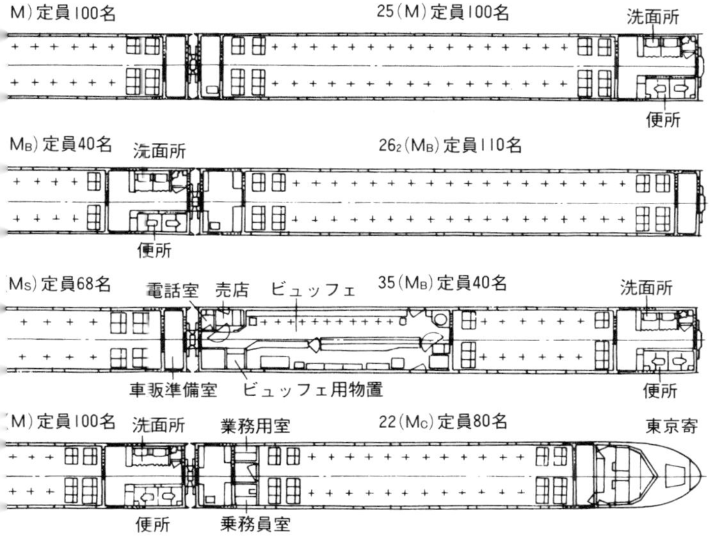

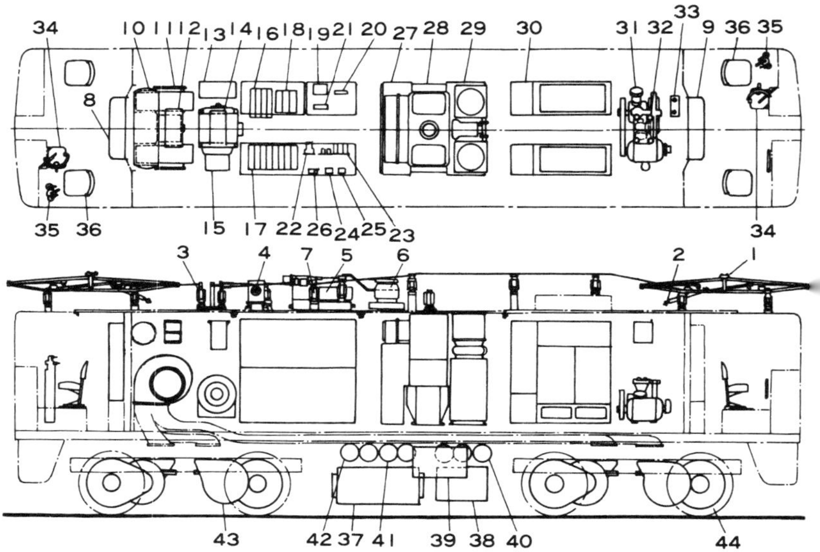

連結器　鉄道車両相互を連結する装置。ねじ連結器，自動連結器，密着連結器などがある。ねじ連結器は両車両に取り付けたリンクを互いに引っかけ，連結にたわみのないようねじで締めよせるもの。今日でも欧州などで使われているが，連結の際，作業員が車両間に入らなければならず，労力を多く要し危険でもあるので，日本の国鉄では1925年に自動連結器への一斉換装を行なった。

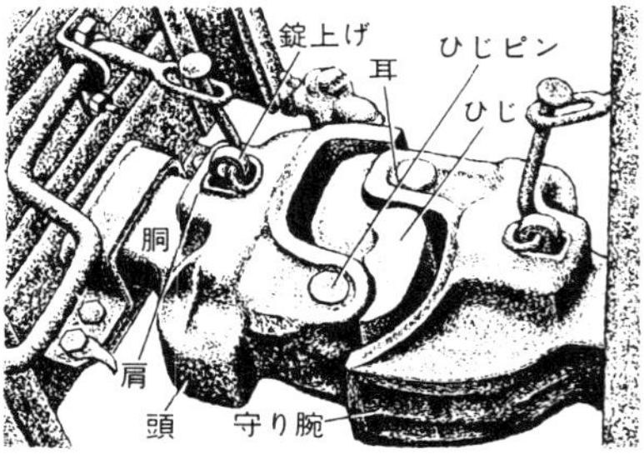

自動連結器

【 電気機関車 】

でんききかんしゃ

電気を動力とする機関車。使用電流の種類により直流電気機関車，交流電気機関車，直流・交流両区間にまたがって運転される交直両用機関車に分けられる。車両用として起動時に最大出力を出させるには直流電動機のほうがつくりやすいため，従来ほとんどが直流機関車であった。交流機関車には交流電源で交流電動機を駆動する直接式と，交流電源を車上の整流器で直流に変え直流電動機を駆動する間接式があり，第二次大戦後，後者の方式の発達により交流機関車も広く使用されるようになった。

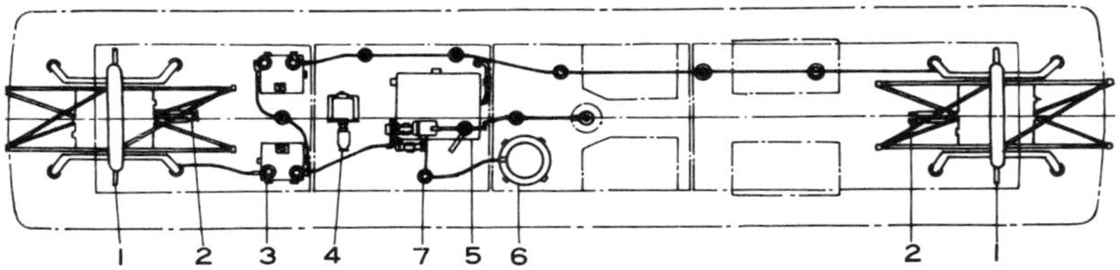

ED75形電気機関車の機器配置
1.パンタグラフ 2.空気がい管 3.パンタグラフ断路器 4.計器用変圧器 5.空気遮断器 6.交流避雷器 7.支持碍子 8.第1制御箱 9.第2制御箱 10.非常空気だめ 11.電動送風機 12.相変換機起動抵抗器 13.蓄電池 14.自動電圧調整装置 15.相変換機 16. 17. 18.単位スイッチ 19.車内警報受信器 20.車内警報自動電圧調整装置 21.車内警報直列抵抗器 22. 23. 24. 25.各種補助回転機用接触器 26.灯回路用セレン整流器 27.タップ切換器 28.主変圧器 29.磁気増幅器 30.シリコン整流器 31.空気圧縮機 32.交流フィルター抵抗器 33.交流フィルターコンデンサー 34.主幹制御器 35.ブレーキ弁および脚台 36.腰掛 37.平滑リアクトル箱 38.界磁分路および分流抵抗器 39.蓄電池 40.元空気だめ 41.供給空気だめ 42.制御空気だめ 43.主電動機 44.車輪

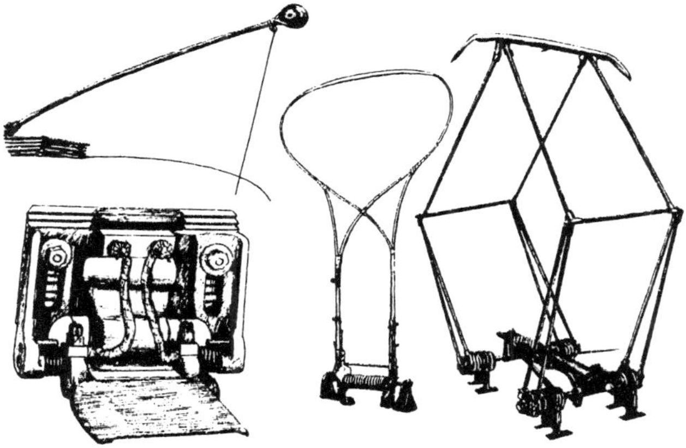

集電装置 左上 トロリーポール
左下 集電靴 中 弓状集電子
右 パンタグラフ

パンタグラフ パンタグラフ集電器のこと。電車，電気機関車の屋根に設け，ひし形枠(わく)に集電舟を備えたもので，ばねまたは圧縮空気により上下自在に伸縮する。高電圧，大電流に適する。

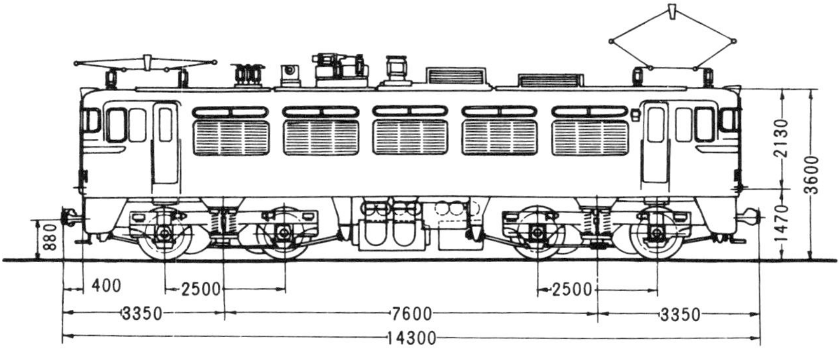

台車　2個以上の車軸を鋼製の枠(わく)に取り付けた，車体の重量をささえてレール上を走行する装置。台車枠には，車軸箱支持装置，ばね装置，ブレーキ装置など，また電車では電動機も取り付けられる。旧式貨車など小型の車両では，1台の台車を車体に固定した単台車を用いたが，今日ではほとんどがボギーである。これは中心部に心皿(しんざら)を設け曲線部を車体の方向とは独立に走れるようにした台車で，安定性もよい。ふつう1車両に2台を用いる。

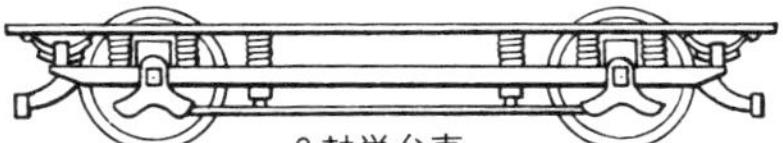
2軸単台車

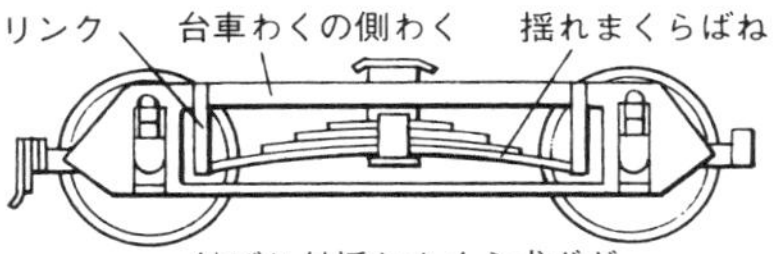

軸ばね付揺れまくら式ボギー

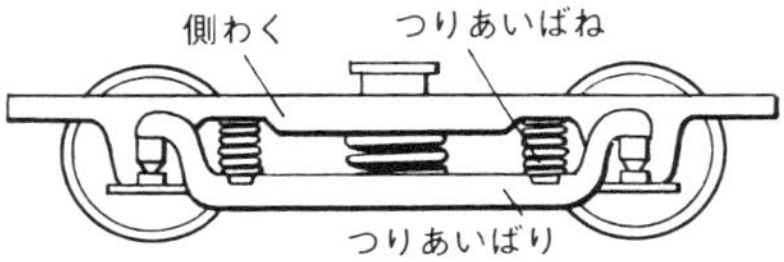

つりあいばり付揺れまくら式ボギー

電車構造と電気系統　1パンタグラフ　2断流器　3カム軸接触器　4主抵抗器　5開放器　6主電動機　7電動発電機　8配電盤　9主幹制御器　10逆転器　11室内の電灯　12戸じめ機械　13電気暖房器

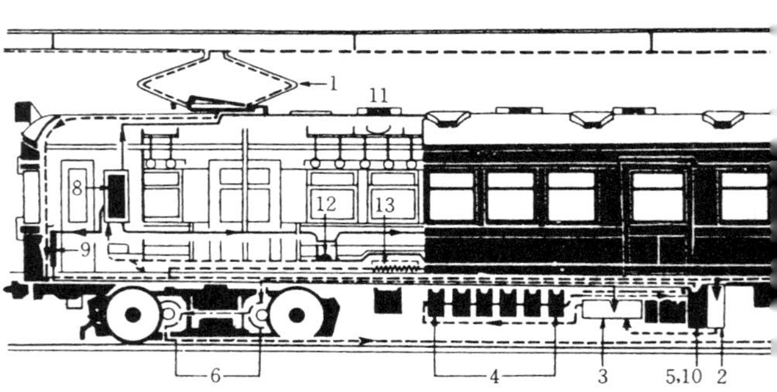

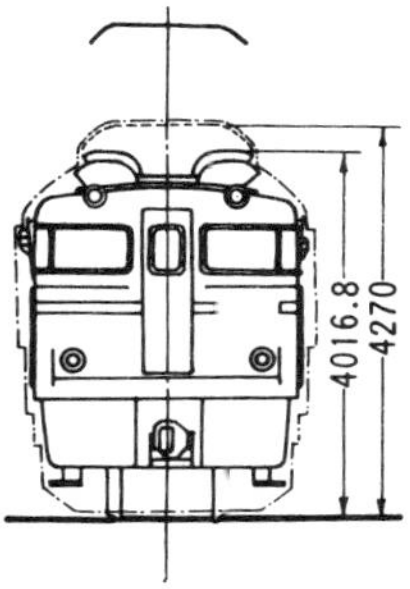

ED75形交流機関車

左　ED75形交流電気機関車の側面と正面
下と右　EF65形直流電気機関車の側面と正面
(単位はミリ)

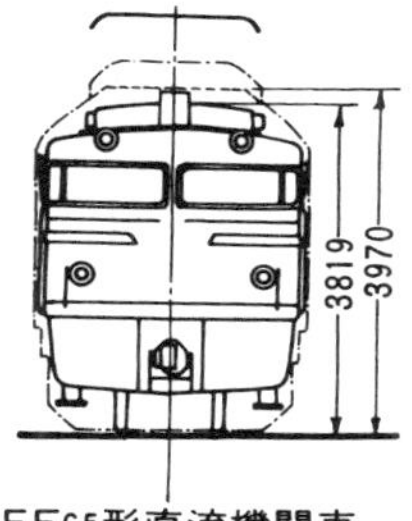

EF65形直流機関車

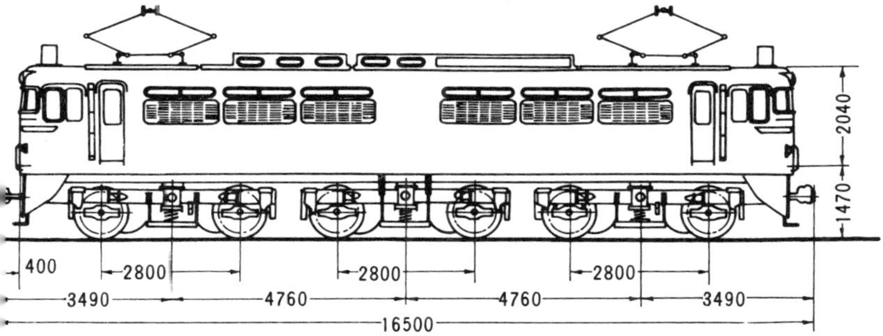

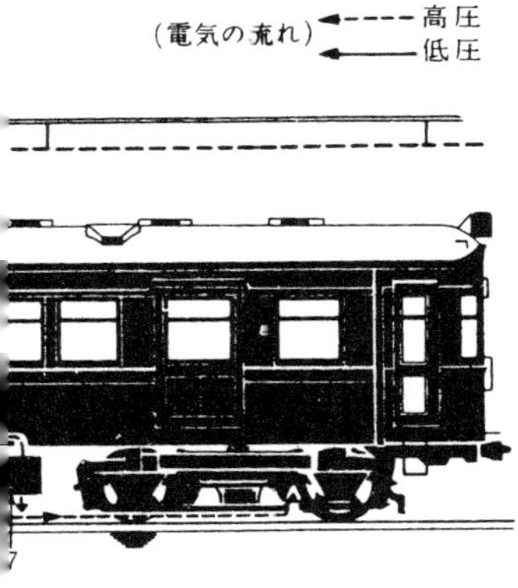

【 電車 】でんしゃ

架線その他から電力の供給を受けて運転される鉄道車両で，旅客または貨物を積載するもの。電動機を備えた電動車，制御装置のみを備えた制御車，これらとともに編成されて運転される付随車がある。台車上に車体をのせ，主電動機は台車に取り付けて歯車で車軸に動力を伝達し，その他の機器類は床下に取り付け，運転室の主幹制御器その他で制御される。

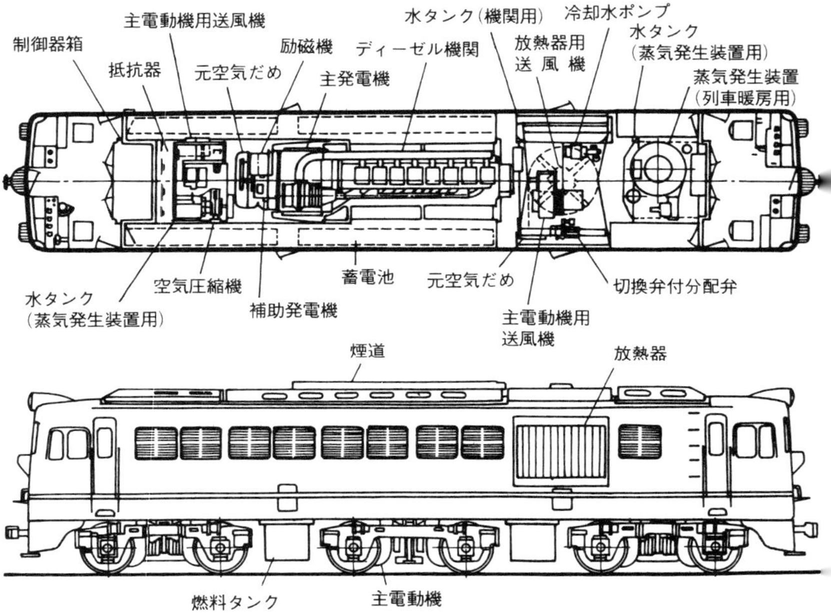

【 ディーゼル動車 】
ディーゼルどうしゃ

ディーゼル機関を原動機としてもち旅客または貨物を積載して自走する鉄道車両。これに編成される付随車を含む。機関車と同様，電気式，機械式，液体式の3種があるが，最近では大部分が液体式である。地方非電化区間の合理化を目的とする動力分散方式の車両として発達してきたが，今日でも非電化幹線の急行，特急にも使用されている。JRのキハ181形は動力用500馬力，電源用230馬力の機関各1台を装備，最高時速120キロ。

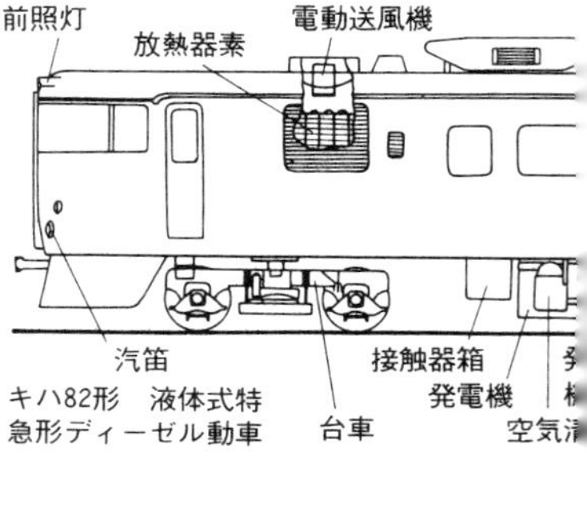

キハ82形　液体式特急形ディーゼル動車

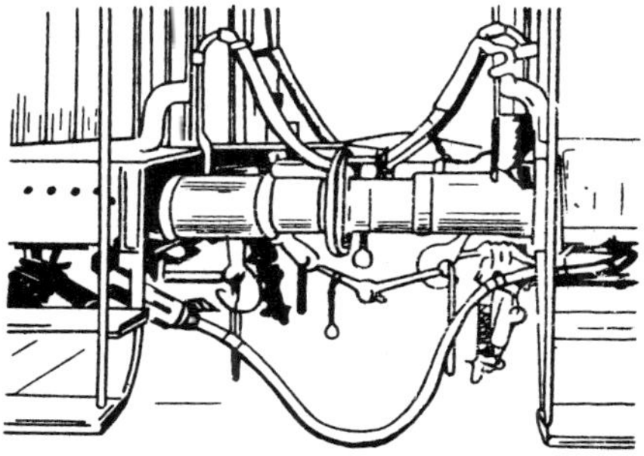

【 ディーゼル機関車 】

ディーゼルきかんしゃ

ディーゼル機関を原動機とする機関車。動力伝達方式には，ディーゼル機関で発電機を運転し動輪を電動機で駆動する電気式，機関の回転を歯車で変速する機械式，トルクコンバータ(液体変速機)を用いる液体式の3種があるが，日本で現用のものは液体式が中心で一部電気式である。入換用と本線用があり，旧国鉄のDD51形(機関出力1000馬力×2)は代表的な本線用機関車である。

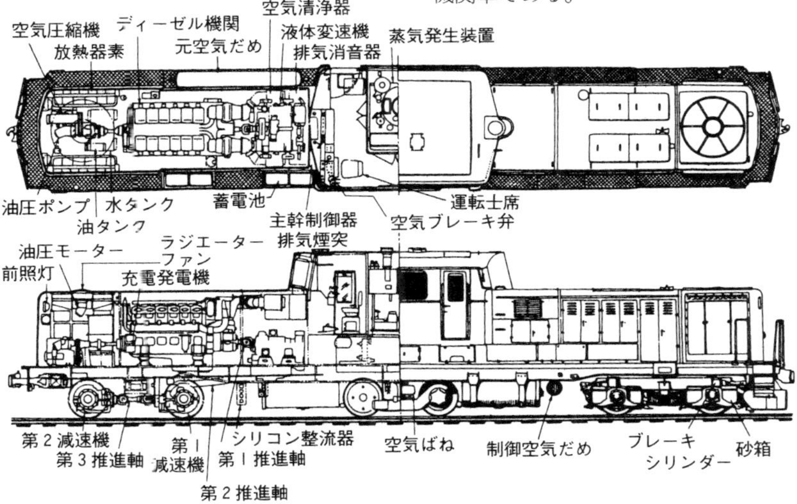

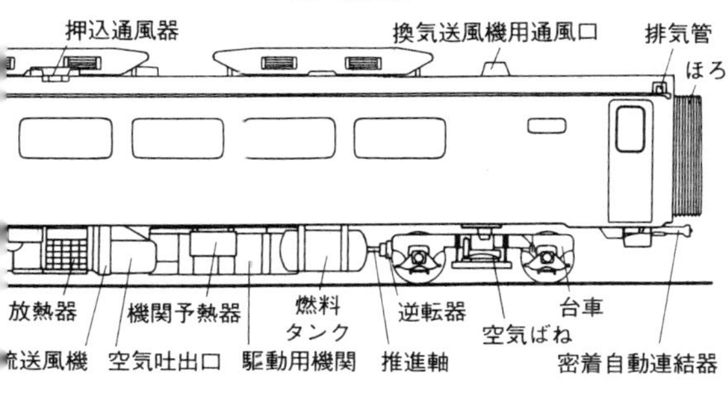

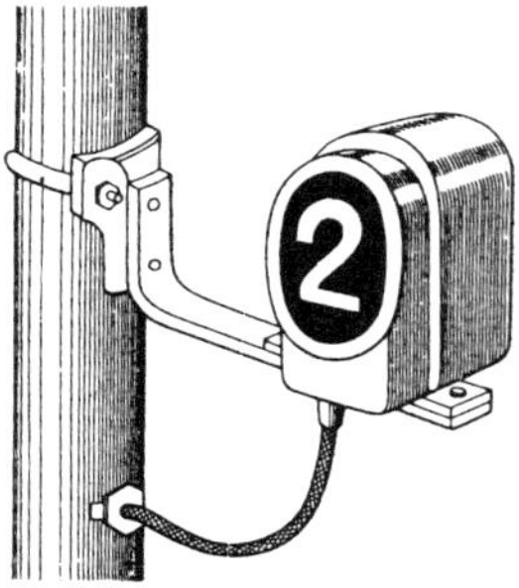

自動識別標識

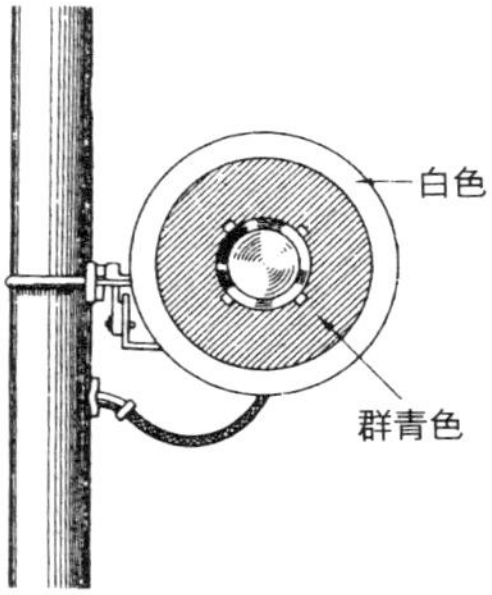

徐行許容標識

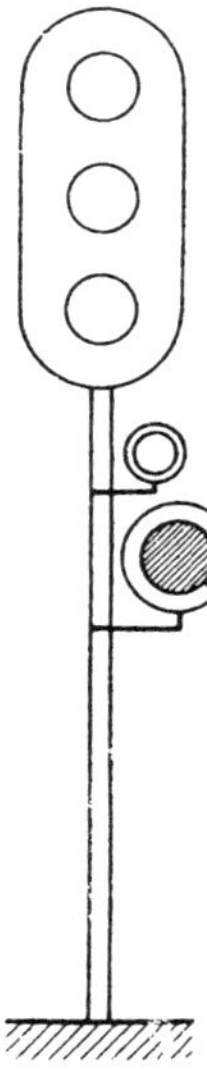

線路標　列車運転および線路保守の指標として鉄道線路上に設ける標識。起点からの距離を示す距離標，線路の曲線半径，カント(外側のレールを内側より高くする)，スラック(曲がりやすいように軌間をわずかに広げる)などを示す曲線標，勾配(こうばい)率を示す勾配標，踏切警標，速度制限標など。

線路諸標と標識　1. 用地界標(一般用)　2. 用地界標(都会地用)　3. 甲号距離標(線路起点からの距離152キロ　4. 乙号距離標(線路起点からの距離23.5キロ)　5. 勾配標　6. こう配標(これより水平)　7. 気笛吹鳴警標　8. 曲線標　9. 曲線標　10. 曲線区間の終わりを示す標　11. 速度制限標(これより235メートルの間，時速60キロで走れ)　12. 停止標識　13. 車止標識

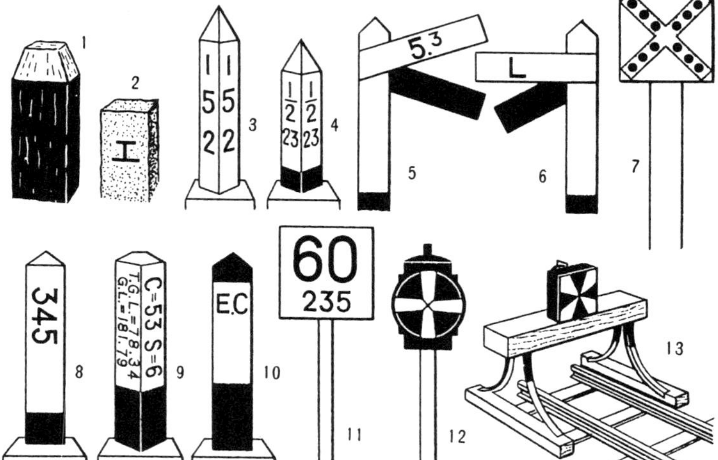

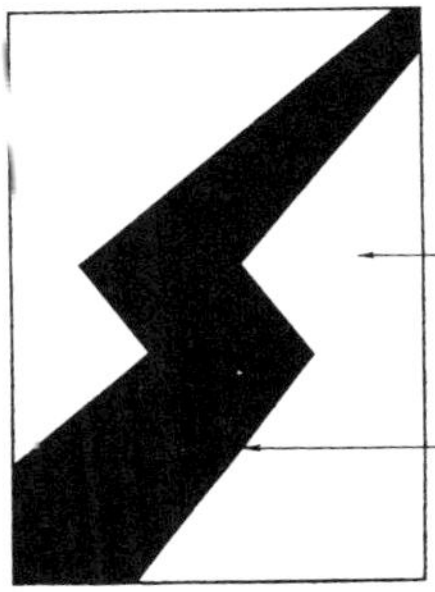

架線終端標識

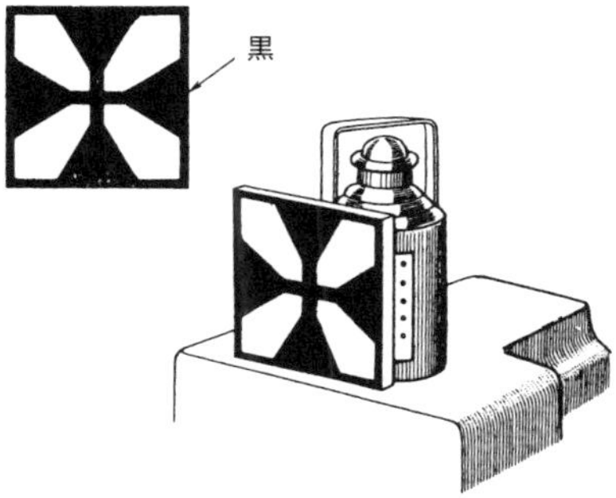

車止標識

＊線路標，標識などの図は1960年ごろの資料による。一部現行のものとは一致しないものもある。

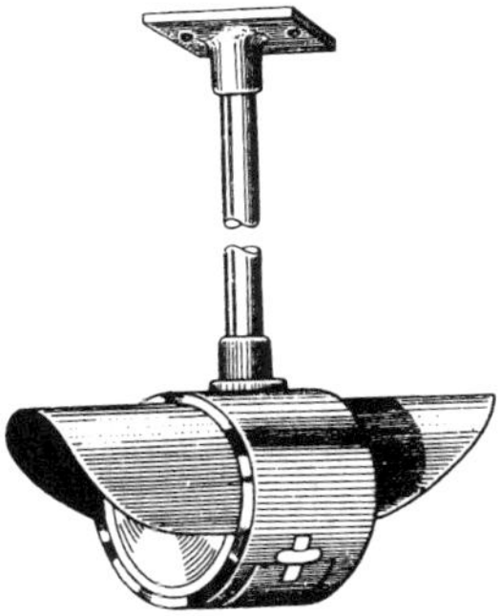
出発反応標識

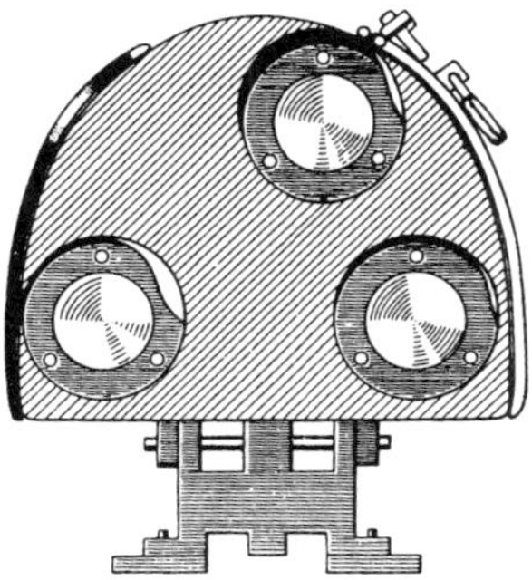
入換標識

列車停止標識

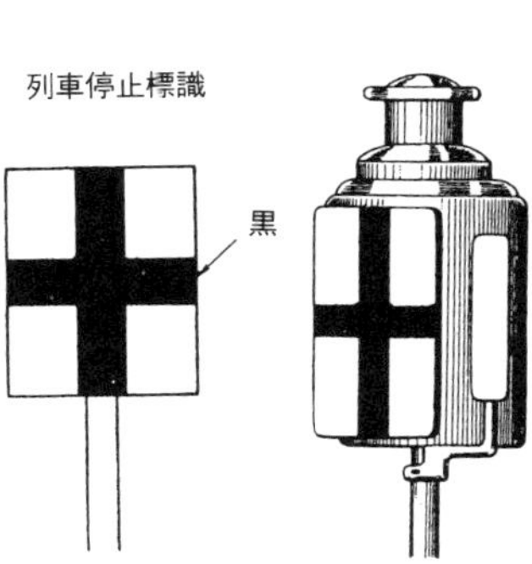

車両停止標識

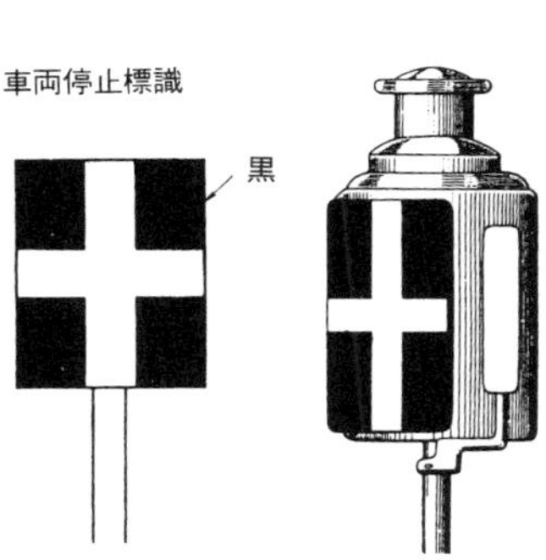

遠方信号機の現示方式				
遠方信号機(通過信号機を除く)				
	主体の信号機が三位式の場合の現示		主体の信号機が二位式の場合の現示	
	腕木式	色灯式	腕木式	色灯式
注意信号	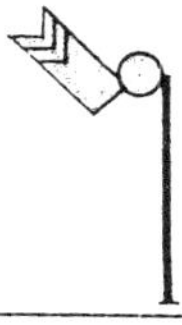			
進行信号				

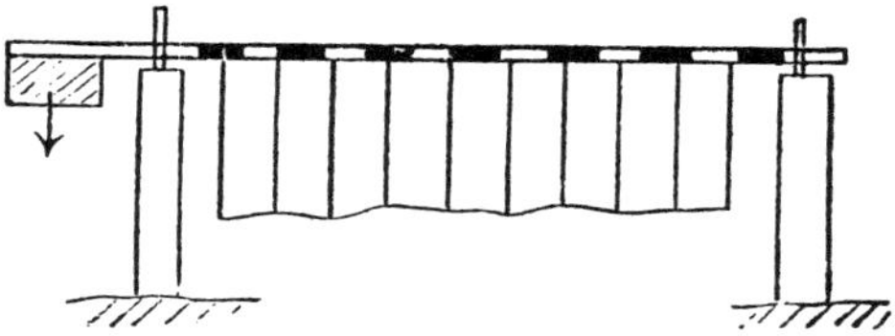

踏切遮断機

一条鉄索式
腕木式信号機

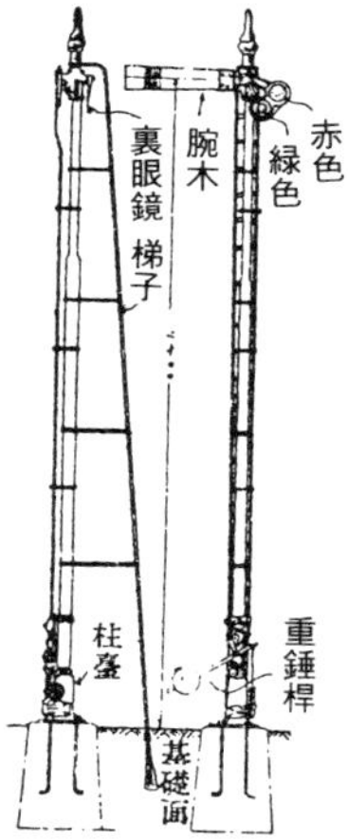

踏切(ふみきり)　鉄道線路と道路とが同一平面で交差する個所。遮断機(自動式，手動式)のあるもの，踏切警報機(せん光式)のあるもの，警標だけのものに区別される。近年，列車本数や自動車の増加で踏切事故が多発しているため，遮断機と警報機の増設，踏切の整理統合や大交通量の踏切の立体交差化が進められている。

通過信号機	
主体の信号機カ二位式なる場合の現示	
腕木式	色灯式
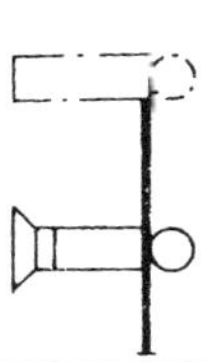	
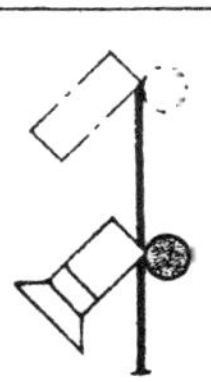	

＊信号機の図は1930年ごろの資料から

【鉄道信号】てつどうしんごう

鉄道で使用する信号，合図，標識の総称。JRでは，信号とは列車または車両に運転の条件を指示するもの，合図とは従事員相互間の意志を伝達するもの，標識とは設備の状態を現示するもので，いずれも形，色，音などによるものとしている。信号には常置信号，線路故障などのときの臨時信号，特種信号などがある。常置信号は腕木式または灯光式の常置信号機で現示され，信号機には主信号機(場内・出発・閉塞(へいそく)・誘導・入換の各信号機)，従属信号機(遠方・地上・中継の各信号機)，信号付属機(進路表示機，進路予告機)の種類がある。信号機の現示は，停止・警戒・注意・減速・進行・誘導の6種である。

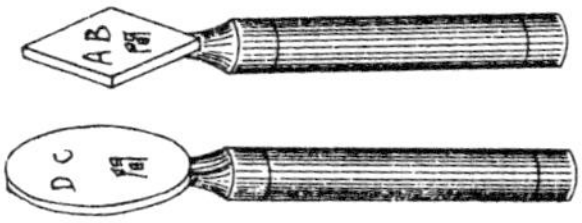

通　票

二条鉄索式
腕木式信号機

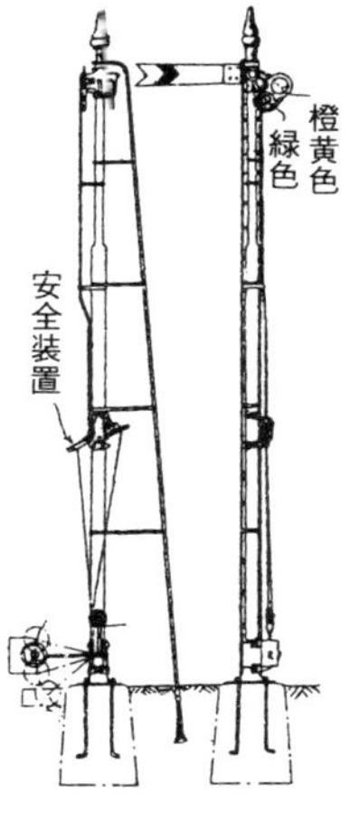

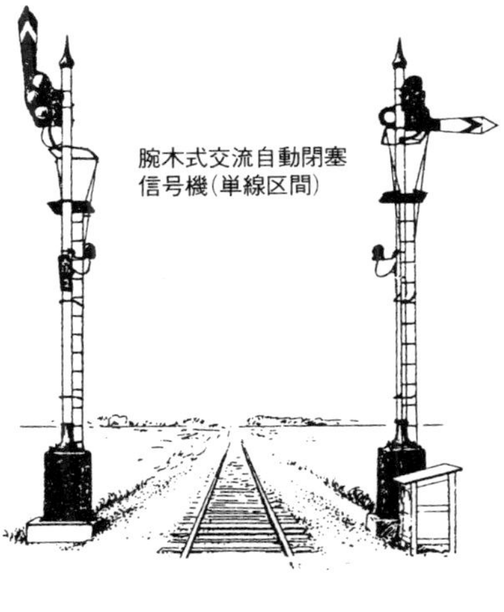

腕木式交流自動閉塞信号機(単線区間)

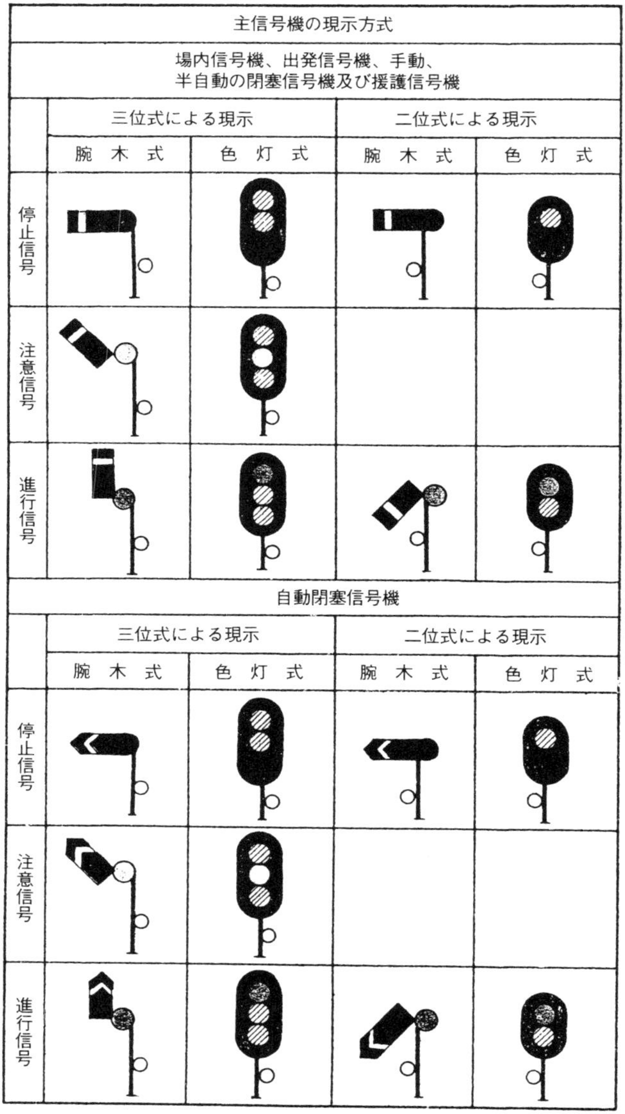

＊信号機の図は1930年ごろの資料から

＊信号機の図は1930年ごろの資料から

誘導信号機及び入換信号機の現示方式

誘導信号機

	灯列式	腕木式	色灯式
進行信号			

入換信号機

	三位式による現示	二位式による現示	
	灯列式	腕木式	灯列式
停止信号			
注意信号			
進行信号			

臨時信号機の現示

停止信号機	徐行信号機	徐行解除信号機	徐行予告標
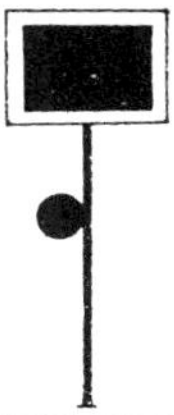			

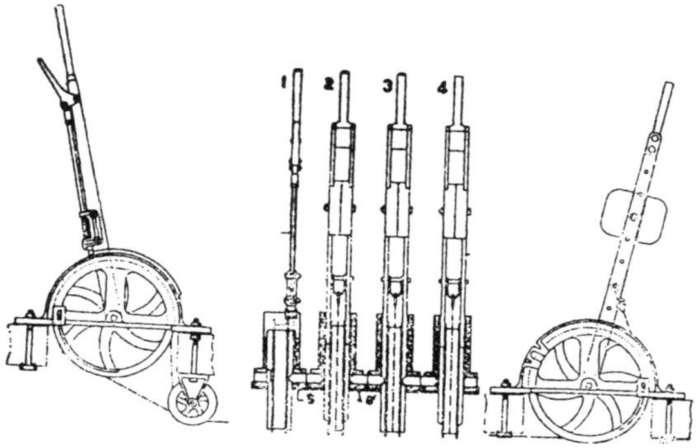

機械信号挺子
左　複線用　右　単線用

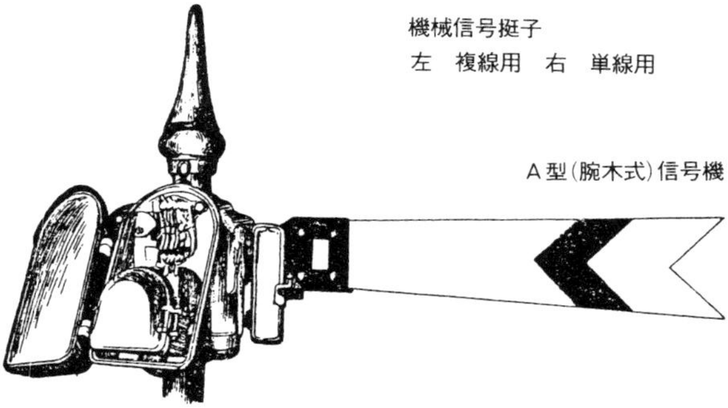

A型(腕木式)信号機

*信号，器機は1930年ごろの資料から

右　三位色灯式自動閉塞信号機
中　A型信号機機構
左　回路制御器

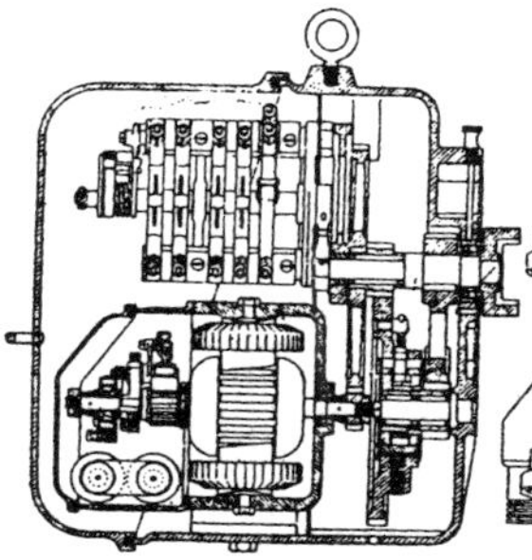

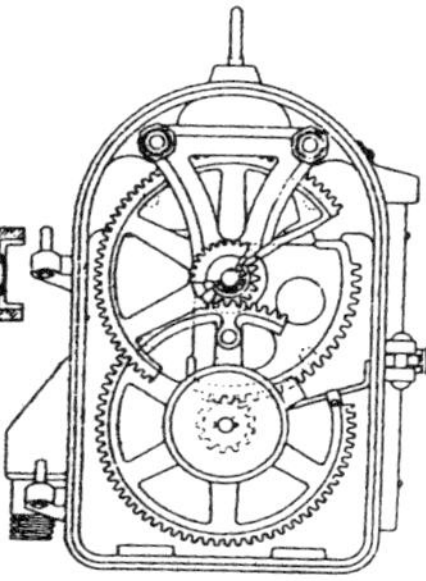

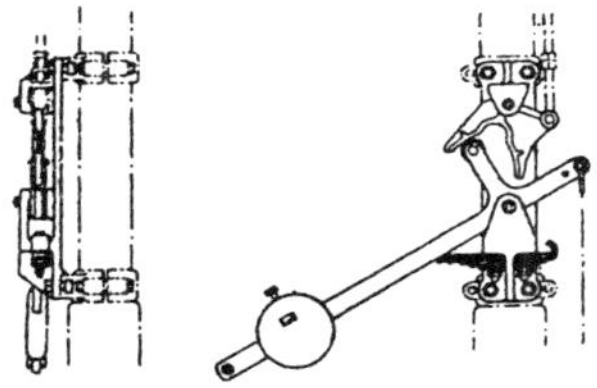

エスケープクランクと重錘桿

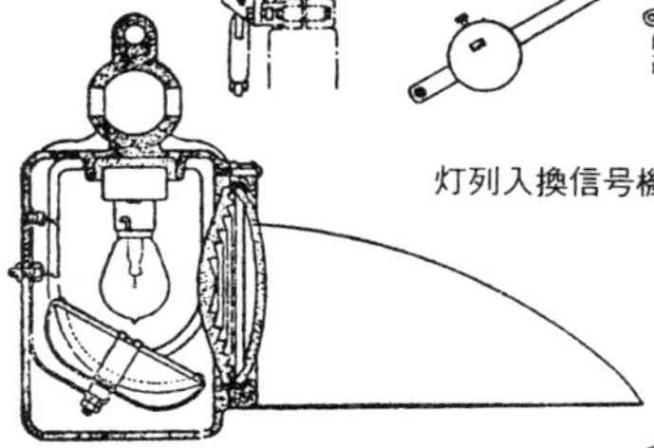

レンズ反射鏡と電球

灯列入換信号機

進行信号

【 レール 】レール

軌条。圧延鋼材の一種。クレーン用，エレベーター用などもあるが，主として鉄道用。これは直接車輪を支持してその走行抵抗を減らす軌道の重要構成要素で，タイプレートを介して枕木(まくらぎ)に締着する。一般に高炭素鋼を，分岐器など摩耗の激しい場所にはマンガン鋼を使用。1メートル当りの重量で大きさを示し，22キロ以上を重軌条，未満を軽軌条という。主要線区では60キロレールが用いられる。

アプト式鉄道　線路の中央に2～3条の歯軌条(ラックレール)を，歯の位置をずらせて並列配置し，動力車の歯輪とかみ合わせる方式。急勾配(こうばい)の線区に使用される留車式鉄道の代表的なもの。日本では1893年開業の信越線横川～軽井沢間に設備されたが，新鋭電気機関車の配置，線路改良などにより1963年廃止された。

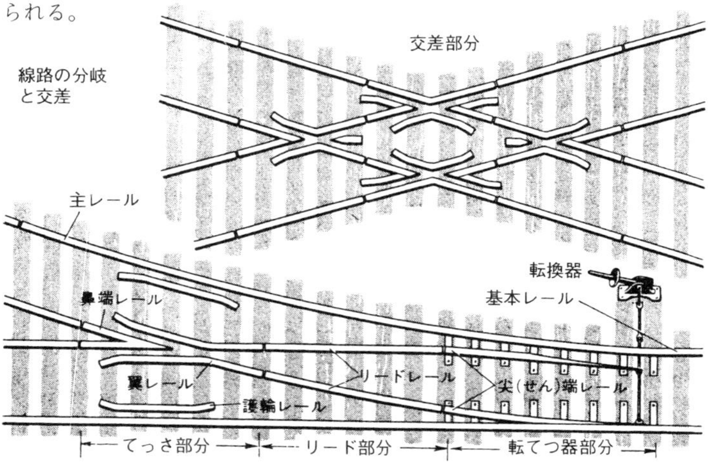

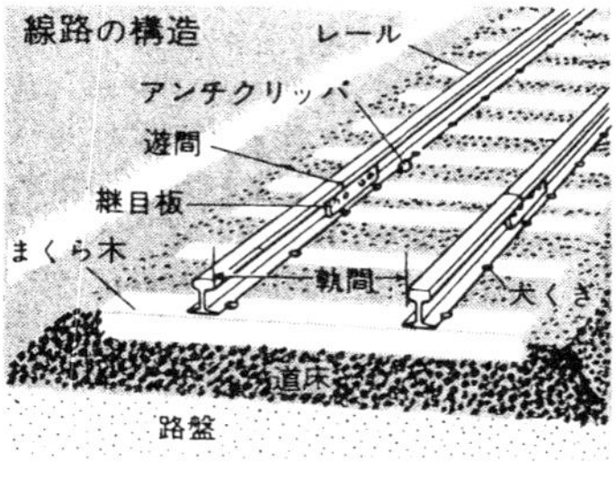

トロッコ　建設土木工事，鉱山，トンネル等で使用される，軌道上を走る2軸の無蓋台車。木製または鉄製で，多くは手押しで使用。

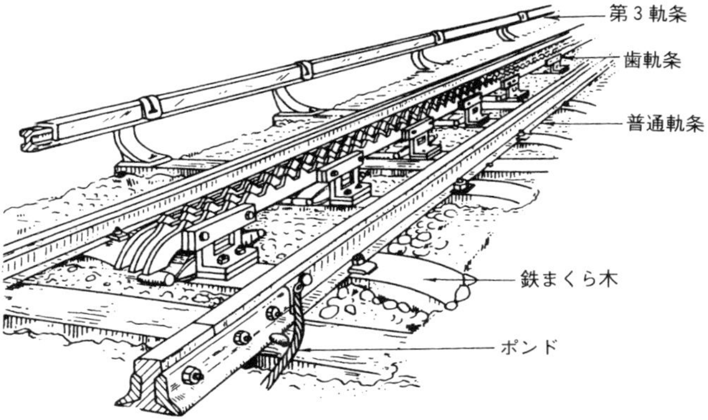
第3軌条
歯軌条
普通軌条
鉄まくら木
ポンド

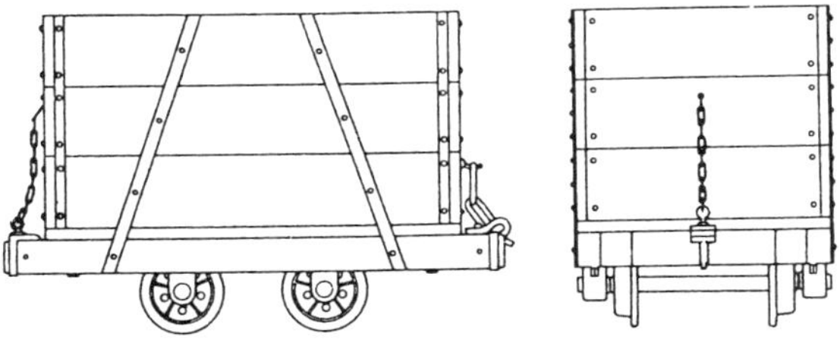

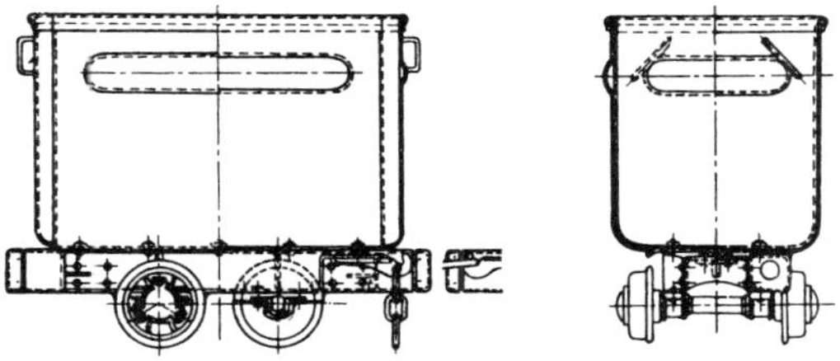

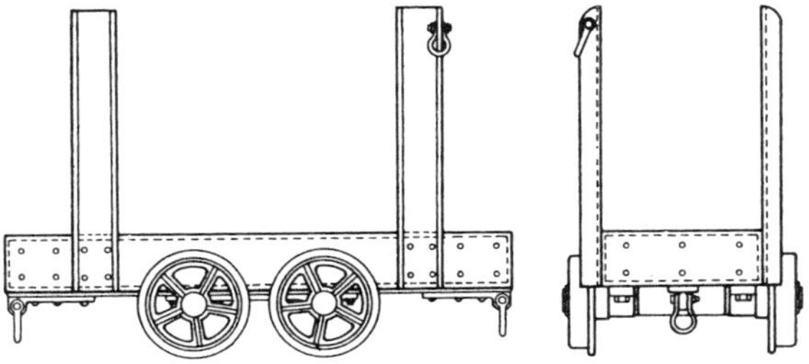

枕木(まくらぎ)　レールを支持してこれに加わる列車荷重を道床を通じて路盤に伝え，また軌間を正確に保つ役目をする軌道材料。使用個所により並枕木，分岐枕木，橋枕木などに，材料により木枕木とコンクリート枕木に分けられる。木枕木はクリ，ヒバ，マツ，ブナなどを防腐処理して用いる。コンクリート枕木のほとんどはPC枕木で，そのすぐれた特性から，また木枕木材の不足もあり，主要路線を中心に使用されている。

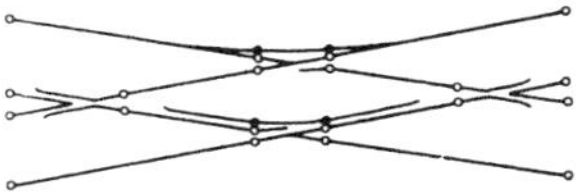

片渡り付交差

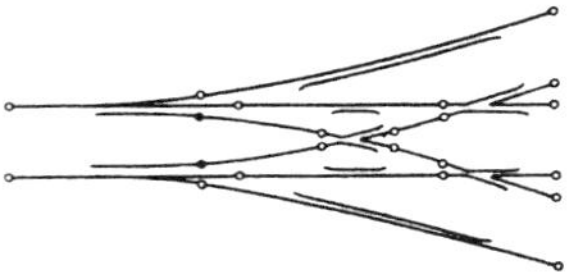

3 枝分岐器

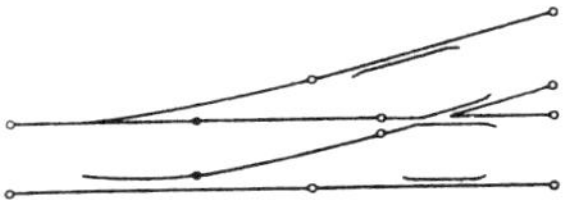

片開き分岐器

犬釘　レールを枕木(まくらぎ)に固定し，レールの浮上りを防ぎ正確な軌間を保持する釘。長さ13～16センチ。ふつう 1 本の枕木に 4 本使用。ほかに幹部にねじを切ったねじ釘もある。

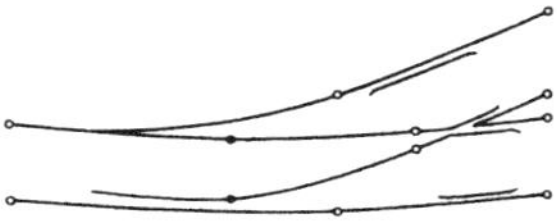

内方分岐器

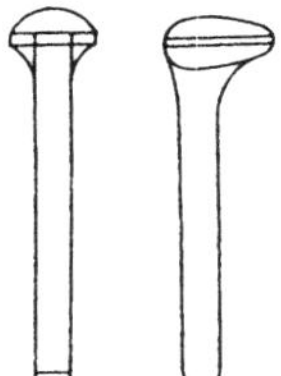

犬釘

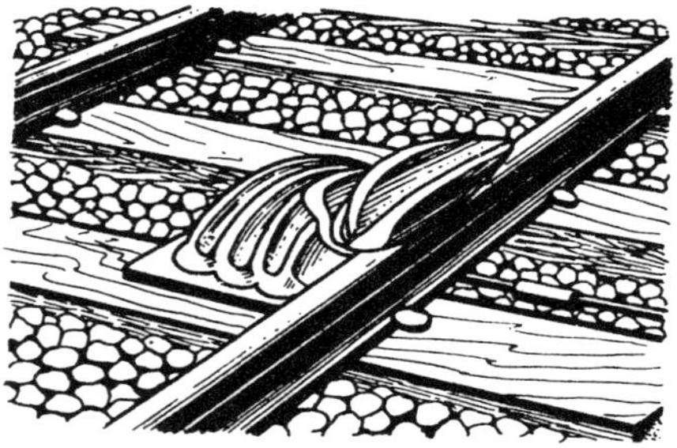

脱線器　停車場で本線上にある列車を守る目的で設置する。側線からの他の車両の進入を防ぐために故意に脱線させる。

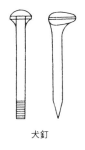

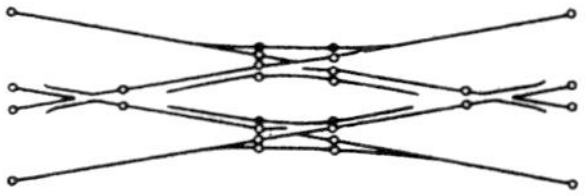
両渡り付交差

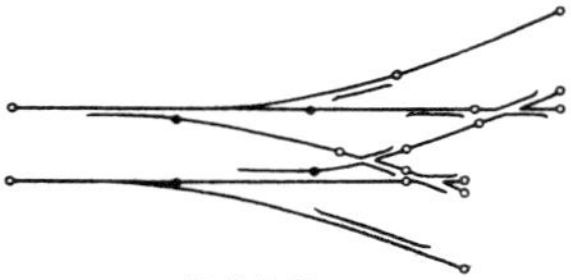
複分岐器

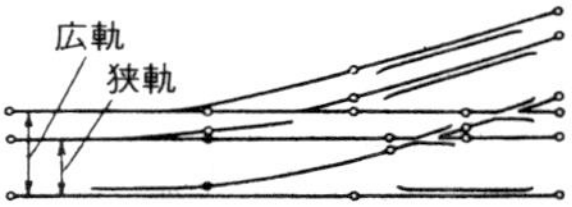

3 線式分岐器

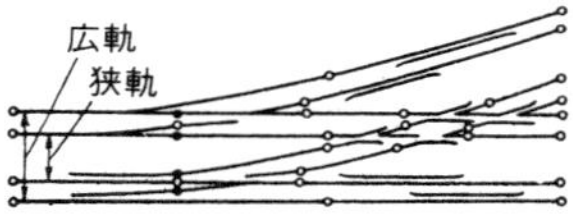

4 線式分岐器

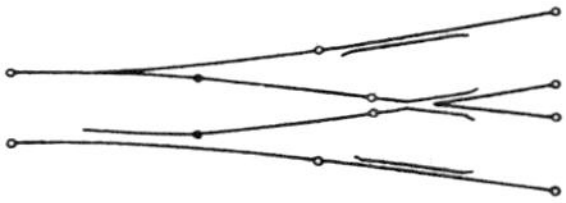
両開き分岐器

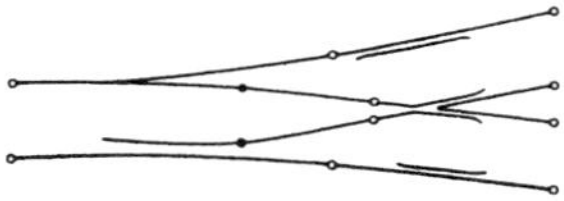
振分分岐器

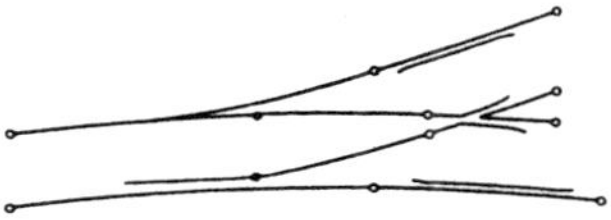
外方分岐器

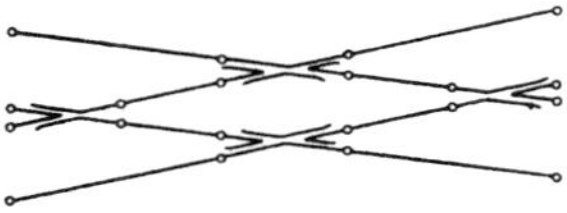
交差

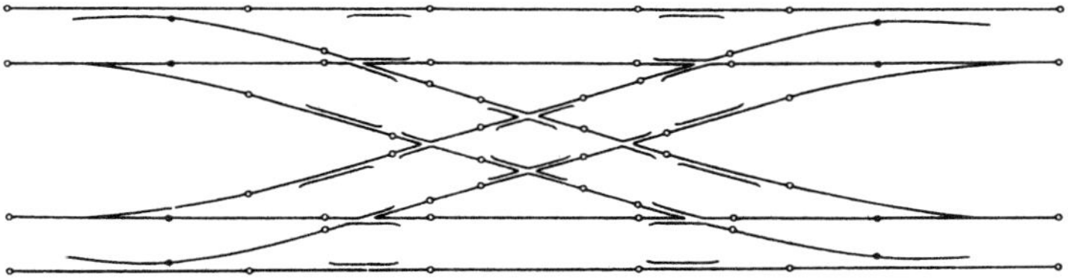
交差渡り線

分岐器　一線から他線へ鉄道車両を転線させる軌道構造。レールの一端を削ってとがらせたポイント(転轍器)，2方向のレールを交わらせたクロッシング，曲線部分のリードからなり，ポイントの操作は手動，電動などで行なう。片開き・両開き・三枝分岐器などの種類がある。

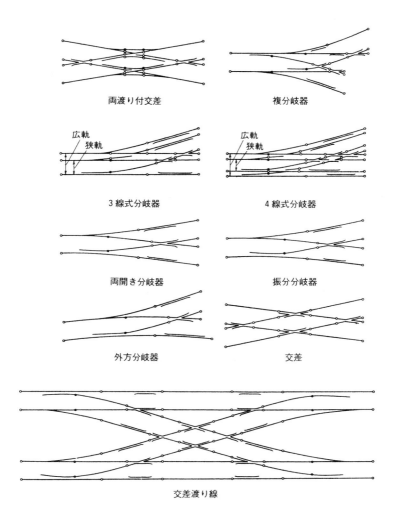

軟弱地盤のトンネル掘削法

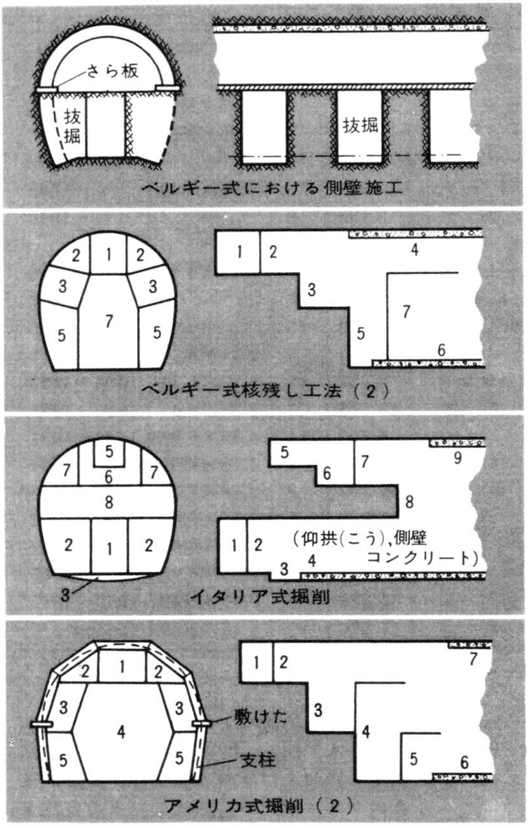

【トンネル】トンネル

隧道(ずいどう)とも。山腹や海底など地下に築造された人工的通路。道路・鉄道などの交通用，運河など運水用のほか下水道，ケーブル用等にも使用される。さく岩機，ジャンボ等で穿孔(せんこう)しダイナマイトで爆破，ずり出しをし，コンクリート等で覆工する。

青函トンネル　本州と北海道を結ぶ鉄道海底トンネル。経路は津軽半島今別町～松前半島知内町間，延長53.85キロ，うち海底部分が23.3キロ，内径9.6メートルで新幹線複線用。海底部分は海面から140メートル，海底面から100メートル下になる。1946年現地調査を開始，53年予定線として認められ本格調査に入り，64年から調査坑の掘削が開始され，88年3月13日からJR海峡線として開通。

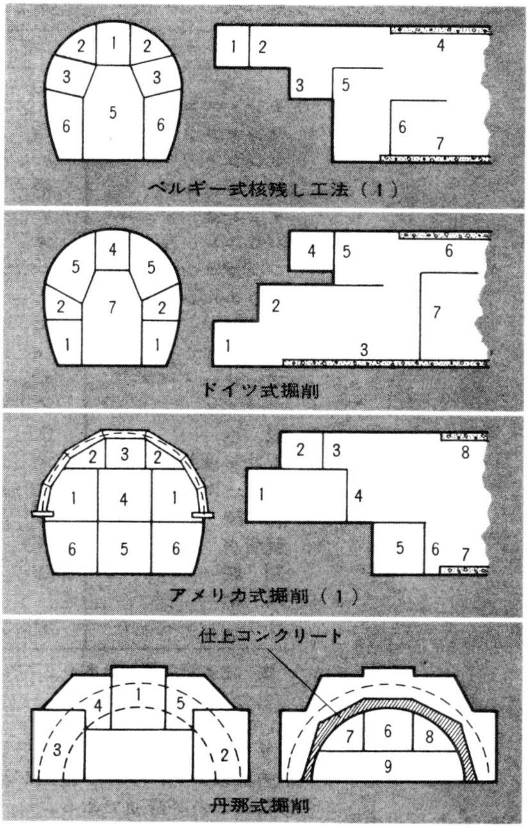

軟弱地盤のトンネル掘削法

青函トンネル縦断面図

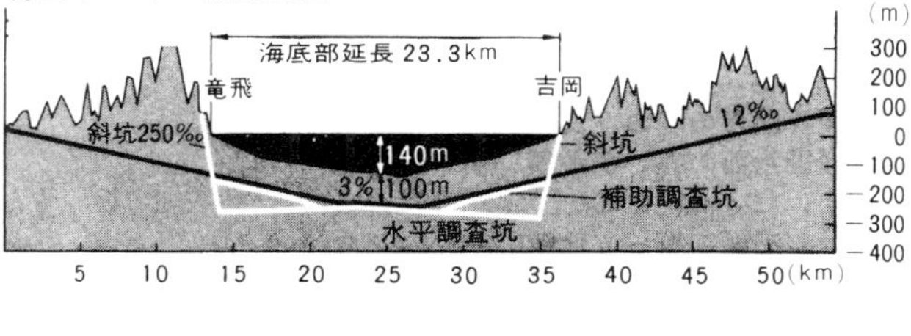

鉄道馬車　鉄の軌道上を走る
馬車。1882年，東京の新橋～
日本橋間を乗客輸送したのが
初めで，各地で行なわれたが
電車の発達につれ廃止された。

車馬

流鏑馬　自転車　自動車　道路　車両　街道

十二支の九番目　申（さる）
沖縄の張抜製猿

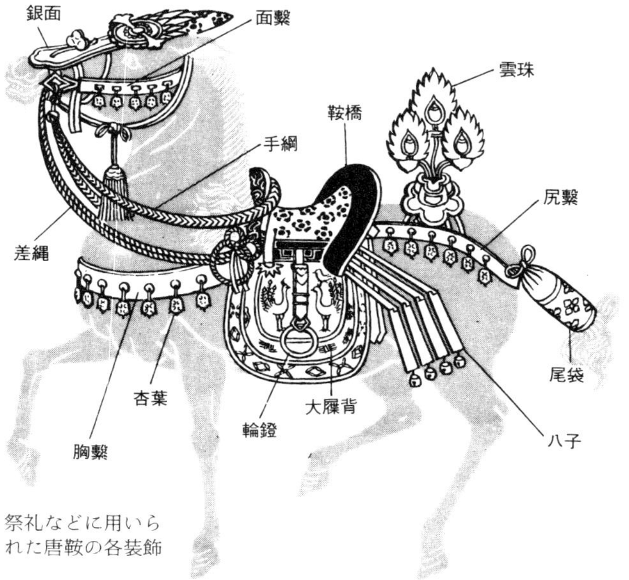

祭礼などに用いられた唐鞍の各装飾

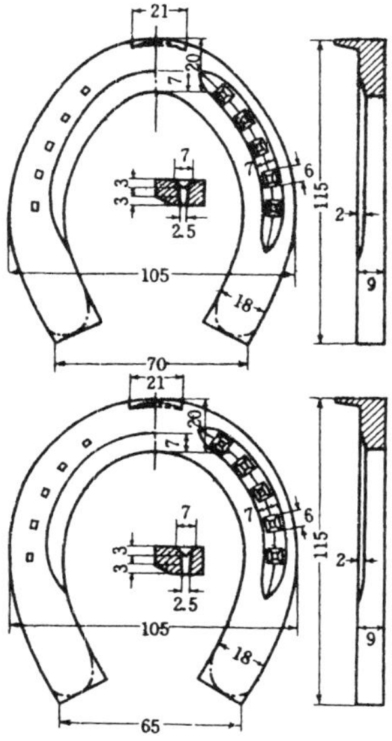

蹄鉄　上　前蹄鉄　下　後蹄鉄（単位はミリ）

蹄鉄　鉄沓(かなぐつ)とも。ウマのひづめの底に打ちつける金具。ひづめの損傷や滑走を防ぐためのもので，形は後方の欠けた楕円。欧州では9～10世紀に始まった。日本で蹄鉄が普及したのは明治に入ってからで，それまではわら靴をはかせた。拾った蹄鉄は災いを防ぎ，幸運を招くといい，古い蹄鉄を幸運のしるしとする風習がある。

演劇の馬の脚

江戸時代の流鏑馬《東都歳時記》から

【 流鏑馬 】やぶさめ

疾走中の馬上から鏑矢（かぶらや）を射て的に命中させる武士の遊芸。平安時代に始まり，鎌倉時代武士の間に流行。今日では年占の行事として鎌倉鶴岡八幡宮などで行なわれる。

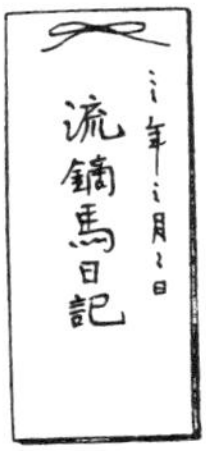

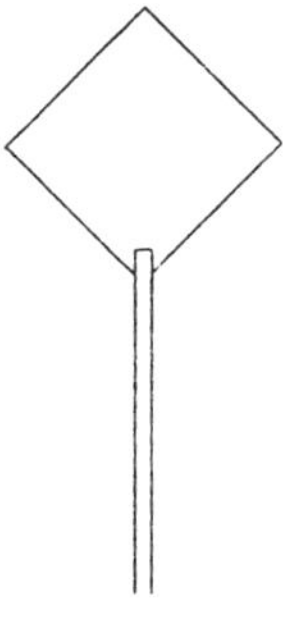

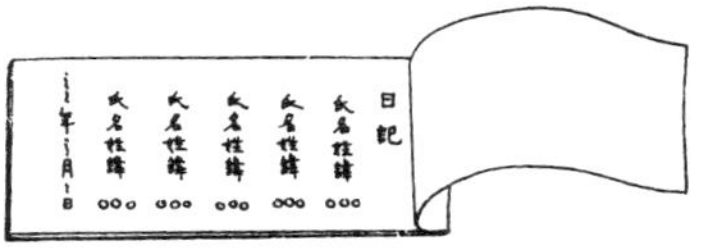

流鏑馬の的と記録帳

馬術　馬に乗り，これを自由にあやつる技術。日本では武芸の一つとして弓馬の術が特に鎌倉・室町時代以降盛んに行なわれ諸流派を生んだが，明治時代に兵制の改革に伴い洋式馬術が行なわれるようになった。手綱の操作，騎手の脚の操作(圧迫，支持，譲歩)，騎座(しりや膝が鞍につく部分)体重の転位が馬術の３要素。

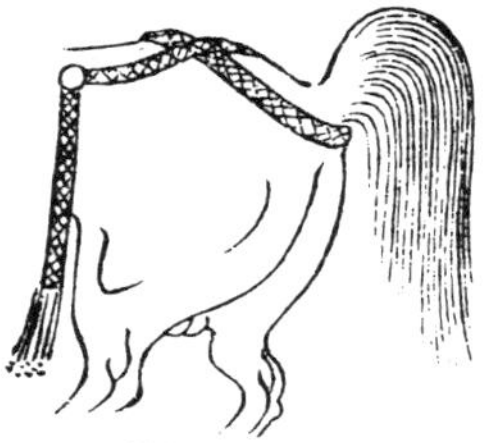

尻繫(しりがい)

乗馬用の背割羽織

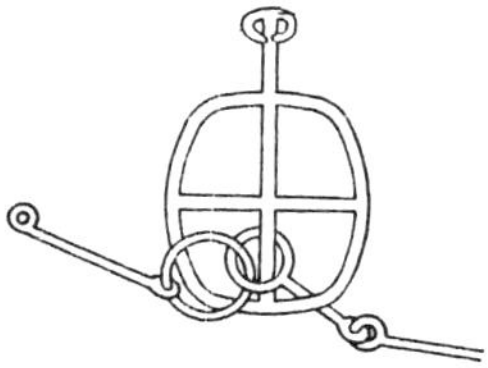

馬の口に含ませ御する
くつわ(口輪の意)

古く行なわれた騎馬遊戯打毬(だきゅう)の用具，毬杖と毬

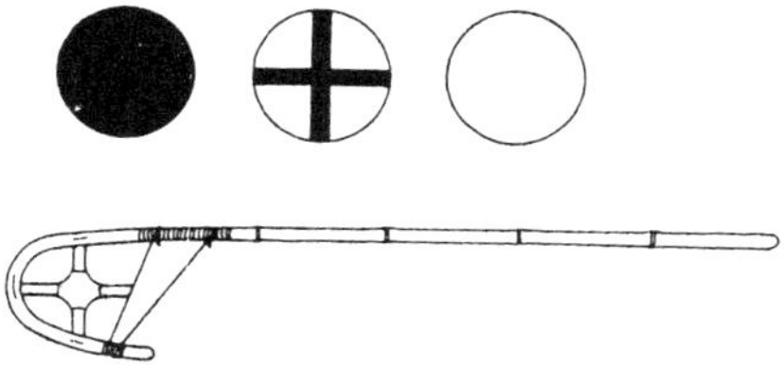

布袋鞍

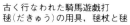

水干鞍

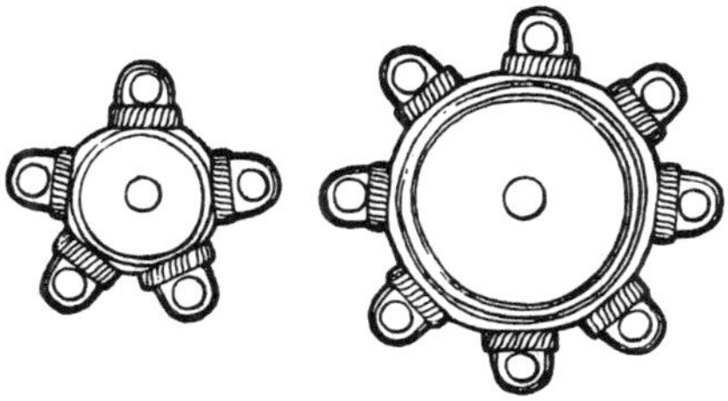

雲珠(うず)　馬具の一つ。尻繫(しりがい)の交差するところにつける金具が装飾的に発達したもの。

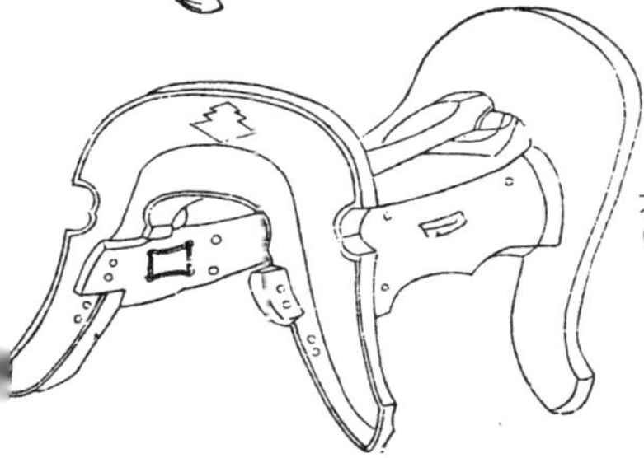

大坪道禅創作の作鞍(さくのくら)様式

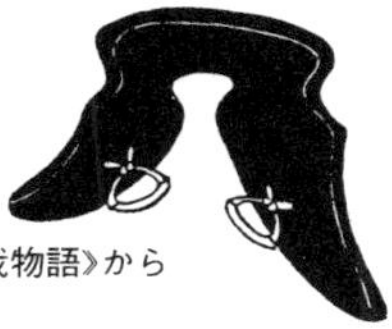

しおで《曾我物語》から

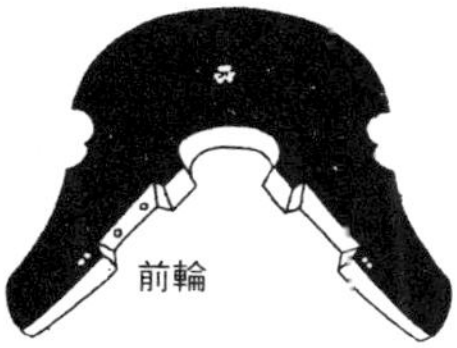

前輪

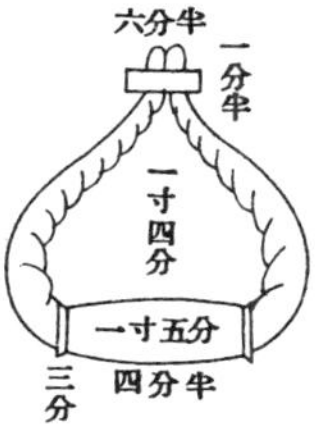

小鞍(こしおで=京大寺若宮八幡宮)

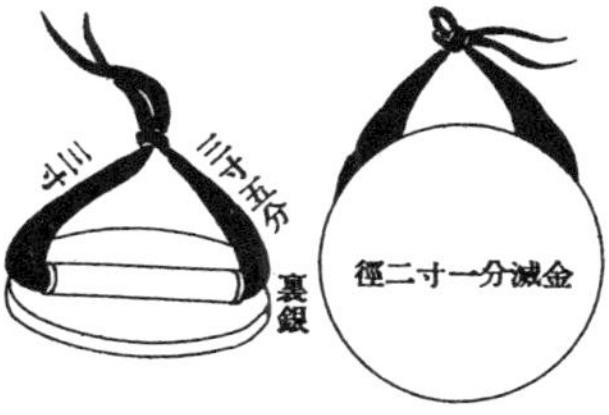

鏡しおで(熱田神宮)

【自転車】じてんしゃ

人力によりペダル，クランクなどを介して車輪を回転させる車両。普通は二輪車。自転車の大きさは車輪の直径のインチ数で呼び，ふつう欧米では28(71センチ)，日本では26(66センチ)で，24以下の子ども車もある。自転車のはじめは18世紀末にフランスで木馬の足に車を付け，足で地をけって前進したものといわれ，1880年代にほぼ今日の形のものが考案され，88年空気入りタイヤの発明により急速に実用化した。日本には明治初年に輸入され，第二次大戦まで小運搬を兼ねた実用的乗物として広く普及した。近年は通勤・買物用に軽快車の需要が増大，数段の変速装置をもつサイクリングなどのレジャー用スポーツ車とともに普及している。

上　ロードスター型
下　婦人用自転車

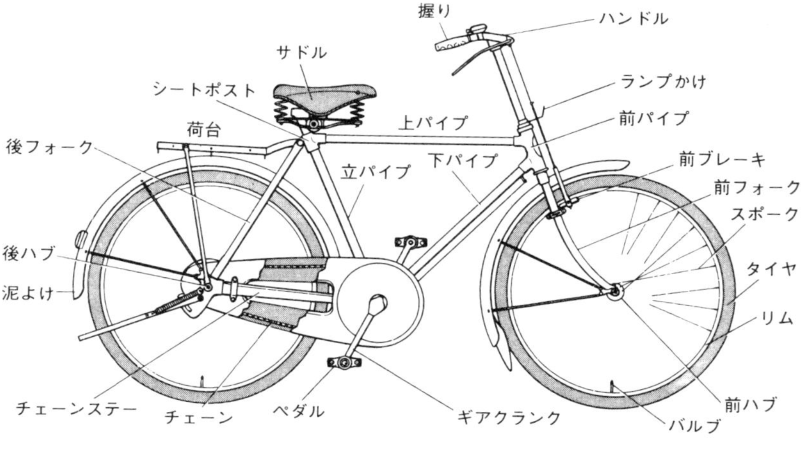

原動機付自転車　法規上の分類による車両の一種。道路運送車両法では機関総排気量50cc以下のものを第一種，125cc以下50cc超の二輪車を第二種と分ける。道路交通法では50cc以下のものをさし，運転には原付(原動機付自転車)免許が必要。

上　ミドルウエイト車
右　タンデム型

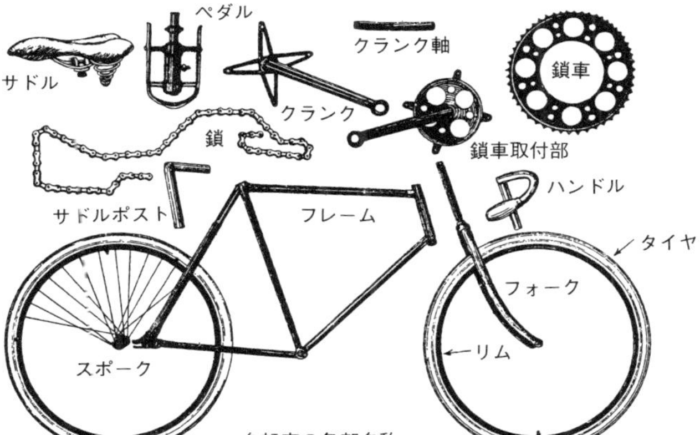

自転車の各部名称

自動二輪車　道路交通法の分類による自動車の一種。特殊自動車以外の二輪の自動車(サイドカーを含む)で，機関総排気量が50ccを越えるもの(以下は原動機付自転車)。ふつうオートバイまたはスクーターと呼ばれる。運転には自動二輪車運転免許が必要。なお道路運送車両法では二輪の自動車を，総排気量により小型自動車，軽自動車に分類。

オートバイ　車輪が比較的大きく座席にまたがって乗る二輪の自動車。機関は空冷2気筒が普通，大型のものでは4気筒。戦後ほそぼそと始まった日本のオートバイ産業は，その後は名実ともに世界一の生産国に成長をとげた。交通法規上は総排気量により自動二輪車と原動機付自転車に区分される。

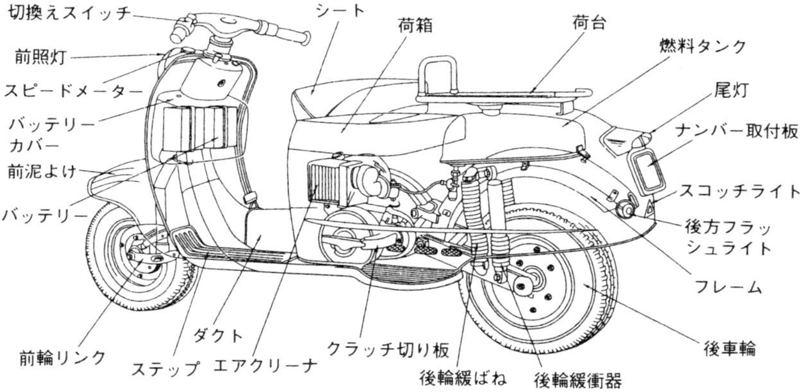

スクーター　モータースクーターの略。腰掛式の座席と床板があり，比較的小さい車輪をもつ二輪の自動車。自動変速機付なので変速操作が不要で運転が容易。オートバイに比べ速度は低いが，良路や市街地の走行に向く。

三輪自動車　オート三輪とも。ふつう前一輪で舵取りし，後二輪で駆動する。機関は単気筒または2気筒。小回りがきき悪路にも向くトラックとして，昭和初年以来日本で独自に発達・普及。

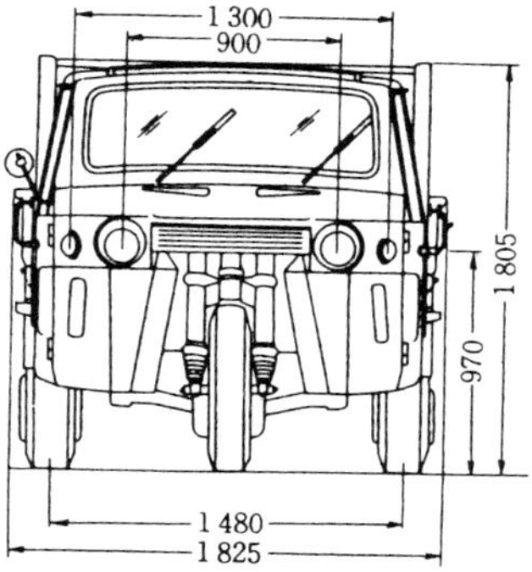

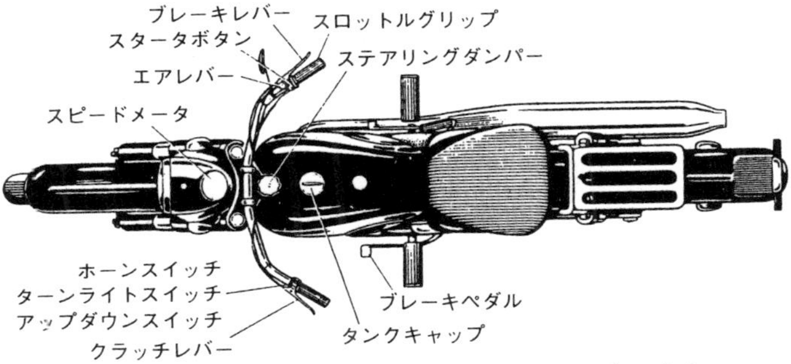

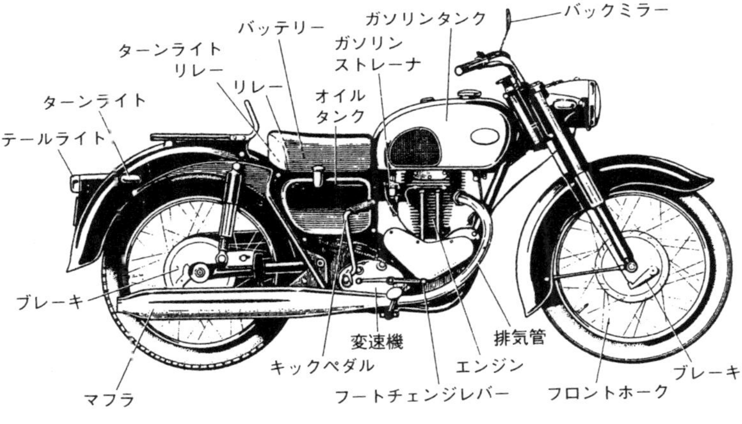

2トン積み小形3輪自動車
ダイハツ(単位ミリ)

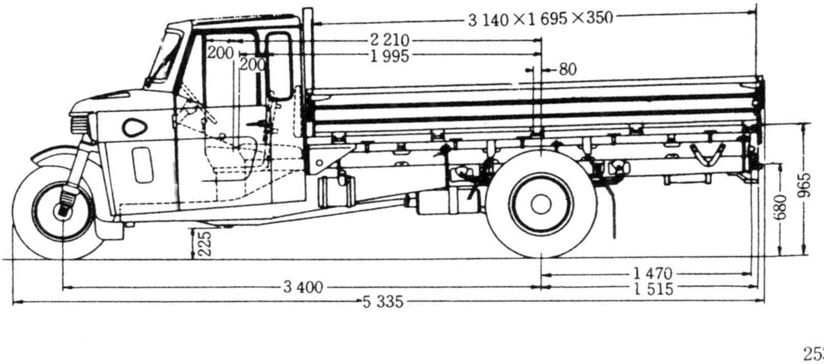

【 自動車 】じどうしゃ

道路交通法では「原動機を用い，かつ，レールまたは架線によらないで運転する車」と規定，道路運送車両法では自動車に牽引(けんいん)されるものも自動車に含め，両法とも原動機付自転車は除外している。したがって法的には二輪，三輪のもの，内燃機関以外の原動機をもつものも自動車であるが，トロリーバスは含まれない。

並箱形

クーペ

折込セダン

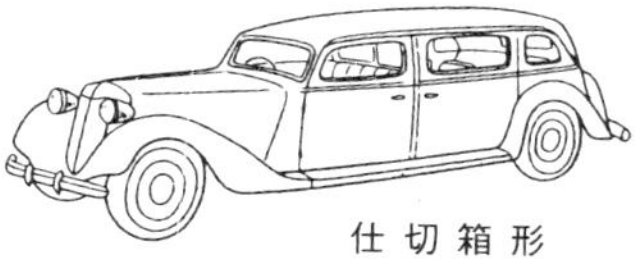

仕切箱形

割りほろ箱形

スクーター

オートバイ

オート三輪

クーペ

2ドアセダン

フォーミュラー

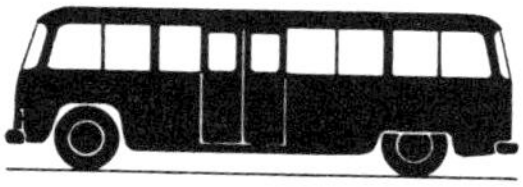

モーターコーチ

ヘビートラック

トレーラートラックとトレーラー

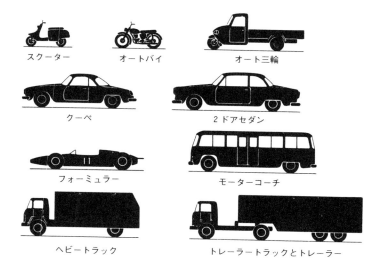

並ほろ形

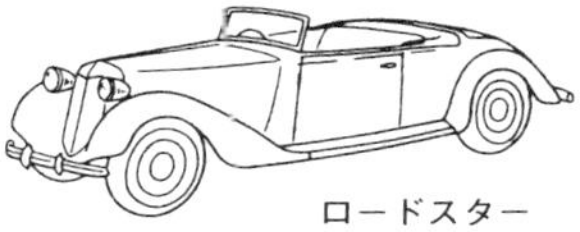

ロードスター

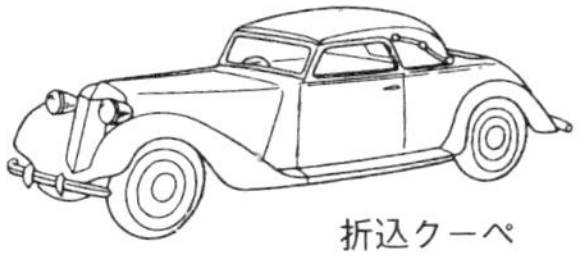

折込クーペ

天窓付箱形

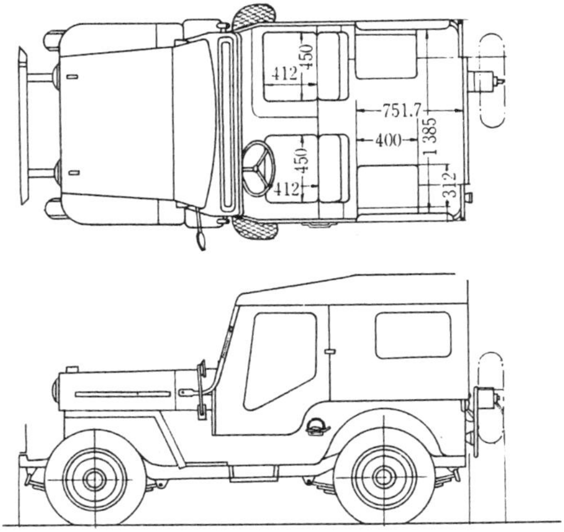

ジープ　第二次大戦中，軍用車として米国で開発された全輪駆動の小型四輪自動車の愛称。ジープ・コーポレーションの登録商標であるが，類似の自動車の代名詞ともなっている。悪路，急坂，不整地などの走行が可能。戦後は同様の車が各国で製作され，軍用のほか，警察，消防や各種作業用に使用。

ジープ

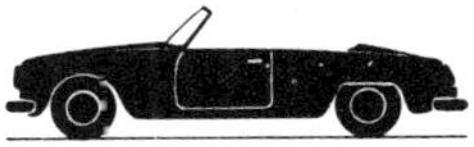

コンバーティブルクーペ

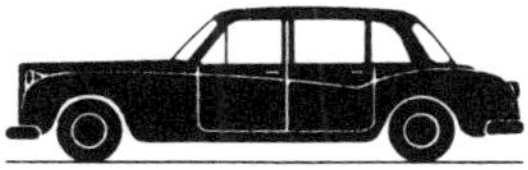

セダン

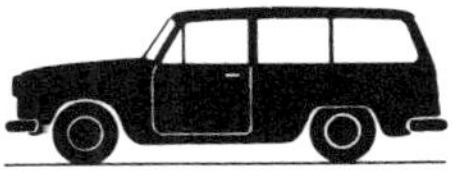

ライトバン

ステーションワゴン

キャタピラトラクター

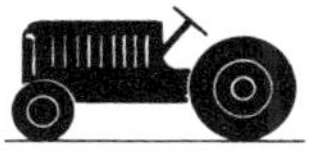

トラクター

ピックアップトラック

道路標識　交通を安全円滑にするため道路側に立てる標識。昼夜を通じ一目で識別できるよう文字を少なく簡単な記号を用いる。通行止め，駐車禁止，速度制限等を示す規制標識，交差点，踏切，勾配(こうばい)等を知らせる警戒標識，都道府県名，行先名，距離，道路名等を知らせる案内標識，駐車可，安全地帯等を示す指示標識の4種の本標識と，規制の区間，条件等を示す補助標識の計5種が道路法で規定されている。さらに道路法，道路交通法では路面に白または黄色のペイントで標示する区画線，道路標示を規定。1968年国連の条約択で，国際的な統一が図られている。

上　規制標識　下左　指示標識　下右　警戒標識
＊いずれも国際的な統一(1968年)以前の標識

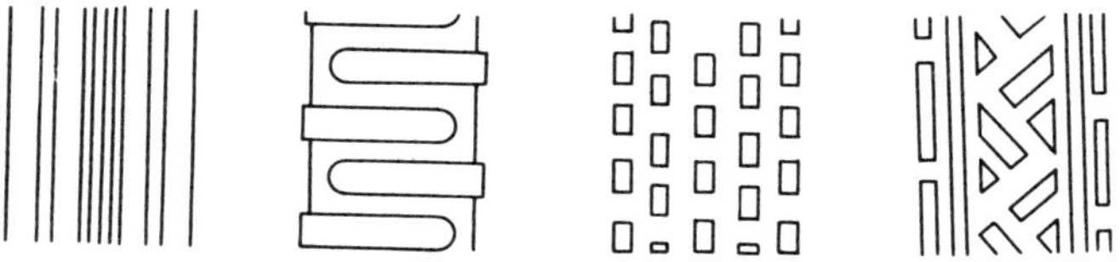

タイヤのトレッドミル
左から横方向ラグ，周方向
リブ，ボタン型，複合型

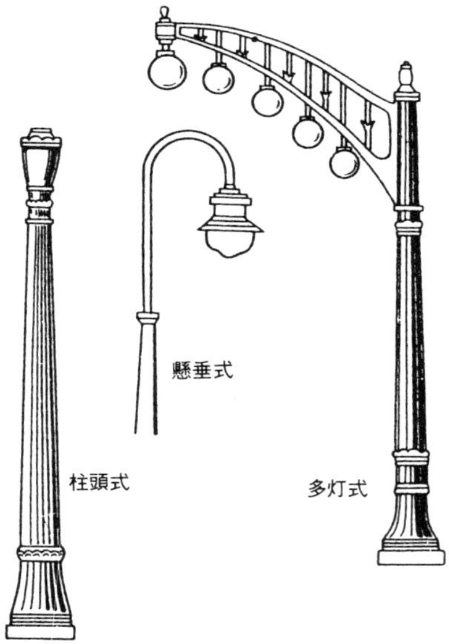

道路照明　道路，トンネルに取り付けられる照明施設。路面が十分かつ一様な照度になり，通行する人にまぶしさを感じさせない光源，角度，取付間隔等が必要。高圧水銀ランプ，蛍光灯，ナトリウムランプ，白熱電球等を使用。

【 道路 】どうろ

一般交通の用に供する道。トンネル，橋等の構造物を含む。道路はその管理者の別により国道，都道府県道，市町村道に分類。またその成り立ち，目的等から高速道路，自動車専用道路，国土開発幹線自動車道，有料道路などと呼ぶ。一般に舗装し，側溝を設け，車道と歩道を区別・分離し，さらに道路照明，各種の道路標識，信号などを設置する。

【車両】しゃりょう

一般には鉄道車両，工場構内などで使用する産業車両，および道路上を走る一切の車をいう。道路交通法では自動車，原動機付自転車，軽車両，トロリーバスをさし，このうち軽車両とは自転車，荷車その他人や動物または他の車両に牽引(けんいん)され，レールによらないで運転する車(そり，牛馬を含む)で，身体障害者用の車いす，小児車を除くもの。

行基図　行基がつくったと伝える日本全図。転写された異本が幾つか残存している。丸みを帯びた日本全体の輪郭線の中に，畿内を中心として，七道の方向，諸国の順位と隣接関係が示された簡単な総図。行基式日本図は平安～江戸初期まで襲用され，16世紀末には西欧にも伝えられてオルテリウスらの日本図のもとになった。有名なものに下鴨社の延暦24年(805)輿地図，鎌倉末期の《拾芥(しゅうがい)抄》中のもの，唐招提寺の南贍部洲大日本国正統図，豊臣秀吉が所持した扇面の日本近域図，福井県小浜市発心寺の日本図屏風などがある。

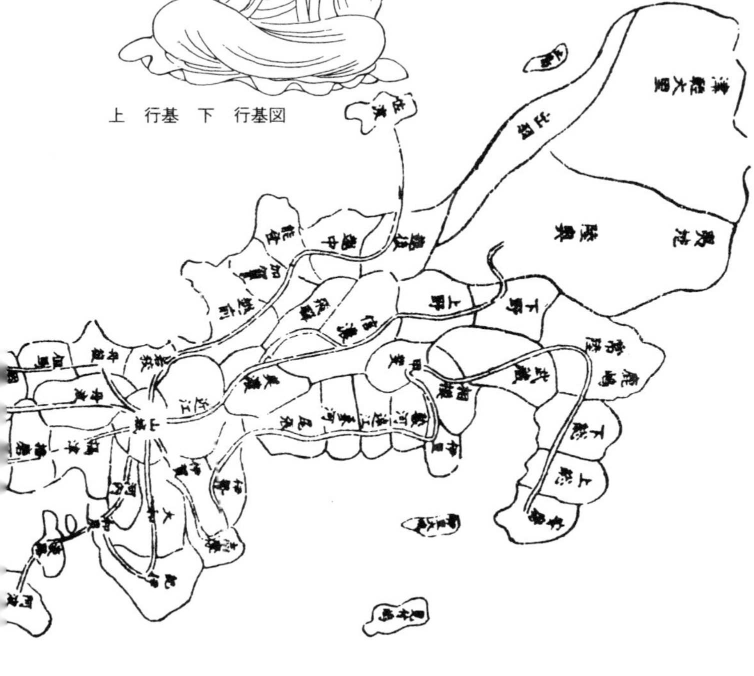

上　行基　下　行基図

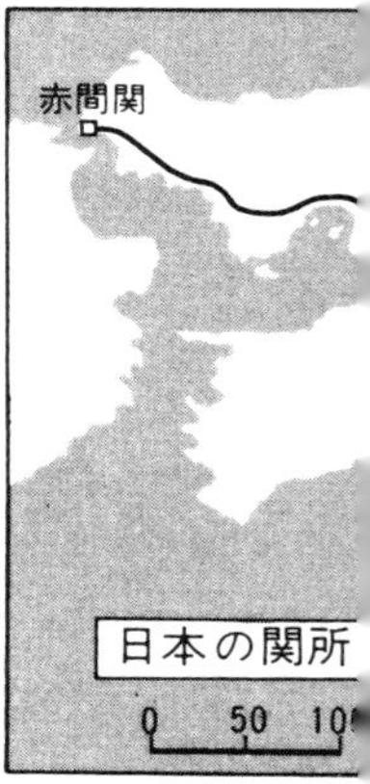

右　街道と関所
下左　大井川の川越
下右　徳川時代の駅

川越(かわごし)　江戸時代の交通制度。軍事的要地の河川には橋や渡船を設けず人足の肩車，馬，輦台(れんだい)で渡らせた。川越が行なわれた河川で一定以上増水した場合に渡河を禁止したことを川止(かわどめ)といった。。大井川では常水2尺5寸とし，4尺5寸で一般人の通行，5尺で公用も含めて一切の渡河が禁止された。川留とも記し，川支(かわづかえ)ともいう。

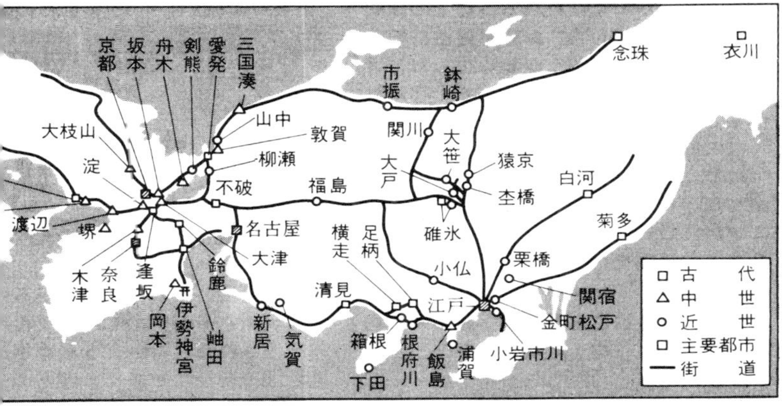

大井川　赤石山脈の白根山の南に発し，静岡県中部を南流して駿河湾に注ぐ川。江戸時代，東海道の要衝として幕府が橋や渡船を禁じたため，旅行者は島田～金谷の間を川越(かわごし)人足の肩や，輦台(れんだい)に乗って川を渡った。

【街道】かいどう

海道とも記す。日本で街道が整備されたのは駅制とともに大化改新のときで，山陽道を大路(おおじ)，東海道，東山道を中路，その他を小路と定めた。鎌倉幕府開創に伴い京と鎌倉を結ぶ東海道六十三宿の設営があったが，戦国時代には各領国内街道の整備は進んだものの，関所の設置等とあいまって領国外に対しては封鎖性が濃かった。近世に入って江戸を中心に五街道を最も重視し，伊勢路，佐屋路，美濃路，中国路，水戸路等を脇往還とする制が確立した。

箱根の関所《東海道名所図会》から

関所　交通統制の施設。古代・中世ではふつう関(せき)といい，以後は関所という。古代の関は主として軍事的な意義をもち，律令時代に整備された。内乱に際して畿内と東国を分断する三関(さんかん)=鈴鹿(すずか)・不破(ふわ)・愛発(あらち)や蝦夷(えぞ)を防ぐ奥羽三関=勿来(なこそ)・白河(しらかわ)・念珠(ねず)が著名。中世には主として経済上の目的で，社寺・貴族・豪族らによって，それぞれの支配圏内に多数設置され，通行税として関銭(せきせん)を徴収した。これらは商工業の発達を妨害したので，織豊政権によって廃止。近世の幕藩体制下では政治的・軍事的な目的で復活。幕府の関所だけでも50余。特に箱根・碓氷(うすい)などが幕府にとって重要であった。

歌舞

楽器　ハーモニカ　唐楽　左方　雅楽　高麗楽
右方　楽譜　民謡　かっぽれ

十二支の十番目　酉(とり)
富士市の土製鶏

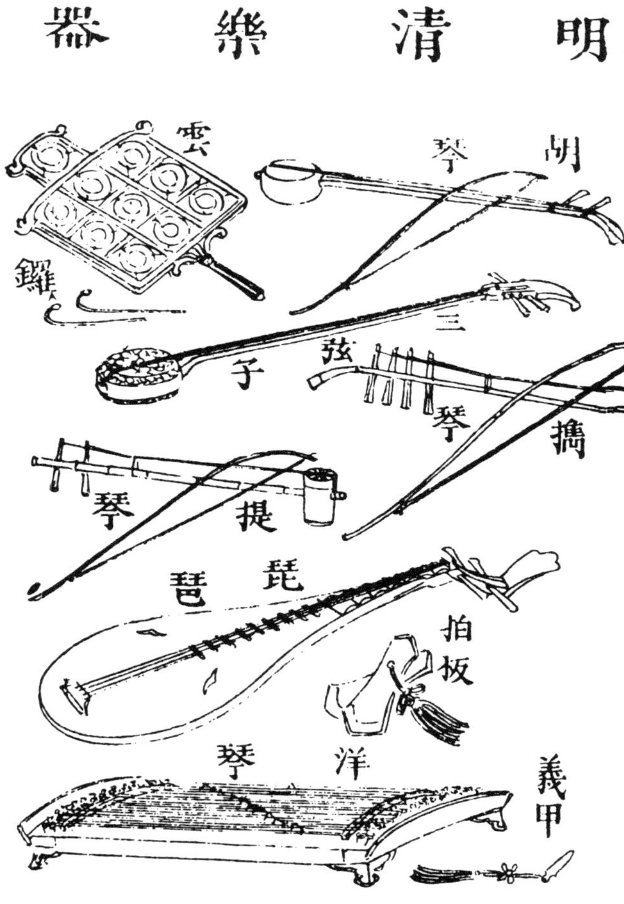

【 **楽器** 】がっき

音楽の音を出すための道具。弦・管・打楽器の3分法が西洋音楽では慣例になっているが，これは分類の基準に楽器奏法と楽器の材料の2種を含んでいる。体系的に分類するには民族音楽学で用いられている次の5分法が有効である。1.体鳴楽器。楽器の主要部分の本来的な性質から振動が起こるもの。木琴，シンバルなど。2.膜鳴楽器。膜の振動によって音が出るもの。太鼓の類など。3.気鳴楽器。空気の振動によるもの。木管・金管楽器，オルガン，リードオルガンを含む。4.弦鳴楽器。弦の張り方と共鳴体で構成されているもの。5.電鳴楽器。電気的な装置によって音を作り出すもの。

明清楽(みんしんがく)　中国の清初に日本に伝えられた明代の音楽と江戸時代末の清の音楽を合わせて明清楽と呼び明治中期まで盛行。

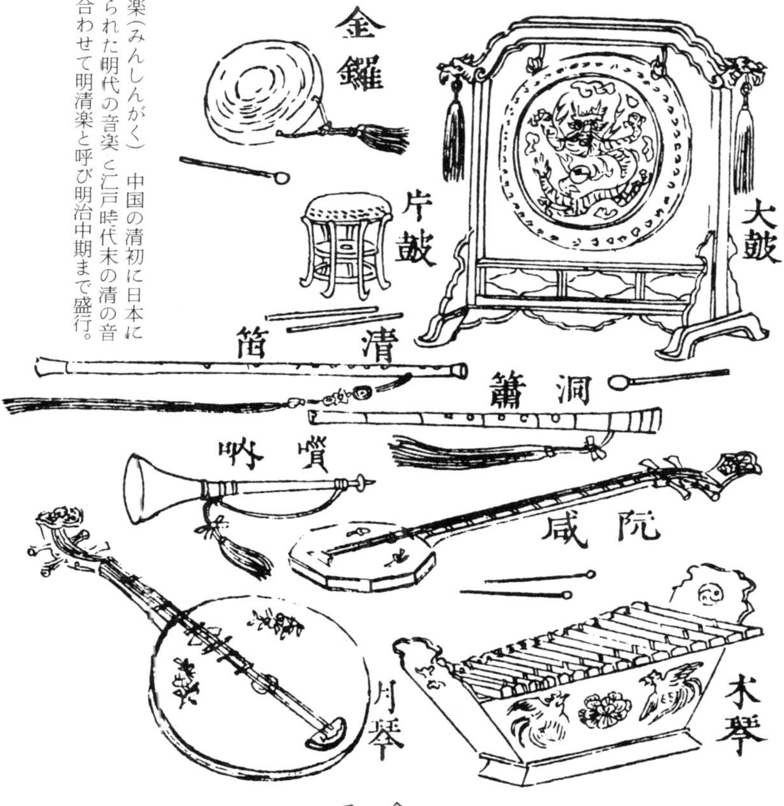

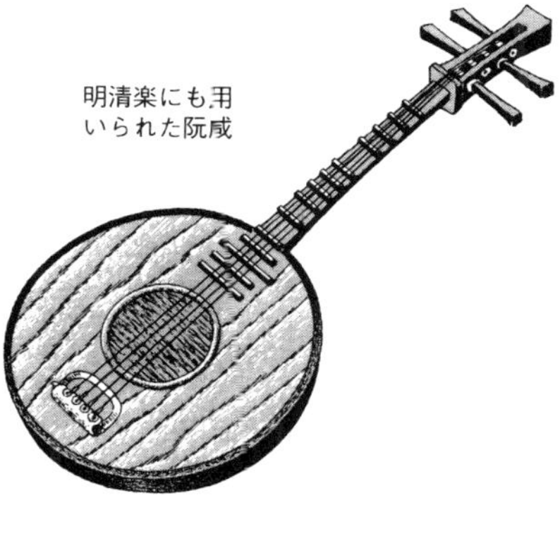

明清楽にも用いられた阮咸

阮咸(げんかん)　中国の楽器。唐代および明・清代に用いられた。琵琶に似た楽器で4弦，棹(さお)をもつ。胴は円形，八角形などで月琴(げっきん)と同種の楽器。日本へは奈良時代に伝来したが，平安時代以後は行なわれなかった。正倉院には螺鈿(らでん)紫檀と桑木の2点の遺品がある。

一節切(ひとよぎり)　室町から江戸初期にかけて流行した管楽器。縦型フルートで，吹口の形は尺八と同じ。一節切は後世つけられた名称。指孔も尺八と同じ５孔(表４，裏１)あるが，管長が約34センチと短い。

笏拍子(しゃくびょうし)　日本伝統音楽の打楽器。笏を縦に二つに割ったもので，左手に持った１片の広い面に，右手に持った他の１片の内かどを打ちつけて鳴らす。雅楽の催馬楽(さいばら)などでは音頭(おんどう)がリードするために打つ。下座音楽や民俗芸能でも用いる。

一節切

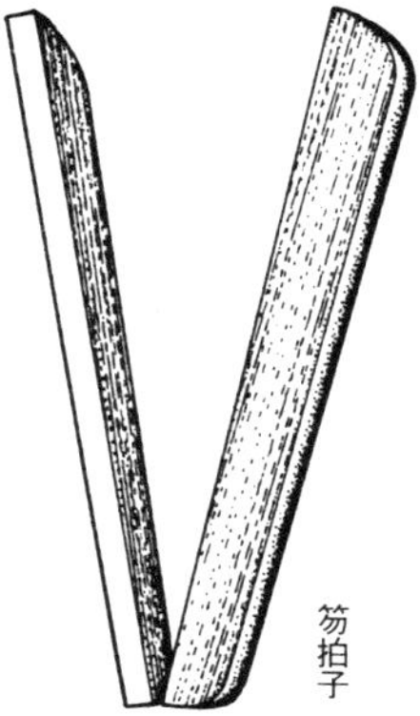

笏拍子

篠笛

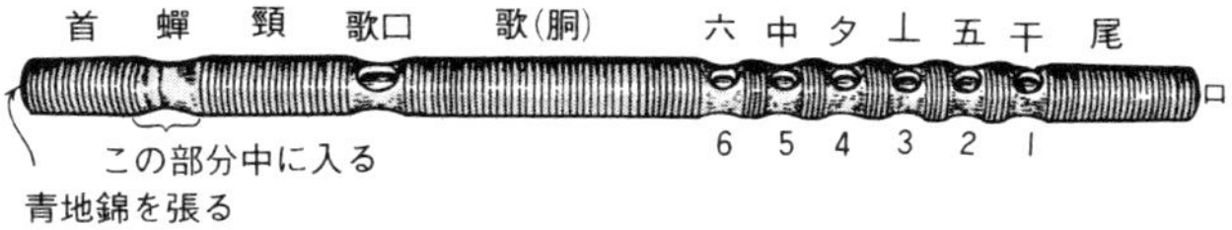

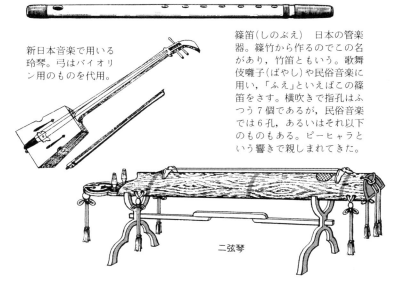

篠笛(しのぶえ)　日本の管楽器。篠竹から作るのでこの名があり，竹笛ともいう。歌舞伎囃子(ばやし)や民俗音楽に用い，「ふえ」といえばこの篠笛をさす。横吹きで指孔はふつう７個であるが，民俗音楽では６孔，あるいはそれ以下のものもある。ピーヒャラという響きで親しまれてきた。

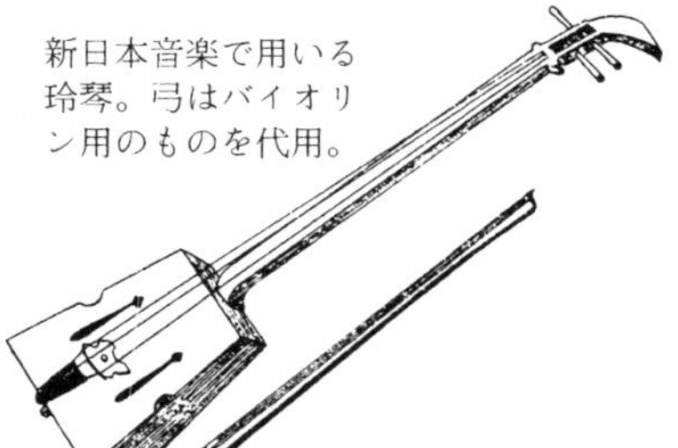

新日本音楽で用いる玲琴。弓はバイオリン用のものを代用。

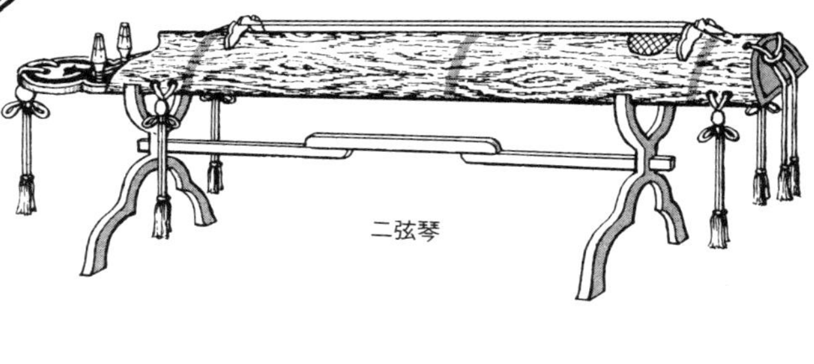

二弦琴

鈴　左から鐸鈴(大小3つ)
風鐸，神楽に用いる神鈴

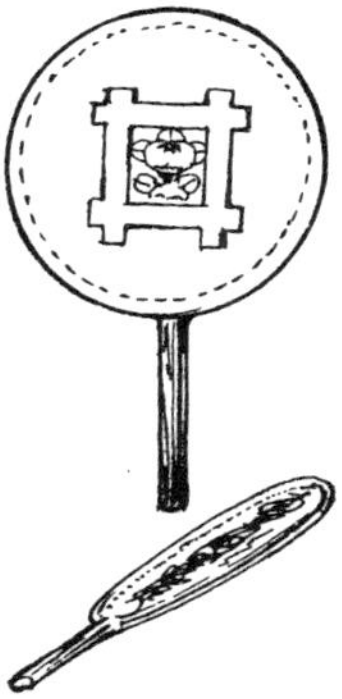

団扇(うちわ)太鼓
と柄太鼓(下)

銭太鼓　踊りの伴
奏に使う民俗楽器

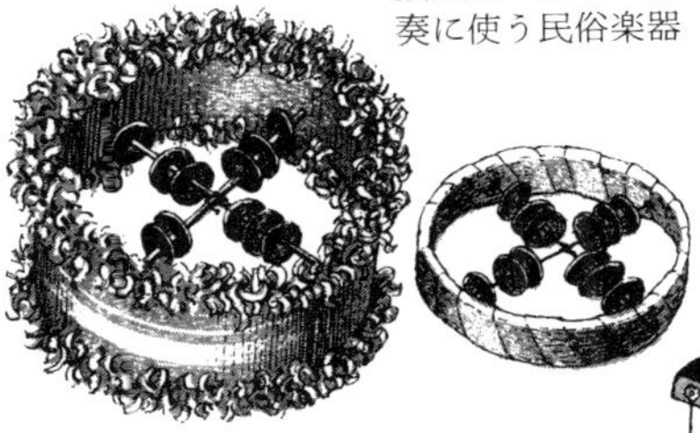

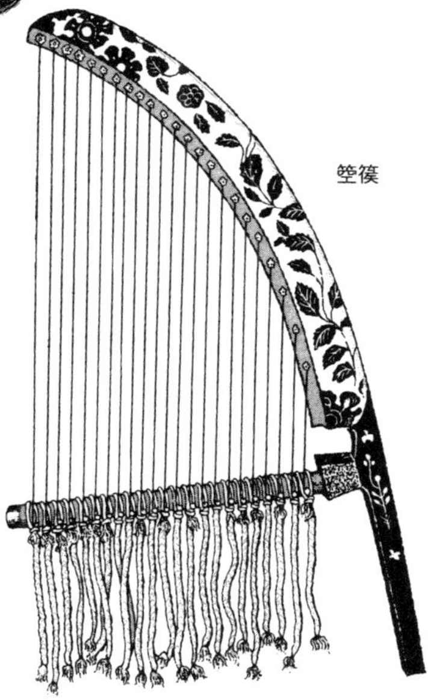

箜篌

箜篌(くご)　古代中国の楽器。竪(たて)型ハープ系の竪箜篌，チター系の臥(が)箜篌，舟型ハープ系の鳳首(ほうしゅ)箜篌の3種類があった。

二弦琴(にげんきん)　日本の楽器。八雲琴(やぐもこと)とも。木製の胴に2本の弦を張り，同音に調弦し，台にのせて演奏する。葛原勾当の創案に基づいて，中山琴主(ことぬし)が作製，これを普及したといわれ，祭祀の歌の伴奏などに用いられた。

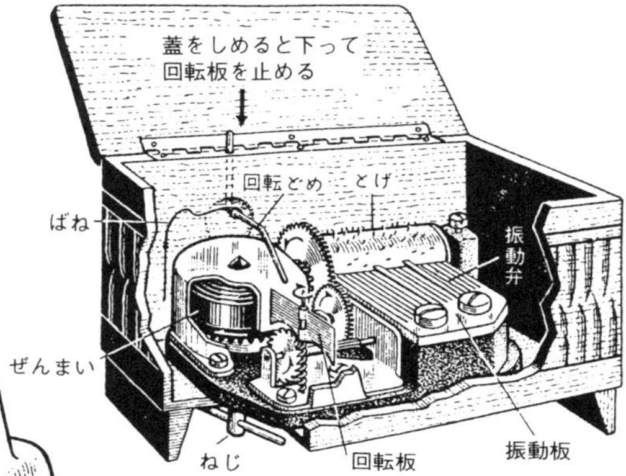

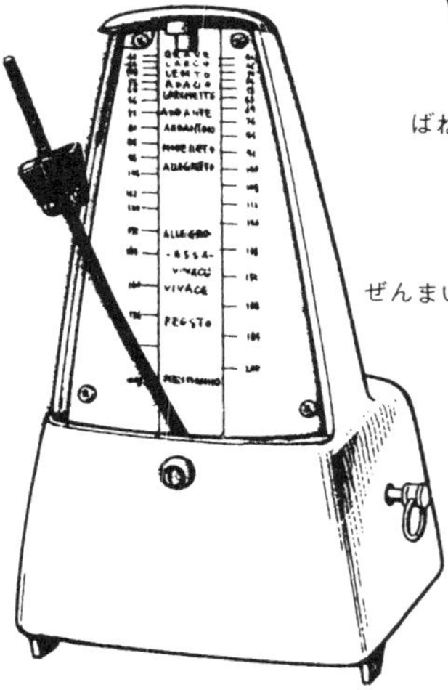

メトロノーム　音楽のテンポを指示する器具。ぜんまいを動力とした振子の一種。ドイツ人メルツェルが1816年に考案。楽譜にはM. M. ♩＝88のように記し，1分間に4分音符で88拍のテンポであることを意味する。

紙腔琴

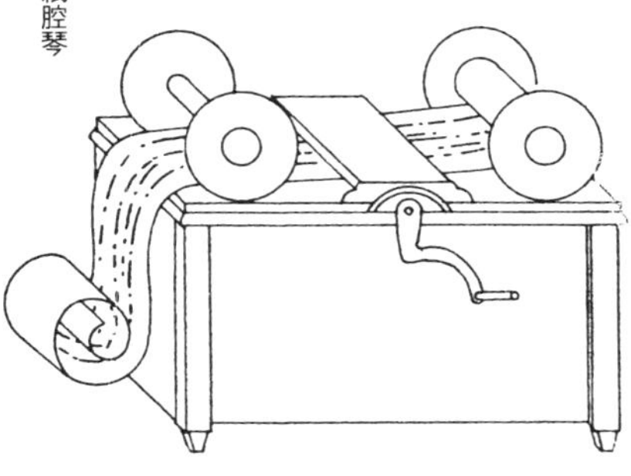

紙腔琴(しこうきん)　明治中ごろに、東京の戸田欽堂が自動手風琴にヒントを得て発明。

ジンタに用いられる大太鼓

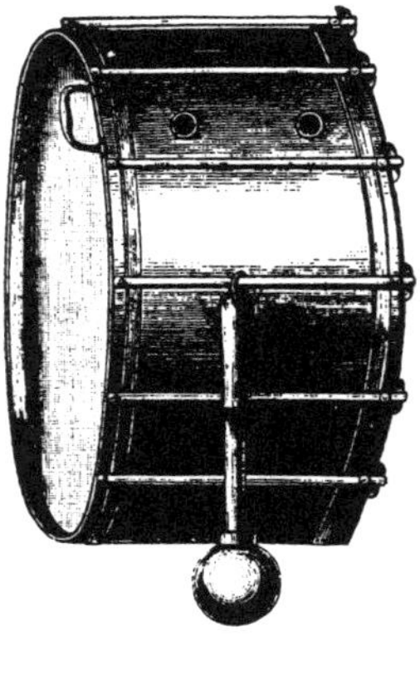

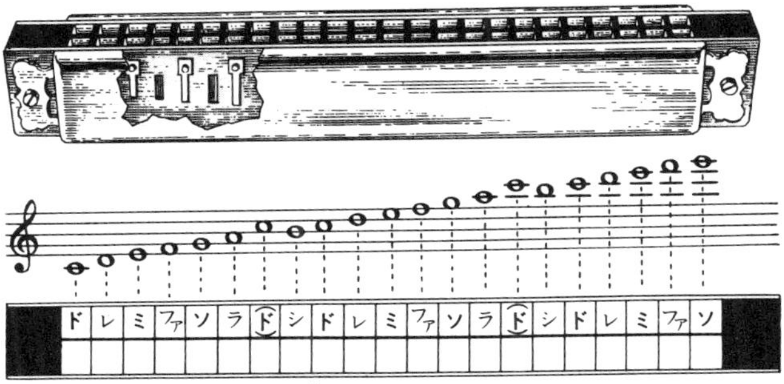

太字…吹く音　細字…吸う音

【ハーモニカ】

楽器の名称。マウスオルガン。リードオルガンの一種で，口にくわえて演奏。各種あるが，一般的なものは複音ハーモニカで，半音なしの約3オクターブ21穴が2列に並び，1音について2穴・2リードを使用，二つのリードの音律をわずかにずらすことによって音色の単調さを避ける。ハ・ホ・ト音は吹くと鳴り，ほかは吸うと鳴るので，舌の操作による重音が容易。

オルゴール　オランダ語からの転訛語。音楽玩具の一種。もと自鳴琴の字を当てた。箱の中に金属板を櫛形にとりつけ，それに接して多くのとげのついた円筒を装置し，円筒がぜんまい仕掛で動くと，とげが金属板をはじいて一定の旋律をかなでる。日本への伝来は江戸末期。

ジンタ　少人数の吹奏楽隊の俗称。ドラム，クラリネット，ラッパ等で通俗曲を演奏し，広告宣伝や売出し，サーカスの景気づけ等を行なう。明治末〜大正初期に出現。

皇帝破陣楽
（おうだいはじんらく）

迦陵頻（かりょうびん）　雅楽の曲名。壱越調（いちこっちょう）の中曲。8世紀中ごろ林邑の僧仏哲が天竺（てんじく）から伝えたといわれる。4人または2人の童舞。後に双調（そうじょう）黄鐘調（おうしきちょう）に移調され〈鳥〉という曲名でも行なわれるようになった。なお迦陵頻伽（かりょうびんが）は仏教で、極楽に住み仏の悟りを伝える美声の鳥とされる。

迦陵頻
（かりょうびん）

春鶯囀
（しゅんのうでん）

承和楽
（しょうわらく）

春庭楽
（しゅんでいらく）

三台塩(さんだいえん)

【 唐楽 】とうがく

雅楽の一種別。大陸から伝来したもののうち，中国系統の音楽，およびそのスタイルにならって日本で新作されたものの総称。高麗楽(こまがく)の対。雅楽の中でも，最も中心的な存在である。左方の舞楽の伴奏音楽として用いられるほか，管弦合奏の形でも演奏される。

【 左方 】さほう

雅楽の舞楽のうち，中国系統のもの。右方に対する。舞人は紅色を基調とした装束をつけ，伴奏音楽には唐楽(とうがく)を用いる。

放鷹楽(ほうようらく)

甘州(かんしゅう)

飲酒楽(おんじゅらく)

【雅楽】ががく

音楽の一種目。中国では天地，祖先をまつる古代の儀礼の宗教音楽として儒教思想と結びついて発達，朝鮮などに伝わったが，19世紀後半にはすたれた。日本の雅楽は時代によりその内容は一定しないが，現在では，1. 神楽(かぐら)，大和舞などの日本固有の歌舞，2. 奈良時代を中心に中国や朝鮮などから伝来した舞と音楽(その様式により日本で新作されたものを含む)，3. 平安時代の貴族により新しくつくられた催馬楽(さいばら)，朗詠(ろうえい)などの芸術歌曲を総称する。ことに2. が中心で，中国，朝鮮ばかりでなくインドや東南アジアなどからも，きわめて多種類のものがもたらされた。これらは9世紀初めのいわゆる「楽制改革」において整理・統合され，左方と右方，あるいは唐楽(とうがく)と高麗楽(こまがく)に大別された。音楽そのものや音楽理論なども，このときに著しく日本風に改められた。中世以降は新しい創造活動は行なわれなくなったが，京都，大阪，奈良でそれぞれ伝統を保持し，明治維新後は宮内省雅楽局に移管。

万秋楽
(まんじゅらく)

赤白桃李花
(せきはくとうりか)

青海波
(せいがいは)

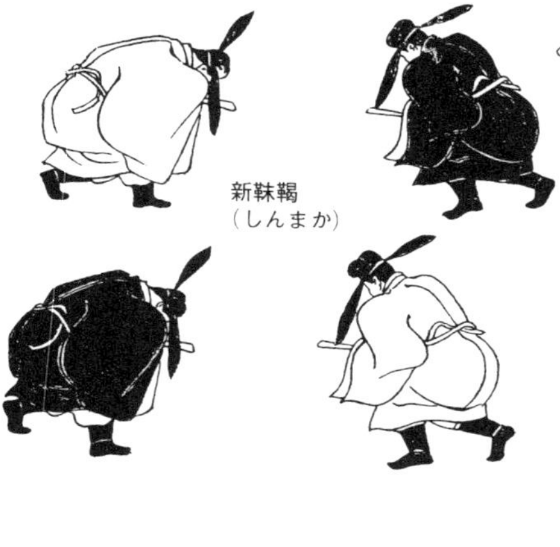

新靺鞨
(しんまか)

青海波(せいがいは)　雅楽の曲名。盤渉(ばんしき)調の唐楽。舞楽としても管弦としても演奏される。舞楽の場合は輪台(りんだい)に続いて舞われる優雅な二人舞である。

還城楽
(げんじょうらく)

蘇志摩利
(そしまり)

太平楽(たいへいらく)　雅楽の舞楽の曲名。太食(たいしき)調の《朝小子(ちょうこし)》《武昌楽(ぶしょうらく)》《合歓塩(がっかえん)》という3曲を，道行，破，急の3楽章に配したもの。甲冑に鉾と太刀をもって勇壮に舞うもので，武の舞の代表的な曲。

蘇合香
(そごうこう)

散手破陣楽
(さんじゅはじんらく)

太平楽
(たいへいらく)

還城楽(げんじょうらく)　雅楽の舞楽曲名。見蛇楽(けんじゃらく)，還京楽とも。太食(たいしき)調の唐楽であるが左方の舞のほか，右方の舞としても演じられる。胡人の扮装による一人舞で，舞台中央に置かれた作り物のヘビのまわりを舞いながら回り，ついにそれを捕えるという筋。

【 高麗楽 】こまがく

雅楽の一種。狛楽とも書く。大陸から伝来したもののうち，朝鮮半島を経由してきたもの。およびそのスタイルにならって日本で新作されたものの総称。輸入当初は，新羅楽，百済楽などのように，さらに細かく分かれていたが後に高麗楽としてまとめられた。右方の舞楽の伴奏音楽として演奏され，楽器編成や音楽性が，唐楽(とうがく)と少し違っている。

大和笛(やまとぶえ)　雅楽に用いる管楽器。日本古来の竹笛。神楽にも用いるので神楽笛とも。ほかの笛より太いので，太笛とも呼ばれる。横吹きで指孔は6個。管長は45センチで，横笛(おうてき)，高麗笛(こまぶえ)に比べて長い。音律は横笛より長2度低い。

貴徳
(きとく)

狛桙
(こまぼこ)

崑崙八仙
(こんろんはっせん)

敷手
(しきて)

高麗笛(こまぶえ)　雅楽で用いる横吹きの管楽器。狛笛とも書く。高麗楽(こまがく)に用いられるのでこの名があるが，ほかに東遊(あずまあそび)でも使われる。横笛(おうてき)と似ているが，全体に細く，やや短く，音域は長2度高い。指孔は6個で，横笛より1個少ない。繊細で哀調を帯びた音色をもっている。

【右方】うほう

右方の舞，右舞などとも。雅楽の舞楽のうち朝鮮系統のもの。左方に対する。舞人は緑色を基調とした装束をつけ，伴奏音楽には高麗楽(こまがく)を用いるのを原則とする。番舞(つがいまい)といって左方の曲と組み合わせて舞う曲が決まっており，それを左方の曲に対する答舞(とうぶ)という。

倭舞
(やまとまい)

仁和楽
(にんならく)

大和舞(やまとまい)　倭舞とも記。上代の大和地方の風俗舞に起原をもつ日本固有の楽舞。現在は雅楽の一種として伝承され，即位式や鎮魂祭に奏される。舞は4人で舞い，伴奏音楽は，歌(2人)，笏(しゃく)拍子，横笛(おうてき)，篳篥(ひちりき)によって奏される。このとき歌われる歌を大和歌という。

新鳥蘇
(しんとりそ)

地久楽
(ちきゅうらく)

舞楽面(ぶがくめん)　舞楽に用いる仮面。小型で薄く，表情は，演劇用の面と違って非写実的に象徴化されている。顎(あご)や目の動く面もある。種類は多く，代表的なものに二ノ舞，蘭陵王，納曾利(なそり)，地久，抜頭(ばとう)，崑崙八仙(ころばせ)，貴徳，退宿徳，胡飲酒(こんじゅ)，新鳥蘇(しんとりそ)などがある。遺品としては，平安中期以後のものが東大寺，春日大社などの寺社に伝わる。

下　地歌の楽譜《音曲力草》から
左《君が代》の楽符

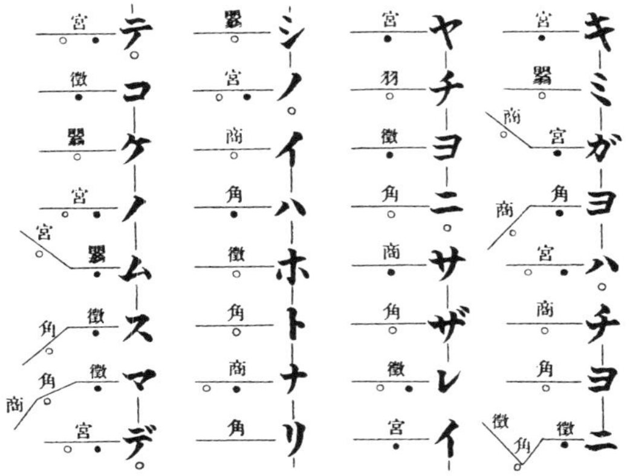

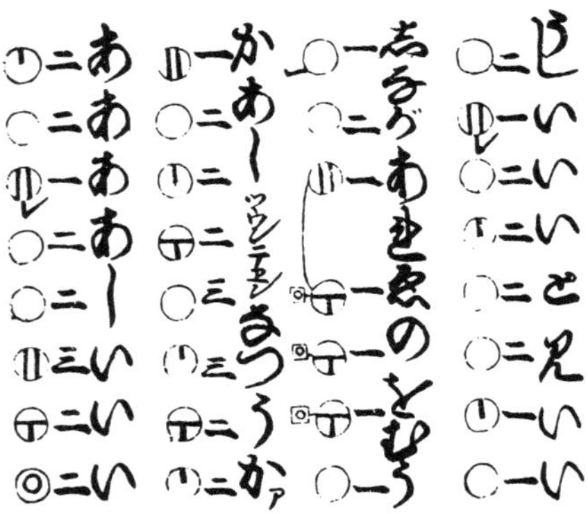

君が代　日本の国歌として歌われている《君が代》の歌詞は《和漢朗詠集》に見えるが作者不詳。《古今集》《古今和歌六帖》にも類似の歌がある。曲は英国人フェントンのものもあったが，現行のものは宮内省式部寮雅楽課が1880年作曲。93年8月宮内省楽師林広守作曲として文部省が儀式用唱歌に制定・公示。

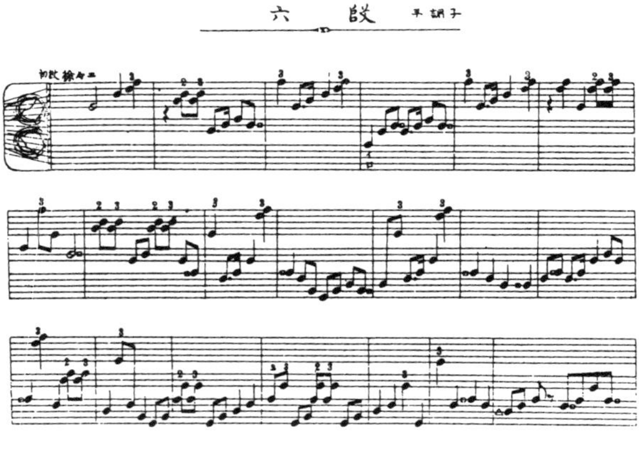

岡田式十三線箏譜《六段》

地歌(じうた)　邦楽の種目名。室町末期に上方を中心に行なわれた三味線伴奏の歌物。江戸に対し，上方を地と呼んだためこの名がある。盲人音楽家によって作曲，演奏された。三味線伴奏の声楽曲中最古の種目で，最も古い曲目は「三味線組歌」である。江戸時代に入って劇場に接近し，浄瑠璃物，芝居歌が行なわれたが，江戸中期には劇場から離れ，器楽的間奏部分が発達した手事物(てごともの)が大阪を中心に流行し，名曲が生まれた。一方京都ではこれと多少趣を異にする京物(きょうもの=京流手事物)が生まれ，幕末にはこれらの大部分が箏曲に編曲された。地歌は本来三味線による「弾き歌い」が正式な演奏形態であったが，のちには箏，尺八を交えた「三曲」の形態で演奏されるようになり，曲目には箏曲と共通するものが多くなった。歌の部分は一般に地味。

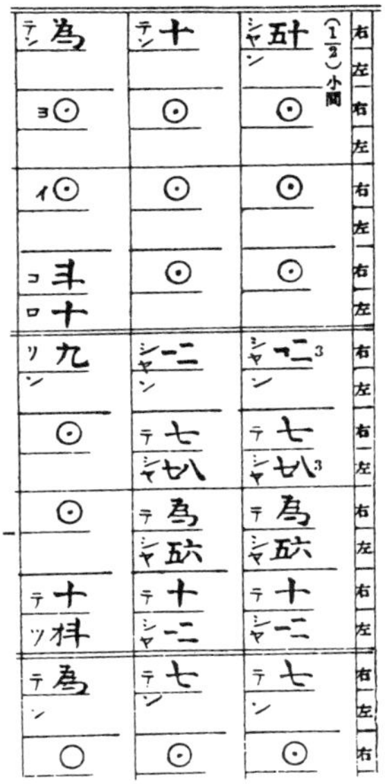

上左　俗箏譜《高麗の春》
大日本家庭音楽会の法から
上右　琴古流八譜の一節
下　楯山式六線譜《松づくし》

【楽譜】がくふ

音楽を記録したり伝達するために視覚的な記号に置き換えたもの。音の順序，音の高さと長さ，強弱や音色などを記述できればよいが，完全なものはなく，また音楽様式が固定化した集団では楽譜の意義は小さくなり，簡単な表示ですます傾向にある。古くは文字譜だったが，現在一般化している五線譜にまで進歩した。

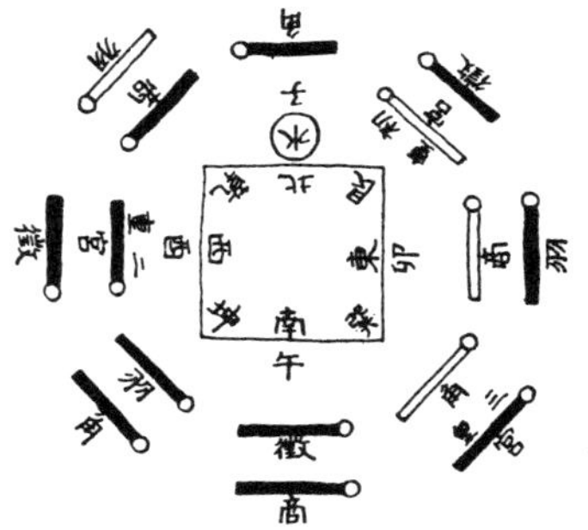

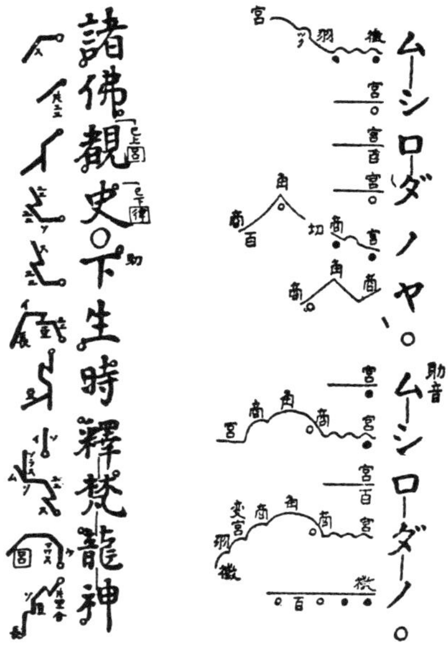

神楽(かぐら)　宮中で，夜，庭燎(にわび)をたいてとり行なう宗教儀式。一連の所作と音楽とからなる。楽人は本方(もとかた)と末方(すえかた)とに分かれて並び，人長(にんぢょう)が全体を統轄する。神楽の起原はきわめて古いと想像されるが，形式が整えられて毎年行なわれるようになったのは平安時代である。しかしほかの祭祀(さいし)音楽がすべて一度は伝統が断絶しているなかで，神楽のみは連綿と受け継がれてきた。民俗芸能の神楽と区別するために御神楽(みかぐら)ともいう。

声明(しょうみょう)　仏前で誦する声楽の総称。通俗には梵唄(ぼんばい)とも。僧侶が誦するもののみをさす場合が多い。仏の徳をたたえた内容のもの，特別の法会の意味を伝えるものなどがある。インドの詠法が中国に伝わり，日本へは円仁が伝えたという。それを受けた良忍が大原流として集大成，浄土宗，浄土真宗にも伝えられた。真言系では寛朝を始祖とし，小野・広浄の２流派があるが，ともに中国の魚山に擬して魚山流という。

文化三味線譜

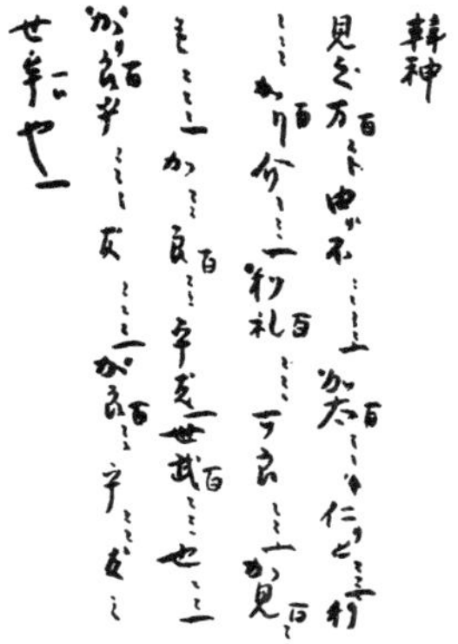

神楽歌の楽譜

平家琵琶譜

謡曲譜

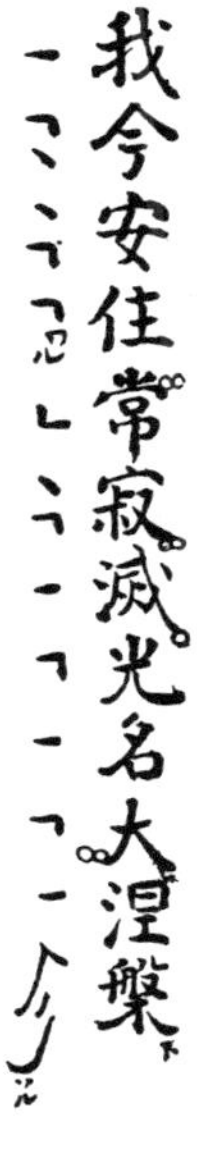

声明の構式譜

神楽歌(かぐらうた)　宮中で行なわれる神楽で歌われる歌。神楽の中心となる採物(とりもの)歌とやや娯楽的な前張(さいばり)歌に大別され，笏(しゃく)拍子，和琴(わごん)，神楽笛，篳篥(ひちりき)によって伴奏される。短歌形のものに民謡をも含み，《古今集》や《拾遺集》では「神遊びの歌」「神楽歌」として収録されている。

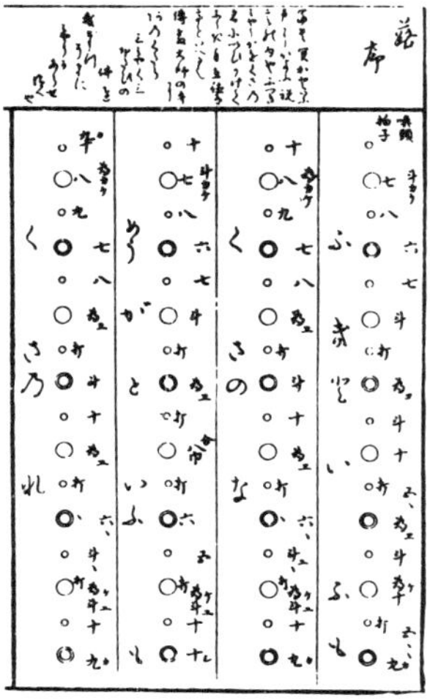

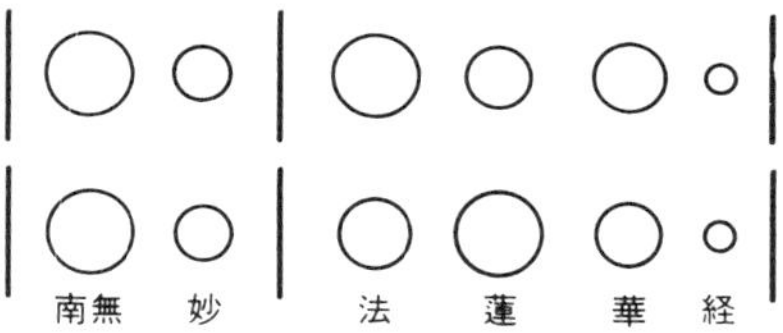

上左　箏譜《箏曲大意抄》から
上右　三味線文化譜
左　日蓮宗お題目の拍子
下左　篳篥（ひちりき）古譜
下右　尺八都山流の譜

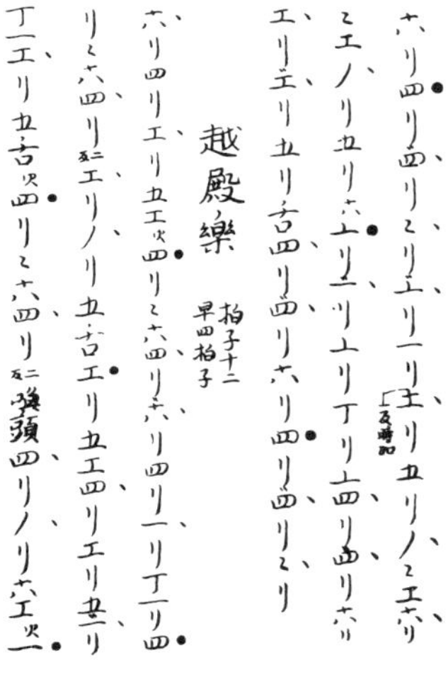

興福寺の延年の舞　土佐光信筆

延年(えんねん)　寺院の遊宴歌舞の総称。「遐齢(かれい)延年」の語に由来するという。法会のあとなどに，寺内の僧や稚児のほか猿楽(さるがく)・田楽(でんがく)衆も風流(ふりゅう)などの芸能をつくした。平安末期より室町初期までは盛んに行なわれたが次第に衰微。現在は毛越寺(もうつじ)などにわずかに残る。

延年舞図《円光大師絵伝》から

東遊(あずまあそび)　東舞・駿河舞とも。東国の歌舞の意で，いくつかの舞の総称。民間のものが奈良時代に宮廷にとり入れられたものと考えられる。曲目は駿河歌・求子(もとめご)歌など6部からなるが，今日では4人で舞う。近衛の官人の正装に挿頭(かざし)をつける。宮中をはじめ平安時代から賀茂・春日(かすが)・石清水(いわしみず)・八坂などの各社の神事舞となった。

六人舞の東遊

【 民謡 】みんよう

郷土の生活と結びつき，民衆が創作者などを意識せずに自由に口伝えで歌い継いできた伝統的な歌。日本の民謡には農山漁などの生産労働やさまざまな民俗行事・民俗芸能などと結びついた歌，子守歌，わらべ歌などがある。

山口県岩国の南條踊

伊勢音頭(いせおんど)　伊勢地方の音頭。その母体は各種あるが，現在は「伊勢は津でもつ……」で始まり「ヤートコセヨイヤナ　アリャリャ　コレワイナ　ササ　ナンデモセー」の囃子詞(はやしことば)のつくものが一般的。長唄形式の座敷唄もある。

えんぶり　えぶりともいう田の代(しろ)をかきならす農具。朳の字を当てる。これを用いて行なう青森県八戸(はちのへ)市周辺の新春予祝の舞の名称でもあり，これは田遊(たあそび)の風流(ふりゅう)化した芸能といえる。

えんぶり

木曾節(きそぶし)　長野県の代表的民謡。木曾谷の盆踊歌で，明治までは「なかのりさん」と呼ばれていた。もとは筏(いかだ)乗りの歌らしい。古くは一般に木曾谷で歌われている歌を木曾節といったらしく，明治ごろは現在の「御岳山節」が木曾節といわれた。

伊勢音頭はいろいろな場所で演じられた。上は明治20年ころの大広間での様子。

木曾節《信濃奇勝録》から木曾踊

踊念仏(おどりねんぶつ)　日本仏教の中で空也や一遍の念仏をさす。太鼓や鉦(かね)をたたいて拍子をとり，踊りながら念仏や漢讃・和讃などを唱えるもの。後に俗化して踊りを主体にした念仏踊になった。また京都の六斎念仏，灯籠踊，江戸の葛西念仏，泡斎念仏なども踊念仏という。

三社祭(さんじゃまつり)　5月(江戸時代は3月)に行なわれる東京台東区の浅草神社，別称三社権現の祭。江戸の三大祭の一つとして，古くから一般に親しまれた。祭は鎌倉時代神託によって始められたと伝えている。無形文化財の拍板(びんざさら)の舞などが演じられる。

手古舞(てこまい)　江戸の祭礼で，山車(だし)や神輿(みこし)の前を木遣(きやり)を歌いながら歩く人。芸妓などが男髷(まげ)に片肌(はだ)ぬぎ，裁着(たっつけ)をはき，花笠(はながさ)を背負い，左手に鉄棒，右手に扇を持って歩いた。もと梃前(てこまえ)の意という。

【 かっぽれ 】

俗曲の曲名。活惚れの字を当てる。志摩の民謡「鳥羽節」を願人（がんにん）坊主たちが豊年踊に結びつけて演じたのが始まり。「かつ惚れる」の語からこの曲名と囃子詞（はやしことば）が生まれた。陽気な曲調と茶番風な舞踊で有名。

上　かっぽれの名人梅坊主
左　あほだら経とそれに用いた小さな木魚２つ
下　唐人歌　外国語（唐音）を模した意味の不明確な流行歌

締太鼓(しめだいこ)　日本伝統音楽の太鼓の一つ。木製の円筒形の胴の両端に革を当て，その縁に紐(ひも)を通して胴に締めつけた太鼓。その締め方で皮面の張りを調節できる。皮をいったん枠(わく)にはってから胴に当てる普通の型と，皮を直接胴に当てる桶胴(おけどう)のような型と2種ある。雅楽の大太鼓(だだいこ)のように大きなものから，胴長胴径ともに20センチ前後の小さなものまであり，形も胴の長短などさまざまある。能や長唄などでは皮面直径35センチ，胴長15センチ前後の枠付の締太鼓が使われる。桴(ばち)の形や奏法にも多種類ある。

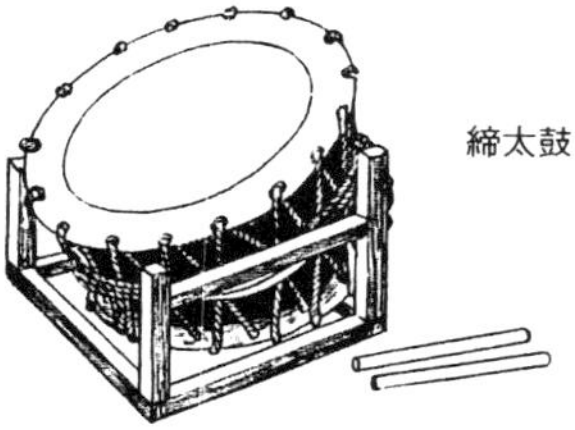

締太鼓

甚句(じんく)　日本民謡の曲種。甚九とも。詩型はふつう七七七五の4句，旋律も骨組は大体同じ型による。宴席の三味線伴奏による騒ぎ歌の型が多いが，盆踊や農作業に歌う甚句もある。日本民謡の半数以上はこの型をもつといわれる。土地によって変化し，秋田甚句，米山甚句，新潟甚句などと呼ばれ，「地ン句」が語源とされる。ほかに，海老屋甚九郎が始めたもの，旧南部藩領のじんこ踊からでたものなどの説もある。

相撲甚句

口説(くどき)　民謡の種類。同じ旋律を繰り返して，長い物語を歌う曲。

踊口説《万歳躍》の挿絵より

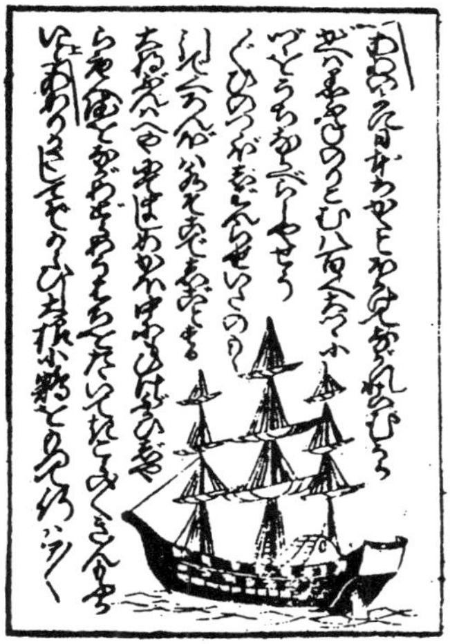

大津絵節《小唄図絵》から

大津絵節(おおつえぶし)　大津絵とも。俗曲の曲名。大津絵を歌い込んだ二上りの曲で，江戸後期に大津から全国に流行した。山形や会津地方のもののように，土地の民謡化したものもある。

《大阪音頭》の扉絵から

音頭(おんど)　日本民謡の曲種およびその演出形態など。雅楽の音頭(おんどう)に由来。最初の句を一人が歌い出し，その他の人びとが続いて歌う掛合いの形式，演出形態，その形式の曲，その独唱者，その最初の句などをさす。多くの盆踊歌，木遣(きやり)などがこの形をもつが，秋田音頭，秩父音頭，伊勢音頭などが有名。また最初に歌い出すことを「音頭を取る」，歌い出す人を「音頭取り」ともいう。

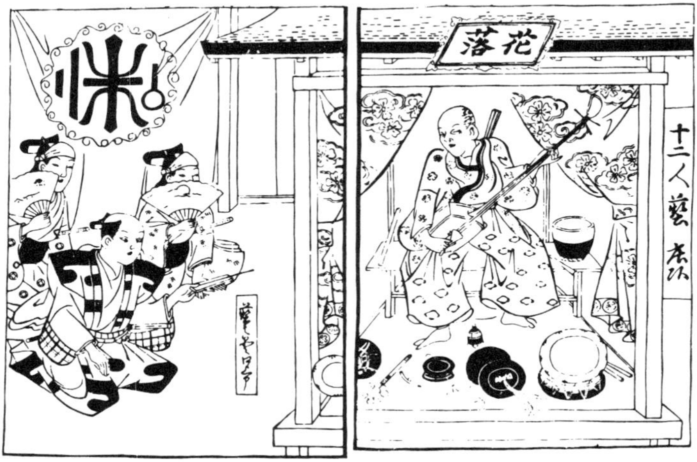

八人芸　延宝・天和年間の花落の
十二人芸《役者絵づくし》から

八人芸(はちにんげい)　寄席(よせ)芸の一つ。1人で声色(こわいろ)や鳴り物など8人役の芸を演ずる。1771年盲人の玄水が興行したのに始まるとされる。

文様

模様　暖簾　屋号　唐草文　手鞠　古典文様
雛形　斑入植物　源氏名

十二支の十一番目　戌（いぬ）
沖縄と東京の犬

【模様】もよう

文様とも。装飾的効果をあげるためにものの表面につけられる図形で，規則正しく繰り返される場合が多い。模様による装飾は人間のなかば本能的なもので，各地各民族の間で古くから建築，工芸，服飾等多方面に用いられている。新石器時代の土器等にみられる純粋に幾何学的なもの，雷文，流水文のように様式化したもの，忍冬文等のように動植物をモチーフとしたものに大別されるが，徐々に形や構成を簡略化し，抽象化される傾向がある。

右　小袖の模様
奥村政信《絵本浅香山》から

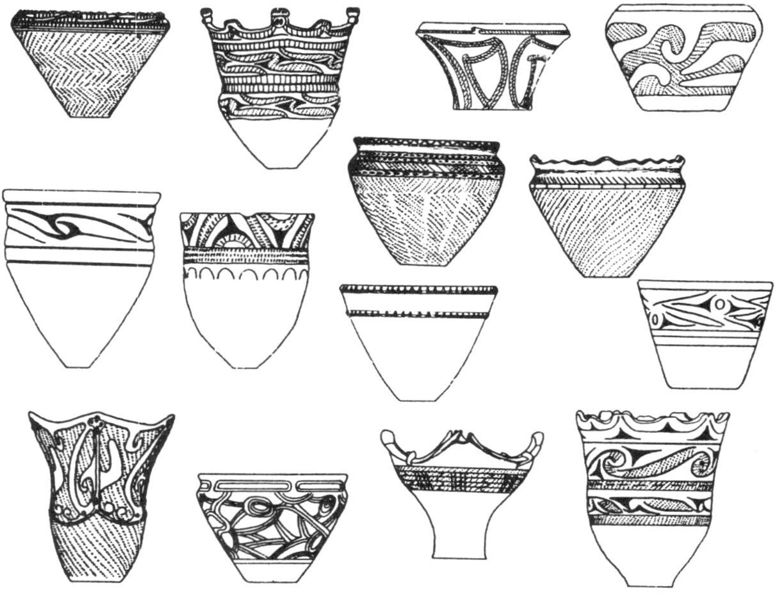

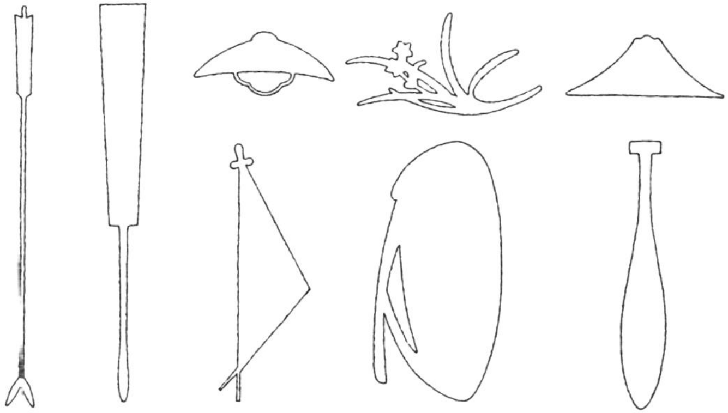

桂離宮，曼殊院の釘隠と引手金具の意匠
左から桂離宮笑意軒板戸引手，曼殊院大書院板戸引手
上段左から桂離宮楽器ノ間板戸引手，桂離宮新書院長押釘隠，曼殊院大書院長押釘隠
下段左から桂離宮楽器ノ間襖引手，桂離宮新書院襖引手，桂離宮笑意軒襖引手

下　縄文土器の模様
のいろいろ

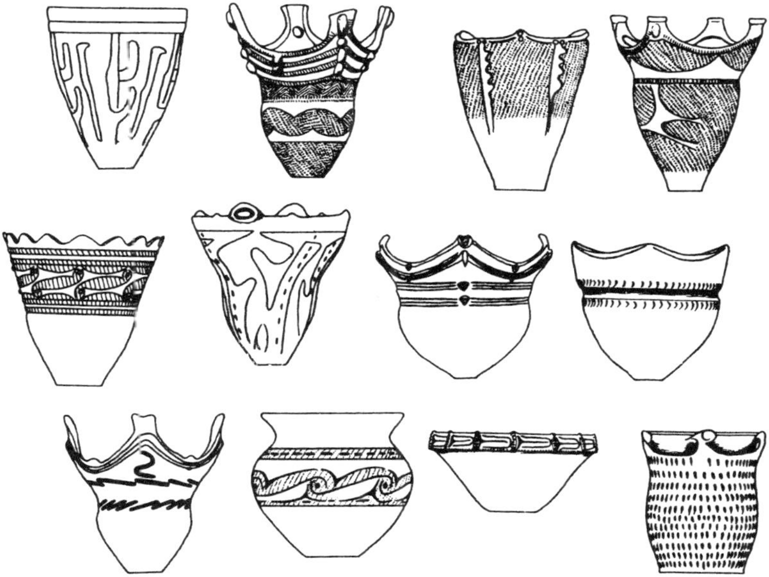

油煙形

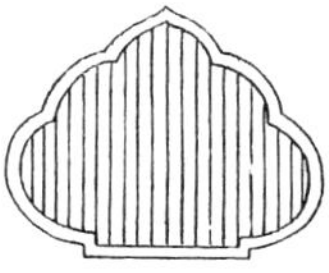

青瑣

上は器物の意匠　下は釜の鉉(つる)　左は鏤牙(ろうげ)の尺の花鳥文　法隆寺蔵

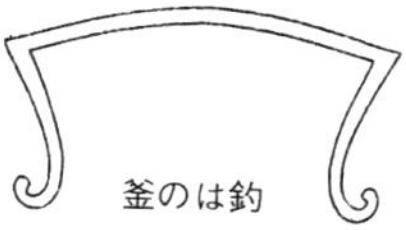

釜のは鉉

小雲竜鉉

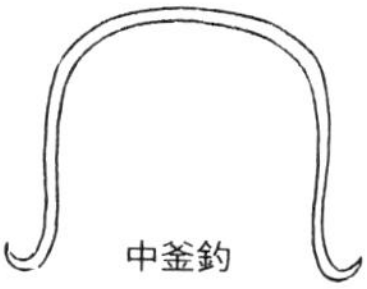

中釜鉉

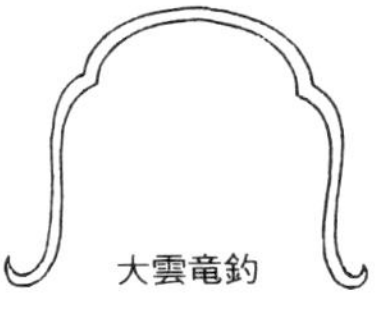

大雲竜鉉

器形の系図

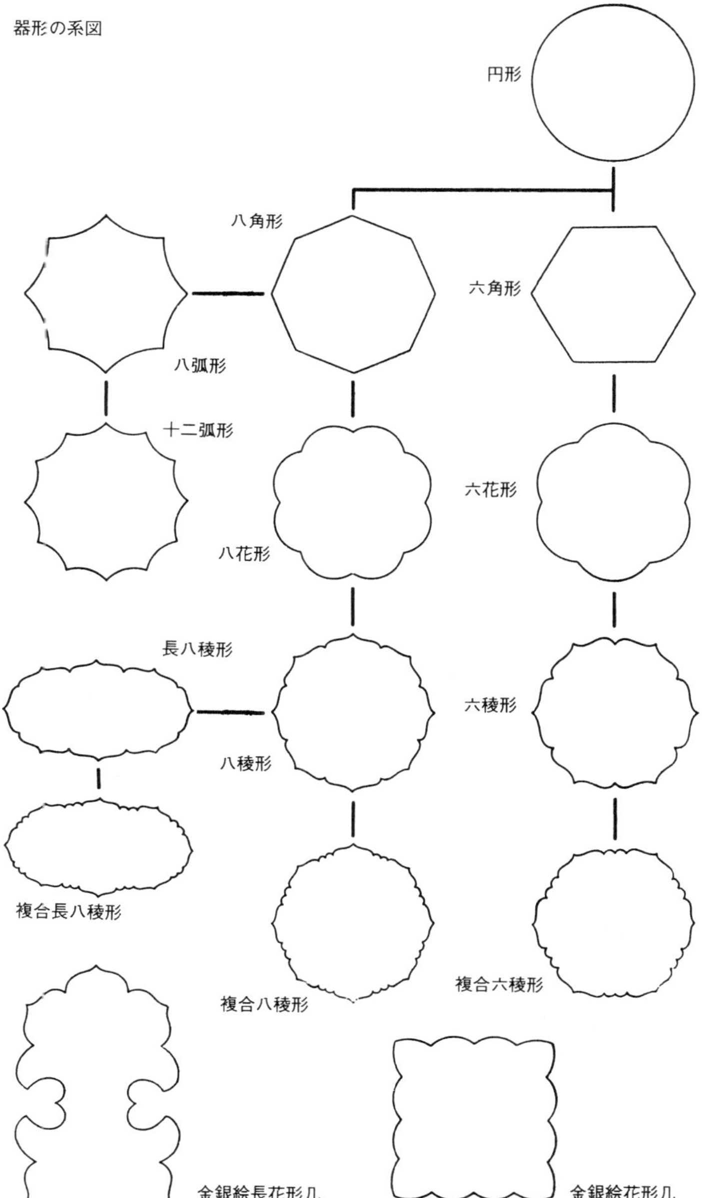
円形
八角形
六角形
八弧形
十二弧形
八花形
六花形
長八稜形
八稜形
六稜形
複合長八稜形
複合八稜形
複合六稜形
金銀絵長花形几
金銀絵花形几

【暖簾】のれん

軒先につるして日よけや目隠しとした布の帳(とばり)。元来は禅家で簾(す)のすき間をおおった布。近世に普及し、屋号を染めぬいて商家の目印とした。これより転じて店の信用や営業権を意味する言葉となり，番頭を勤めあげた者が主家の屋号を分与され，別家して同業を営むことを暖簾分けといった。また，能舞台の橋掛りや歌舞伎の花道の出入口に用いられる。これを揚幕という。

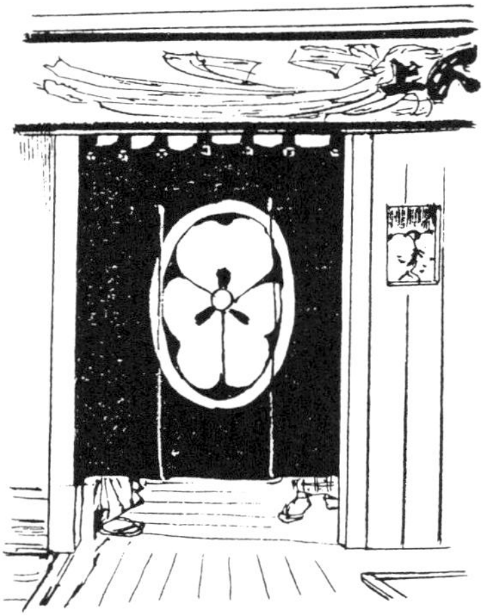

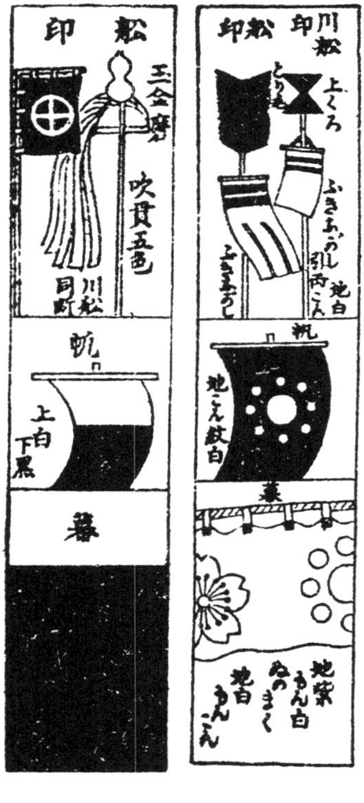

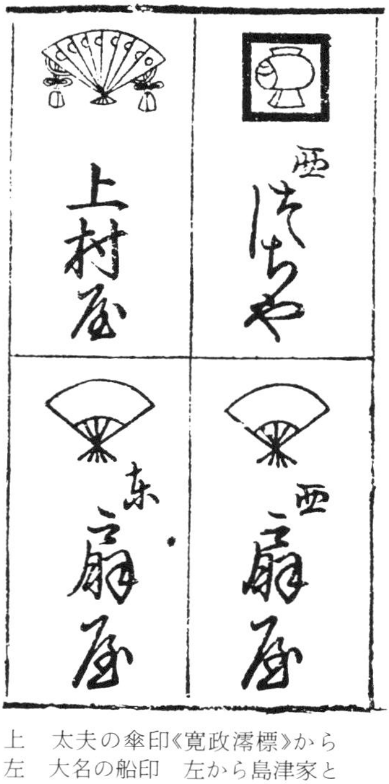

上　太夫の傘印《寛政濡標》から
左　大名の船印　左から島津家と細川家のもの

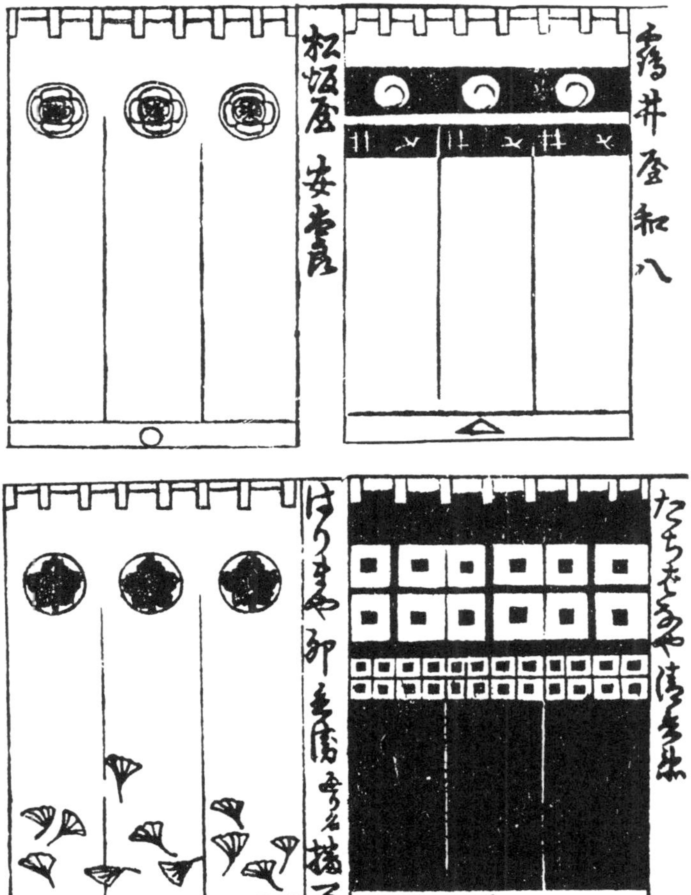

役者の定紋付きの楽屋暖簾

【 屋号 】やごう

歌舞伎俳優が芸名のほかにもつ称号。市村羽左衛門の橘屋(代々の羽左衛門が座元を勤めた市村座の櫓の紋をとった)，尾上菊五郎の音羽屋（初世菊五郎が父の経営する芝居茶屋音羽屋の屋号をとったもので梅幸，松緑も使用)，市川団十郎の成田屋など。また，播磨屋は中村吉右衛門の一門の屋号で先祖にあたる初世中村歌六が養家播磨屋の屋号をそのまま使ったのに始まる。観客は屋号を掛声に用いる。

上　薬師寺聖観音の頭飾りの唐草文

下　玉虫厨子の忍冬二種

薩摩の金助毬

京都の絹糸毬

左　うずまき模様の変化

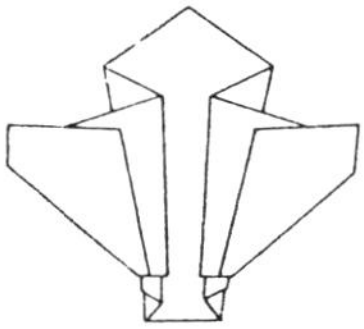

女蝶　下は裏

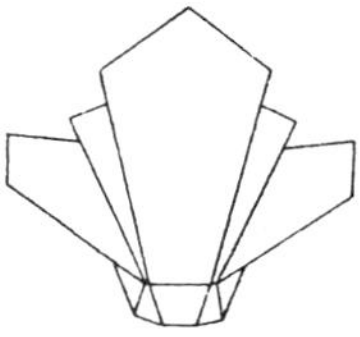

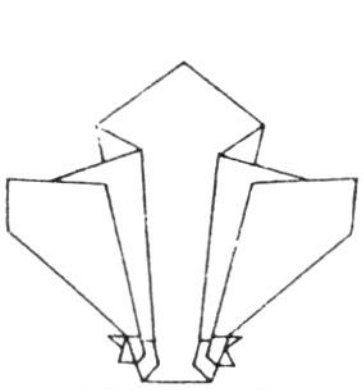

男蝶　下は裏

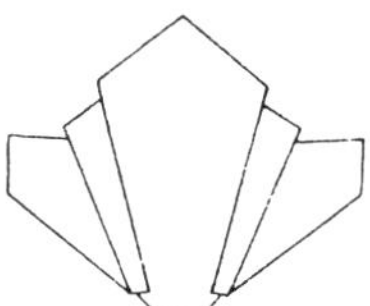

右　祝宴の際に銚子を飾る蝶花形

上　丁子唐草
下　武具の飾りに用いた
鹿革製の菖蒲韋（がわ）

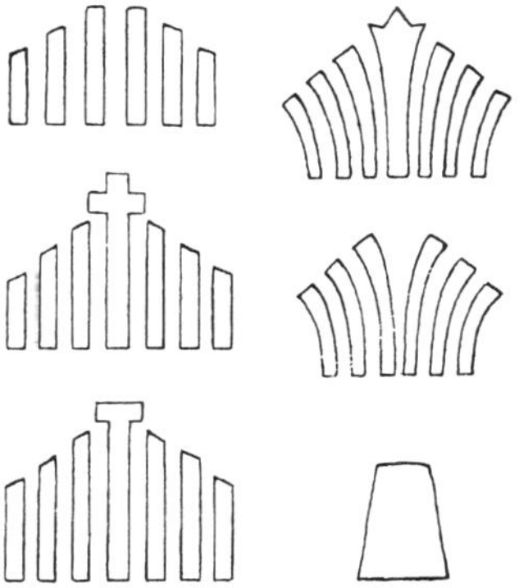

【 唐草文 】からくさもん

からみ合う植物の蔓（つる）を図案化した模様。アラビアのアラベスク模様から変化したといわれ，織物や仏教の装飾として日本にもたらされた。植物の種類により忍冬（にんどう），宝相華（ほうそうげ），菊，牡丹（ぼたん）などの唐草があり，建築，家具，衣服などの模様として用いられる。

【 手鞠 】てまり

綿を心とし色糸で巻いた鞠を手で床や地面についてはずませる遊戯。蹴鞠（しゅうきく）に由来するといわれ，もとは空中に投げ上げる遊びであった。江戸時代に盛んになり，手鞠唄が流行。現在はゴムまりが用いられる。

下左　車形錦
下右　朽木形

刺子(さしこ)　布地を補強するために細かく刺し縫いしたもの，またその衣服をいう。綿布を２枚以上重ねて綿糸で縫うことが多く，堅牢なので江戸時代以後主として火事羽織，胴着，武道のけいこ着，作業服などにされた。刺子の縫い方が模様化されたものは刺繡(ししゅう)の趣があり，津軽の小衣(こぎん)や南部の菱刺(ひしさし)などが知られる。

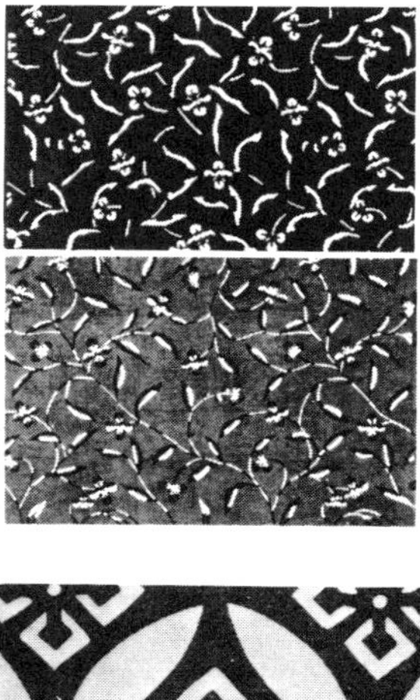

型紙　染め型紙。和紙をはり合わせて渋をひき，小刀や錐(きり)などで模様を透彫にしたもので，小紋，中形，友禅などの染色に用いられる。古来，伊勢の白子(しろこ)，寺家(じげ)が本場で，伊勢型紙として知られ，重要無形文化財に指定されている。

下　畳縁の模様　左から繧繝縁，両面縁，大文高麗縁，小文高麗縁

大名じま

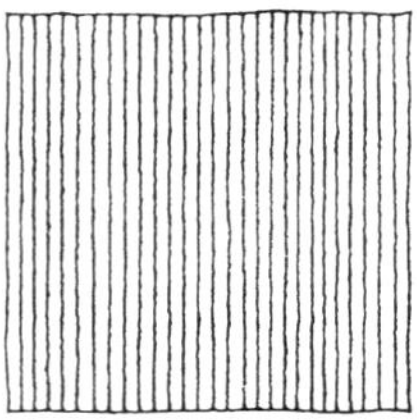
万筋じま

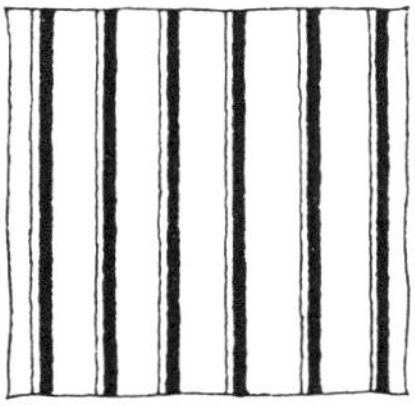
子持じま

やたらじま

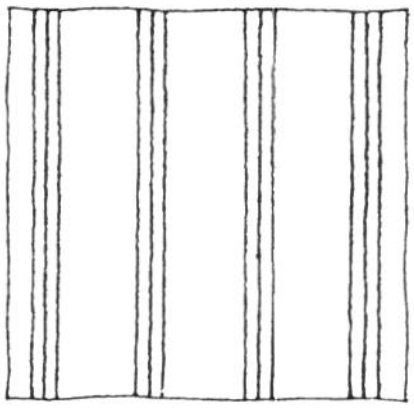
三筋じま

幅通しじま

上はしま模様6種，
右は飛白（かすり）
下の3つは染模様

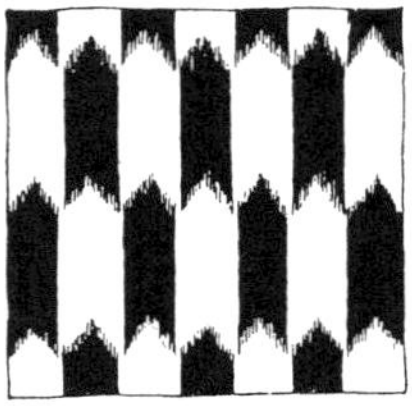
矢飛白

州浜

花菱

むじな菊

右ページは立涌
中段　左から雲立涌、躑躅（つつじ）立涌
下段　笹立涌、菊立涌

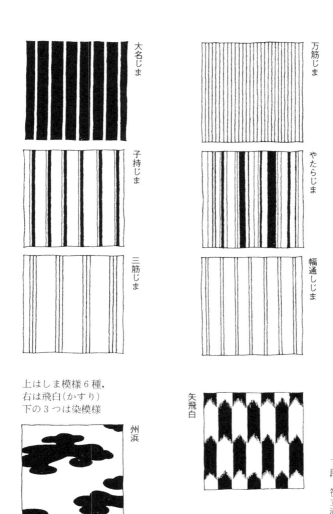

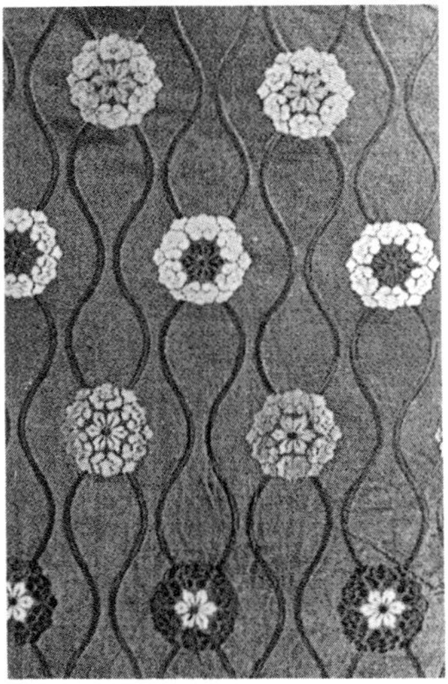

立涌(たてわく)　「たちわき」とも読む。有職(ゆうそく)文様の一つ。相対した曲線が中央でふくれ両端ですぼまった連続模様。菊，藤，雲，波などの模様をあしらうことが多い。主として衣料に応用され，特に平安以来装束の織模様として用いることが多かった。

【古典文様】こてんもんよう

小袖や能装束には興味をひく文様が多い。その文様は無限に生みだされていくようだが，新しい文様をつぎつぎと生みだすことはむつかしく，それらのなかには古くからの文様が幾度か繰り返されている。抽象文は幾何学文といってもよく，直線や曲線を組み合わせたもの。具象文は写生的な文様で，花とか鳥とか一見して何かがわかるものである。

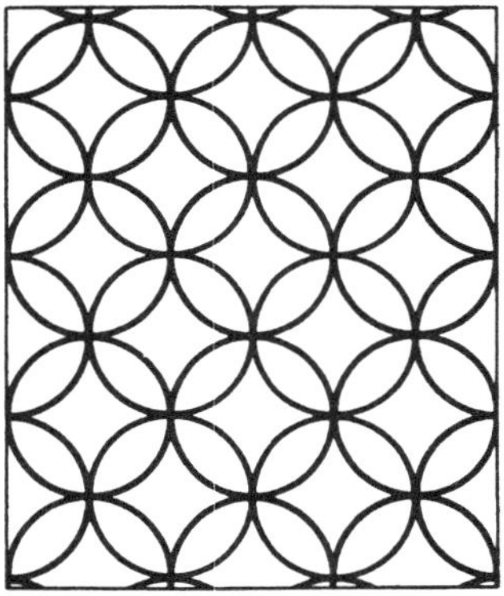

上　牡丹唐草　左　七宝つなぎ　右　小紋

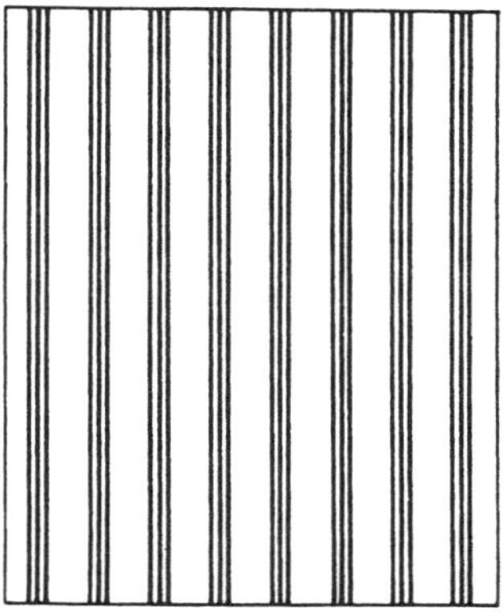

左　寄せ縞　右　子持縞

左　さや形　右　石畳（市松）

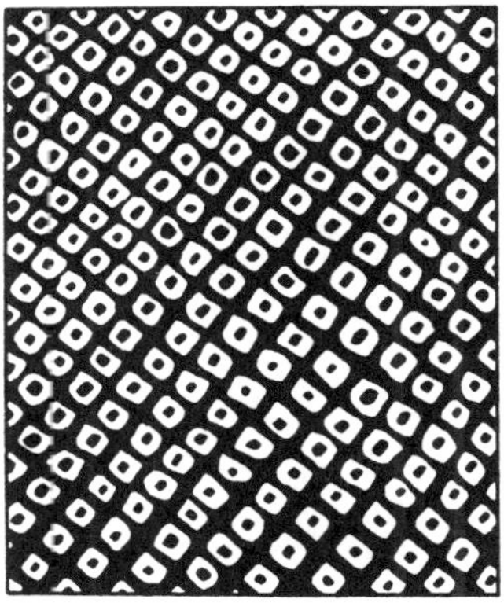

左　鹿の子　右　格子に花

左　蜀江　右　青海波

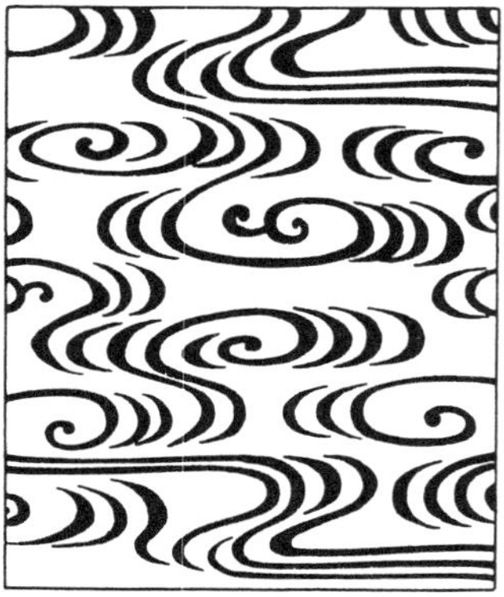

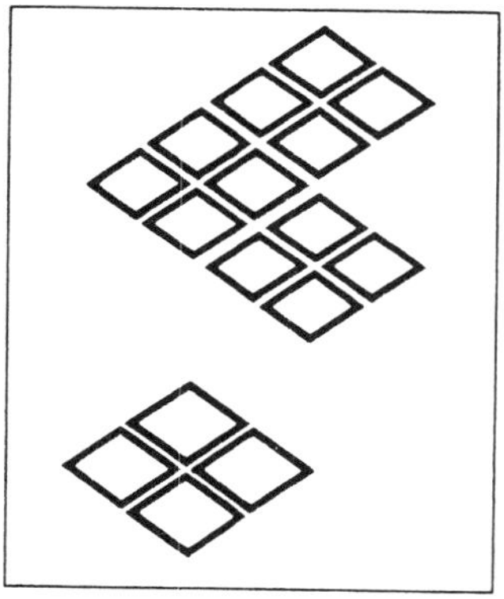

左　上から観世水，四つ菱，花菱
右　上から雲，唐草

上　歌舞伎《暫(しばらく)》の三枡(みます)の紋の長素袍(すおう)
中　能の大蛇の衣装
下　雀踊

演劇において衣装模様は効果的に用いられて，役柄の性格などを暗示的に示す。

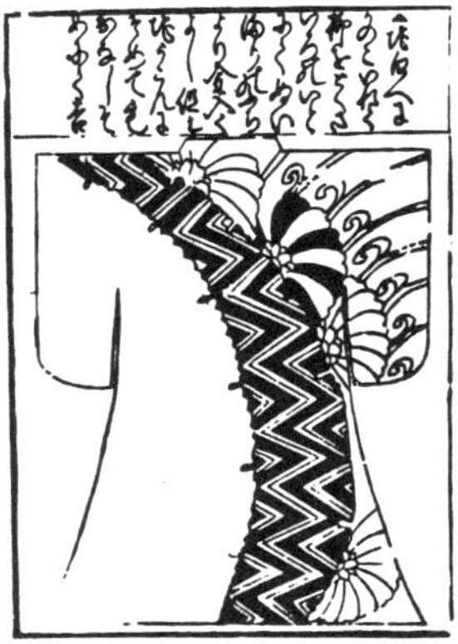

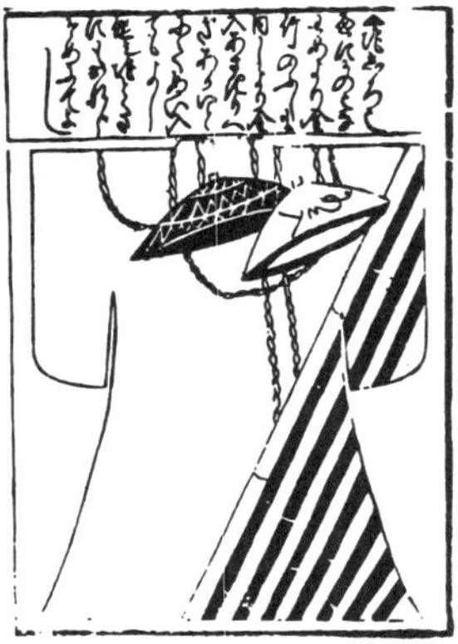

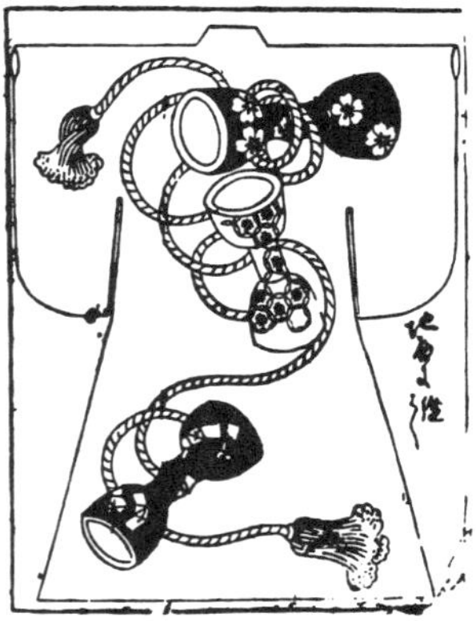

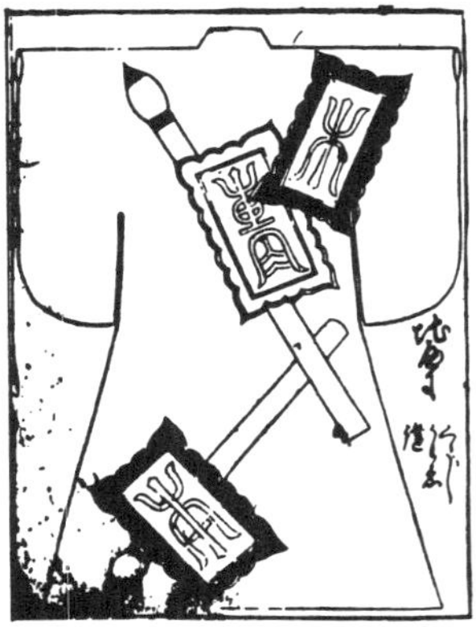

右4点《小袖ひいながた》から

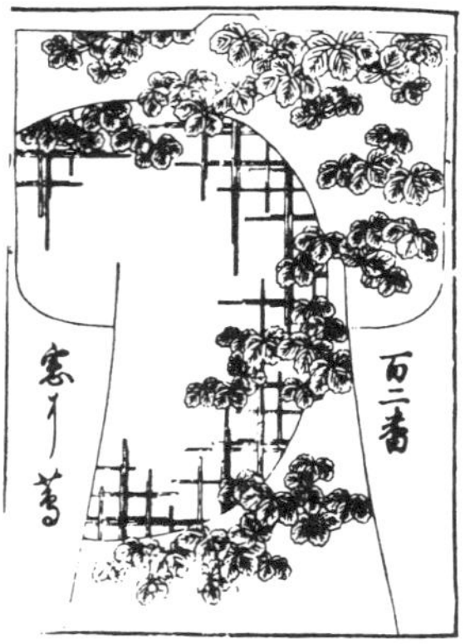

左2点《千代のひいながた》から

左4点《新撰ひいながた》から

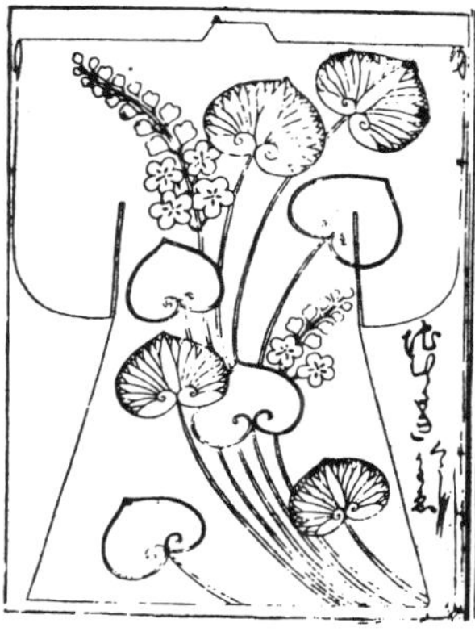

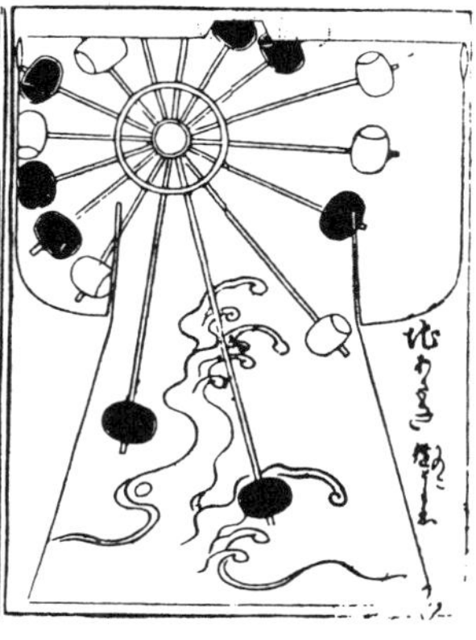

左2点《雛形音羽の滝》から

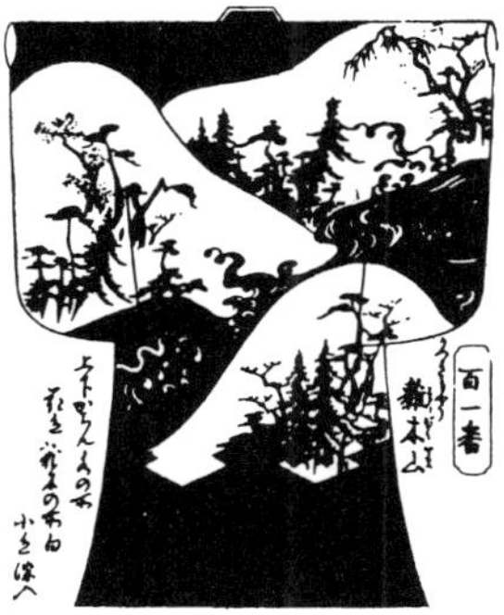

右4点《丹前ひいながた大成》から

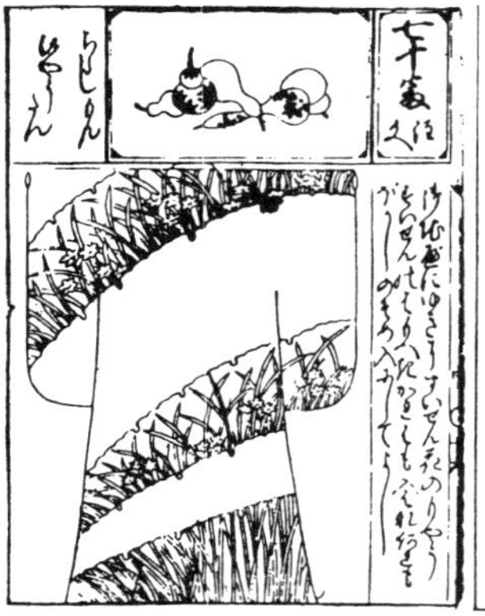

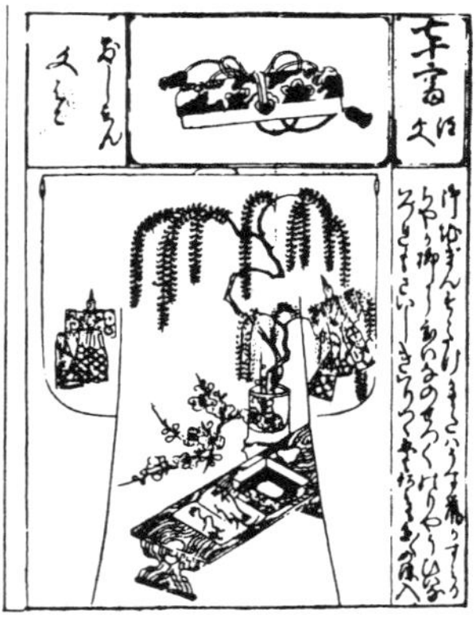

左2点《和国ひいながた大全》から

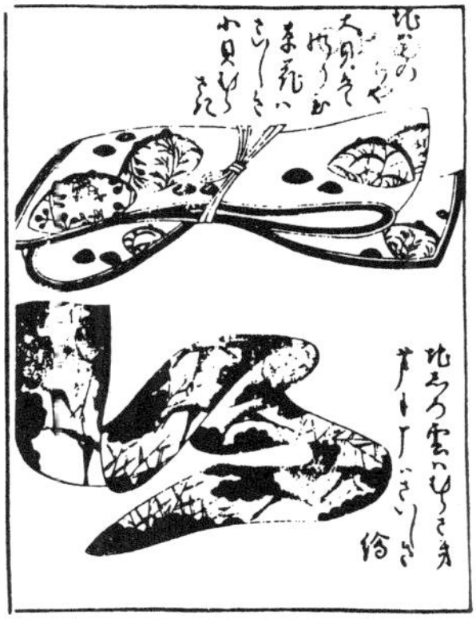

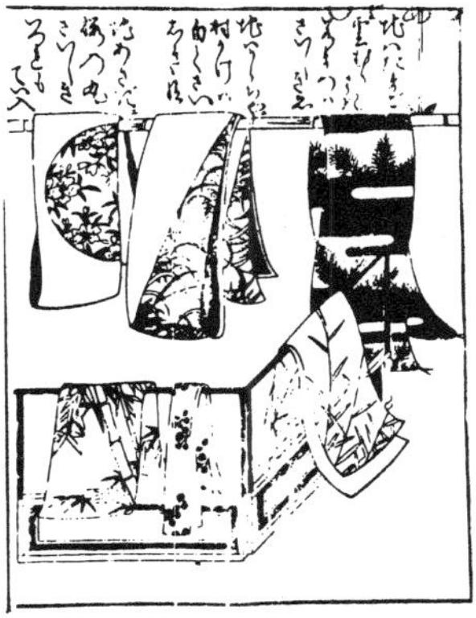

左4点《都今様友禅ひいながた》から

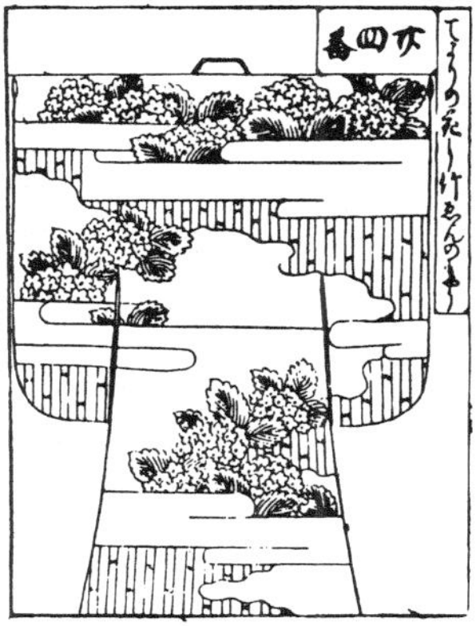

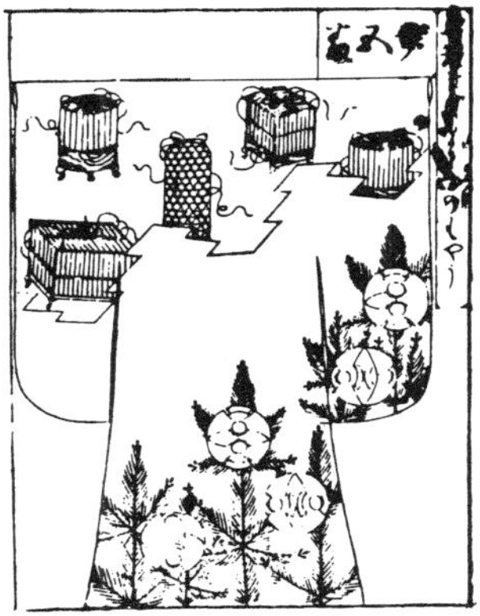

左2点《絵本浅香山》から

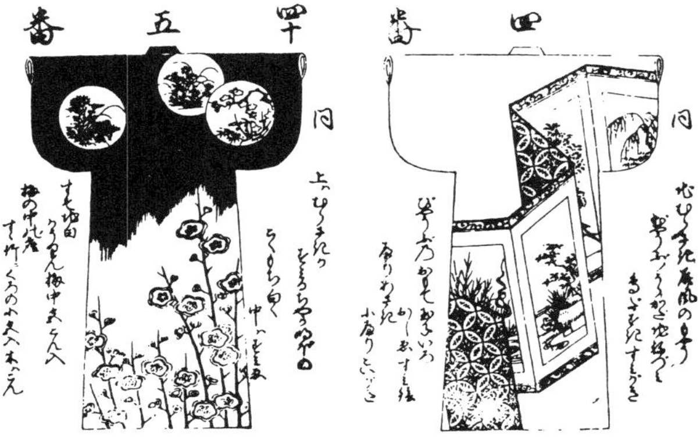

左2点《正徳ひいながた》から

【雛形】ひいながた

雛形(ひいながた)本　桃山時代に入って人々が華美な衣装を求めるようになり，呉服商の新しい意匠の見本帖としてつくられた。雛形本が江戸時代に入って版本によって多数つくられ，客の方でも平素それらを見て，衣装のことをあれこれと考えて楽しんだ。その風習は江戸末期までつづき，今日でも百種以上残されている。最も古いものは寛文年間に出された《新撰御ひいながた》である。

右《雛形三千風》から

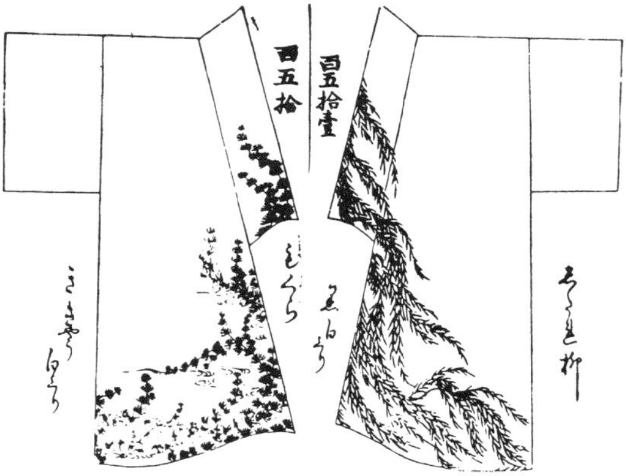

右《当世都雛形》から

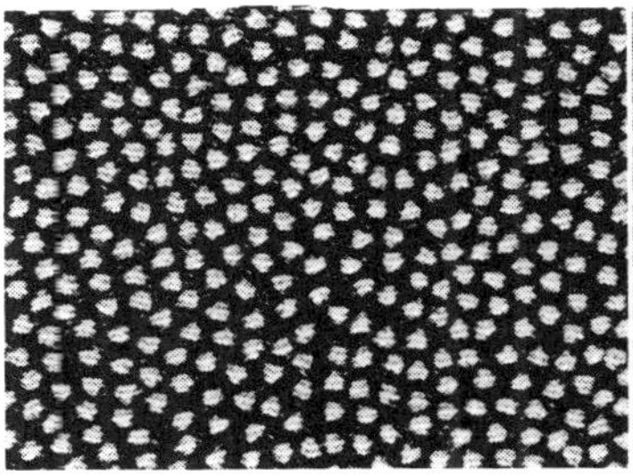

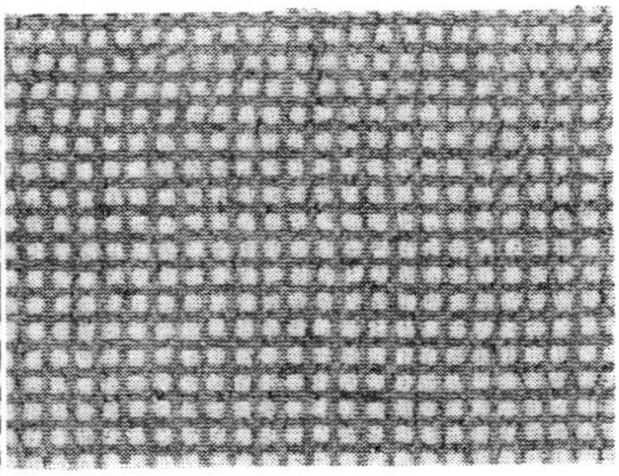

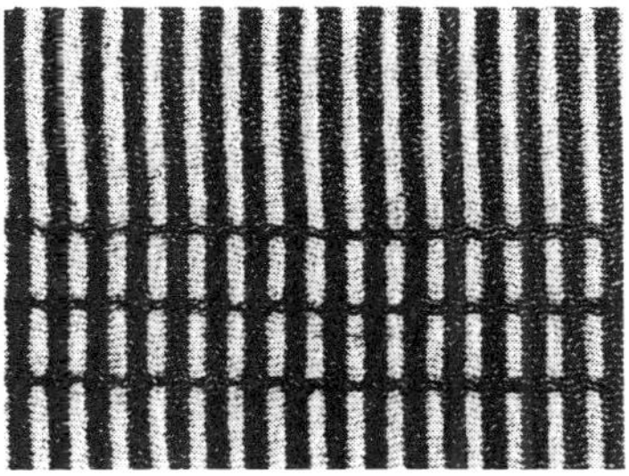

上段　左から鮫，角通し
下段　毛万格子

下　紅型染

小紋(こもん)　型紙捺染(なっせん)による和服の模様染の一種。細かい模様を切り抜いた型紙を当て，もち米粉とぬかの糊(のり)で防染したのち，染料をひく。模様の部分は地色が残り，単色の片面染となる。江戸時代，裃(かみしも)，小袖(こそで)，長襦袢(じゅばん)などの模様として流行したので江戸小紋と称される。近年は多色染，両面染など自由に行なわれている。模様は鮫(さめ)，霰(あられ)，角(かく)通し，万筋(まんすじ)など多種。模様のいちばん細かいものは極文(ごくもん)といわれ，極鮫などでは１寸(3.03センチ)四方に600～700以上の穴があけられる。

紅型(びんがた)　琉球で発達した特有の模様染。型紙を用いて手捺染(てなっせん)する方法が一般的。植物染料や顔料による鮮明で豊富な色彩が特色で，草花山水などを全面に染める。藍(あい)色が主となったのを藍型(あいがた／えーがた)と称する。本来は特産の紬(つむぎ)や芭蕉布(ばしょうふ)などに染めたが，最近は広く和服地に応用される。

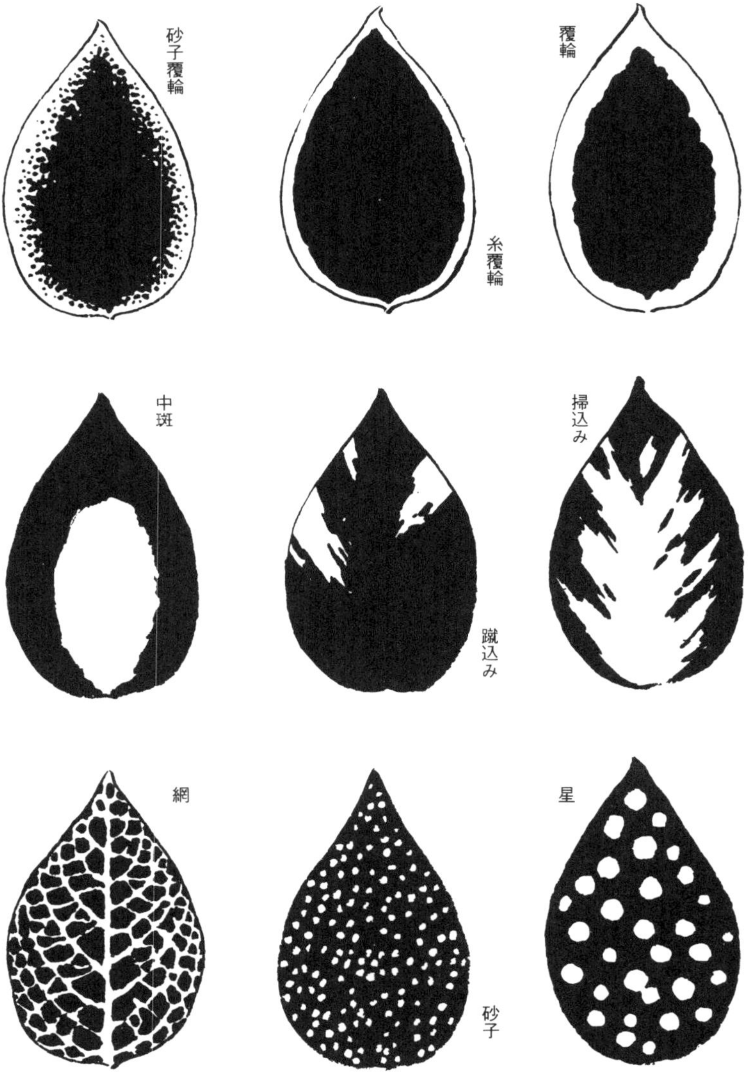
砂子覆輪
糸覆輪
覆輪
中斑
蹴込み
掃込み
網
砂子
星

【斑入植物】ふいりしょくぶつ

斑入りの原因には，その部分の細胞が葉緑体を欠いたり，細胞間隙が多くて白く見えたり，表皮の厚みが違うために白く見えたり、他の色素の存在によって色違いに見えたりするなど，いろいろな場合がある。斑入植物は園芸的に価値をもつ場合が多く，斑の入り方によって，絞り，覆輪などの呼称がある。

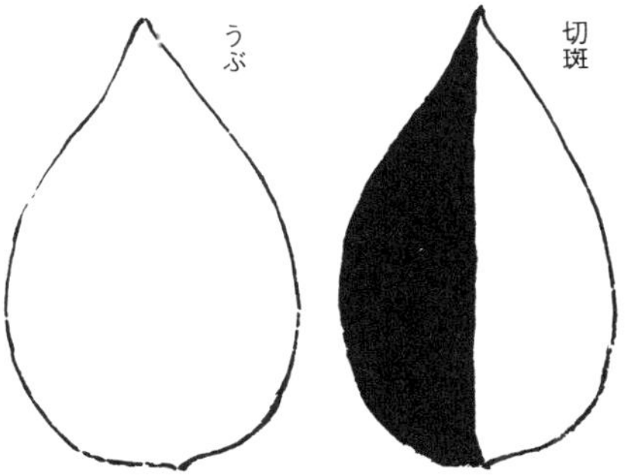

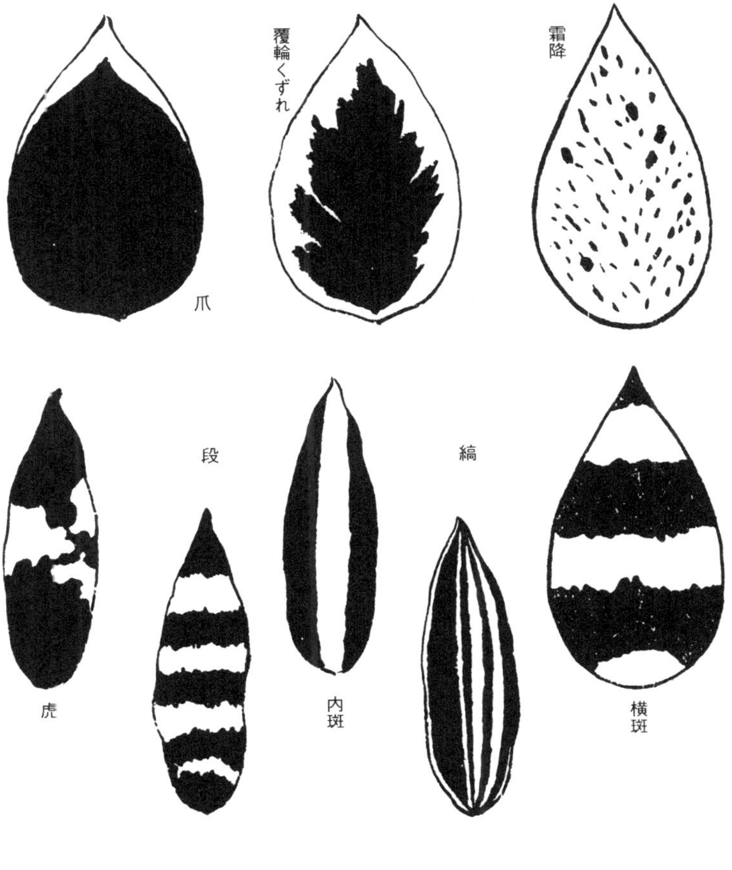

江戸吉原の三浦屋の太夫高尾

【源氏名】げんじな

宮中高等女官に賜わる称号で，多く〈源氏物語〉54帖の題にちなむ。転じて遊女の妓名。非公認の岡場所の女郎は仮名2字に「お」の字を冠した「おの字名」を用いた。

補遺

武具　農水　商工

衣裝　酒食　住火

佛神

*《新版　日本史モノ事典》の9ジャンルのうち7ジャンルについて補遺

十二支の十二番目　亥（い）
伏見焼の猪

武具 補遺

天守(てんしゅ)　天主とも書き，天守閣とも呼ぶ。城本丸の最大の櫓(やぐら)。

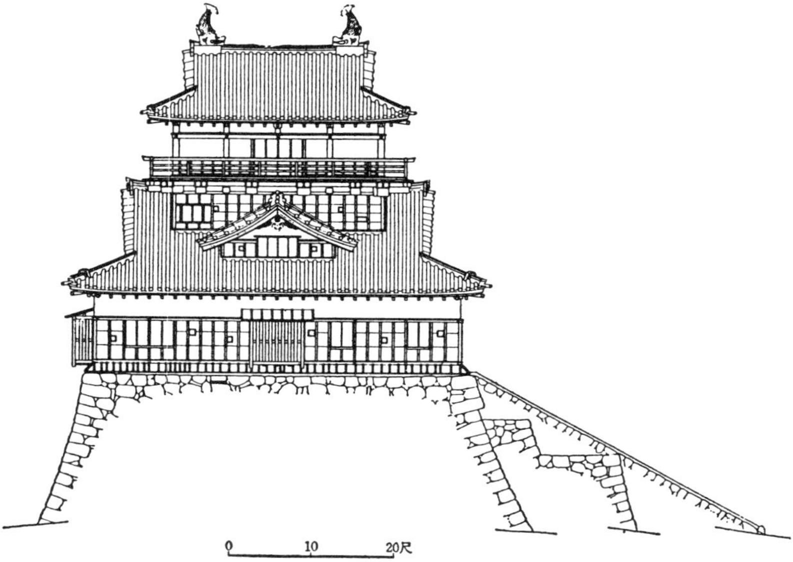

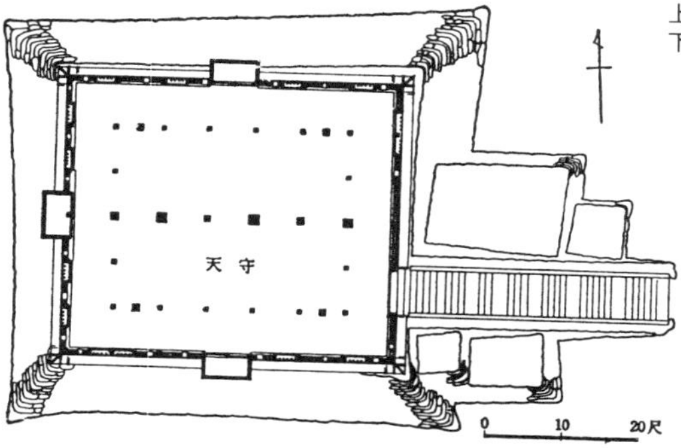

上　丸岡城天守立面図
下　丸岡城天守平面図

丸岡城　福井県丸岡町にある城。1576年柴田勝豊が築城したもので霞ヶ城とも呼ばれ，1695年以降有馬氏の居城。天守は２重３階の石製本瓦ぶき，櫓(やぐら)の上に望楼をのせた形式で，犬山城天守に次いで古いものといわれる。1948年の福井地震で倒壊，55年再建。

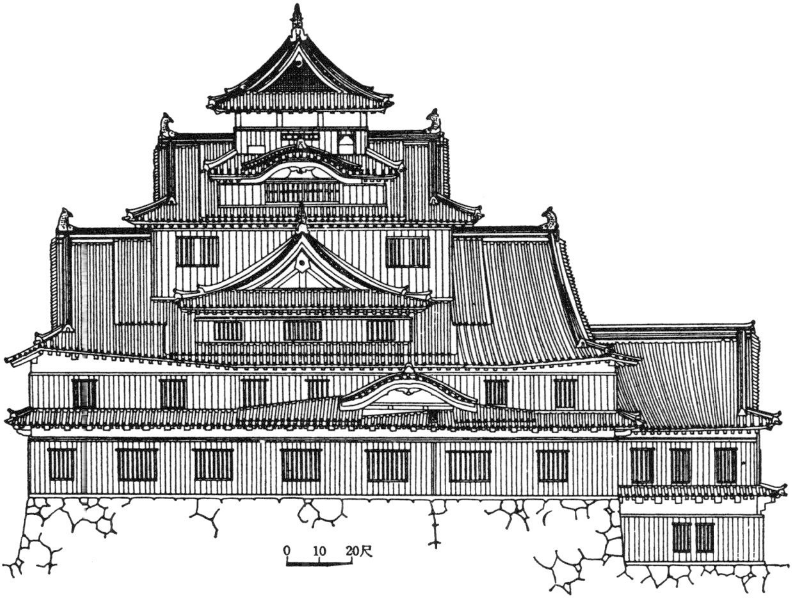

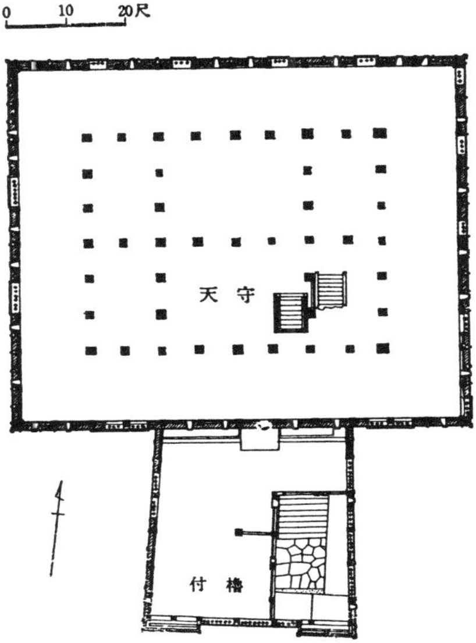

上　岡山城天守立面図
下　松江城天守平面図

松江城　松江市街北西部，亀田山を最高点とする平山城(史)。千鳥城とも。堀尾吉晴が1607年に築城，天守は11年完成，入口に櫓(やぐら)をつけただけの単純な構成で実戦本位の独立天守。２重の櫓を二つ重ねた上に望楼をのせた古式の構造で，技術的にも桃山時代の手法を残している。

江戸城

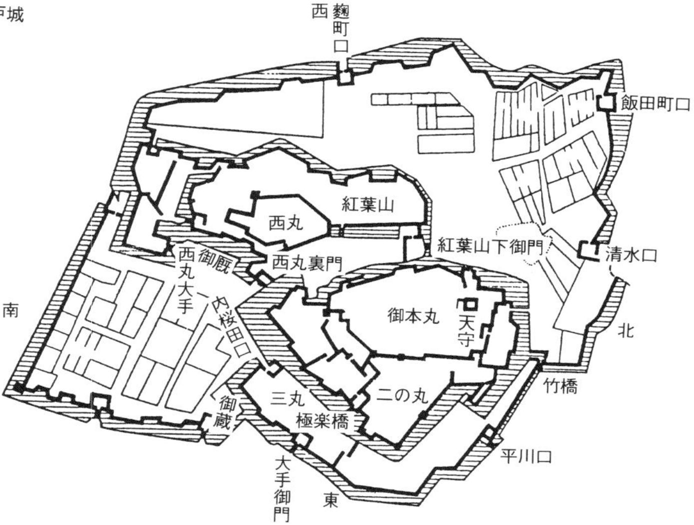

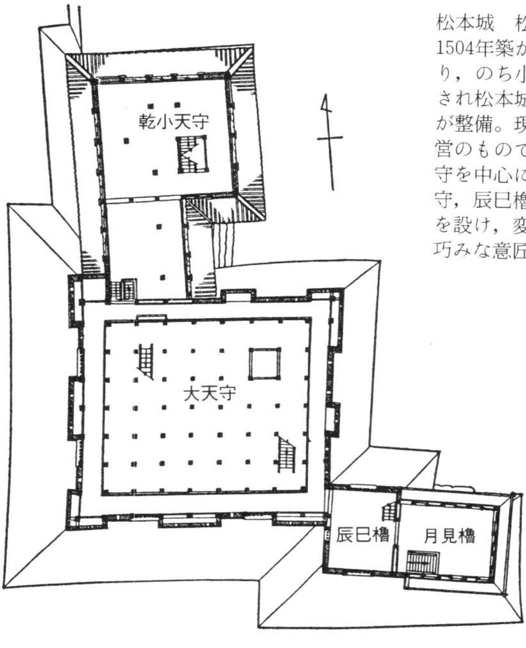

松本城　松本市にある平城。1504年築かれた深志城に始まり，のち小笠原氏により拡張され松本城と改称，石川康長が整備。現存の天守は97年造営のもので，５重６階の大天守を中心に乾(いぬい)の小天守，辰巳櫓(やぐら)，月見櫓を設け，変化に富んだ形態と巧みな意匠で著名。

0　10　20尺

松本城天守平面図

江戸城　千代田城とも。江戸幕府の所在地。東京都千代田区丸の内にある。1457年，太田道灌が築城。1590年徳川家康が入城。1606年秀忠が本格的な造営を始め，36年家光のときに完成。57年明暦の大火で焼け本丸天守は再興せず。1868年維新政府に接収され，東京奠都(てんと)によって皇居となる。

名古屋城　名古屋市中区にある城。徳川家康がその子義直の居城として1610年着工し14年完成，以後尾州徳川家16代の居城となった。小堀遠州が作事奉行として建築に従事(天守の石塁のみは加藤清正が工事)。城郭建築史上最後の名建築といわれ，特に大棟の金の鯱(しゃち)で有名。本丸御殿の装飾画は狩野派の作で，特に対面所の風俗図は絵画史上貴重な資料。隅櫓(やぐら)と障壁画の一部を残し第二次大戦で焼失。1959年再建。

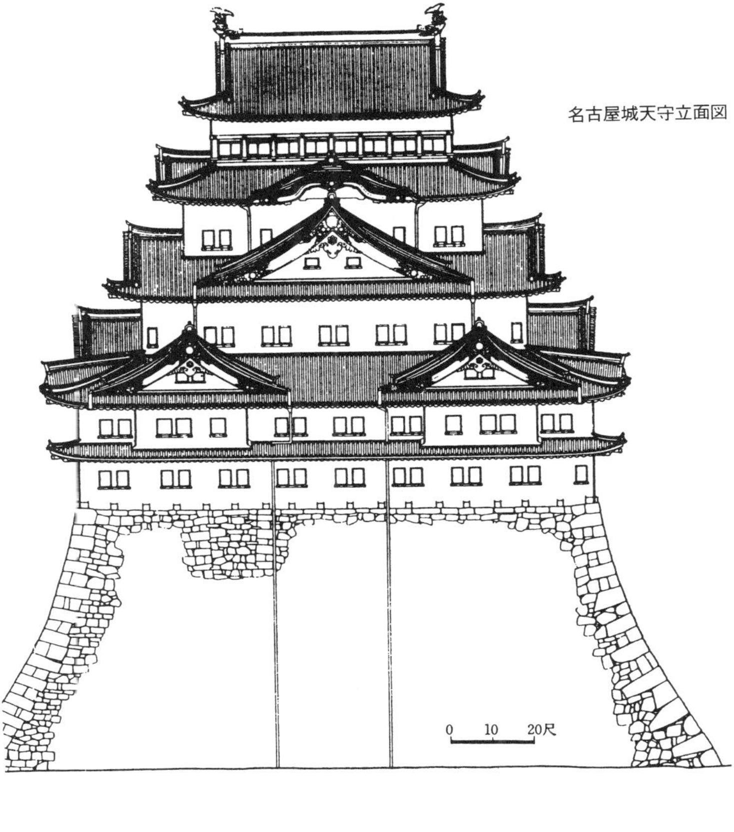

名古屋城天守立面図

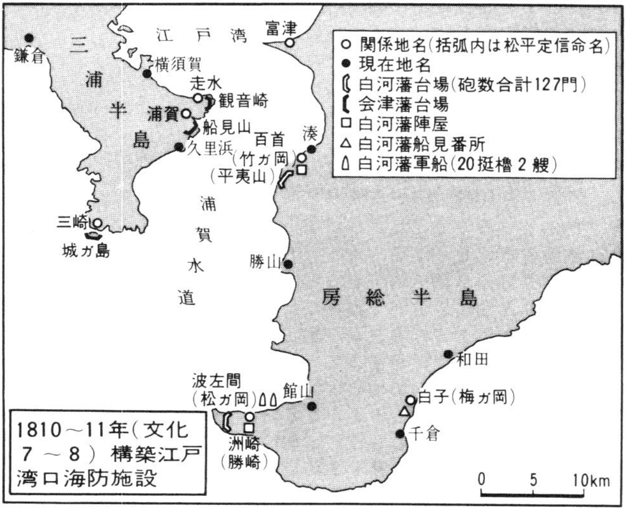

朝日丸　水戸藩主徳川斉昭が江戸石川島で建造した。安政3年(1856)竣工の洋式帆船。

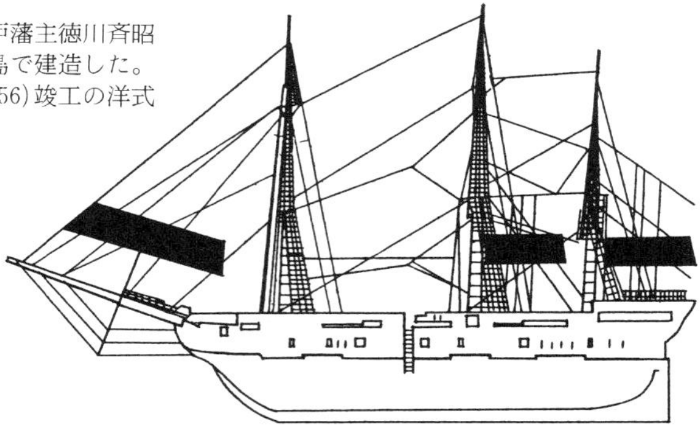

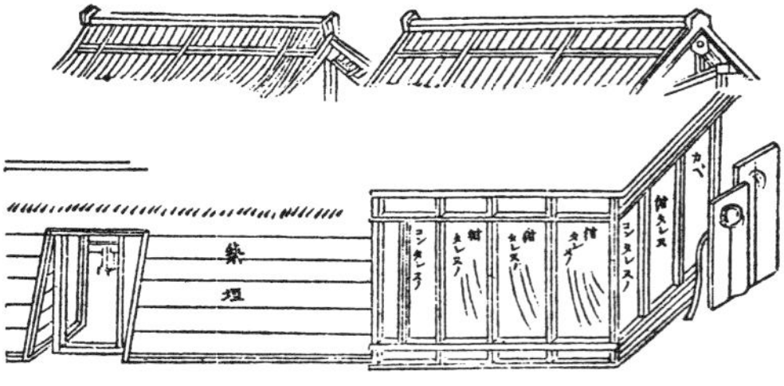

篝屋（かがりや）　鎌倉時代に京都守護の任に当たった武士が宿衛した所。

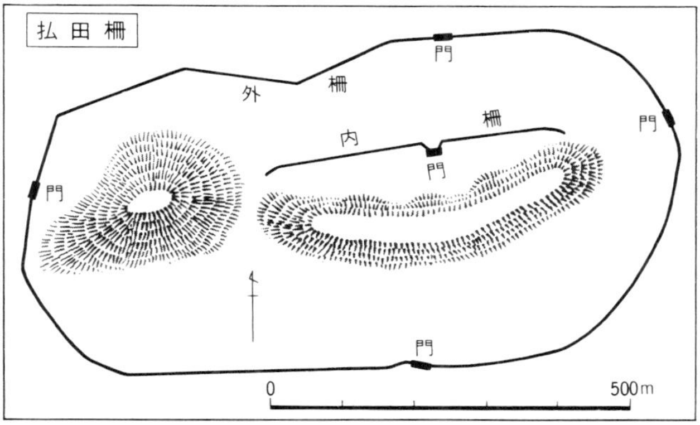

払田柵跡(ほったのさくあと)　秋田県大仙市にある柵跡(史跡)。奈良時代後期か平安初期に東北地方経営のために設けられたもので，全長約3640メートルの外柵が楕円形にめぐり，中の長森丘陵の北側に一直線に内柵がある。外柵の東西南北4ヵ所と内柵の中央に門跡が認められる。柵は太いスギの角材を並べたもので，上部が失われ，基部が残る。

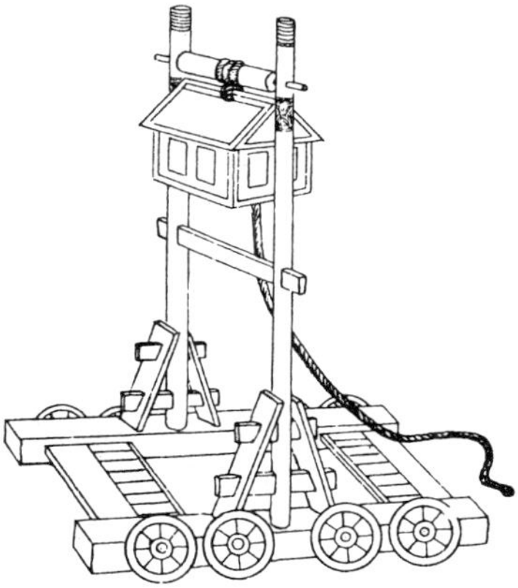

井楼(せいろう)　室町時代に敵陣偵察に用いたやぐら

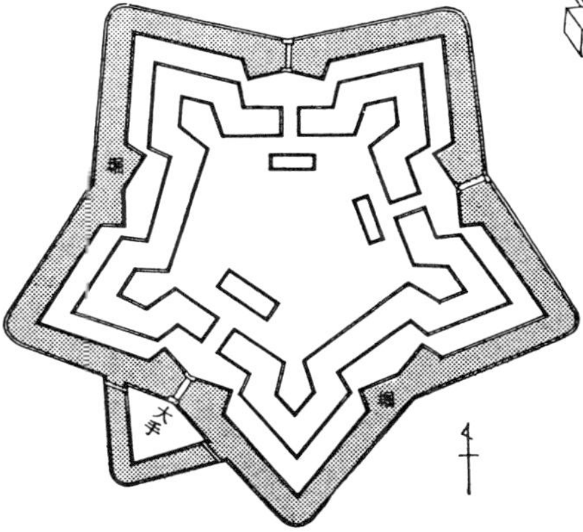

五稜郭(ごりょうかく)　北海道函館市にある洋式城郭(特別史跡)。函館奉行が企画，蘭学者武田斐三郎が設計，1864年完成。江戸時代最後の築城で，塁濠は星形をなす。郭内に五稜郭の戦の史料を保存，公園となり桜の名所として有名。

犬追物(いぬおうもの)　馬上から犬を標的として弓を射てその技能を競う武芸。馬場の中央に縄で円形の囲いをつくり，その中に犬を放ち，３手に分かれた射手が外周からこれを射る。流鏑馬(やぶさめ)や笠懸(かさがけ)などとともに中世では大いに流行したが室町末期には衰えた。

犬追物
下は《古事類苑》から

鷹狩(たかがり)　飼いならしたタカを放って，野鳥を捕えさせる狩猟。古来，世界諸国で行なわれた。日本では仁徳天皇の時代に始まると伝えられ，上流公家と武家の間に普及，江戸時代には幕府に鷹匠(たかじょう)が置かれた。

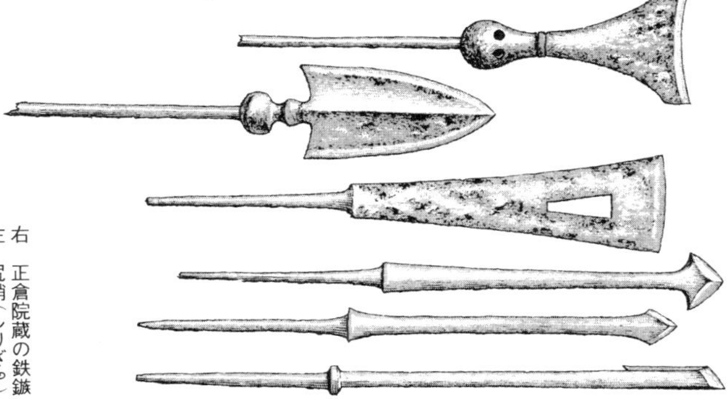

右　正倉院蔵の鉄鏃
左　尻鞘(しりざや)

農水 補遺

案山子(かかし)　農作物を鳥獣の害から防ぐため田畑に立てるもの。「おどし」とも。毛髪，魚の頭，焼いた獣肉や鳥など悪臭を放つもの(かかしの語源は嗅がせ説が有力)，鳴子板，空缶など物音をたてるもの，神札や護符などを竹の先にはさみその威力で作物を守るもの，などがある。蓑(みの)笠姿のかかし人形は田の神の依代(よりしろ)と考えられ，長野県では収穫後これを焼いてまつる。

ハンドトラクター

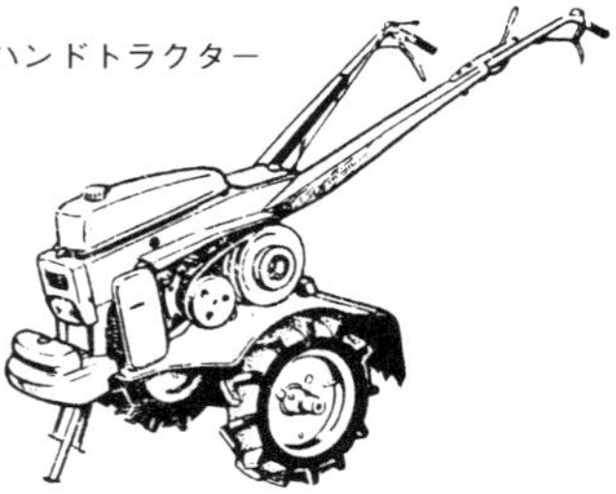

田植祭《摂津名所図会》から

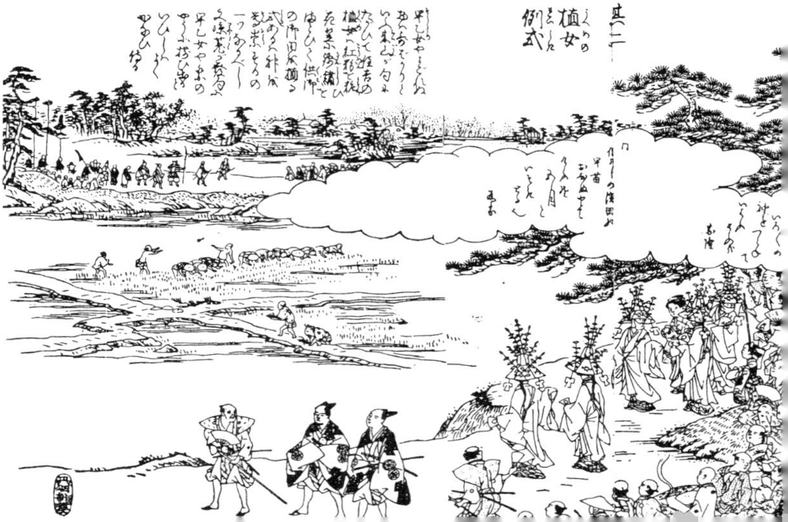

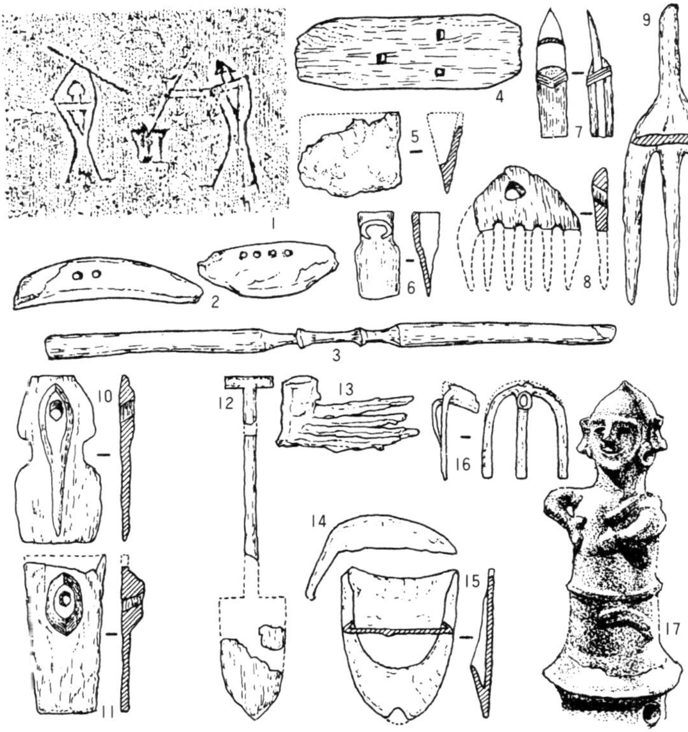

古代の農具　1銅鐸にみえる脱穀,弥生後期。2石包丁,左は弥生中期,右は同後期。3立てぎね,弥生前期。4田げた,弥生後期。5斧,弥生中期。6手斧,弥生後期。7槍鉋,弥生後期。8,9木製まぐわ。10,11木製くわ。12木製すき(8～12は弥生前期)。13鉄製まぐわ,6世紀。14鉄製かま,7世紀,15唐すき,7世紀。16鉄製まぐわ,4世紀。17土偶,7世紀。

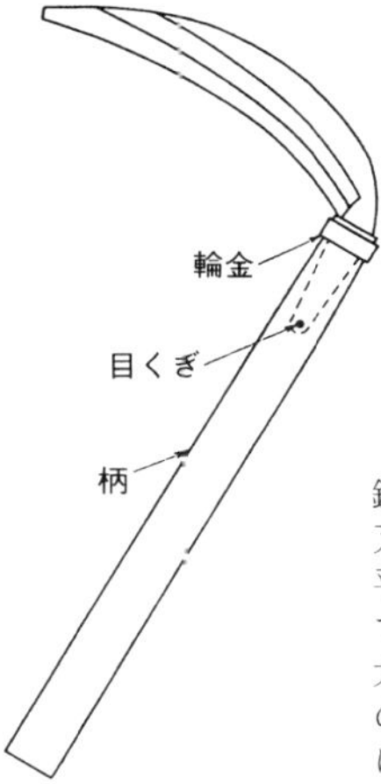

鎌　日本の鎌は大別すると，刃が鋸(のこぎり)状の鋸鎌と平刃の刃鎌に分けられ，今日では後者が大部分を占める。大きさから大鎌，中鎌，小鎌の別があるが，刃の厚さからは薄鎌，中厚鎌，厚鎌に分けられる。薄鎌は稲刈鎌または草刈鎌と呼ばれ，細刃の播州鎌，越前鎌，広刃の信州鎌が知られる。中厚鎌は芝刈鎌，厚鎌は木鎌と呼ばれ，それぞれ荒草や木枝を刈るのに用いる。

椎茸(シイタケ)　日本～東南アジアの林内のカシやシイなどの樹幹に発生するキシメジ科のキノコ。全体が堅い肉質。かさは径６～10センチ，黒褐色で，しばしば亀裂を生じる。中国，日本の代表的な食菌。１～1.5メートルに切ったシイ，ナラなどのほた木に菌株を植え，湿度が高く，適度に日光の当たるところで栽培。肉厚で半開のドンコ，肉薄で全開のコウシンなどいろいろな品種がある。

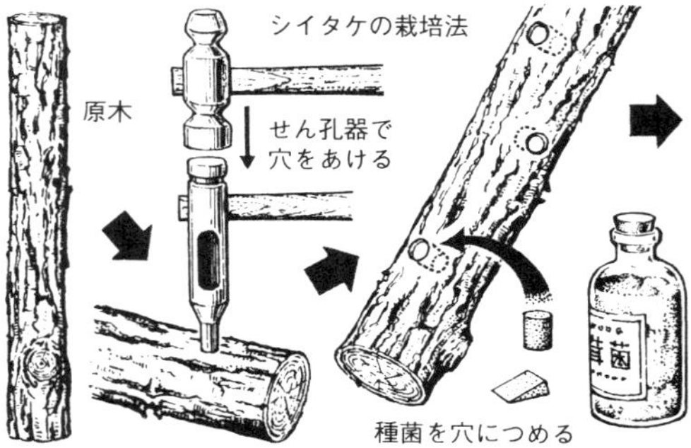

飼料の干草などをつくるおしきり(下)と貯蔵しておく草架(くさか)

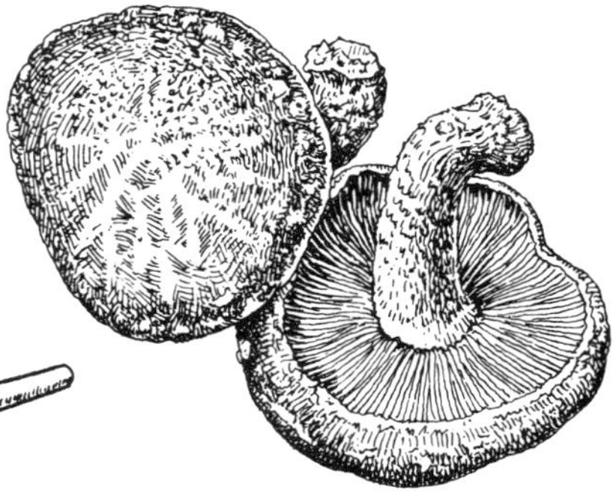

干瓢(かんぴょう)　ユウガオの果肉を細長くむき，乾燥した食品。肉厚で幅広く，乳白色のものが良品とされる。水につけてもどし，甘辛く煮てすしの具などにする。

干瓢むきの器具

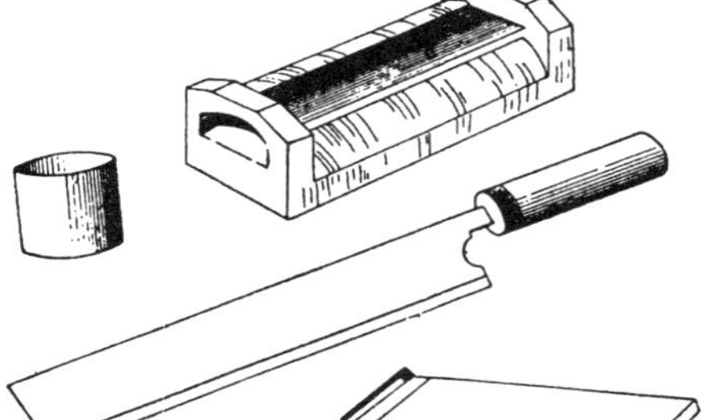

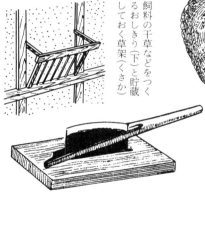

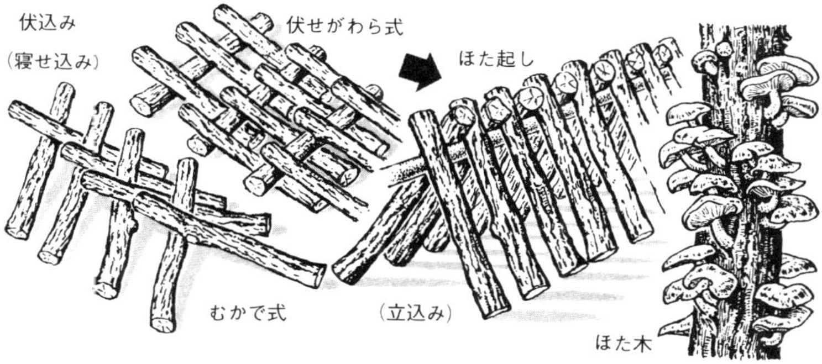

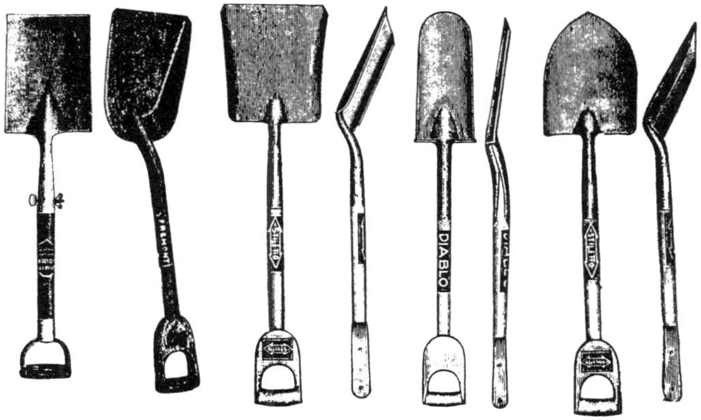

ショベル　土砂・砂利等を掘削するための土工具。シャベル，スコップとも。足の力で刃床部を土中に押し込み掘り起こす。ハート形の丸形ショベル，長方形の角形ショベル等があり，柄はカシ等の堅木が使用される。

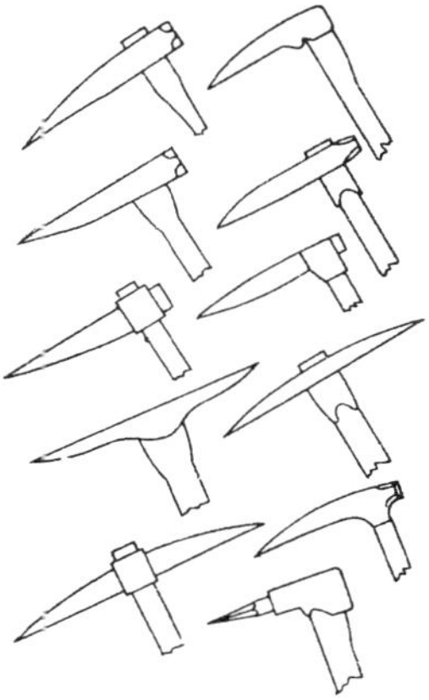

鶴嘴(つるはし)　土工用具の一つ。鋼製で細長く両端がとがりツルの嘴(くちばし)に似，カシ等の堅木の柄をつける。固い地盤，砂礫(されき)，木根等を掘り起こすのに使用。

昆布漁とその道具
上はまっか，下は鉤

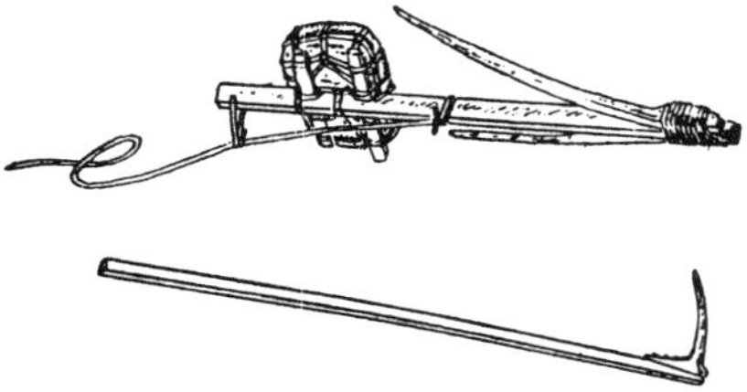

鰻(ウナギ)の幼魚(シラスウナギ)は，2～5月群をなして川を上り，ふつう8年ほど淡水生活をして成熟し，産卵のため海に下る。蒲焼(かばやき)として賞味され，重要な養殖魚である。天然ものが賞用され，特別の道具で捕らえる。

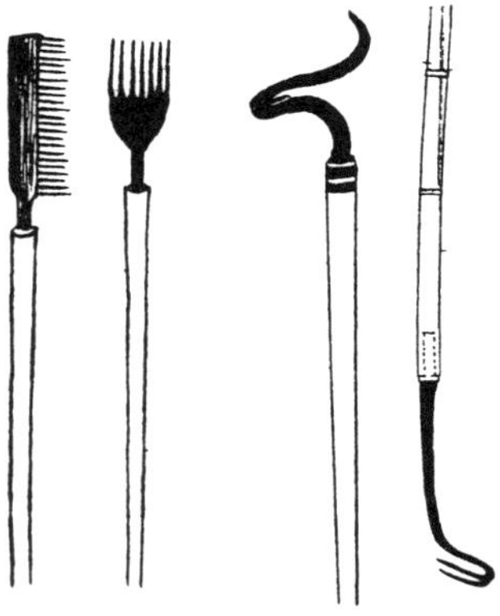

ウナギ突　　ウナギかき

サヨリ漁　浮標釣の仕掛と
帆船浮縄釣の仕掛(下)

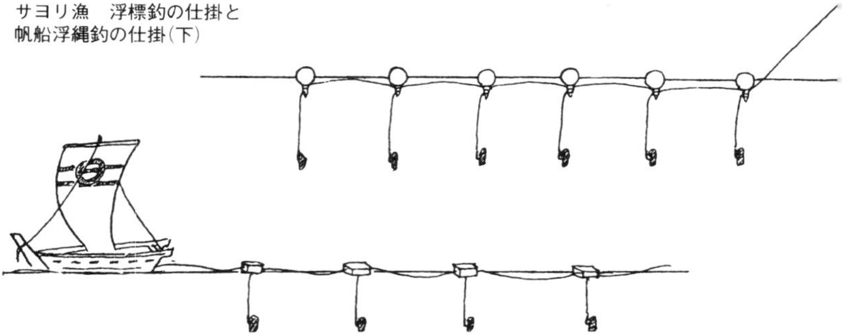

昆布(こんぶ)　褐藻類コンブ科コンブ属およびそれに近縁な海藻の総称。代表的な種類にマコンブ，ミツイシコンブなどがあり，いずれも寒流の影響の強い北海道や東北地方の海岸に分布し，おもに干潮線以下の岩上にはえる。体はささの葉状のものが多く，長さは1～数メートル。ナガコンブのように約20メートルに達するものもある。独特のうま味(グルタミン酸が主体)をもち，吸物・煮物のだしとして日本料理には不可欠とされる。おでん，つくだ煮，こぶ巻等に使用されるほか，甘酢でやわらげた酢こんぶ，細く削ったとろろこんぶ，湯を入れて飲むこぶ茶等がつくられている。

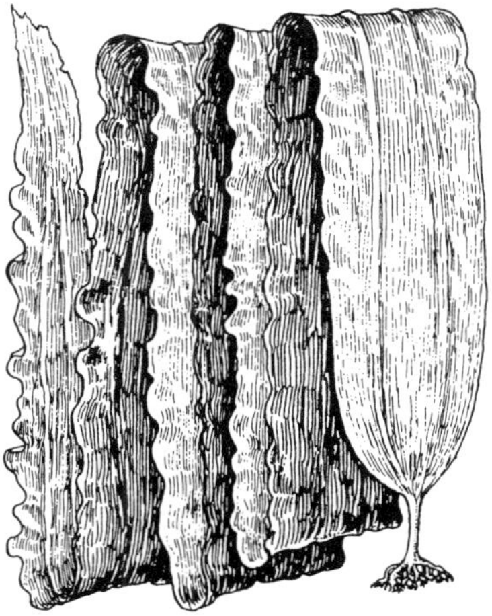

マコンブ

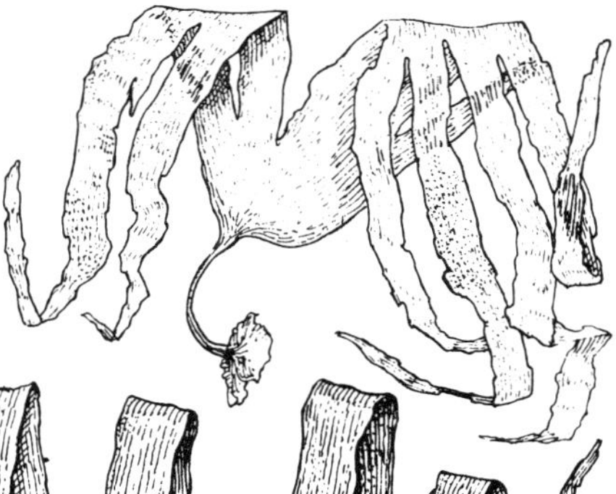

ゴヘイコンブ

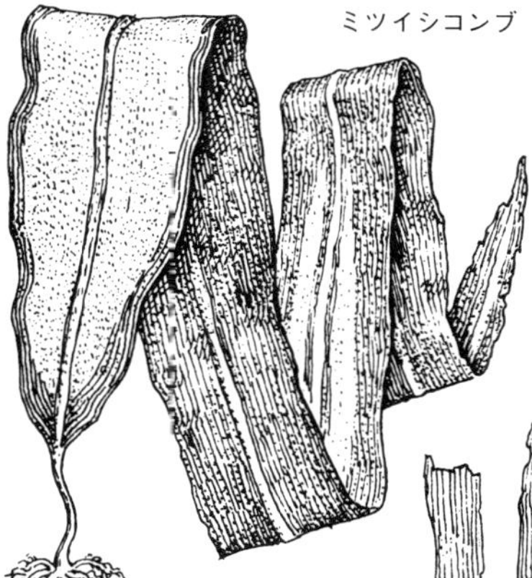

ミツイシコンブ

ネコアシコンブ

トロロコンブ

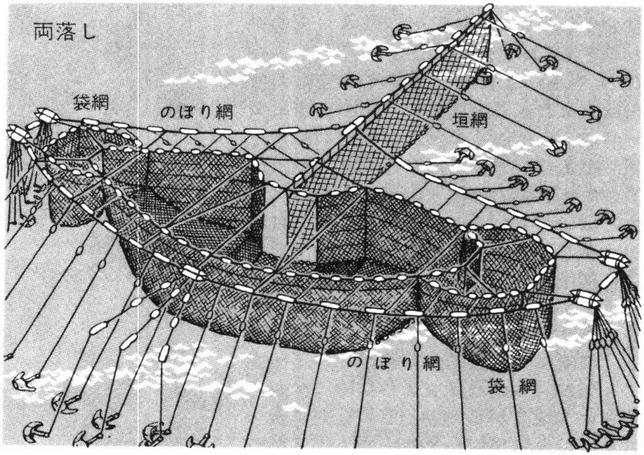

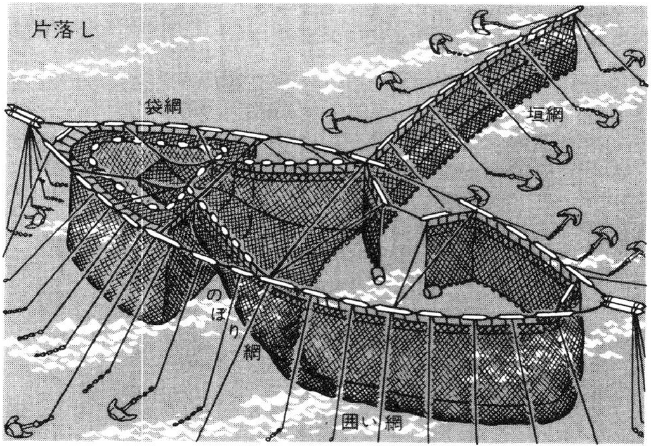

落し網　定置網の一種。垣網，のぼり網，袋網からなる。さらに囲い網のつくものもある。魚群は垣網に沿って，のぼり網に誘導され，袋網に落ちこむ。のぼり網は落し網の特色で，袋網に近づくにつれて浅く狭くなり，袋網で急に深くなるため，魚群は逃げられなくなる。のぼり網・袋網が垣網の片側にあるものを片落し，両側にあるものを両落しという。イワシ，タラその他種々の沿岸魚類を対象とする。

小動物に似せた擬餌鉤

巾着網

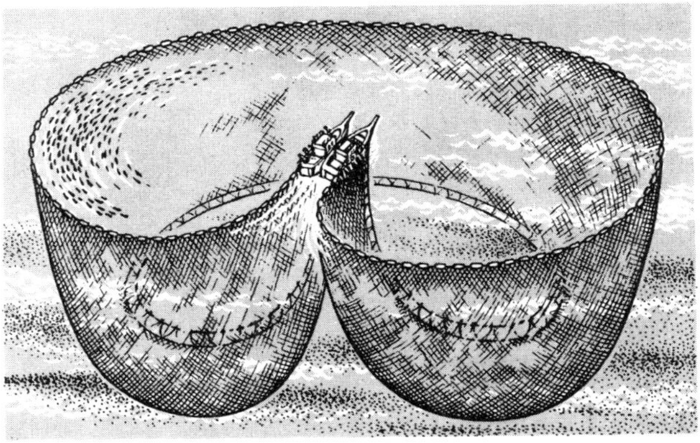

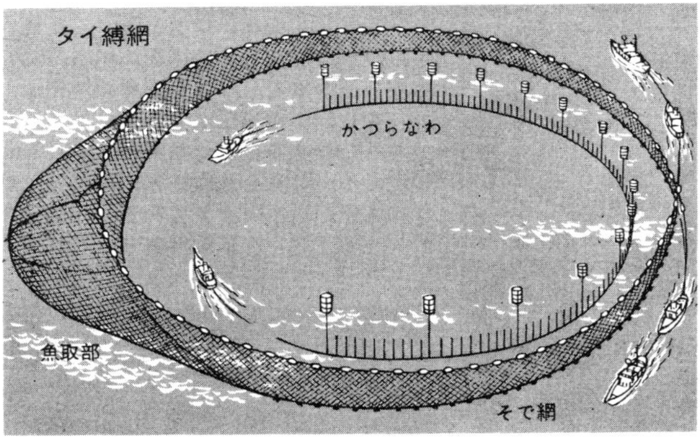

巾着網(きんちゃくあみ)　表層性の魚をとる網漁具で，巻網の一種。1枚の大きな網で，上端に浮子(あば)下端に沈子(いわ)綱に金属環をつけ，この環に締綱を通す。魚群を網で取り巻き，巾着の口を締めるように締綱を引き絞る。

巻網(まきあみ)　魚群を次第に包囲して漁獲する網具の総称。形は長方形か，あるいは中央に袋をもち，両側に翼網がつく。いずれも網の上辺に浮子(あば)を，下辺に沈子(いわ)を備え，1～数隻の漁船で操網する。袋の有無により有嚢網類と無嚢網類とに大別，前者にはタイ縛網，縫切網，シイラ巻網などがあり，集魚灯や駆り具などで魚群を駆り集めたのち包囲する。後者には各種の揚繰(あぐり)網，巾着網などがある。

商工 補遺

上　手提げ金庫
右　金銭登録機

卓上計算機　歯車機構を用いて加減乗除の演算を簡便迅速に行なう機械。日本で使われたものは1874年T.オドナーが発明した出入歯車を用い，置数装置，計算結果を表示する結果数装置，ハンドルの回転数を示す回転数装置をもつ。乗算は加算の，除算は減算の繰返しで行なう。その後手回し式に代わって電動式が普及し，さらに電卓の普及が著しい。

金銭登録機　キャッシュレジスターとも。金銭の出納を記録したり保管する機械。19世紀末初めてナショナル・キャッシュレジスター会社で商品化。前面に鍵盤が並び下部に現金保管箱を備え，売上金額の表示・記録，商品別・売場別金額の集計，領収書の発行，小型金庫の代用などの機能をもつ。1971年ICを演算素子としたエレクトロニク・キャッシュレジスター(ECR)が開発され利用範囲を拡大した。

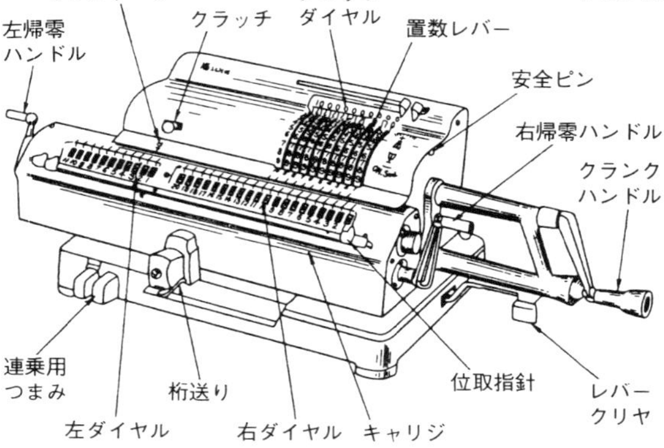

手動計算機

両替(りょうがえ)　ある通貨を他種の通貨と手数料を取って交換すること。貨幣制度が未発達で多種の通貨が流通していた時代には都市の大商人が両替業を営み，それを起点に為替の取組，手形の振出，預金の受付・貸出などをも営み，有力な金融業者に成長。

両替商(りょうがえしょう)　江戸時代，金銀銭３貨の交換をはじめ為替，預金，貸付，手形等の金融業務を扱った商人。両替専門の銭両替と金融業務を主とする本両替があり，全国主要都市にあったが特に大阪では本両替が発達。

質屋(しちや)　物品を質にとり金銭を貸す金融業者。古くは大宝令に質の規定があるが，質物も不動産中心に寺院などの兼営であった。専業のものは鎌倉時代に現われ，庫倉，土倉，土蔵などといい，質屋の名は江戸初期からである。

質屋《人倫訓蒙図彙》から

行商(ぎょうしょう)　商品を携えて各地を売り歩く商人。日本では，平安時代の京都で販夫(ひさぎびと)・販女(ひさぎめ)と呼ばれる行商が盛んで，地方では木地屋が活躍した。鎌倉・室町時代には練膏薬を行商した高野聖(こうやひじり)や座を結成した大山崎の油商人が有名。近世では近江商人と富山の薬売りが典型。商品運搬の道具に連雀(れんじゃく)が使用されたことから行商人は連雀商人とも呼ばれた。

張子の釣鐘をかついだ弁慶おこし売り

お釜おこし売り(文化ごろ)

大原(おはらめ)《七十一番職人尽歌合》から

東京大川筋のうろうろ船

堺の包丁の行商

弦召(つるめそ)《七十一番職人尽歌合》から

大阪名物の牡蠣(カキ)船

小間物屋(こまものや)　こまものは高麗(こま)等舶来の物とする説，細物(こまもの)の義とする説がある。化粧品，櫛(くし)，簪(かんざし)，楊枝，歯みがき，紙入，タバコ入等を売り歩く商人。貸本屋と同じく大包を背負って行商し，時にいかがわしい具等も商い，川柳の題材となっている。

貸本屋(江戸)

小間物屋《日本風俗図会》から

髢屋行商(大阪・明治)

奉書足袋売り

富山の薬売り
ビゴー画

薬売り(くすりうり)　売薬行商は近世に発達し，越中富山を筆頭に大和丹波市付近，備中(びっちゅう)総社周辺，越後西蒲原地方などを本拠とした。特に富山は，《富山売薬履歴大綱》によれば元禄期ごろ前田正甫の代に備前僧万代(もず)常閑の伝えた反魂丹の製法により松井屋源右衛門へ調剤を命じたのが始まりとあるが，配置薬(置薬)という独特の販売法によって全国に販路を広げた。越後の毒消売りは慶長年間に始まるといい，漁村の女の出稼(でかせぎ)として発達した。

大道商人(だいどうしょうにん) 固定した店舗をもたず，町や村を振売り(触れて売り歩く)したり縁日などに露店を出す移動商人。農民などが余剰生産物を売り歩いたのに始まり，行商の古い形で市の形成を促した。商法上は小商人の一種。広くは大道遊芸人や香具師(やし)なども含む。

油売り

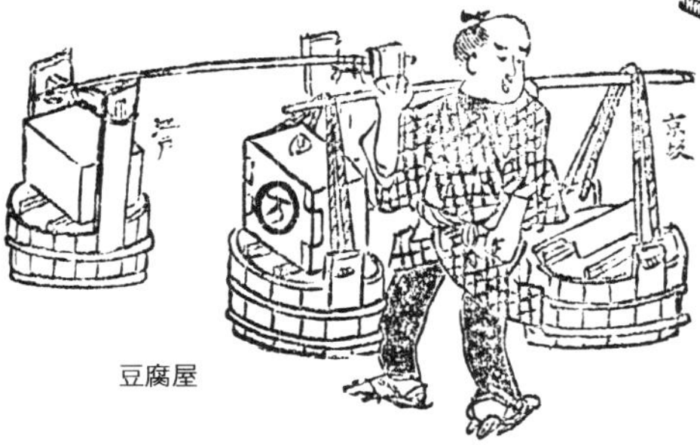

豆腐屋

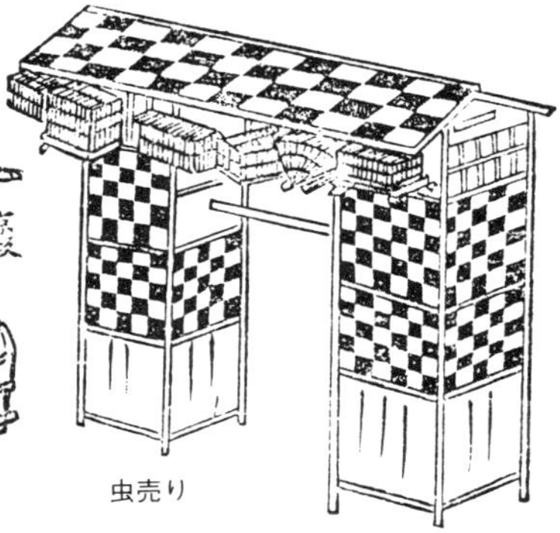

虫売り

夜啼うどん

すし売り

古傘買い

すし屋

小間物屋

糝粉細工（しんこざいく）

甘酒売り

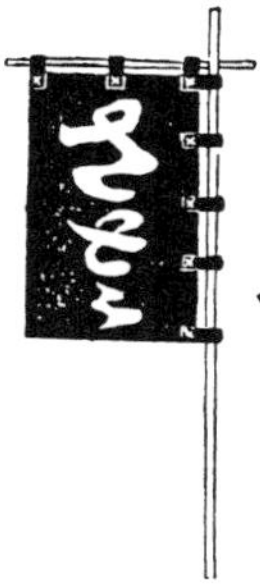

ネズミ取り薬売り
左の幟はさとう小売店

《守貞謾(漫)稿》は江戸時代後期の風俗誌。喜多川守貞(もりさだ)の著作。30巻，後篇4巻。内容は「時勢」「地理」「人事」「生業」「男・女服」などジャンルに分かれ絵入り本である。ここには江戸の呼売り商人の姿を集めた。

露天商(ろてんしょう)　古くは「てんとうぼし」「ほしみせ」などといった。零細な小商人に属し，平日繁華街の路傍に常設するものと，縁日・市・集会等の開催地を追って移動するものとある。多くは香具師(やし)，的屋(てきや)と呼ばれる集団を形成する。露天商の営業形態は，1．大じめ。能弁と芸で空地に人を集める，2．ころび。大道にすわって品を並べ，口上を述べながら売る，3．三寸。組立式の台店で売る，4．こみせ。子ども相手に飴(あめ)や風船を売る，5．たかもの。仮小屋興行のもの，6．はぼく。縁日等の植木・盆栽商人，など。

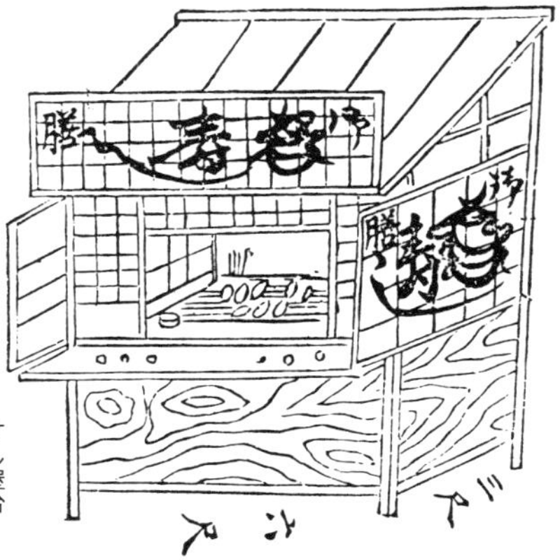
すし屋台

甘酒売り

うどん店の看板

うどん売り(江戸)

安倍川餅の屋台
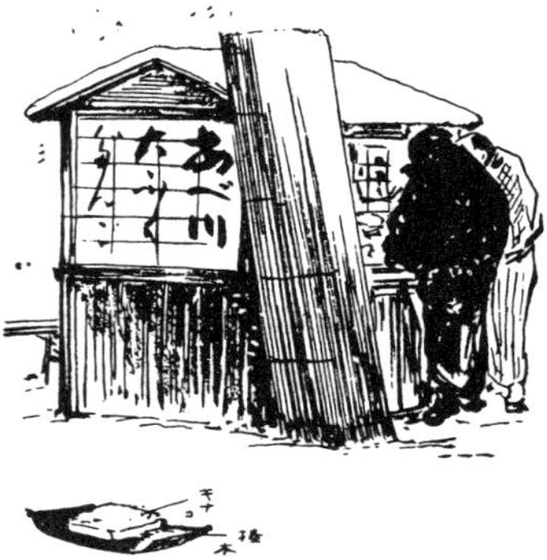

飴売り《一蝶画譜》から

天満の飴売り《日本風俗図会》から

飴売り(あめうり)　扮装(ふんそう)に趣向を凝らし余興を添えて市中を売り歩く飴屋は江戸時代に始まる。元禄・宝永のころ江戸浅草の七兵衛が千年(歳)飴を売り出したことが《還魂紙料》にみえ，1770年代に浅黄頭巾(ずきん)に袖無(そでなし)羽織で，日傘(ひがさ)に赤い絹をたらし，鉦(かね)を鳴らして歌い歩く飴売りの話が《耳袋》にある。宝暦・明和ころ奥州人土平なる飴売りが現われ，蜀山人も滑稽(こっけい)本《飴売土平伝》を書いた。

おでん屋

おでん売り

藩札(はんさつ)　江戸時代，財政窮乏を救うため諸藩が領内で発行した紙幣。1661年福井藩が発行したのが初め。1871年藩札発行の廃止布告まで244藩が発行，天領・旗本領でも発行された。金札，銀札，銭札，米札などと称された。幕府の許可を受けた藩は札奉行を置き，領内の富豪を札元に指定して藩札の発行と兌換(だかん)の業務をゆだねた。藩札の価値下落はしばしば百姓一揆(いっき)の原因となった。

右　下総古河藩銀拾匁札
文政年間
下左　美濃大垣藩銀拾匁札
元文２年
下右　武蔵忍藩銭貳貫五百文札
安政年間

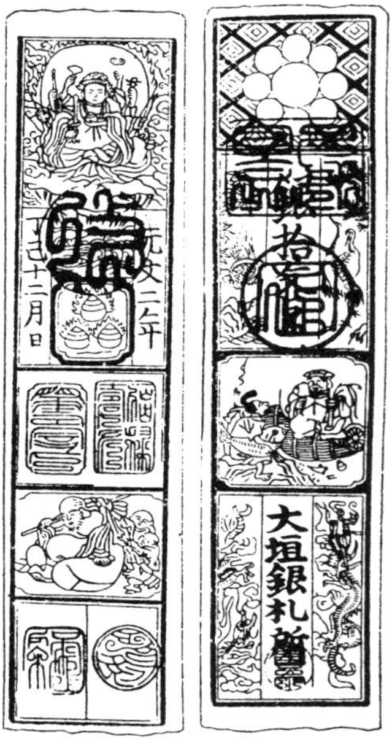

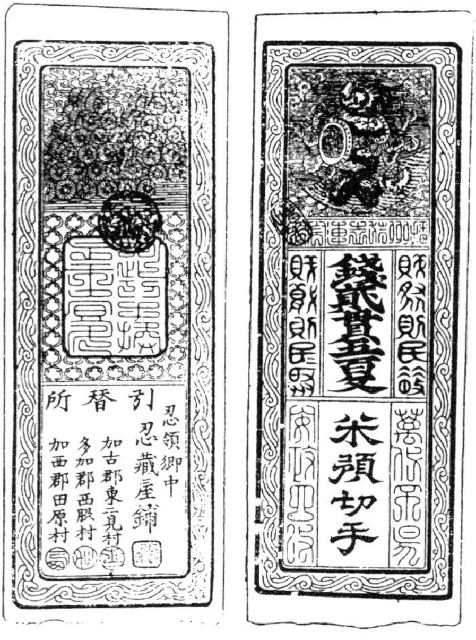

左　近江水口藩米代銀札　安政３年
下　美濃苗木藩金貳両札　元治元年

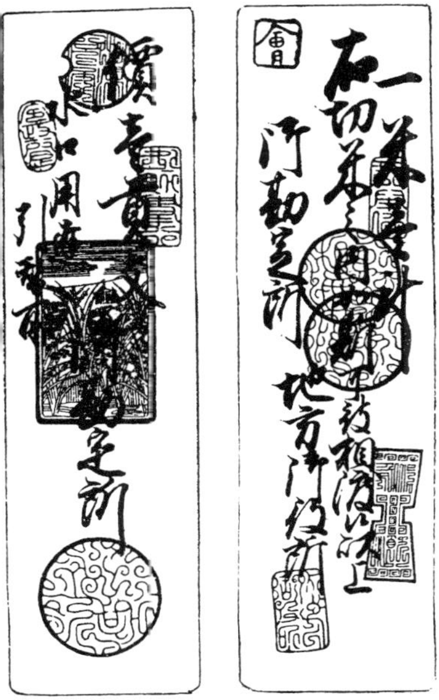

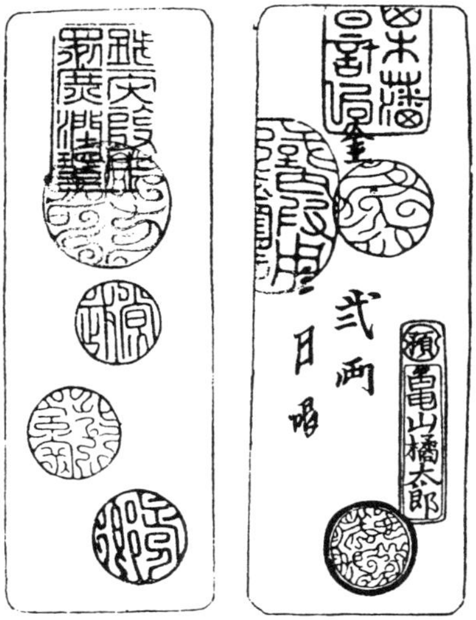

左　大和柳生藩銭壹貫貳百文札
明治維新後
下　上野安中藩銭壹貫文札
明治維新後

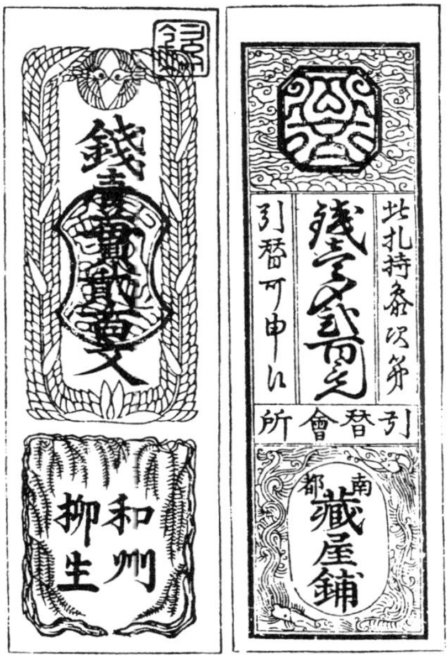

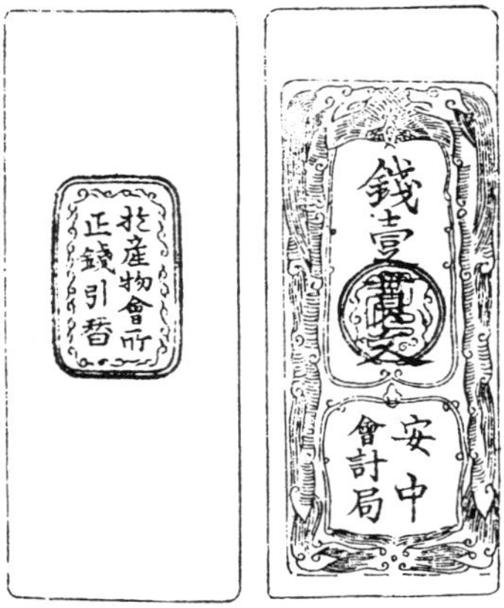

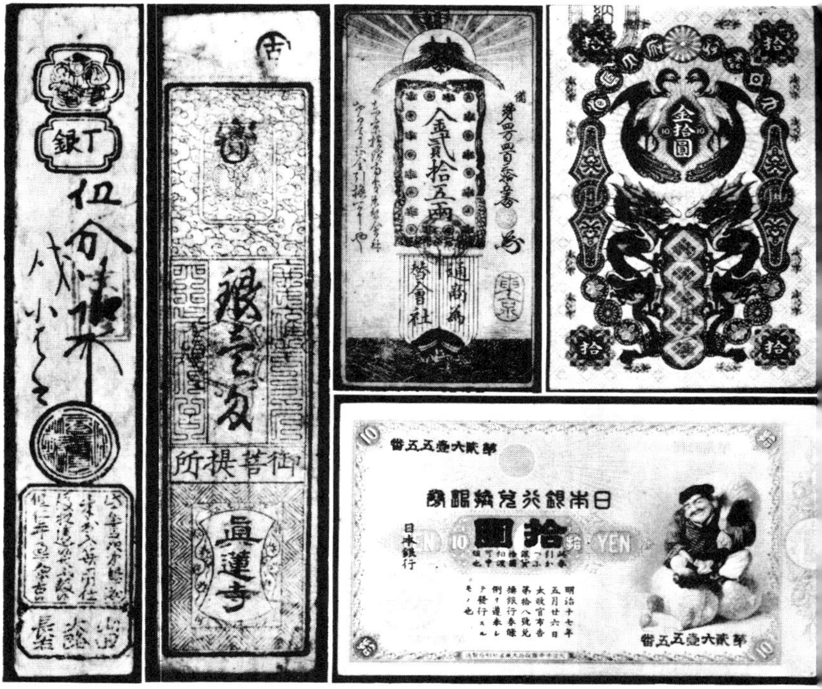

日本の紙幣　左から1622年（元和８）発行の伊勢山田羽書。次は河内真蓮寺銀札，1867年（慶応３）発行，寺領札の一例。上左は1869年（明治２）発行の東京為替会社金札の金25両券。上右は1872年（明治５）発行の政府紙幣10円券，ドイツのフランクフルト製造のもの。下は1885年（明治18）発行の日本銀行兌換券，10円紙幣。最初の日本銀行券。

紙幣　紙を素材とする貨幣をいい，金属貨幣に対する。日本では江戸時代の藩札などを先駆とし，維新後に財政収入の不足を補うため太政官（だじょうかん）札，大蔵省兌換（だかん）証券，民部省札などの政府紙幣が相次いで発行され，インフレを招いた。紙幣整理事業ののち1885年日本銀行兌換券が発行されたが，1931年兌換停止。政府紙幣は1899年通用廃止とされ，両大戦の際発行された小額紙幣も1953年廃止。現在は日本銀行券のみが流通している。

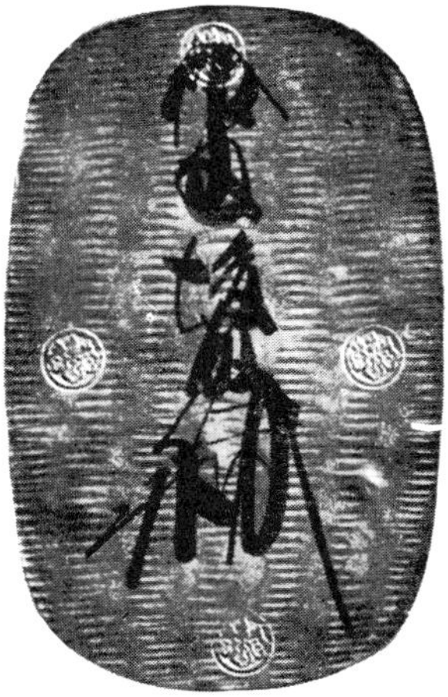

慶長大判金

1円紙幣　キヨソーネのデザイン(1878年)

小判(こばん)　江戸時代の金貨幣の一種。大判を小型にしたもので，1枚1両をたてまえとし金貨幣の標準をなす。徳川家康が早く江戸，駿河で試造させたが，天下平定の後，1601年(慶長6)，金座に慶長小判を鋳造させ全国に流通させた。のち元禄・宝永・享保・元文・文政・天保・万延など幾多の小判が発行され，一分金とともに広く使用されたが，改鋳のたびに品位は落ちた。

左　乾字小判
右　正徳享年小判

大判(おおばん)　安土桃山・江戸時代の金貨幣の一種。豊臣秀吉が鋳造させた天正大判にならい，1601年以降，江戸幕府が鋳造させた慶長・元禄・享保・天保・万延などの大判がある。大型の楕円形で表に拾両と墨書されているが，小判10両の意ではなく，砂金の量目を示す。慶長大判で8両2分，享保大判で7両2分相当であった。大判は通貨としてよりも，主として賜与進献に用いられた。鋳造は金座の後藤家が代々担当した。

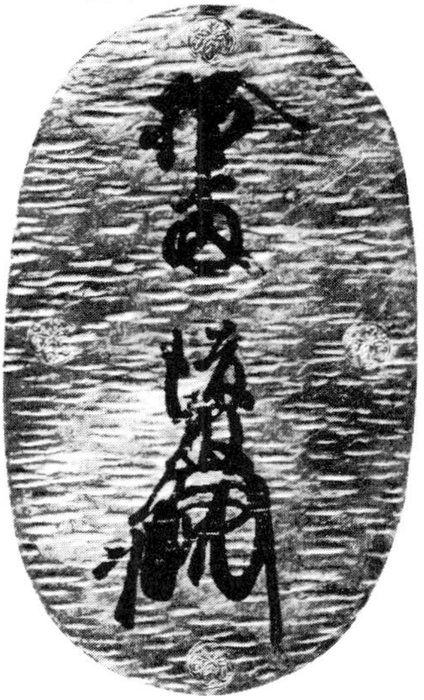

天正大判金

鋳造貨幣　鋳貨とも。金が一般的貨幣商品として使われるようになると交換のたびに試金・秤量(ひょうりょう)が必要となる。その手数を省くため，国家がその貨幣商品が一定の品質と重量をもっていることを証明するために鋳造して作った貨幣を鋳造貨幣という。

1

2

8

9

6

7

13

14

15

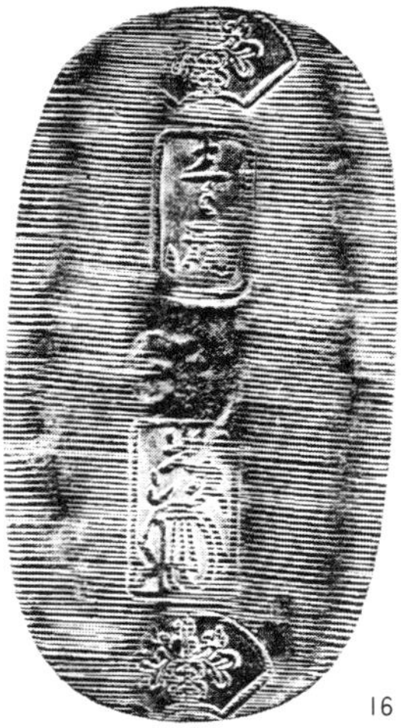
16

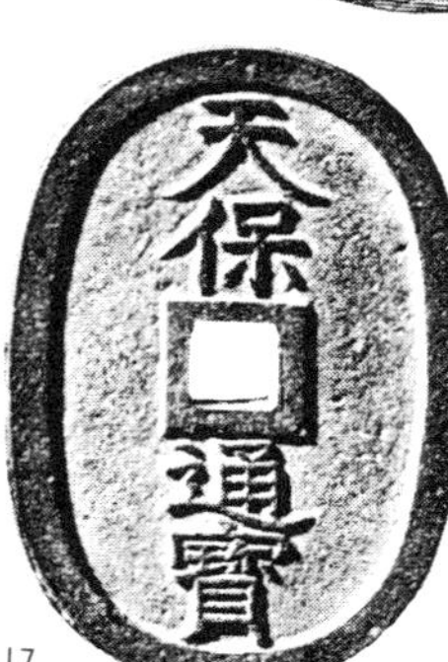
17

日本の貨幣　1.開基勝宝　2.万年通宝　3.神功開宝　4.隆平永宝　5.承和昌宝　6.長年大宝　7.饒益神宝　8.貞観永宝　9.寛平大宝　10.延喜通宝　11.乾元大宝　12.寛永通宝　13.文政一分金　14.文政豆板銀　15.文久永宝　16.文政小判金　17.天保通宝　18.元文丁銀　19.1870年(明治3)の20円金貨　20.1875年の1円貿易銀　21.1873年の50銭銀貨　22.同年の2銭銅貨

3

4

5

10

11

12

18

19

20

2

22

紙箱　商品の包装に重用され，用途に応じて多様なものが考案されている。

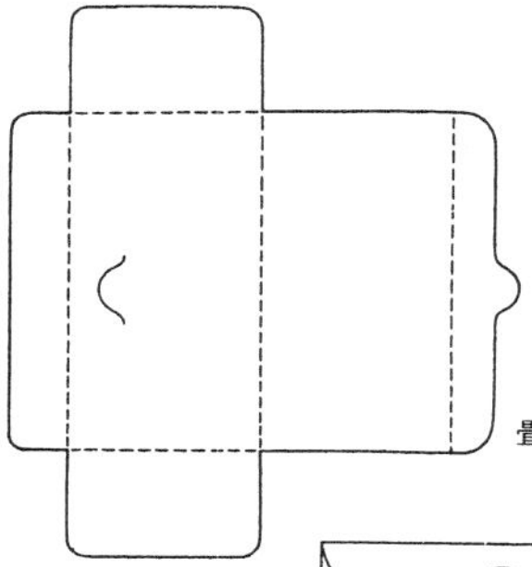

畳紙(たとう)形

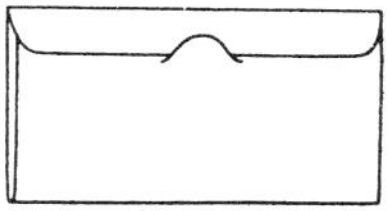

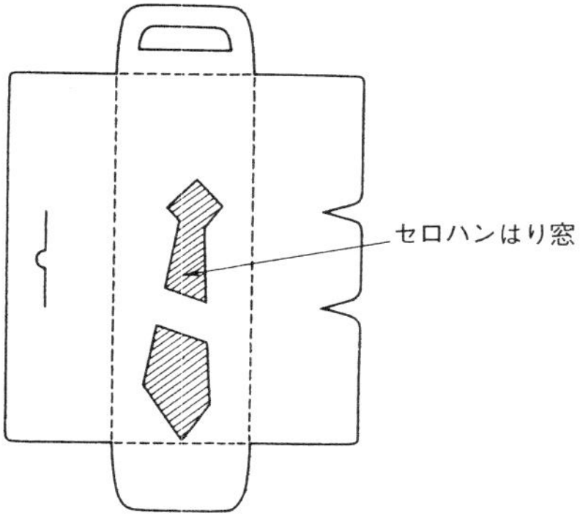

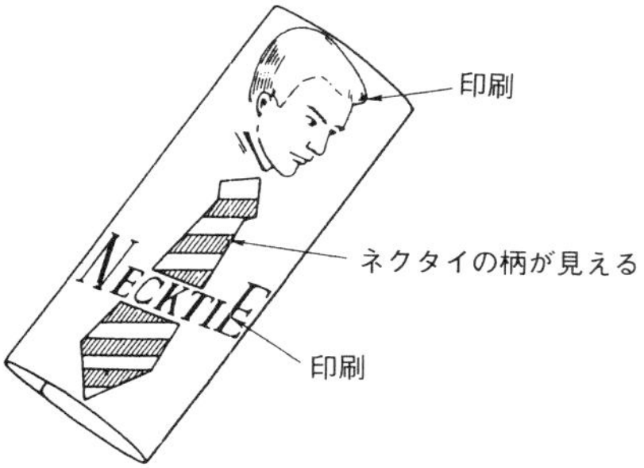

はり箱

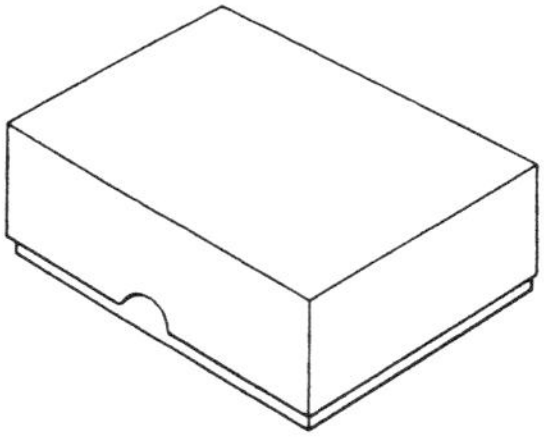

手掛け

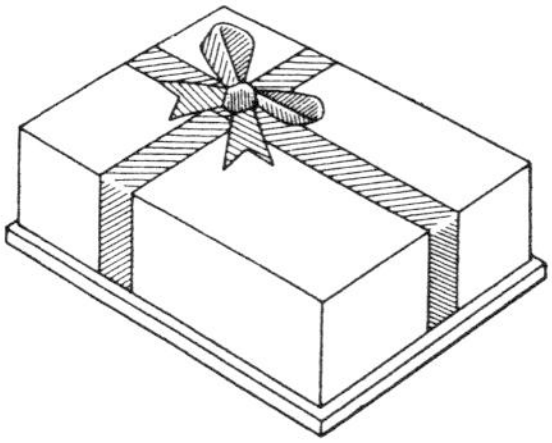

リボン付き

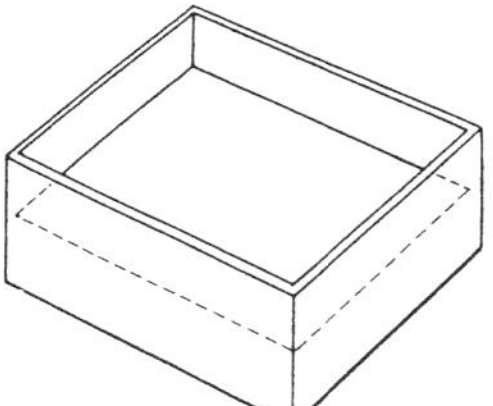

あげ底

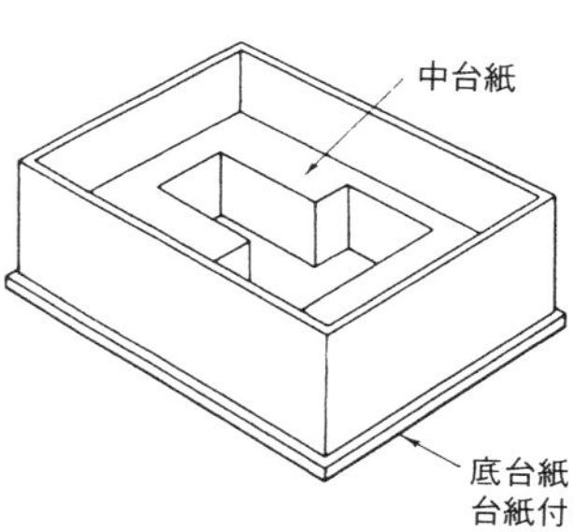

台紙付き

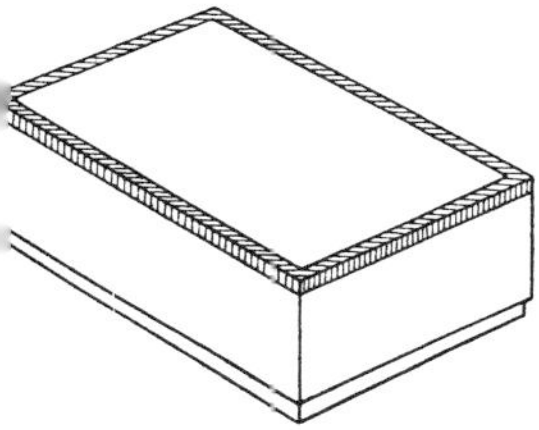
ふち取り

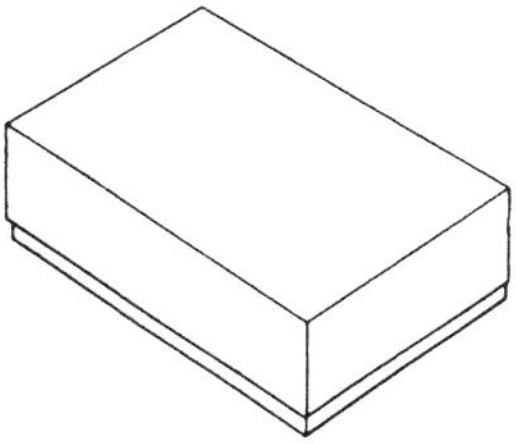
深蓋式

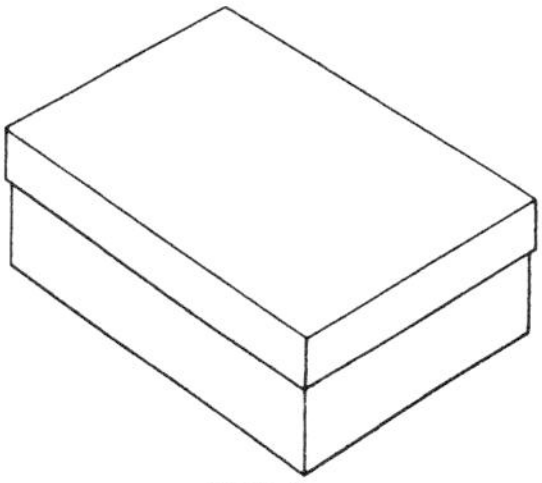
浅蓋式

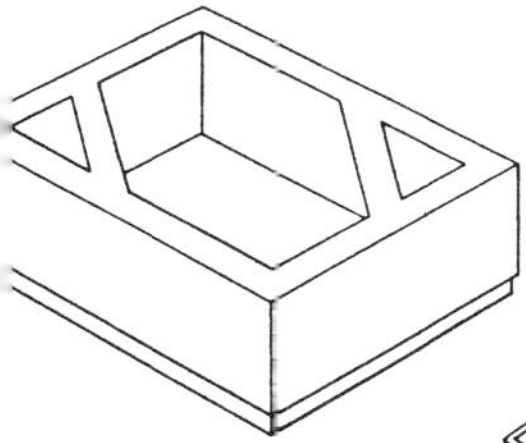
窓付き

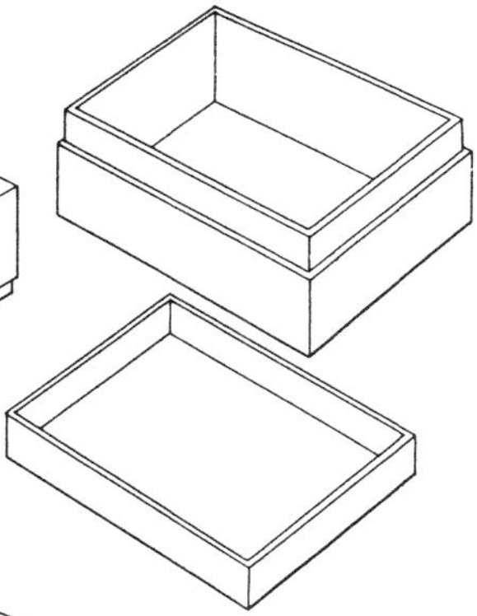
印ろう式

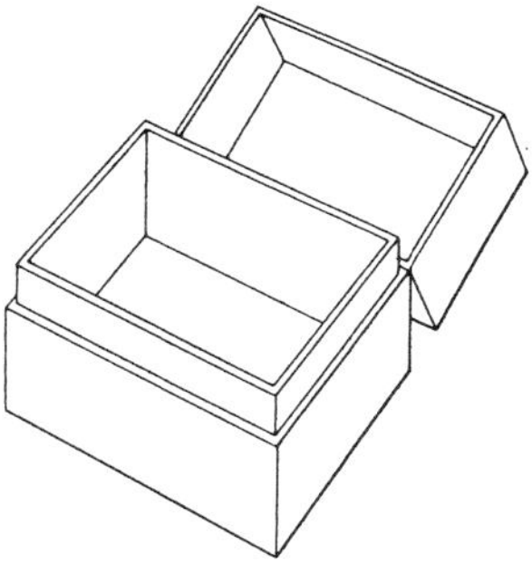
丁番式

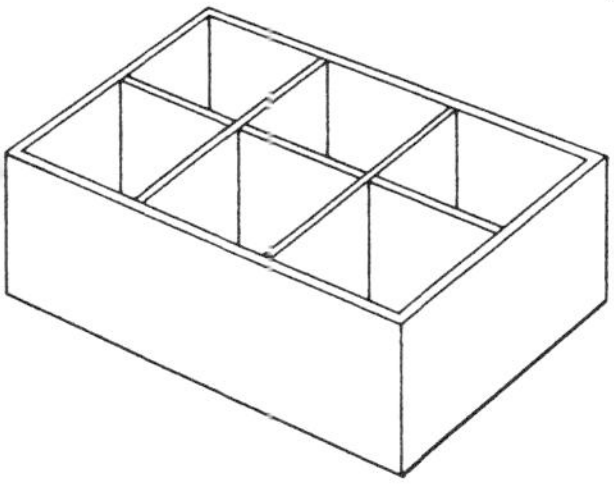
中仕切り

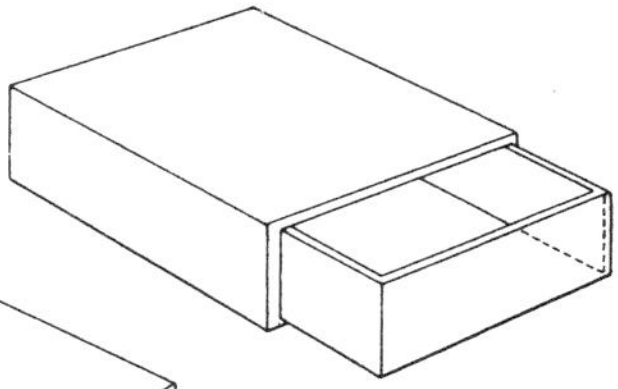
ひき出し式

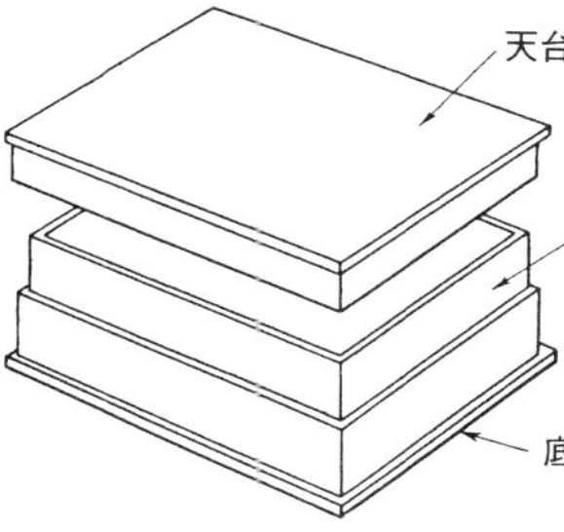

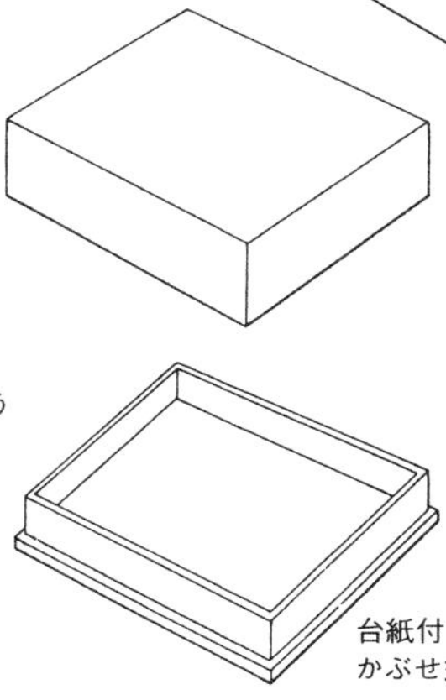
台紙付き
かぶせ式

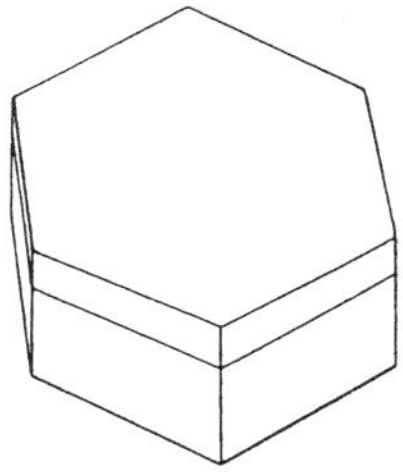
変形（6 角形）

丸箱

ワンピース式組立箱

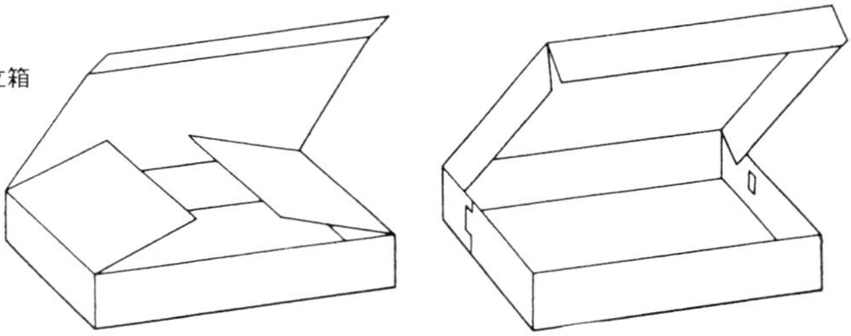

ツーピース式組立箱

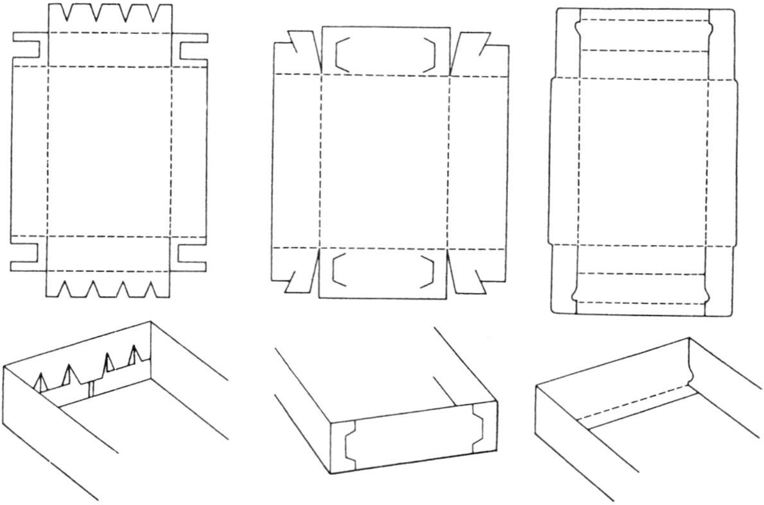

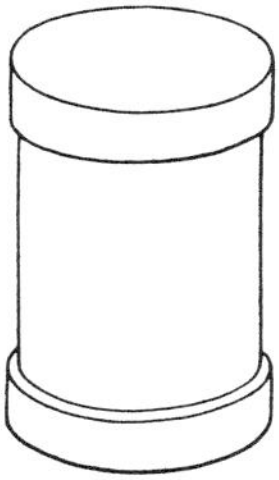

上下蓋式

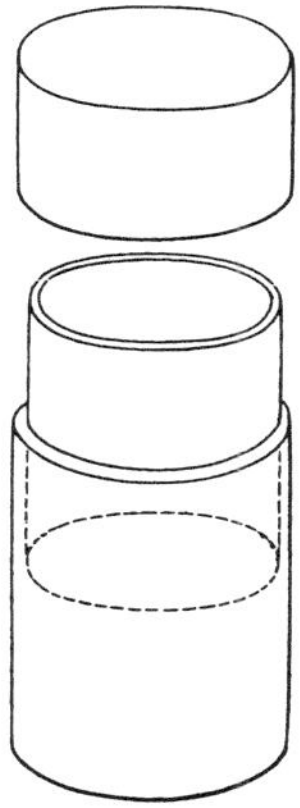

2 重筒式

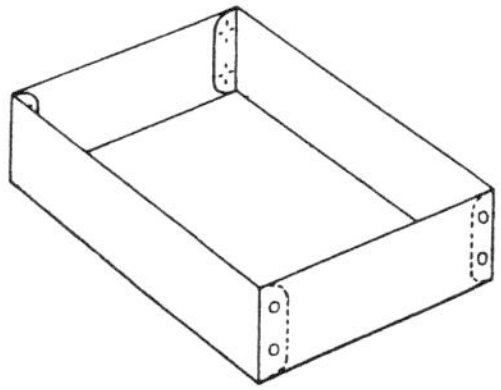

丸びょう止め

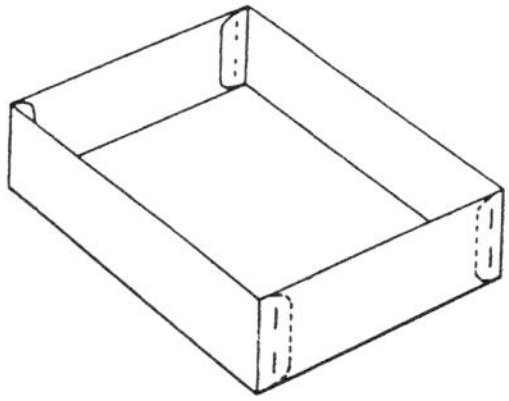

平止め

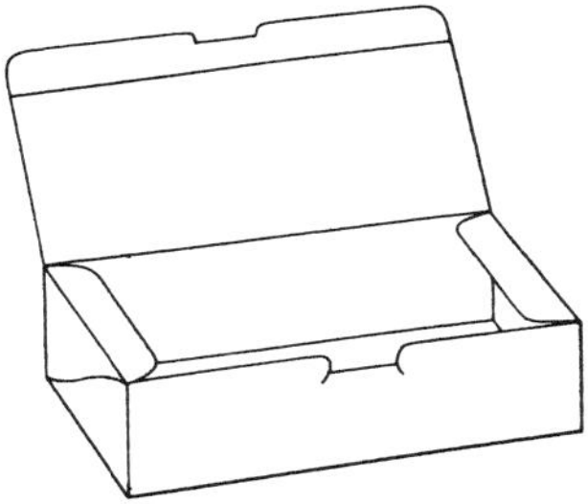

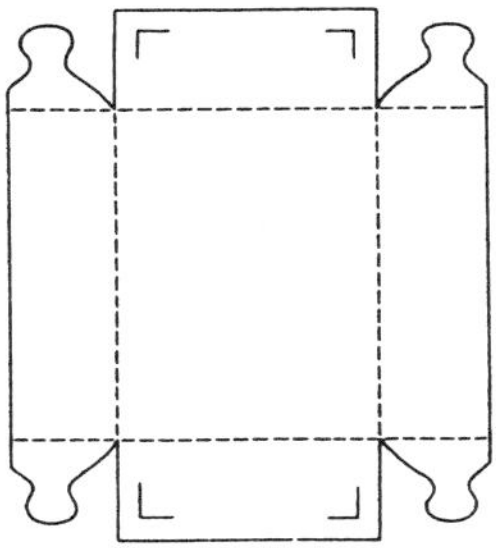

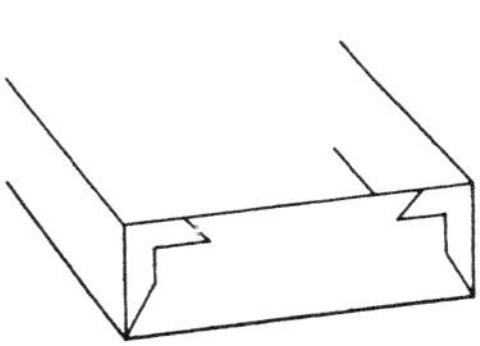

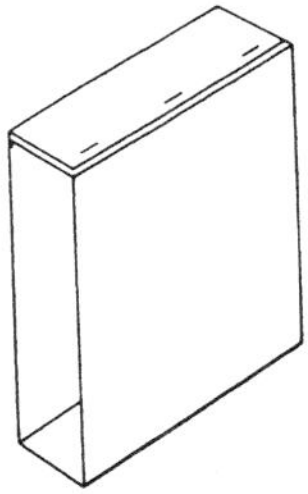

ブックケース

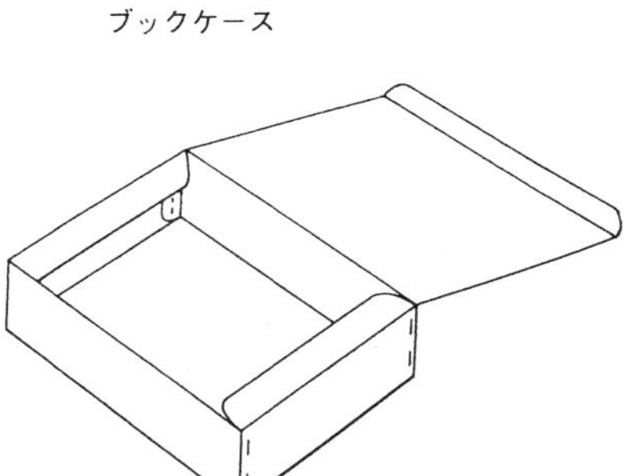

一般の外箱

【勘合貿易】かんごうぼうえき

室町～戦国時代，日本と明との間で，勘合符を使って行なわれた公認の貿易。1405～1547年に17回，87隻の遣明船が派遣された。幕府船のほか，細川・大内など守護大名船，大社寺船からなる。経費は土倉や堺・博多商人が出資，事務は五山僧が当たった。おもな輸出品は刀剣・イオウ・扇，輸入品は銅銭・書画・生糸・絹織物・薬などであった。

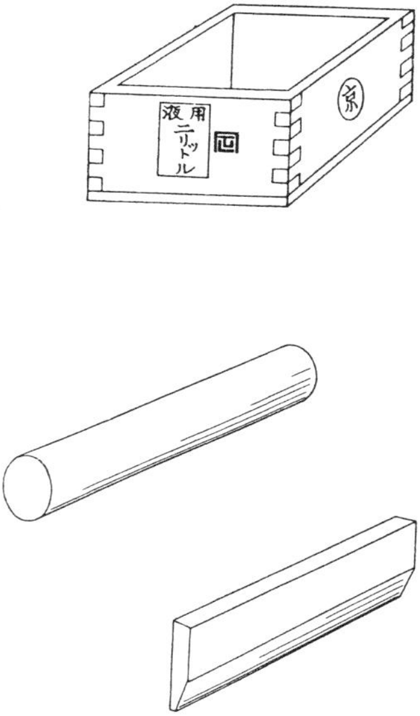

上　液体用角枡（２リットル）
右　斗概（とがい）　穀類用（円筒状）と，粉用。枡を用いるとき盛り上った余分をかきとる。

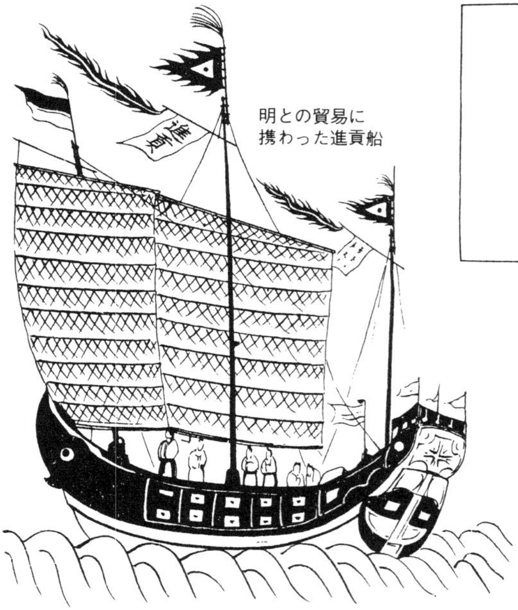

明との貿易に携わった進貢船

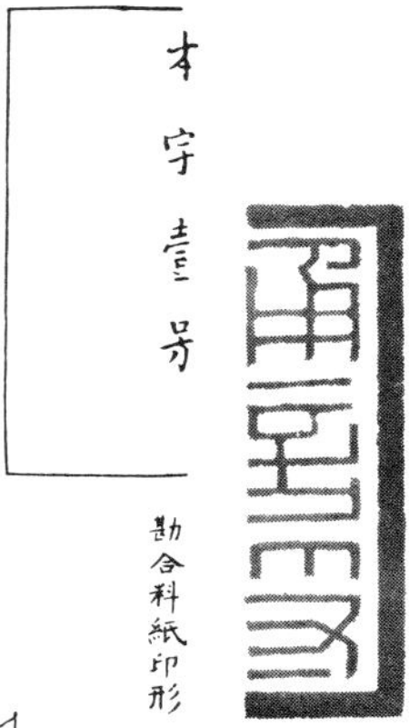

勘合符（左）と勘合印《戊子入明記》から

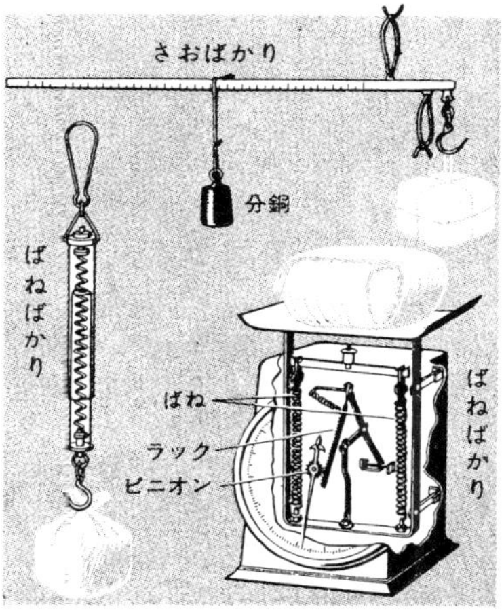

竿秤(さおばかり)　てこの原理を利用する秤の一種。支点につけた紐(ひも)で竿をつるし，竿の一端に計量するものをつり下げ，他端では錘を動かして釣り合わせ，錘の位置を目盛で読んで重さをはかる。

ばね秤　ぜんまい秤とも。フックの法則を利用しばねの伸びから物体の重さをはかる装置。物体を台や皿にのせる型とフックでつるす型がある。分銅や錘を使わず指針で読みとれるので簡便だが，精度は低い。

天秤(てんびん)《人倫訓蒙図彙》から
右　両替屋　左　銅(あかがね)屋

荷印(にじるし)　外装の表面につける記号，番号，文字などの総称。貨物の仕分けの便と取扱い上の注意のためつけられるもので，荷主の商標，荷番号，内容物の品名・数量，仕向地，原産国，荷扱い上の注意などが表示される。

流し漉(ながしずき)　和紙の手すき法の一種。紙料液を槽(おけ)から適量すき具にくみ上げ，これを揺り動かして水を切り，簀の子(すのこ)またはこし網上に沈降した紙料の層が所要の厚さになれば，残余の紙料液を槽に戻す(捨て水という)。捨て水によって紙料液中の異物を，浮遊させて除くことができる。流しずきでは紙料液中にねりを加え，すき上げた湿紙は，じかに多数積み重ね，圧搾脱水する。典具帖，半紙，京花紙など薄い和紙は，一般にこの方法ですく。

右　《紙漉重宝記》から
下　《日本山海名物図会》から

溜漉(ためずき)　和紙の手すき法の一つ。紙料液を槽(ふね)から適量を簀の子(すのこ)か絹糸製の網(すき具)にくみ上げ，ゆり動かした後しばらく放置してそのまま水を切り紙層を形成させる。紙料液にはねりは加えず，すき上げた湿紙は毛布をはさんで積み重ねて圧搾脱水する。仙貨紙，鳥の子，局紙など厚い強靭な和紙はこの方法ですく。

和紙づくりの様子
上《大日本物産図会》から
下《彩画職人部類》から

和紙　日本古来の独特の手法で作られた紙の総称で，洋紙に対する語。中国で発明された紙の製法は，７世紀の初めに高句麗（朝鮮）の僧曇徴（どんちょう）により日本に伝来。その後，原料にコウゾの使用，抄紙にねりの使用など，独自の技術を完成し，工芸的にすぐれた製品が生産された。江戸時代には和紙の製造は，土佐，美濃，越前，若狭，駿河などをはじめ全国に普及，各地で特色ある製品がつくられ，その種類は数百種にも達した。今日の和紙の多くは，洋紙の影響を受け，その製法が近代化され，反面その特色が失われた。本来の和紙は，コウゾ，ミツマタ，ガンピの靭皮（じんぴ）を原料とし，蒸煮，漂白，除塵（じょじん），叩解（こうかい），簡単なすき具による手すきの順に作業してつくった。

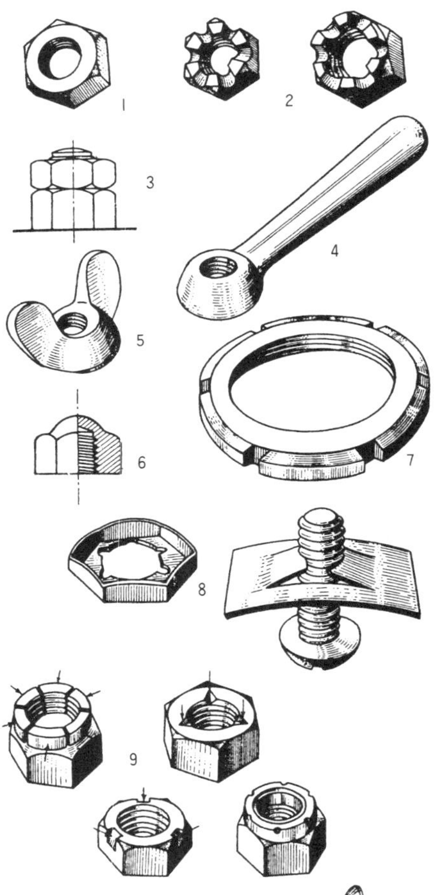

1.6角ナット
2.溝体ナット(2つ)
3.ロックナット
4.柄付ナット
5.蝶ナット
6.袋ナット
7.丸ナット
8.ばね板ナット(2つ)
9.回止ナット(4つ)

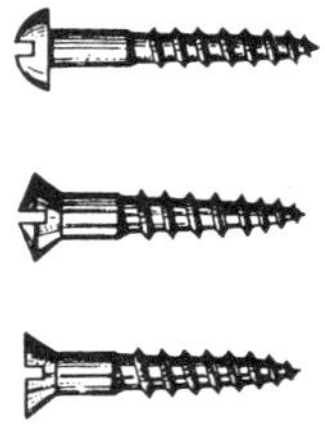

木ねじ

スレート釘

コンクリート釘

普通丸釘

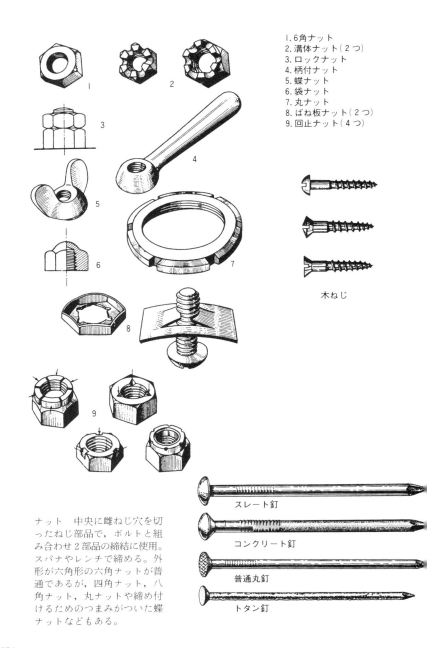

トタン釘

ナット　中央に雌ねじ穴を切ったねじ部品で，ボルトと組み合わせ2部品の締結に使用。スパナやレンチで締める。外形が六角形の六角ナットが普通であるが，四角ナット，八角ナット，丸ナットや締め付けるためのつまみがついた蝶ナットなどもある。

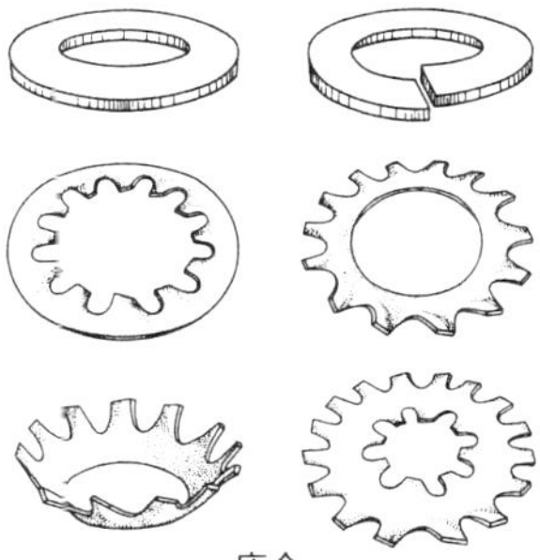

座金

ボルト　頭部と軸部からなり軸部に雄ねじが切ってある棒状の機械部品。通常，ナットと組み合わせて物の締つけに用いるが，対象物自体に切った雌ねじにねじ込んで締め付けることも多い。頭部の形状により六角ボルト，四角ボルト，皿ボルト，アイボルトなど多くの種類がある。鋼または黄銅製がふつう。

タッピンねじ

リベット　金属の丸棒に頭をつけた機械要素。鋼板その他の金属板や形鋼の締結に用いる。重ね合わせた材料の穴にさし込み，先端を打ちつぶして締結する。頭部の形により丸・皿・平リベットなどの種類があり，材質は鋼，銅，黄銅，アルミニウムなど。リベットで締結した部分をリベット継手といい，船，建築物，橋などに広く使われてきたが，近年は溶接の発達によりこれらでの使用は減っている。

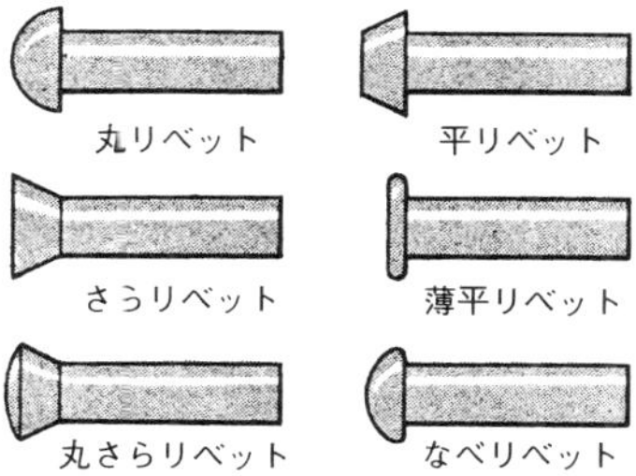

左　リベットの種類

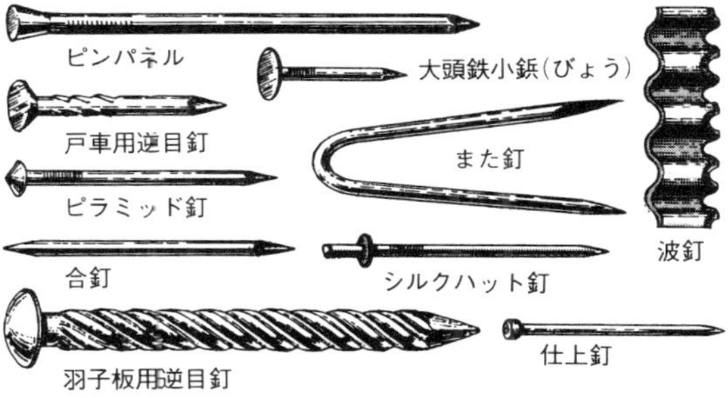

左　釘(くぎ)の種類

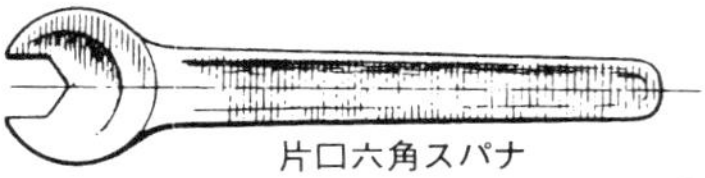
片口六角スパナ

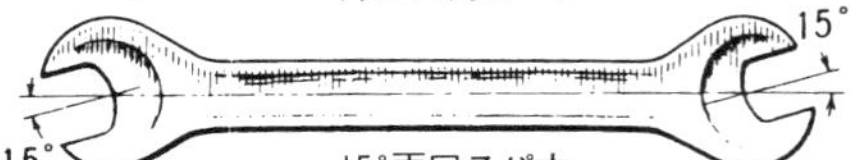

15°両口スパナ

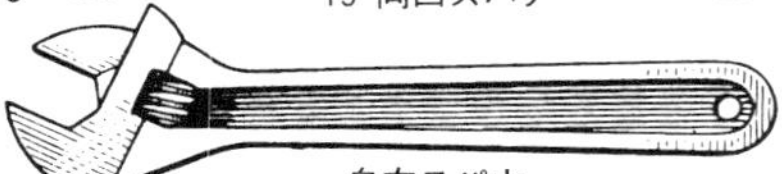
自在スパナ

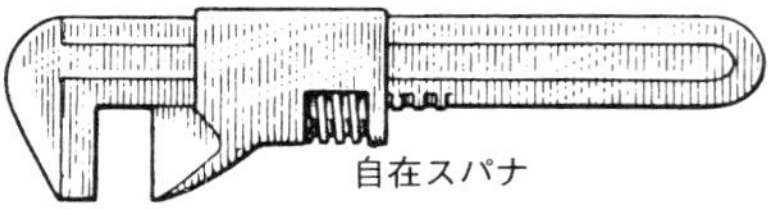
自在スパナ

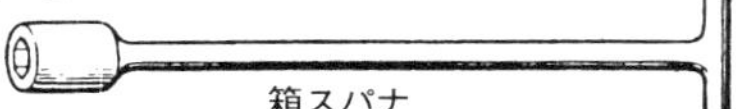
箱スパナ

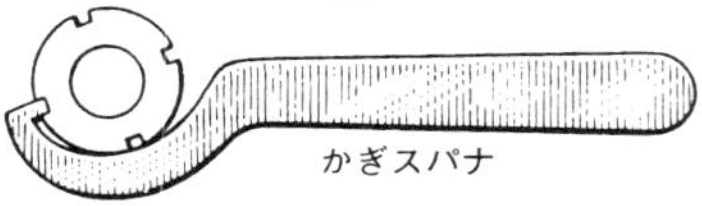
かぎスパナ

ドライバー　スクリュードライバーの略。ねじ回し。ねじなどのねじ込み，取りはずしに用いる手工具。先端が平形の一般用をマイナスドライバー，十字形のプラスねじ用をプラスドライバーという。

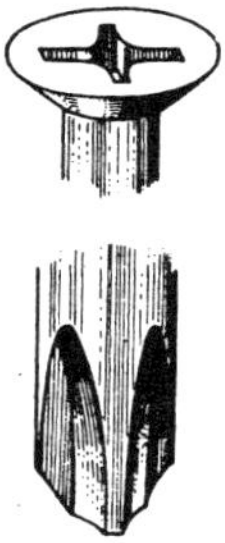
十字穴付ねじと
ドライバー

スパナ　レンチとも。ナットやボルト頭をはさんで回す手工具。型鍛造または可鍛鋳鉄製。形状により両口形，片口形，箱形，かぎ形など，また特殊なものに自在スパナがある。

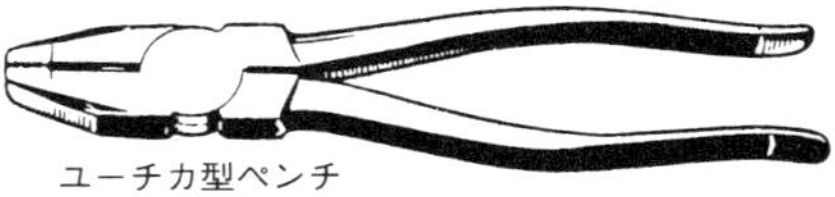
ユーチカ型ペンチ

プライヤ付ペンチ

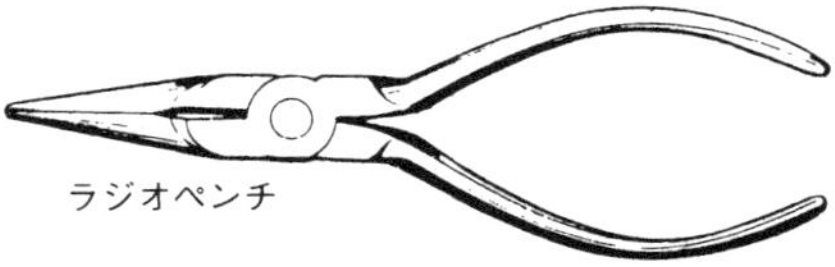
ラジオペンチ

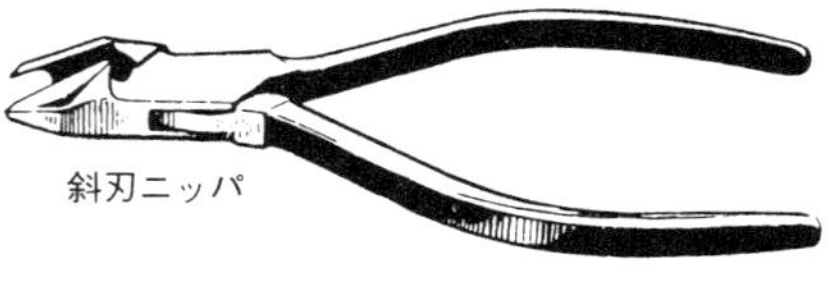
斜刃ニッパ

ペンチ　金属板や針金の折曲げ加工，切断などに用いる金工具。先端に刻みのある平たん部をもち，その根もとに針金を切る刃がある。電気工事用，無線機器の配線用(ラジオペンチ)などに専用ペンチがある。

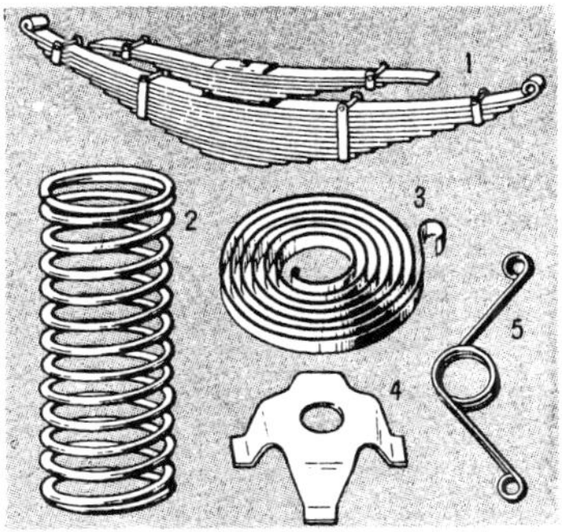

ばね部品　1 重ね板ばね　2 圧縮コイルばね　3 渦巻ばね　4 薄板ばね　5 ねじりコイルばね

ばね　スプリング，発条とも。緩衝や，引調力・圧縮力の源として，機械部品としてきわめて広い用途をもつ。金属ばねは，板ばね，重ね板ばね，コイルばね，ぜんまいのほかねじり棒ばねや，たけのこばね，皿ばねなど種類が多い。

シベル　木材などの建築材料を接合し，ずれを防ぐ。

鎹(かすがい)　両端を直角に曲げてコの字形とし先端を爪状にとがらせた金物。土台・小屋組など部材の連結に用い，丸・角・平板の形式がある。一端を曲げてとがらせ，他端は釘が打てるような形式の目鎹，爪の向きが互いに直角の手違(てちがい)鎹などがある。

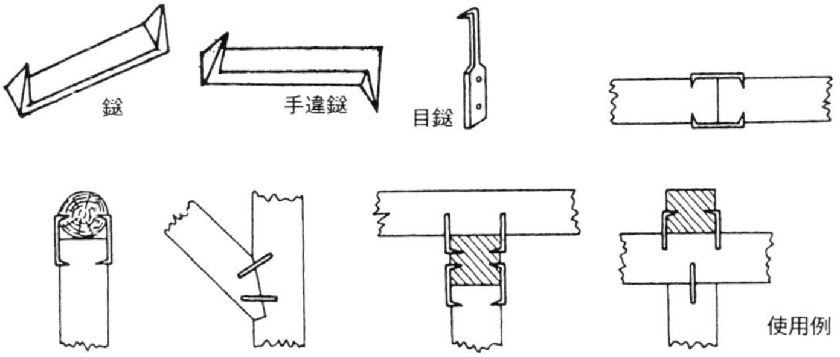

衣装 補遺

日本の服装史

1. は古墳時代の衣褌(きぬはかま)。埴輪(はにわ)にみられるツーピース式の男子服で，上衣は左前，下衣のひざ下を脚結(あゆい)という紐でくくる。2. は冠位十二階の服制を定めたといわれる聖徳太子像にみる文官礼装。ただし，この服装はのちの天武天皇時代の様式である。冠は中国風の幞頭(ぼくとう)，上衣は袍(ほう)，手に笏(しゃく)を持つ。3. は奈良朝女官の朝服。下衣は裙(くん)。肩にかけるのは比礼(ひれ)。4. は平安朝の礼装の束帯。5. の衣冠は束帯を簡略化した準礼装。7. は狩衣(かりぎぬ)。狩猟服から公家の日常服，さらに武家の礼装とされた。6. は平安朝女房装束の十二単(ひとえ)，これを簡略にした日常着が8. の袿(うちき)袴である。9. 市女(いちめ)笠の壺装束。外出着である。10. は平

→361ページ右段

左　栃木県真岡市出土の埴輪　着物のえりを左衽(さじん)、いわゆる左前に着ている。

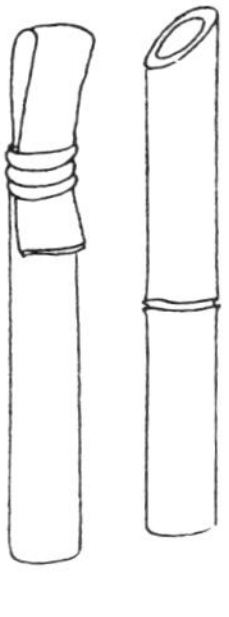

左　尿筒(しとづつ)　束帯着用のとき従者に持たせて、便器とした道具。便筒(べんとう)とも。

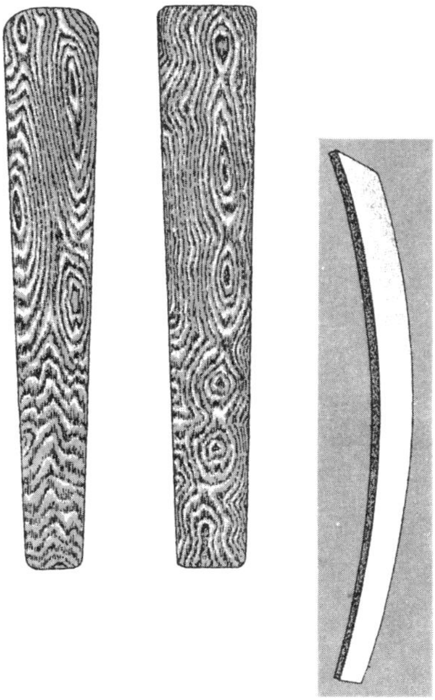

笏(しゃく)　礼服，束帯のとき威儀をととのえるため右手に持つ細長い板。元来は君命などを書きつけた備忘用の板であった。五位以上は牙(げ)，六位以下はイチイ，サクラなどの木製で，天皇の笏は上下の縁が方形，臣下のは丸みを帯び，すそすぼみである。明治以後は神官にも用いられている。

右　革帯形式の石帯
下　巡方丸鞆通用帯

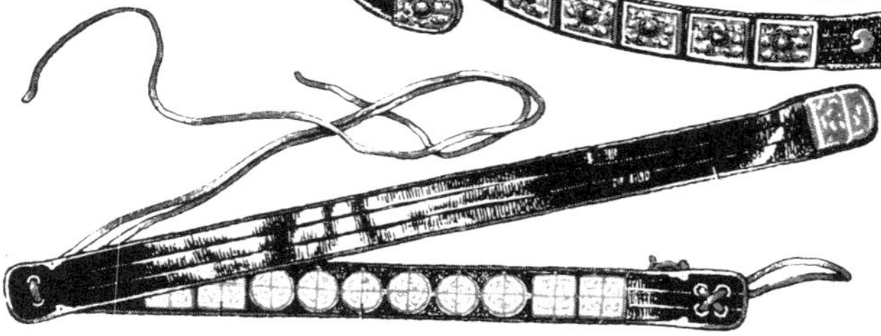

石帯(せきたい)　束帯の袍(ほう)の上に締める，石や玉の飾りがついた皮製の帯。玉帯(ごくのおび)，石帯(いしのおび)とも。もとは１本の長い帯であったが，のち形式化され，平安半ばごろには後ろに帯の形を残し，前は丸組の紐(ひも)となり，このほかに上手(うわて)がついて後ろの帯に上からさし込むようになった。身分や行事により石の種類や形，彫刻の有無などが異なっていた。

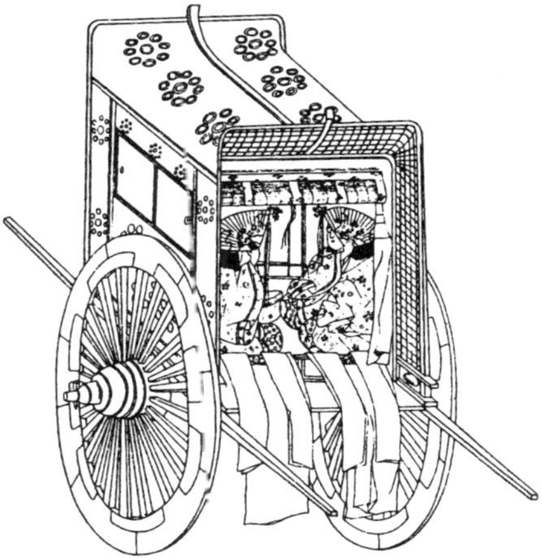

出衣(いだしきぬ)　婦人乗車のとき牛車中から後ろに衣を出すこと。《雅亮装束抄》に細かな作法がある。

安末期の庶民の水干。やがて水干は武家の日常服となり，江戸時代には立烏帽子(えぼし)をかぶって礼装となった。11.・12.は平安時代庶民の女で，11.は袖なしの上衣に腰巻布をまとった粗末な仕事着，12.は袴を略して褶(しびら)という腰布をつけた姿。13.は鎌倉時代以後武士の服装となった直垂(ひたたれ)。礼服として用いるときは長袴をつけた。冠は公家は立烏帽子，武家は折烏帽子(侍烏帽子)であった。14.は直垂に次ぐ武家の礼装の素襖(すおう)。直垂の袴の紐は白または別布であるが，素襖は袴と共布である。また素襖の胸紐などが皮製であるのに対し，菊綴(きくとじ)の組紐を用い，上衣と袴に紋を染めだした服を大紋といい，同格の礼装として用いた。15.は童(わらわ)水干。中世の男児の礼装である。鎌倉時代の女は16.のように袿袴の袴を略して袿となり，や

↪363ページ

襷(たすき)　和服の袖(そで)を肩にからげるために用いる紐(ひも)。労働のとき和服の袖がじゃまになるので背中に十字に襷をかけるが，古代の埴輪(はにわ)の筒袖に襷がけしたのは神事の服飾といわれ，《万葉集》には枕詞(まくらことば)で玉襷の名がみえる。

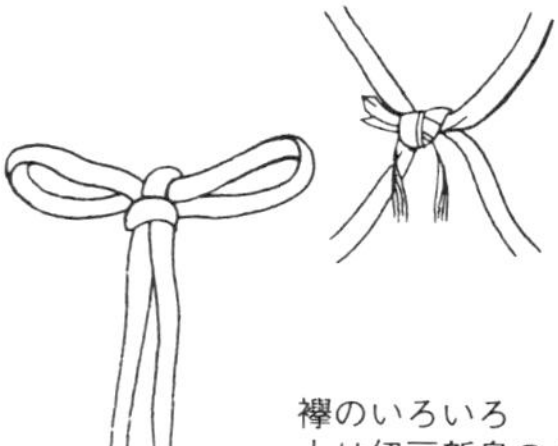

襷のいろいろ
上は伊豆新島のもの
左は壬生狂言のもの

がて袿も略して18. の女児，20. の物売女のように小袖姿になった。外出には21．の被衣(かつぎ)をかぶった。庶民の男は17. ・19. にみられる小袖袴を着たが，武家の女にも22. のような小袖袴の姿があった。小袖が表面に出る傾向は室町末期からさらに著しく，今日の着物に一歩近づく。桃山時代には袴も略して，24. のような大胆な染織を誇るはなやかな小袖が流行した。髪形も垂髪から結髪へと変化した。25. の小袖姿の遊女の髪は兵庫髷(まげ)である。23. はキリシタンの少年の南蛮風俗。かるさんという洋風の袴に洋風のマントをはおっている。この時代の服飾の大きな変化は南蛮貿易の影響も大きかった。男たちは烏帽子をやめて，さかやきをそるようになった。26. の茶筅(ちゃせん)髷(まげ)の武士の姿は肩衣(かたぎぬ)。いわば素襖の袖を肩のところで切り落したような日常着である。武家や公家の従者などは27. の十徳や28. の布衣(ほい)を着用した。こうして変化流動した服装も，江戸時代になると，幕府の定めた服制によって，ふたたび身分格式が固定された。武士の礼装は室町幕府にならって直垂，狩衣，大紋，素襖などが定められたが，一般の公服には肩衣と袴を組み合わせた裃(かみしも)が用いられた。29. は裃の下を切袴にした半袴で，百姓や町人も晴着に着用した。30. は上級武士の長裃である。武家の女の礼装は31. の打掛で，帯に懐剣をはさみ，扇を持つ。夏は32. の腰巻姿が礼装となり，肩ぬぎした腰巻を帯にはさんでとめた。一般の女は打掛や腰巻を用いなかったので，服飾の上で帯の占める役割が大きく結び方も変化ができた。33. は寛永ころの遊女で，名護屋帯という組紐の帯をたらしている。34. は享保ころの前結びの帯。

↪365ページ

21. 被衣
22. 小袖袴
23. 南蛮風俗

26. 肩衣
27. 十徳
28. 布衣

24.小袖　25.小袖

35.は同じころの婦人の外出姿。被衣は顔をかくすのに悪用されるというので何度も禁止されたが，ちりよけの目的に，また女のつつしみ深い美しさの表現として長く愛用された。小袖は江戸中期ころすこぶる華麗になり，37.の振袖の流行となった。男も私的なときは36.のように華美な小袖を着用した。旅行用には，武士や医師や御用商人などが着用する38.の長合羽，庶民の旅姿である39.の引まわし，武士の旅装である40.の羽織と野袴や，41.の胴当に羽織などの姿があった。胴当は火事衣装にも用いられる。下級武士は42.のように短い羽織で袴をはしょって歩きやすくした。男の羽織は，女の帯や振袖と並ぶ江戸時代の流行で，その丈は時々の好みで変化したが，武士の羽織は刀をさす関係で背の裾が割れていた。これをぶっさき羽織という。このころ女や下層の庶民は羽

↪366ページ

29.半袴　30.長裃　31.打掛

32. 腰巻姿　33. 名護屋帯　34. 前結び帯

織は着なかった。江戸時代の士農工商の身分制度は，服装にもはっきりあらわれている。43. は赤前掛，襷(たすき)がけの働く娘。着物は活動的に筒袖になっている。44. は町奴に流行した丹前風。いわゆる伊達(だて)者の姿である。45. は屋号を染めぬいた印袢纏(しるしばんてん)に股引(ももひき)という典型的な職人の姿。下層庶民には羽織が許されなかったので，法被(はっぴ)や袢纏がさかんに用いられた。法被も袢纏に似ているが，袢纏より格が上で，広袖で丈の長いものをいった。仕事着の袢纏のほかに黒えりの日常着があり，男女ともに用いた。46. は門付芸人の鳥追いの姿。47. は武士の日常着で，袴をとった着流しである。48. と49. は町家の若い男女の日常の服装。50. ・51. は豪商の母と子で，裾模様の振袖に幅広の帯，着物の裾をひいて着つける。結髪も髪飾も美

↪368ページ

38. 長合羽　39. 引まわし

35. 享保外出着
36. 小袖
37. 振袖

40. 羽織
41. 胴当
42. 羽織

43.赤前掛　44.丹前風　45.印袢纏

々しく飾られている。52.は幕末の武士に流行した武骨な講武所風。幕府の武術訓練所講武所から始まったという。53.は雲水の姿。黒の麻の法衣に頭陀(ずだ)袋をかけて諸国を遍歴した。54.は漁夫。56.は猟師。55.は農村の女の田植姿。胸当のある前掛に襷がけの機能的な服装だが，紺絣(こんがすり)と紐，えりの配色も美しく，田植姿が仕事着であるとともに晴着だったことを示す。この姿は今日も続いている。明治以後の服装は和洋混交である。公的には大礼服，燕尾服，軍服などに洋式が採用され，一方女の服装では，57.のお高祖(こそ)頭巾に長い合羽のような純日本風も好まれた。被布もこの時代の流行であった。また新しく和洋折衷の服装も生まれた。58.の大きなショールに洋傘をさした着物の女，59.の羽織袴に帽子と靴の男など，日本風の姿に洋風の服飾品を大胆にとり入れている。和洋折衷のス

↪371ページ

49.町人

46. 鳥追い姿
47. 着流し
48. 町娘

50. 振袖
51. 女児振袖
52. 講武所風

53. 法衣

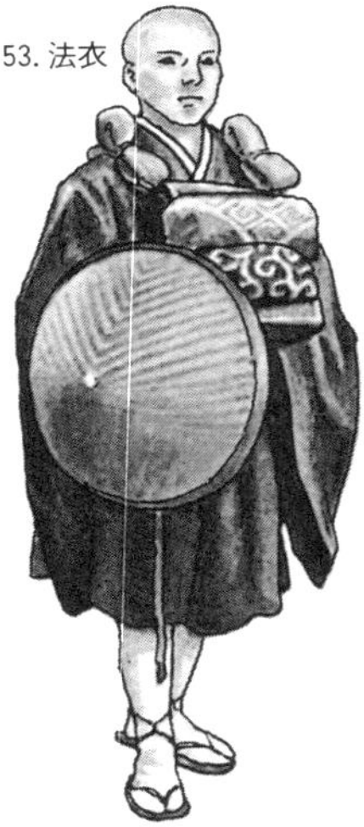

54. 腰蓑

55. 紺絣

59. 羽織袴

60. 矢絣

61. 絣に袴

56. 猟師

57. お高祖頭巾

58. ショール

62. もんぺ

63. 国民服

タイルは，60. と61. の男女学生の服装にもみられる。女が袴をつける風習は長くすたれていたが，日清戦争後，女学生や女教師の間に海老茶(えびちゃ)色の袴が流行した。そのため世間では女学生を海老茶式部とたわむれに呼んだ。日中戦争が始まると，羽織袴やモーニングなどの礼装は非戦時的であるとされ，1940年軍服に似た63. の国民服を礼服として制定。女もパーマネント，振袖は非国民とされ62. のもんぺとなった。

ネクタイの結び方(左から右へ)

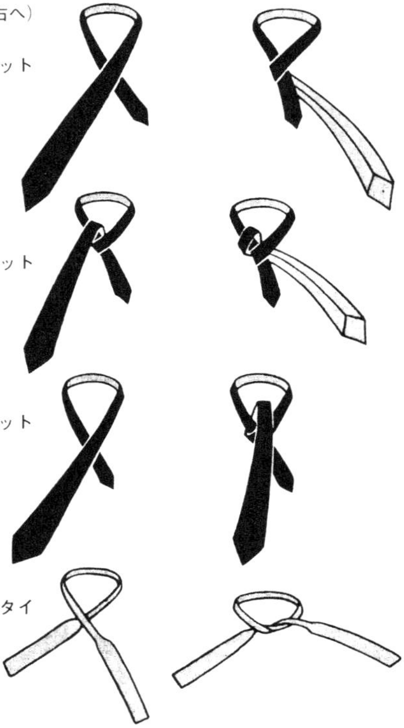

ネクタイ　首またはカラーのまわりに巻いて前で結ぶ装飾用の布。単にタイとも。絹がおもだが，薄地ウール，毛糸，革なども用いる。17世紀にフランス兵が首に巻いた白布から起こり，19世紀半ばに現在の形式になった。おもな種類にはアスコットタイ，ボータイ(蝶ネクタイ)，フォアインハンド(幅タイとも，ふつうのネクタイ)などがあり，フォアインハンドの結び方にはレギュラーノット，ウィンザーノット，エスクァイアノットなどがある。

小型手提鞄(布製)

折鞄

折畳鞄

中型手提鞄

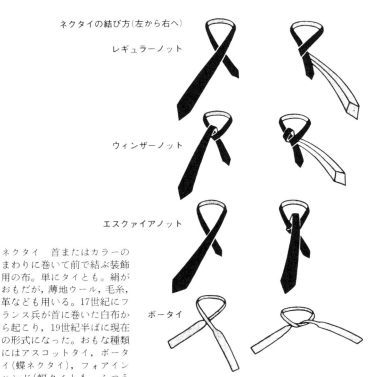

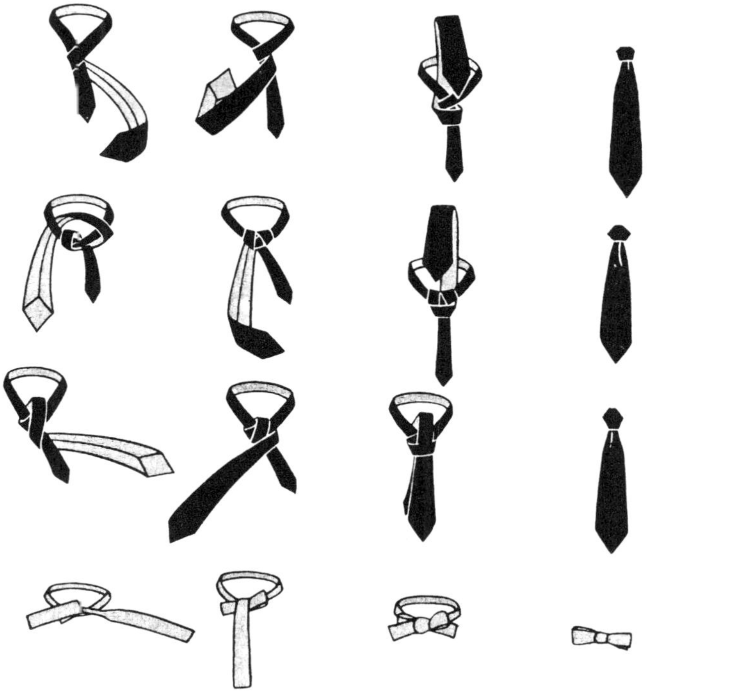

スーツケース

鞄形折畳携帯用毛布

旅行鞄(籐製)

折込軽便鞄

旅行鞄(革製)

小型手提鞄(革製)

帽子(ぼうし)　防寒，防暑，装飾などのためのかぶり物。古代エジプトやギリシア時代からある。日本ではハット(つばのある帽子)，キャップ(つばのない帽子)，ボンネット，フード，頭巾(ずきん)の総称。男子用にはシルクハットや山高帽のほか，日常用としてソフト帽，ハンチング，パナマ帽などがあり，婦人用には釣鐘形のクローシュ，つばが上に折り返ったブルトン，かんかん帽のようなカノティエ，中年向きのターバン，円筒形のトークなどがあり，ベレーは男女とも用いる。このほか職業，団体などをあらわす制帽があり，軍人，警官，船員，学生などに用いられる。帽子の材料はフェルト，ウール，木綿，革，毛皮，パナマ，麦わら，毛糸などが使われる。

編物帽

ボンネット

飛行帽

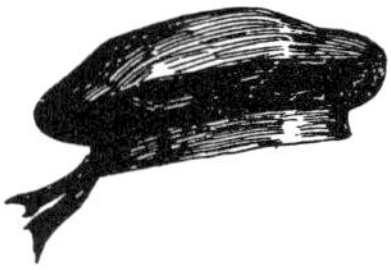
小児水兵帽

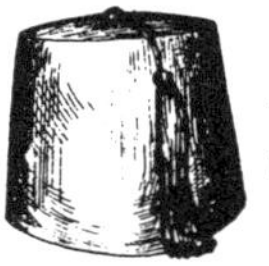
トルコ帽

ヘルメット

スキー帽

レーンハット

眼鏡　目の屈折異常を矯正したり，有害光線や異物から目を保護する用具。眼鏡は実用のほかアクセサリーの要素も強く，枠の材質，形，大きさ，色などに多くの種類がある。

丸形

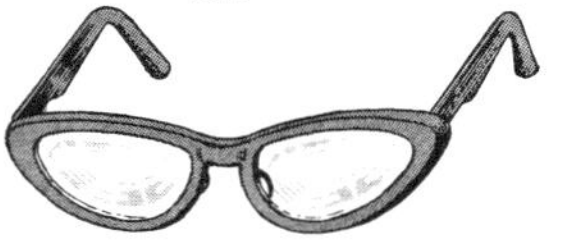
フォックス形

ベレー帽
学生帽
山高帽
女児お釜帽
角帽
シルクハット
海水帽
麦稈帽
中折帽
水兵帽
経木帽
競馬帽
お釜帽
パナマ帽
鳥打帽
ボストン形
ウェリントン形
レディース形
ふちなし

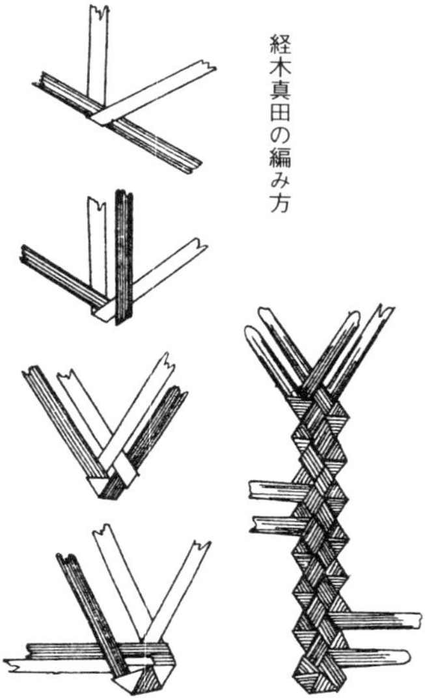

経木真田の編み方

経木(きょうぎ)　木を紙のように薄く削ったもので食品の包装に使用。昔これに経文を書いたのでこの名が出たという。ヒノキ，スギなどが多く使用され，真田紐(さなだひも)のように編んだ経木真田は，かぶり物，籠(かご)などの材料となる。

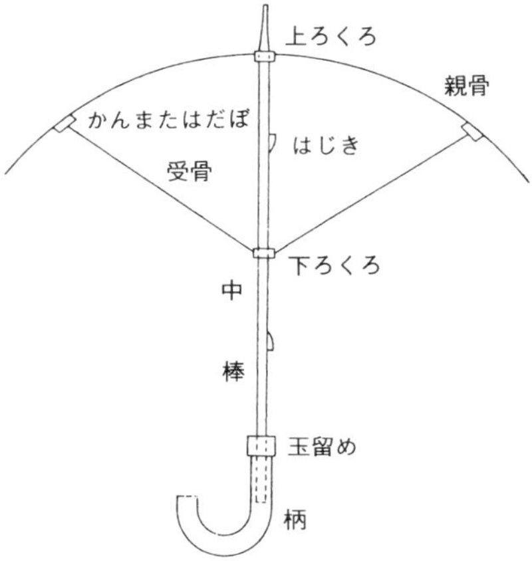

ファスナー　締具，留具などの総称。スナップ，かぎホックなども含むが，一般にはスライドファスナーをさし，ジッパー，チャックともいう。19世紀末米国で考案されたもので，布テープに互いにかみ合う歯を組み合わせ，その間の金具をすべらせて開閉する。

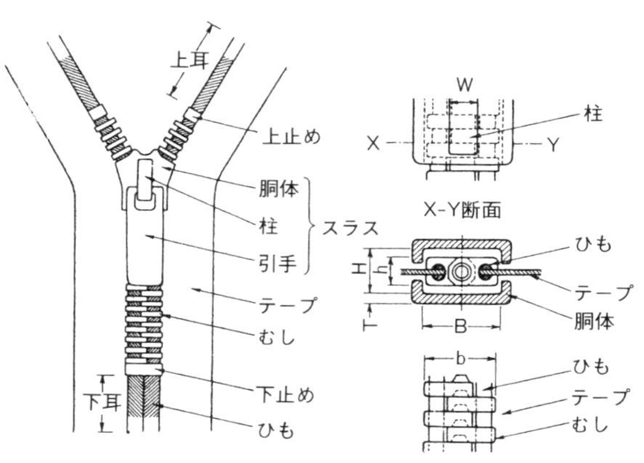

明治中頃の雨具

洗濯(せんたく)　クリーニング。衣料その他の繊維製品のよごれを除くこと。石鹼，合成洗剤などの各種洗剤を用いて行なう水洗いと，揮発性溶剤を用いるドライクリーニングがある。家庭で行なう場合，布地に適した洗剤を選ぶことが肝要。石鹼は木綿，麻などのアルカリに強い植物性繊維に向き，洗浄力が大きく特に肌着(はだぎ)などには好適だが，硬水では使用できない。合成洗剤は羊毛，絹，化学繊維などに広く用いられ，硬水でも使用できる利点がある。洗濯ソーダ(炭酸ソーダ)などのアルカリ剤は木綿や麻などに石鹼と併用される。

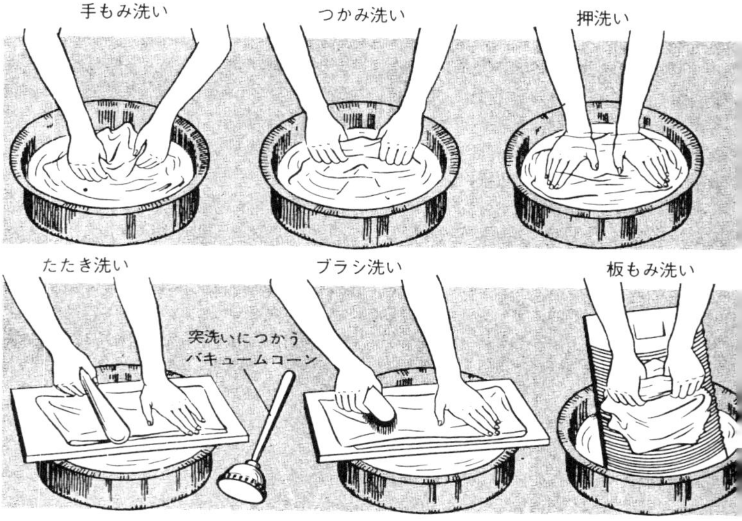

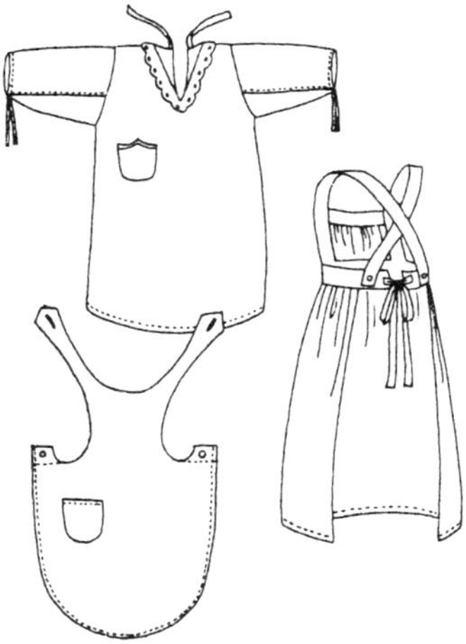

右　割烹着（かっぽうぎ）
左　女児のエプロン

ミシン　裁縫機械。18世紀末から種々の考案がなされたが，1846年のE. ハウ，51年のシンガーなどの発明で実用化，シンガーは互換性生産方式による量産を実現した。ミシンは足踏みまたは電動機による動力で，クランク，カムなどを通じて，一定の同調を保ちつつ，上糸を持つ針棒に上下運動を，下糸を持つ中がまに回転運動を，送り歯に布送り運動を行なわせ，上糸・下糸を交差させて布を縫う。家庭用，高速の職業用，専門作業用の単能の工業用に大別される。

ふり出し洗い

煮洗い

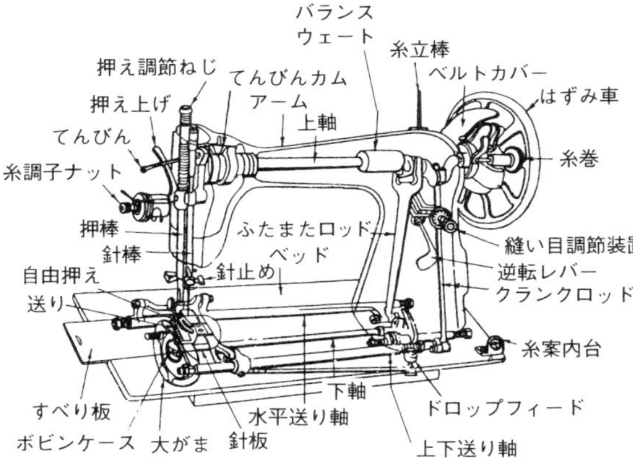

酒食 補遺

鰹節の工程

頭と腹わたを取る

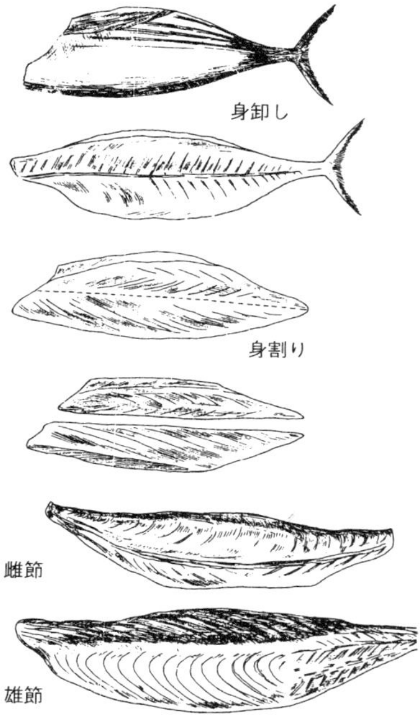

カツオ　カツオ科の魚。地方名マガツオ，カツ，若魚はトックリなど。全長1メートルにも達する。体は紡錘形で，背側は暗青色，腹側は銀白色。全世界の暖海に分布。日本では太平洋側に多い。北半球では春になると北方へ回遊する。遊泳力が強く，時速45キロ以上といわれる。カツオ釣船により一本釣で漁獲。鮮魚は刺身その他にして賞味されるほか，鰹節，なまり節，缶詰などに多量に消費される。

鰹節(かつおぶし)　カツオの肉を煮，あぶり，乾燥，かびつけ等の工程によりつくった燻(くん)乾製品。特有のうま味をもち，だし汁等料理に使用される。うま味成分の一つはイノシン酸のヒスチジン塩。三枚におろしさらに二つ割りにし背側を雄節，腹側を雌節といい，亀節に対し本節という。亀節は小さいカツオを腹背に割らずに二つ割りのまま製したもの。削り節は雑節を機械で薄く削ったもの。

さしみの作り方

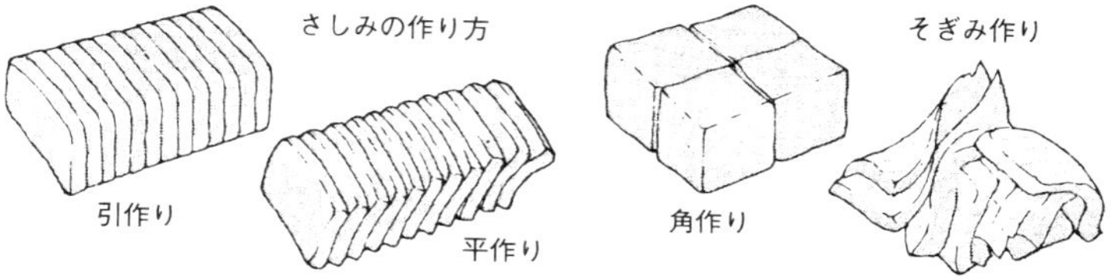

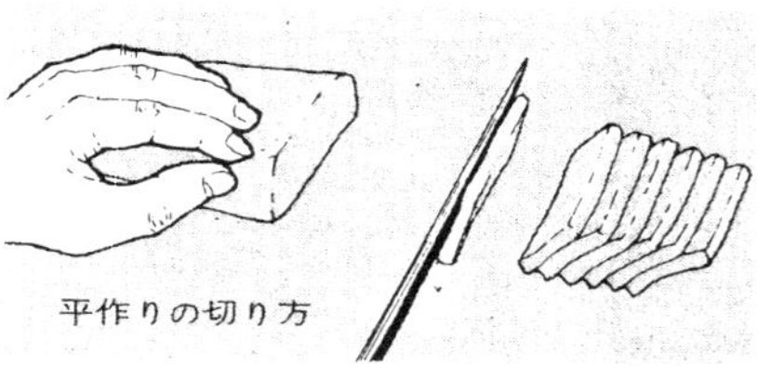

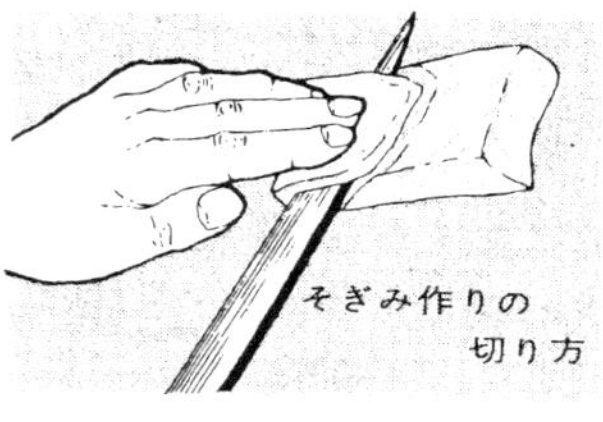

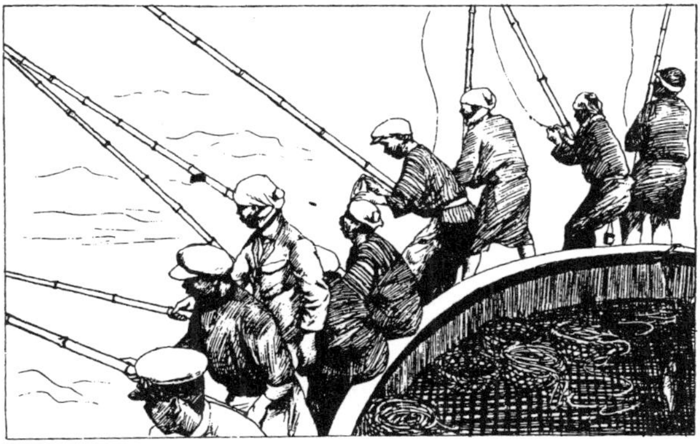

焼津沖の鰹漁

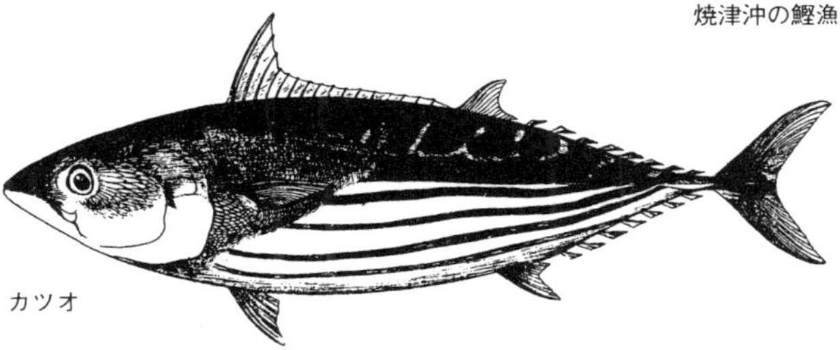

カツオ

刺身(さしみ)　作り身とも。鮮度のよい魚介類の生もの料理で代表的な日本料理。もと魚介を生のまま酢で食べ鱠(なます)と呼んだが，醤油の発達とともに刺身が一般的になった。

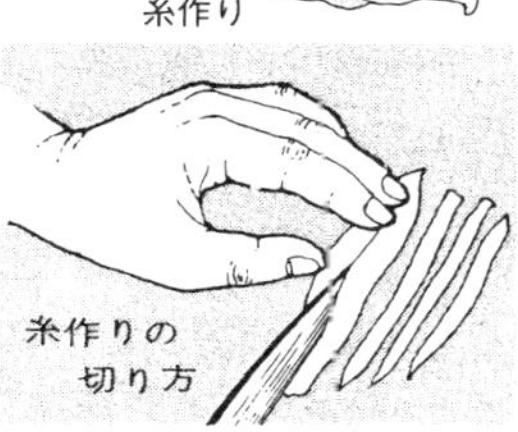

正月に行なわれる俎開

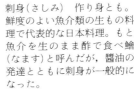

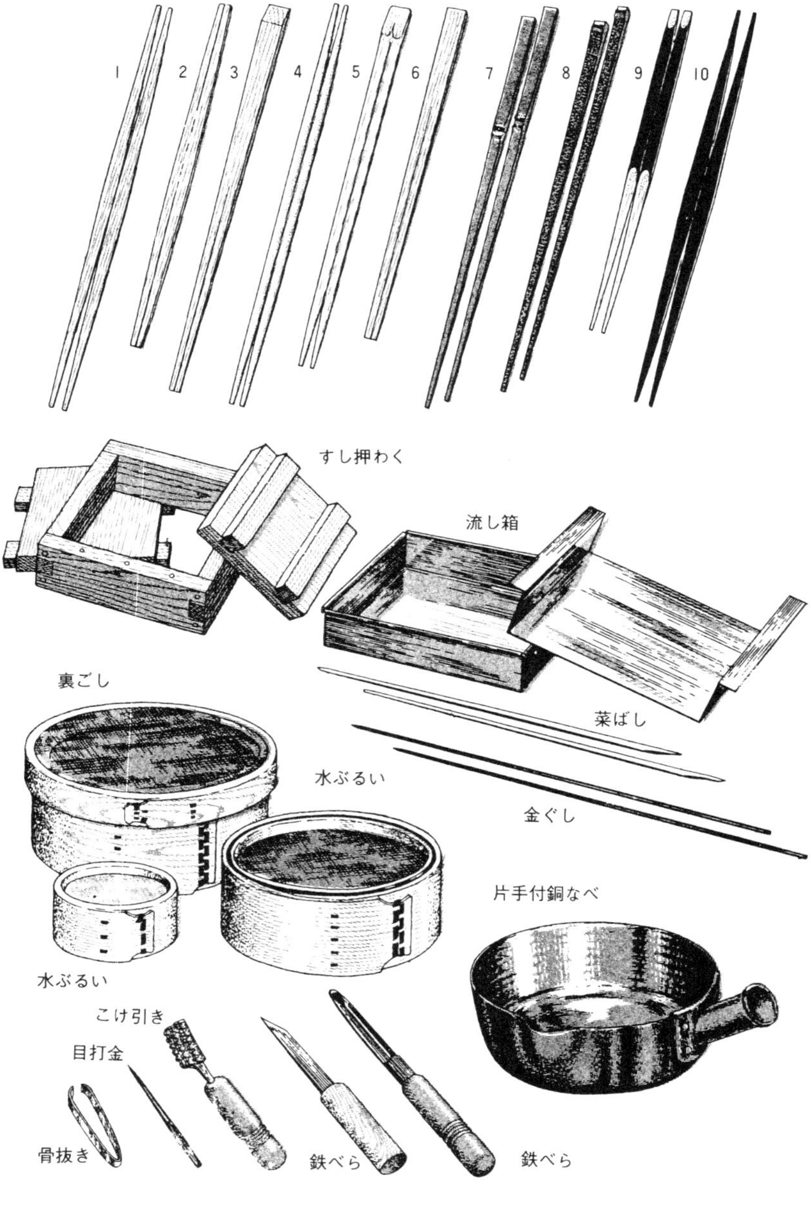

1
2
3
4
5
6
7
8
9
10
すし押わく
流し箱
裏ごし
菜ばし
水ぶるい
金ぐし
片手付銅なべ
水ぶるい
こけ引き
目打金
骨抜き
鉄べら
鉄べら

各種のはし　1～6は食事用はしで1は赤スギの利休　2は杉割ばしの利休　3は杉割ばしの削げ　4は柳ばし　5は竹丸ばし　6は杉割ばしで元禄とよばれるもの　7～10は取ばしで，7は白竹の中節　8はごま竹の天節　9はすす竹の削げ　10はすす竹の両ごきである

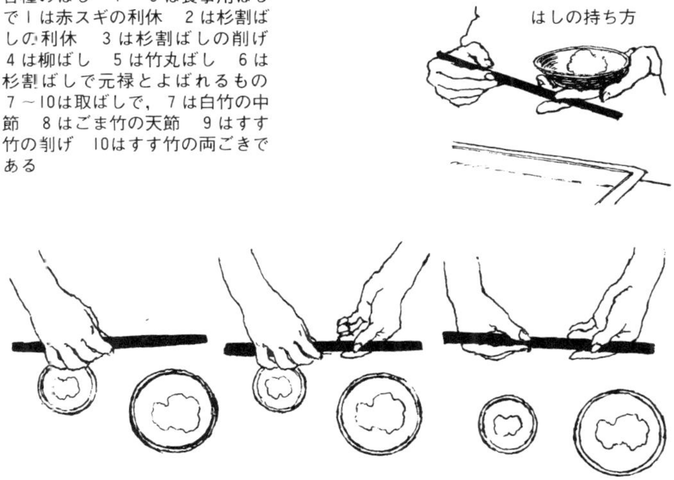

はしの持ち方

卵焼なべ

抜き板

真魚(まな)ばし

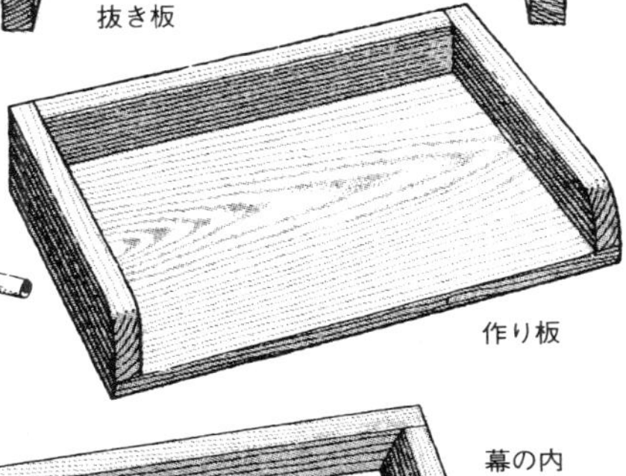

作り板

親子なべ

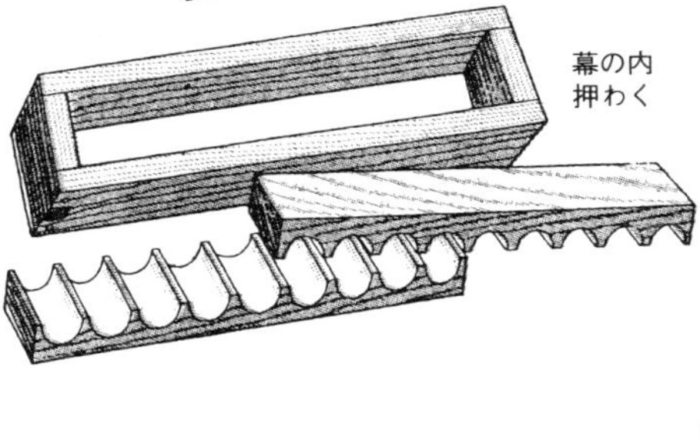

幕の内
押わく

右 酒林
左 街道筋のさけめしや
《松梅竹取物語》から

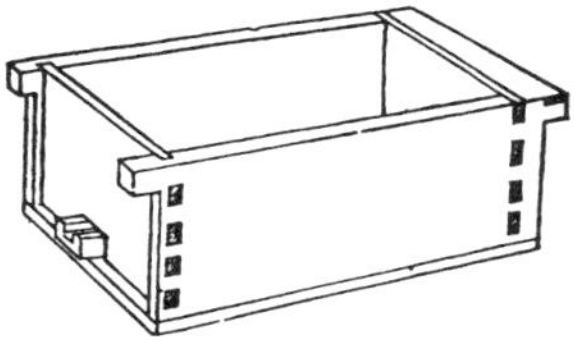

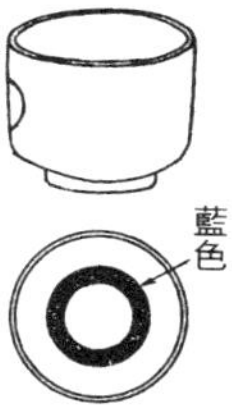

上・右 大酒の飲み比べが行なわれた
《大師河原酒合戦》から

酒屋　古代に寺院で行なわれた酒造は中世に入って発展し，室町ごろ京都の嵯峨谷から粟田口へかけて350軒を数え，奈良・摂津・兵庫・西宮・博多等水質のよい都市でも栄えた。江戸時代には，江戸近在の醸造酒を扱う地回酒問屋，上方からの下り酒問屋が設立され，後者は明暦以後霊岸島新川に移った。酒造業者はまた金融業をも兼ね，鴻池(こうのいけ)は酒屋から両替商に進んだ例で，地方でも質屋を兼業する酒屋が少なくなかった。

居酒屋《東京風俗志》から

左　酒槽とききちょこ(下)

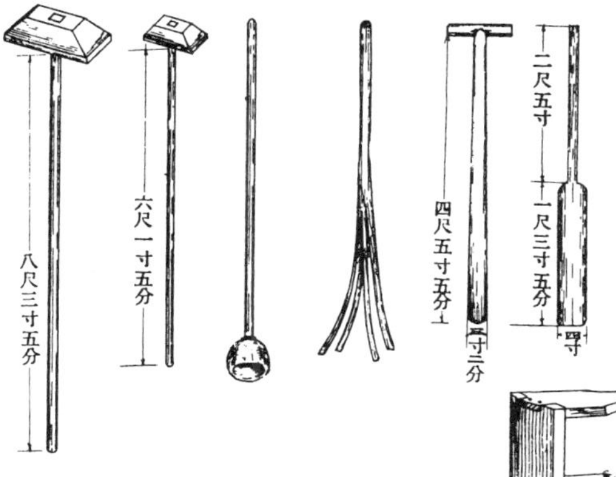

酒つくりに用いられる特殊な櫂と桶と樽

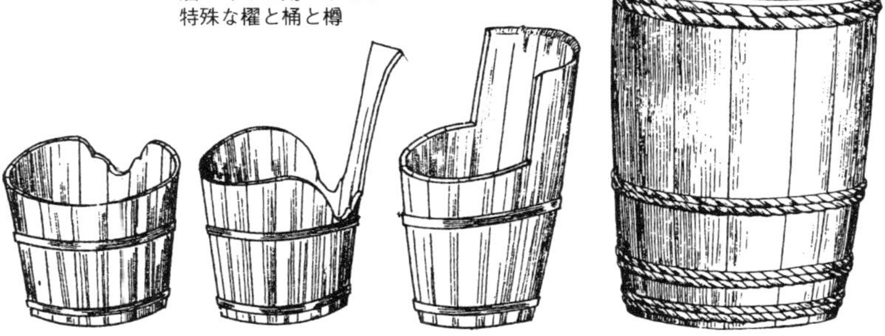

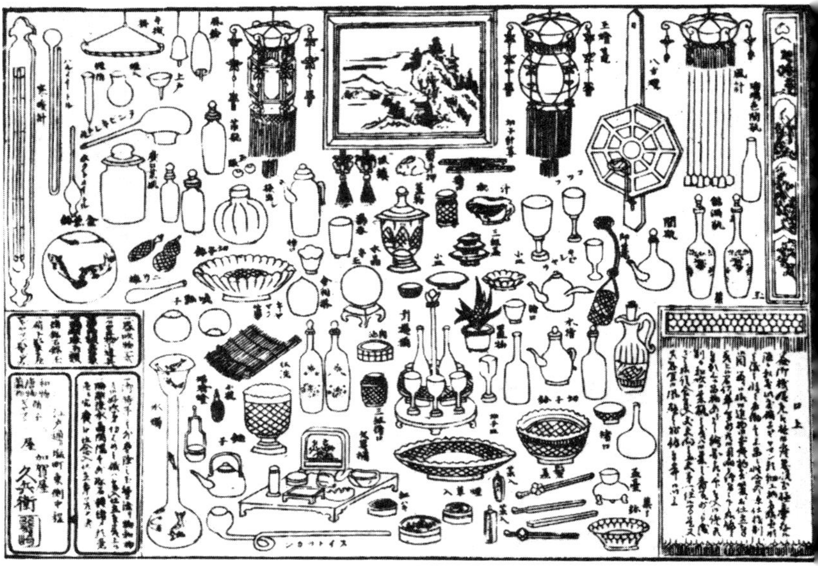

右　缶切りのいろいろ
上　江戸時代のガラス製品の引札

ガラス　一般に堅くてもろく，加熱すると軟化し一定の融点を示さずに徐々に粘性を失って液体状態に移行する。常温では吸水性，通水性，通気性などは全くなく，電気の絶縁体で，色ガラスや乳白ガラスなど特殊なものを除いては無色透明。製法には種々あるが，一般に原料を調合・溶融し，器物の場合は人の呼気を利用する宙吹き法や型吹き法，押型法などにより成形，瓶類等は自動製びん機で量産，成形後徐冷を行なう。ガラス製造の際に現われる欠陥には失透，脈理，気泡，ひずみなどがある。

魔法瓶(まほうびん)　デュワー瓶とも。保温，保冷に用いる容器。内面を銀めっきした２重壁のガラス瓶の中間の空気を抜き，真空にしたものを内筒にし，その外側を金属またはプラスチック製の外筒で保護したもの。伝導・放射・対流による熱の損失を防ぐ。もともとは液体ガス保存用に発明された容器だが，一般にも用いられるようになり，旅行，ハイキングなどの携帯用(われやすいので現在はステンレスと断熱材の組合せのものが主流)，家庭用の卓上用がある。

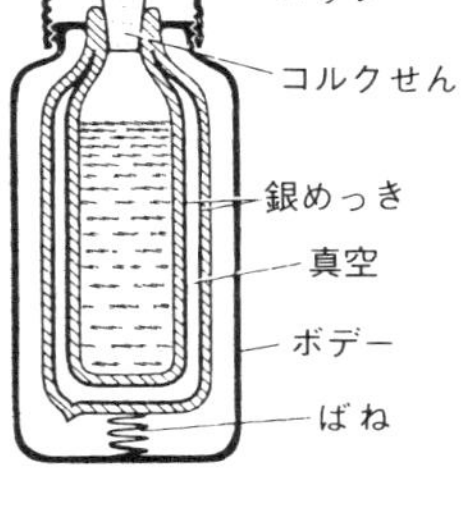

携帯用魔法瓶の断面

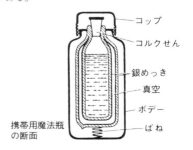

缶詰(かんづめ)　食品を長期貯蔵するため，金属缶(主としてブリキ)に詰め，密封し，加熱殺菌したもの。密封，加熱による食品保存法は1810年フランス人N.アッペールが発表(瓶詰)，同じころ英国人P.デュランドがスズなどの缶を使用する特許を得た。日本では1871年長崎で松田雅典がフランス人から製法を学び，イワシの油づけ缶詰を製造したのが最初。大きさ，形状などに規格が定められ，ふたの中央に刻印があり，原料，調理状態，添加副原料，製造会社名，製造年月日を表わす。調理の簡易化の要求に応じ缶詰の需要も高度化され，魚介・果実・食肉等のほか料理・飲料の缶詰も製造されている。

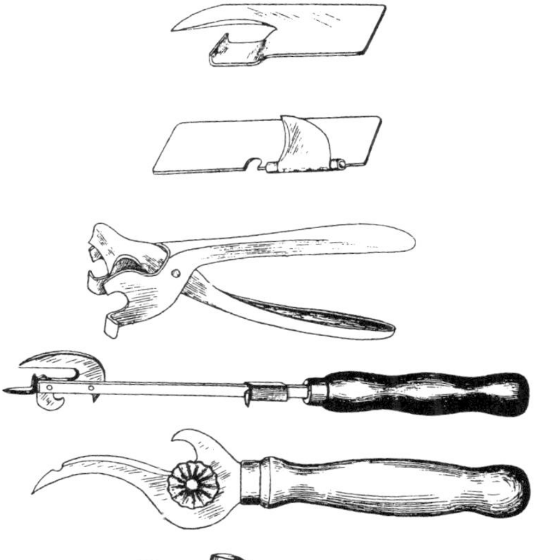

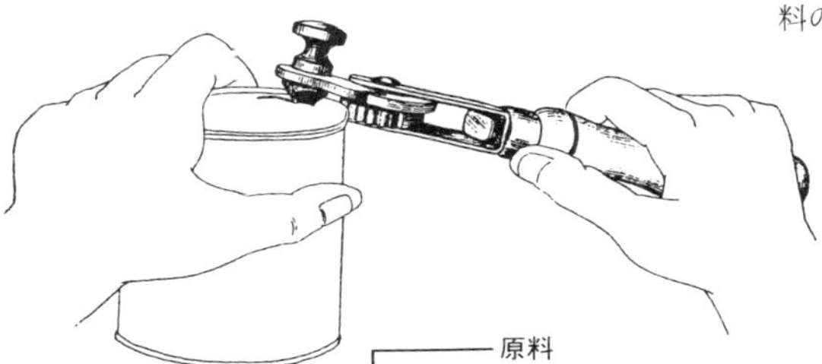

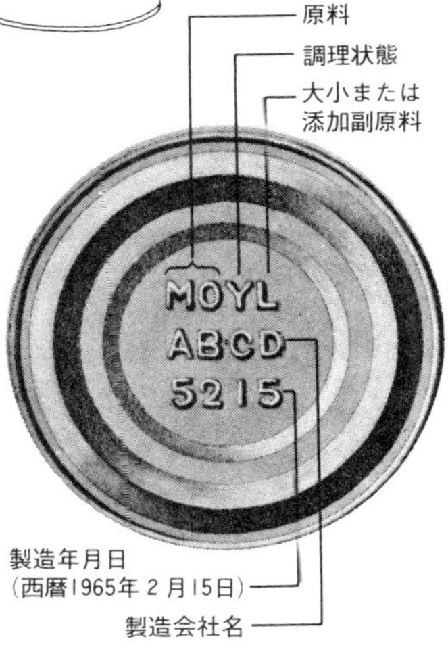

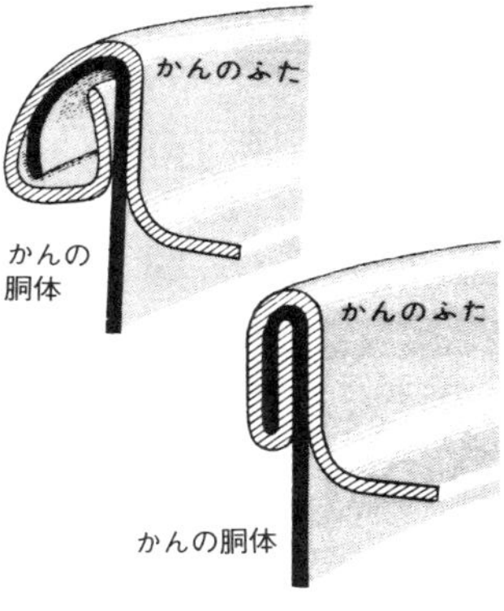

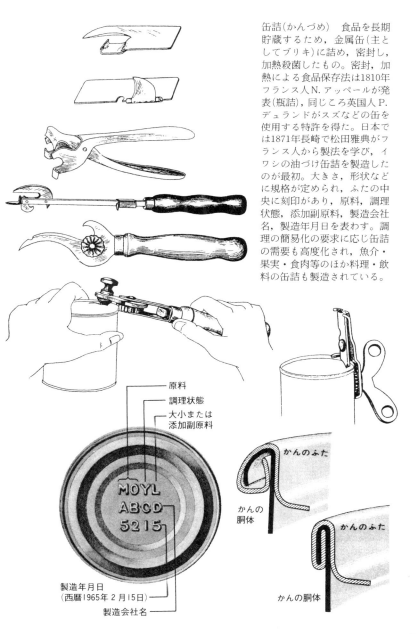

住火 補遺

【台所】だいどころ

炊事調理を行ない食事をつくるところで，平安時代の清涼殿における台盤所に由来する名という。厨（くりや），膳所（ぜんしょ），勝手，割烹（かつぽう）所とも呼ぶ。台所に最も必要なのは水と火で，その供給方法の発達により台所の様式や住居内での位置が変化してきた。

右　明治初期の台所（関東地方）
下　中世の炊事場
《松崎天神縁起絵巻》から

明治・大正ころの割烹器

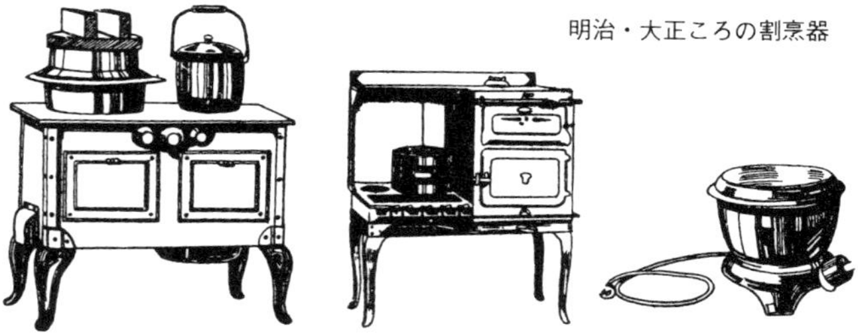

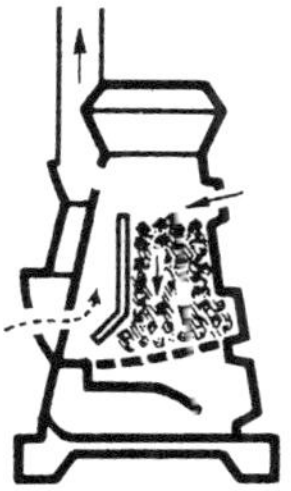

下向き通風式

横向き通風式

上向き通風式

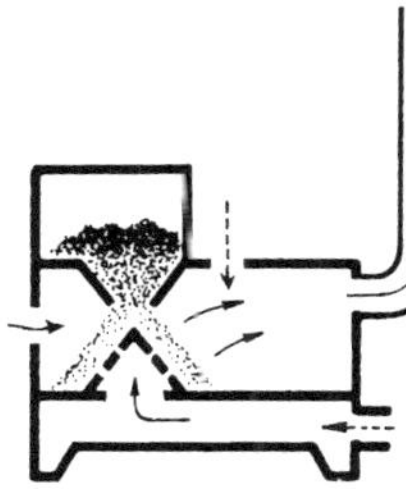

粉炭用ストーブ

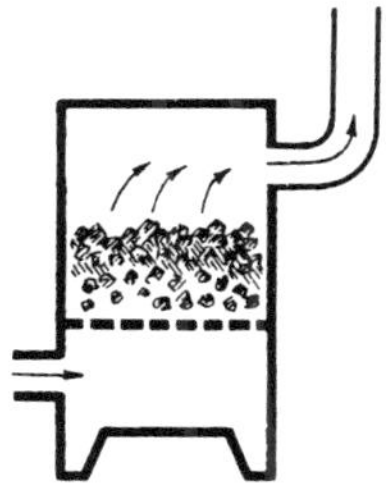

ルンペンストーブ

ストーブ　暖房器具の一種。使用燃料により石炭ストーブ，練炭ストーブ，石油ストーブ，ガスストーブ，電気ストーブ等に分けられ，また，放熱の形態から反射式と対流式に分類される。石炭ストーブにはだるま形のだるまストーブ，１回分の燃料を入れ燃え切るまでたくルンペンストーブ等がある。また，まきやおが屑等を燃料とするストーブや，安価で長時間持続する練炭ストーブもある。

消火器　火災のごく初期に用いる持ち運びのできる消火用器具。使用する薬剤，機構によって各種のものがあるが，いずれも消火剤のもつ冷却効果，窒息効果(空気の遮断)を利用して消火する。

練炭(れんたん)　無煙炭，石炭，コークス，木炭などの粉に，ピッチ，ふのり，パルプ廃液，石灰などを混ぜて練り合わせた後，機械で一定の形に成形した固体燃料。家庭用には500℃くらいで乾留して揮発分や悪臭ガスを除く必要がある。炭団(球形)，豆炭(卵形)，棒炭(円筒形)，穴あき練炭など。このほかに工業用ピッチ練炭がある。

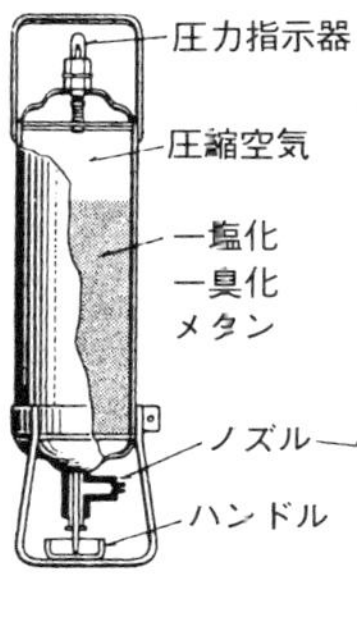

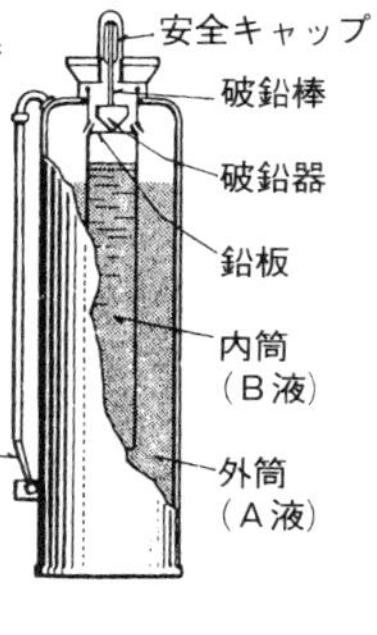

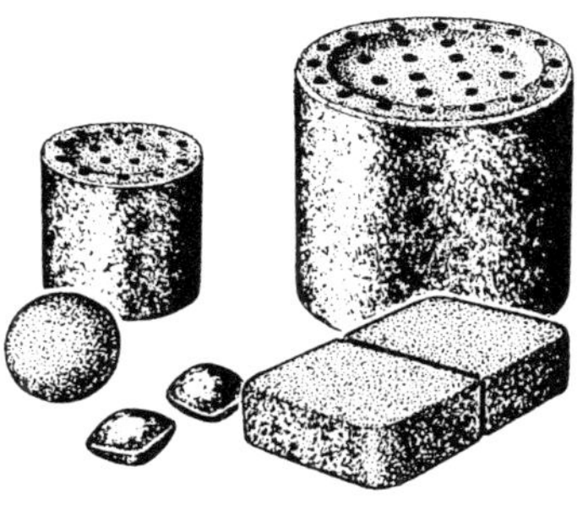

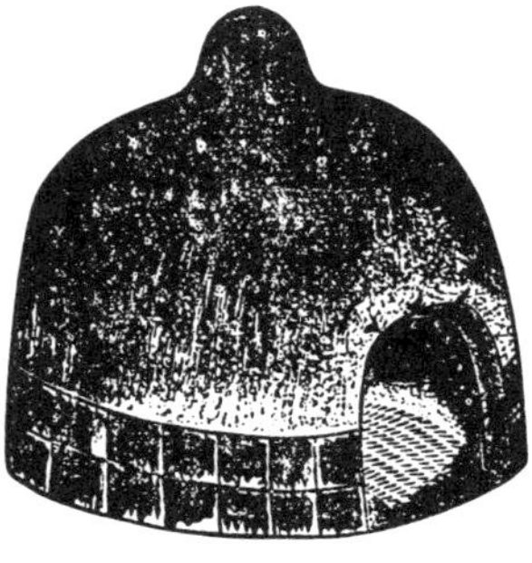

上　塩ぶろ《守貞漫稿》から
左　五右衛門風呂
《東海道中膝栗毛》から
右ページ　明治時代の風呂桶
モースのスケッチから

和風浴室（1960年ごろ）

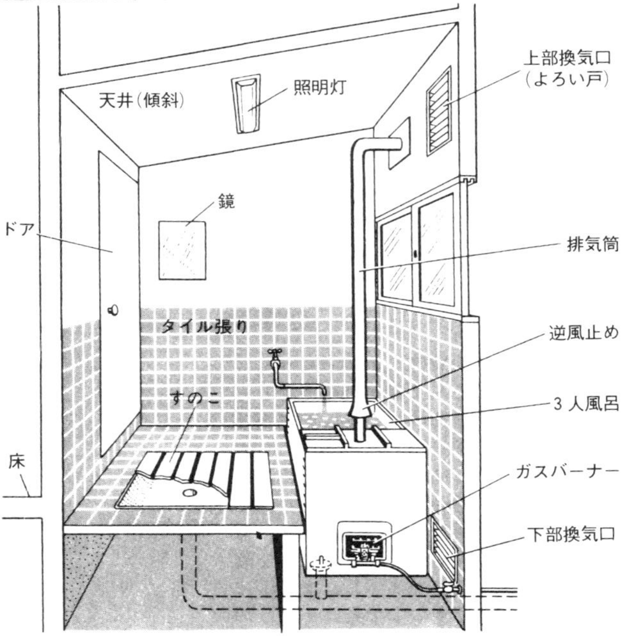

竈風呂(かまぶろ)　釜風呂とも記。京都八瀬の名物で，蒸風呂の一種。高さ約2メートルの土饅頭(どまんじゅう)型の荒壁に，焚口(たきぐち)と出入口兼用の穴が一つある。松葉やアオキなどの生枝をたき，湿らせた塩俵等を敷いてこれから出る蒸気が煙を追い出したころ入浴する。

鉄砲風呂(てっぽうぶろ)　据(すえ)風呂の一種。江戸時代，江戸で多く使用された。桶(おけ)の中に銅製または鉄製の筒を入れ，炭や薪(まき)をたいて沸かすもの。また風呂桶の横に穴をあけ30センチ四方ほどの鉄箱を入れ，この中でたくものもある。

銭湯の風景《鹿の巻筆》から

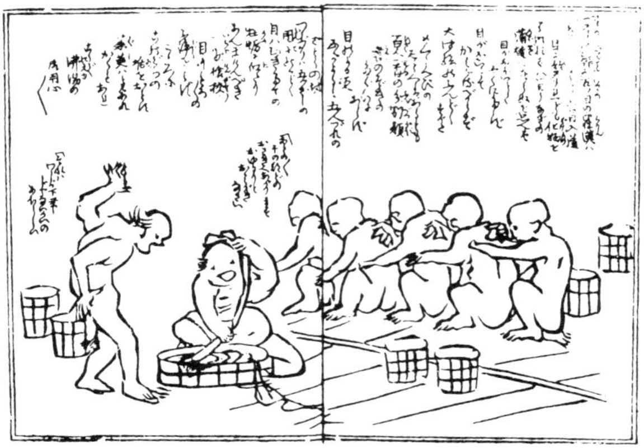

江戸の銭湯《浮世風呂》挿絵

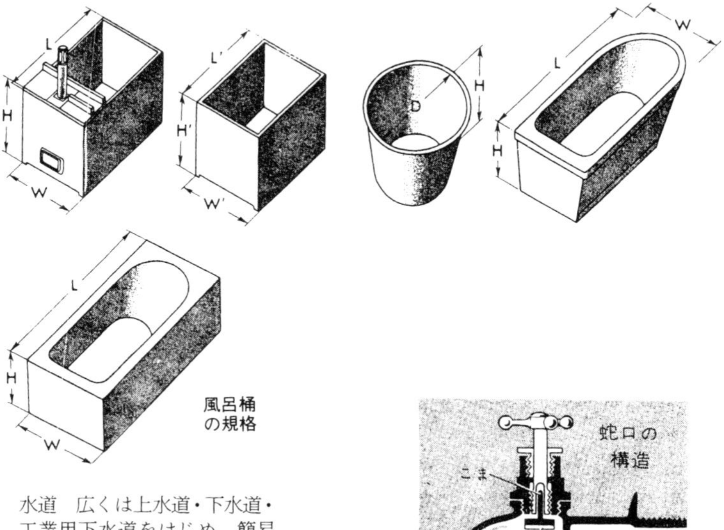

風呂桶の規格

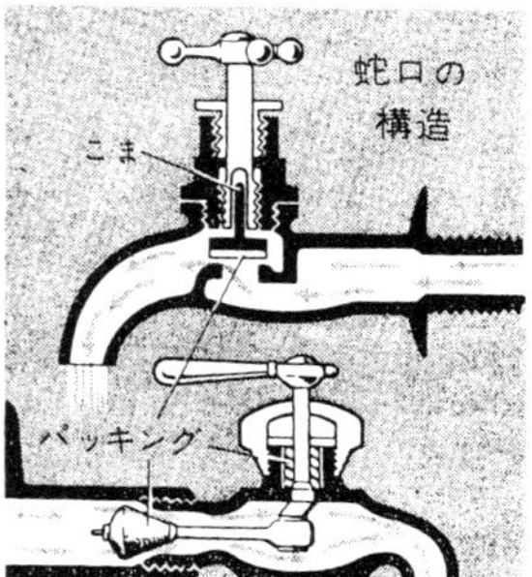

蛇口の構造

水道　広くは上水道・下水道・工業用下水道をはじめ，簡易水道，雑用水道，消火用水道，営農水道などを含む。一般には上水道，特に都市上水道をいうことが多い。飲用に適する水を供給する施設の総称で，水源地から浄水場に導かれた水を，配水池から各需要者に送る配・給水設備全般をいう。

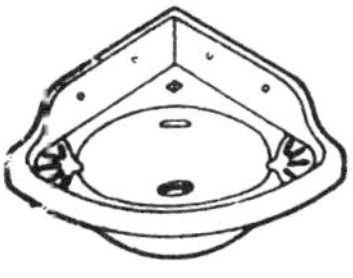

隅付洗面器

壁掛型洗面器

自立型洗面器

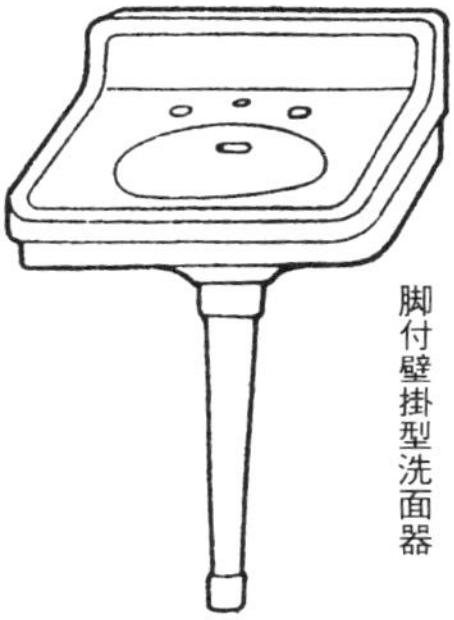

脚付壁掛型洗面器

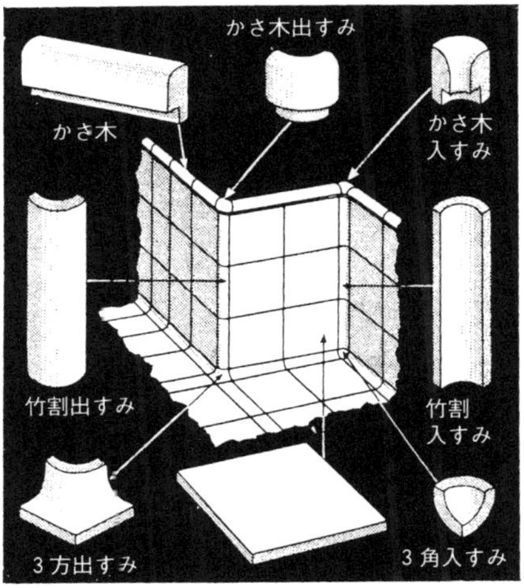

タイル　陶磁器質の平板状焼成品で一般に化粧タイルをいう。耐摩耗性・耐水性にすぐれ施工が簡単なため床・壁仕上材として使用される。素地の種類により磁器質タイル(吸水性がほとんどない)，炻器(せっき)質タイル(吸水性が小さい)，陶器質タイル(吸水性がある)等がある。また形状により煉瓦の長手と同形の二丁掛タイル，煉瓦の小口と同形の小口タイル，色彩の豊富な小型のモザイクタイル等の種類がある。

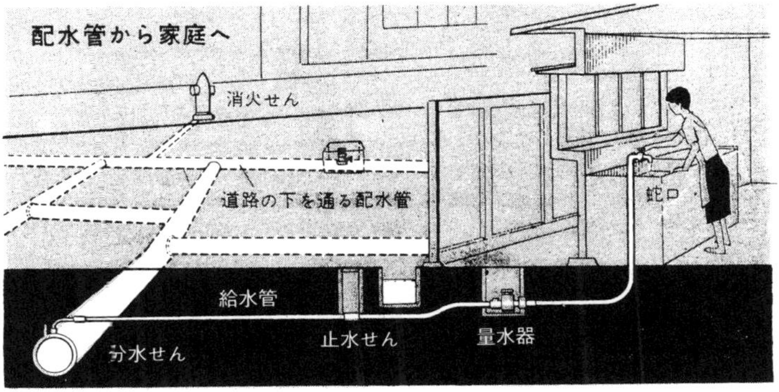

プラットホーム式

《東海道中膝栗毛》
挿絵から

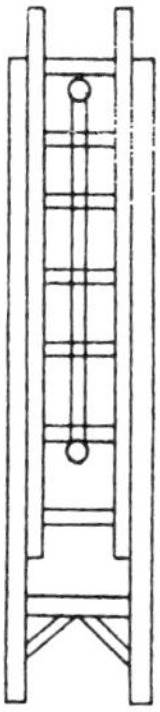

伸縮はしご

移動はしご

蹴込板(けこみいた)　階段で足の乗る踏板と踏板の間の垂直部を蹴込といい，その垂直に立てた板を蹴込板という。また戸棚や流しなど床(ゆか)に近い部分，床框(とこがまち)のない床の間の床板と畳寄せの間に垂直に立てた化粧用の板などをいう。

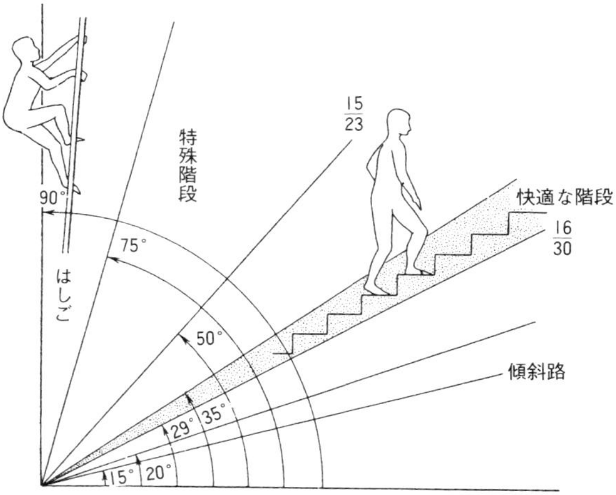

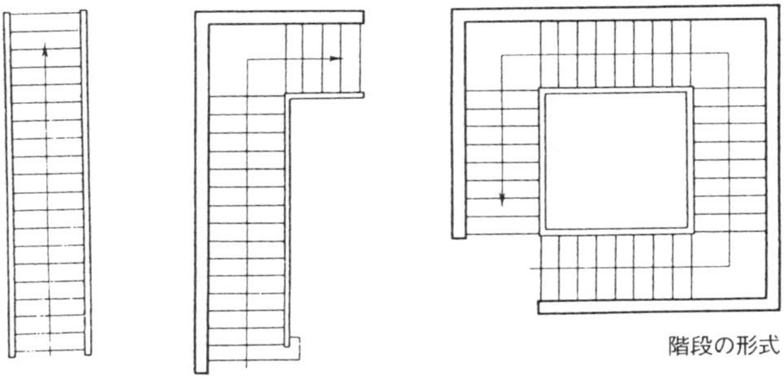

階段の形式

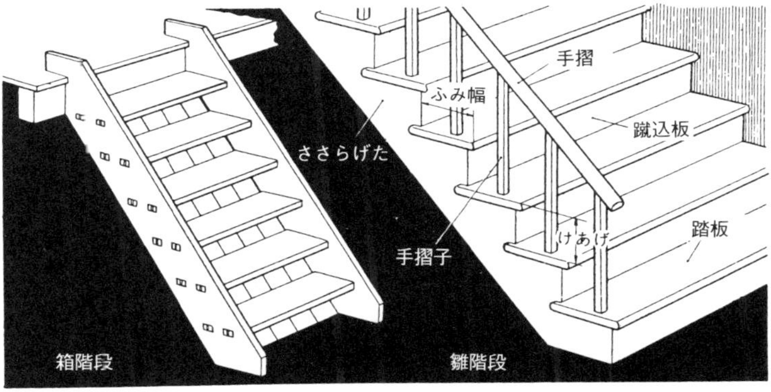

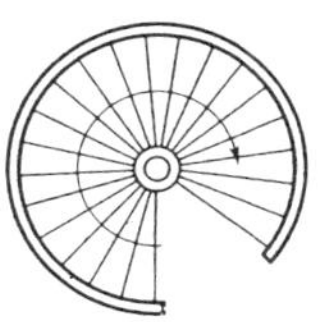

階段の形式

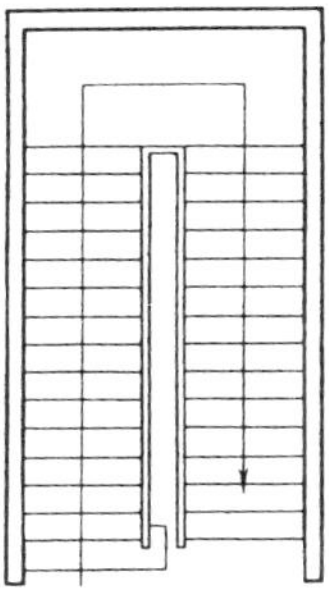

階段　建築の高低差を段によって連絡する通路をいい，一般には手摺(てすり)および踊場をもつ。足が乗る面を踏面(ふみづら)，それに直角な垂直面を蹴上(けあげ)という。直進階段，90°また180°曲がる曲折階段，面積は節約できるが踏面が三角形に近くなるらせん階段などがある。

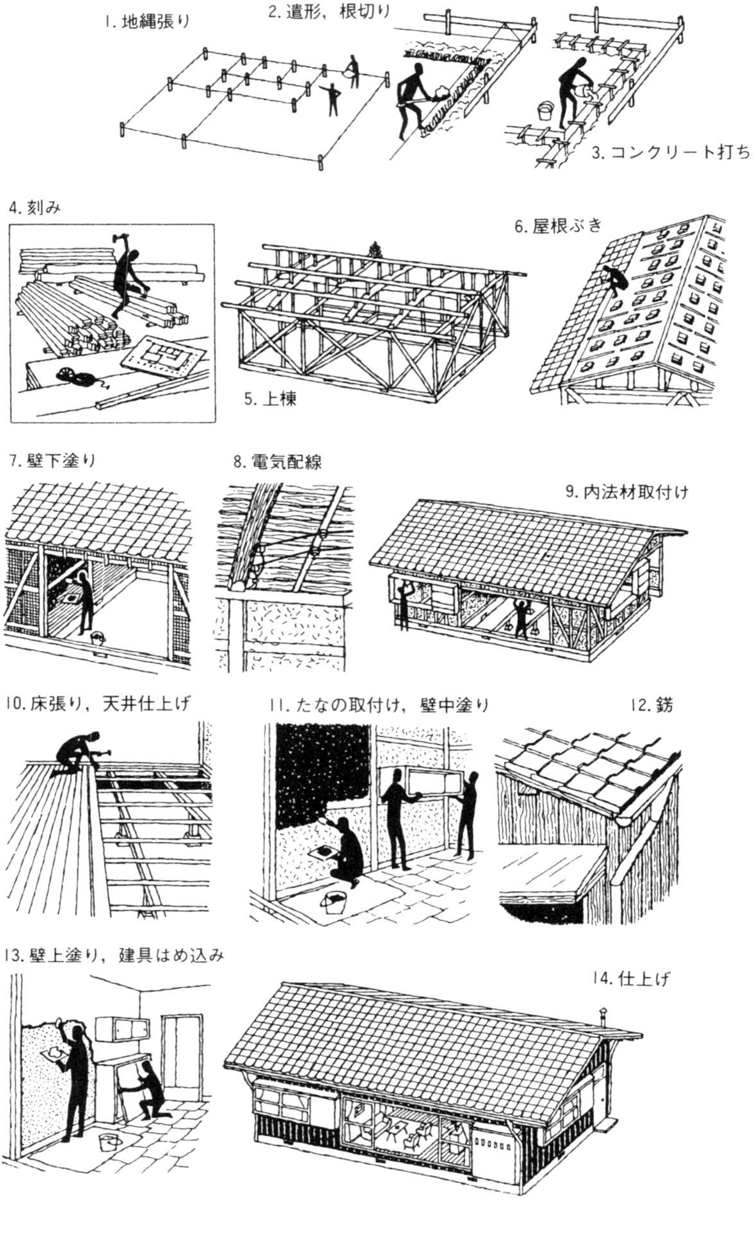
1. 地縄張り
2. 遣形，根切り
3. コンクリート打ち
4. 刻み
5. 上棟
6. 屋根ぶき
7. 壁下塗り
8. 電気配線
9. 内法材取付け
10. 床張り，天井仕上げ
11. たなの取付け，壁中塗り
12. 錺
13. 壁上塗り，建具はめ込み
14. 仕上げ

木造家屋のできるまで

1. 地縄(じなわ)張り　まず地固めした土地に縄を張って家の位置をきめる。2. 遣形(やりかた)，根切り　杭と貫(ぬき)で水平の基準を作り，基礎のみぞを掘る。3. コンクリート打ち　仮わくを作ってコンクリートを打つ。4. 刻み　現場の基礎工事の間，別の作業場で木材を刻む。5. 上棟(じょうとう)　基礎の上に骨組みを組み立てる。6. 屋根ぶき　下ぶきの上に瓦をふく。7. 壁下塗り　こまいや筋違を取り付け下塗りする。8. 電気配線　小屋裏の配線や床下の配管などの工事を行なう。9. 内法(うちのり)材取付け　敷居，かもい，なげし，階段などを骨組みに取り付ける。10. 床張り，天井仕上げ　大引，根太の上に床板を張り，天井も張る。11. たなの取付け，壁中塗り　荒壁のうちに造付けのたなを取り付け，壁の中塗りをする。12. 錺(かざり)　とい，ひさしなどの工事をする。13. 壁上塗り，建具はめ込み　壁の上塗りをし，建具をはめる。14. 仕上げ　床のあく洗い，器具取付け，畳はめ込みなどを行なう。

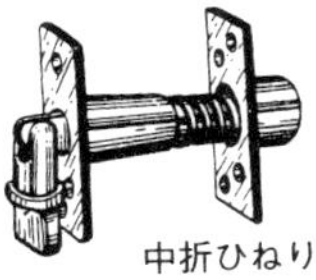

中折ひねり締り

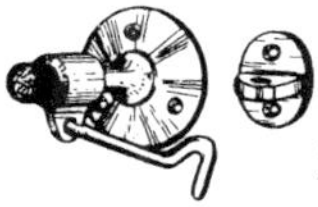

戸当りとあおり止め

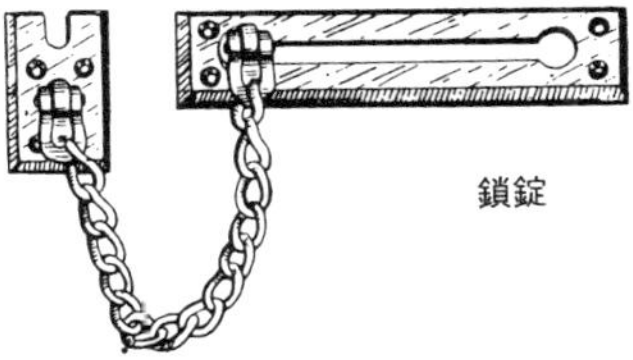

鎖錠

シリンダ錠は，シャーラインが一致したときに回転する。レバータンブラ錠はかぎの回転につれて，左図から右図のように，まずタンブラが上がり次いで右の窓にあった止めピンはゲートを通り，左の窓に移って錠がかかる。

ウォード錠

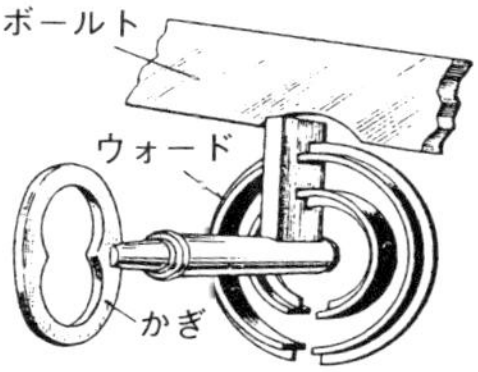

シリンダ錠

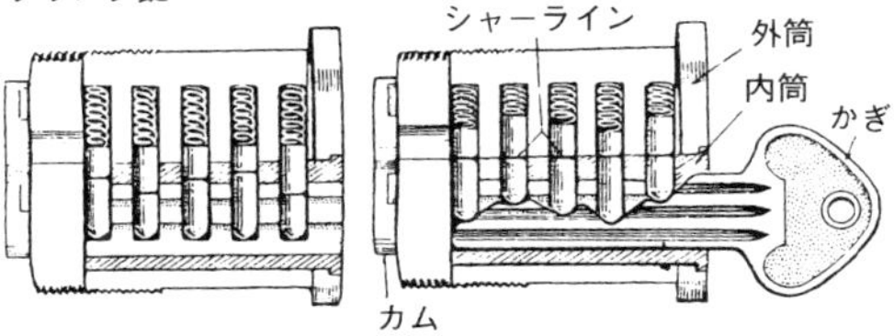

レバータンブラ錠

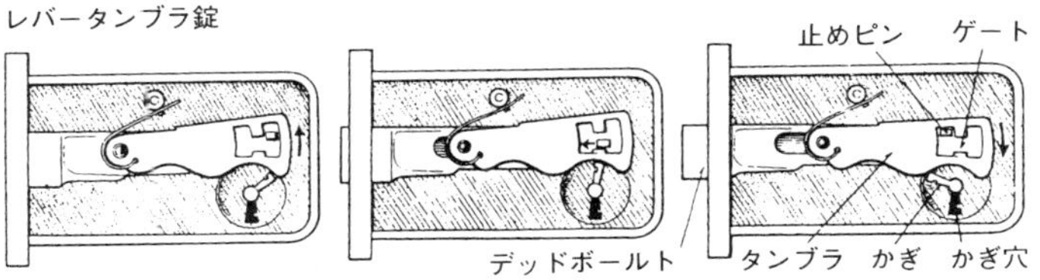

梲(うだつ)　「うだち」とも。京都・大阪・奈良を中心とする近畿地方の民家で用いられている，棟木をささえるための梁上の束(つか)。長屋に用いられた場合は各家の境を分けるという機能ももっていたらしいが，「うだつが上がる」という俗諺があるように，富や格式の象徴の一つとされていた。

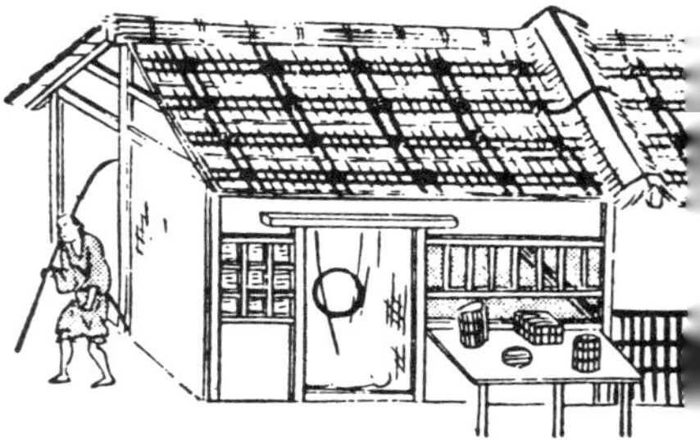

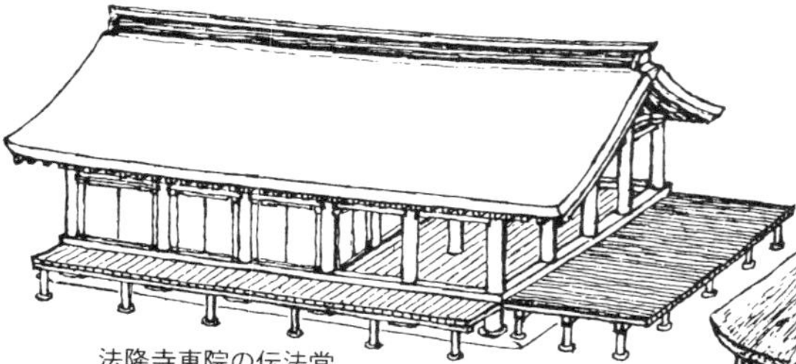

法隆寺東院の伝法堂

竪穴住居

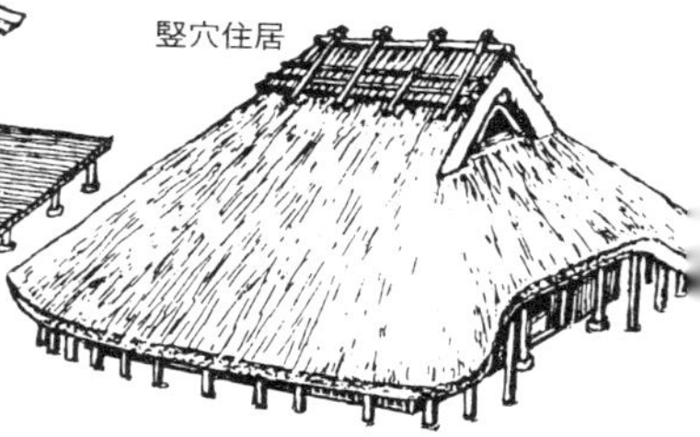

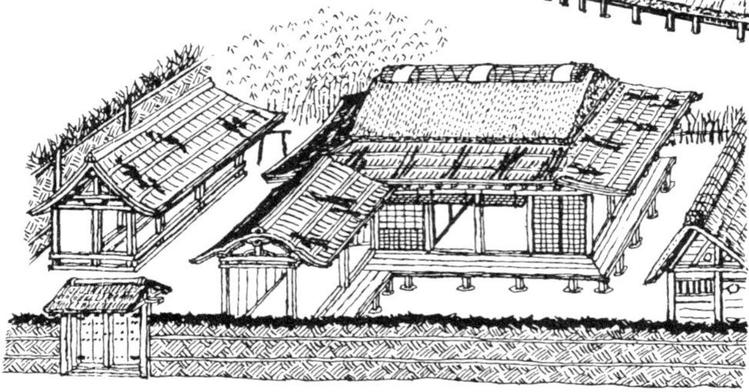

鎌倉時代の邸宅

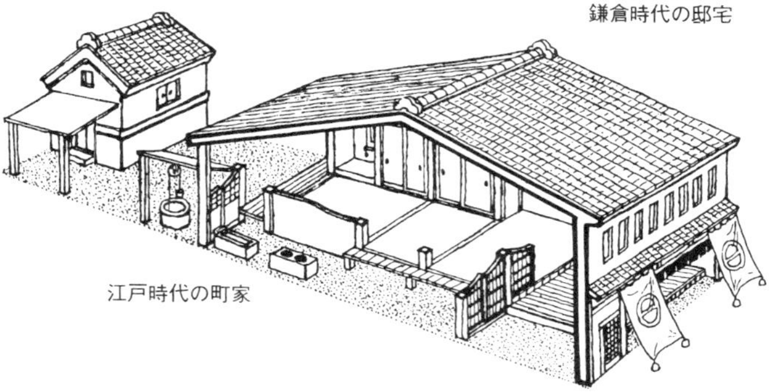

江戸時代の町家

平安時代の町家

上　梲《洛中洛外図屏風》から
左　日本の住宅の歴史

室町時代の町家

校倉(あぜくら)　横木を井桁(いげた)に積み上げげた倉。木材の豊富な地方にみられる原始的な構築法で，外国では住宅にも用いられている。日本では奈良時代に広く行なわれ，正倉院宝庫，唐招提寺宝蔵などが現存。断面三角形の木を用い，稜(りょう)の一つを外側に向け，平面を内側に向けて内壁としている。

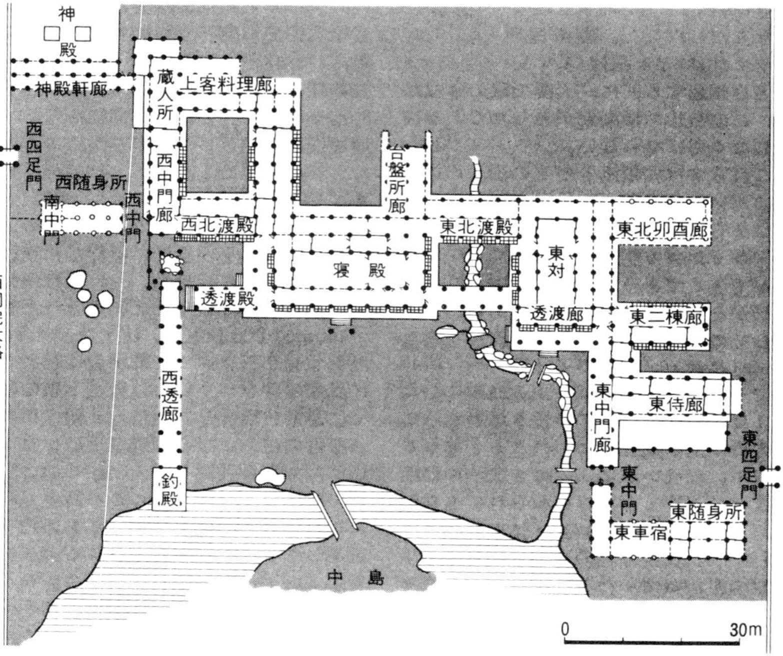

上　平安時代の住宅建築　東三条殿(寝殿造)の復原プラン
右ページ　桃山時代の書院造と障壁画の描かれた場所

寝殿造(しんでんづくり)　平安～室町時代の貴族住宅の形式。方1町の敷地の中央部に主屋である寝殿を置き，正面(南)の庭に舟遊びなどのための池を掘る。寝殿の東・西・北・北東・北西に必要に応じて対屋(たいのや)を設け，それぞれを渡殿(わたどの)で連絡，東・西対屋から池に向けて中門廊を突き出し，その先端に池に臨む釣殿を建てる。中門廊の中ほどに中門を開き，玄関とする。敷地は築地(ついじ)で囲み，東，西，北に門を設ける。寝殿，対屋の内部は，中央部の母屋(もや)とその周囲の庇(ひさし)で構成し，母屋の一部に塗籠(ぬりごめ)と呼ばれる小室を設置。外部との仕切には蔀戸(しとみど)と妻戸を用い，その外に簀の子敷(すのこじき)をつける。寝殿造の形式は，内裏(だいり)の影響を受けて10世紀初めに完成したと思われるが，当初からその完形は少なく，平安末には貴族の窮乏によって，寝殿と中門廊のみの省略形が大部分を占めた。室町時代になって書院造の諸要素が混入し，やがて衰微した。

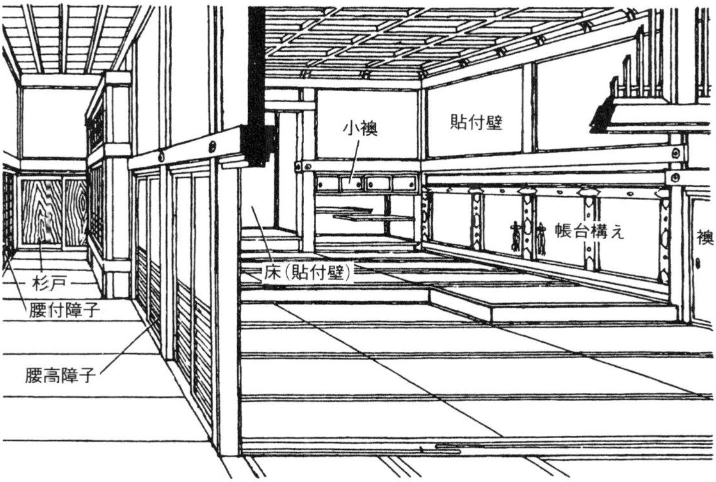

書院造(しょいんづくり)　室町末～桃山時代に完成した武家住宅の形式。寝殿造に比し，非常に複雑な構成をもつ。内部空間は，接客部分，家族の生活部分，台所など使用人の生活部分などに区分される。おもな部屋の内部には，座敷飾として床(とこ)，棚，付書院を設け，襖(ふすま)には絵を描いた。屋敷の周囲には家臣の住む長屋や土塀(どべい)を築き，正面(東)に御成門と平棟(ひらむね)門を配する。御成門は接客用の広間につながる。代表的遺構は園城(おんじょう)寺の勧学院客殿および光浄院客殿，二条城二の丸殿舎など。書院造は今日の住宅形式にもなごりをとどめている。

築山(つきやま)　日本庭園に築かれる人工の山。

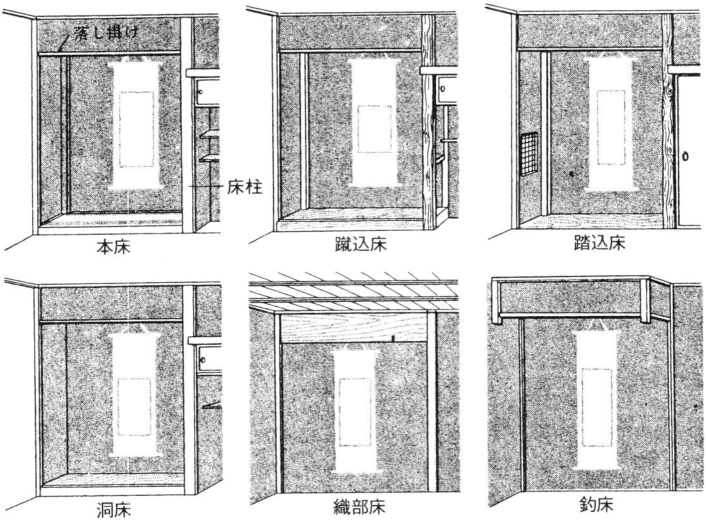

床の間(とこのま)　日本建築において，床(ゆか)を一段高くし書画をかけ，器物等を飾るところ。左右の柱のうち棚との間にある化粧柱を床柱，下の横木を床框(とこがまち)という。床框に板をはめた蹴込(けこみ)床，台を置いた置床，壁の上部に板を打ち，軸をかけられるようにした織部(おりべ)床，釣床などがある。

シーボルトの見た床の間

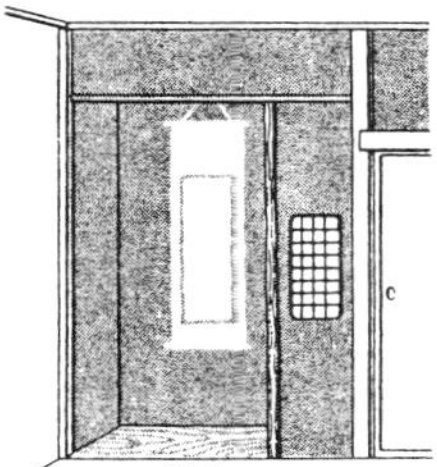

袋床

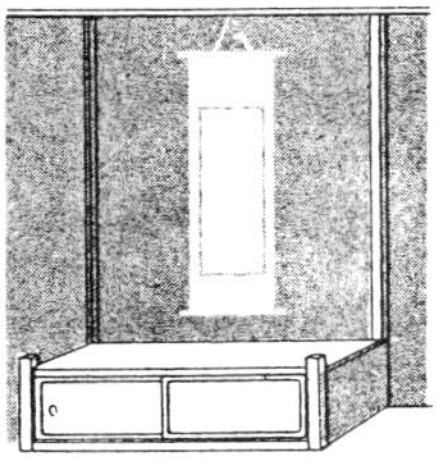

置床

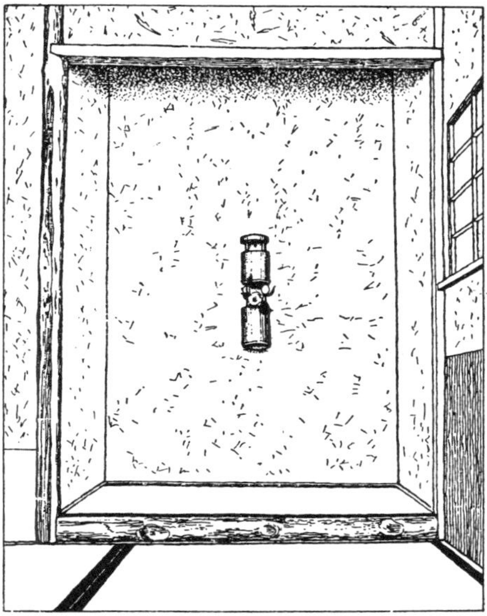

《夜なが》をかけた待庵の床

下地窓

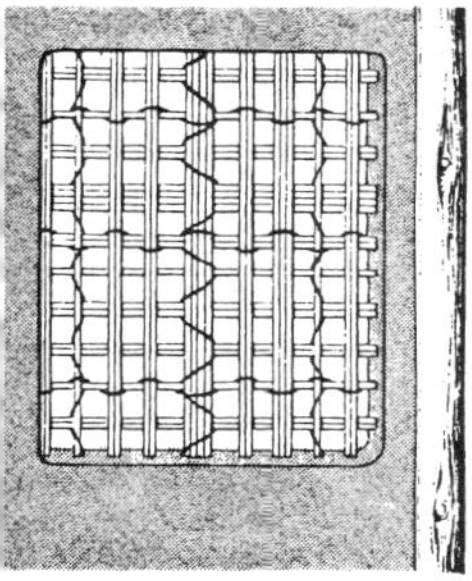

丸窓

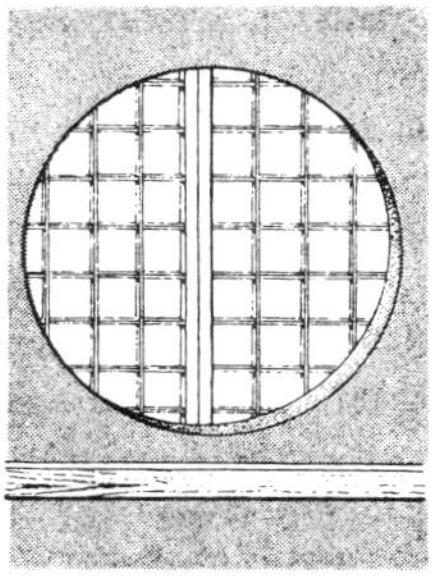

畳(たたみ)　和室の床上に敷く日本独特の敷物の一種。わら製の畳床にイグサで織った畳表をのせ，縁(へり)をつける。古代の寝殿造では座具として使用されたが，室町以降書院造が完成されてから部屋全体に敷くようになった。

畳の敷き方　縁が十字にならないように敷く

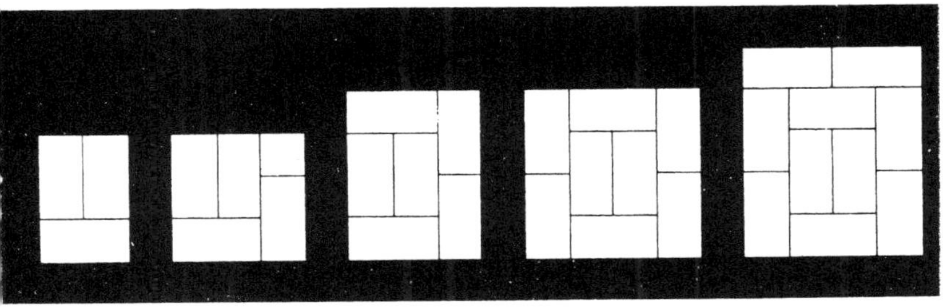

佛神 補遺

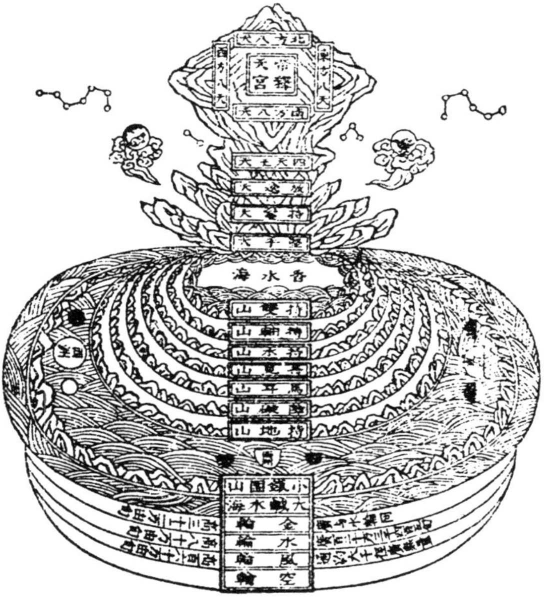

須弥山(しゅみせん)　古代インドの宇宙説にある想像上の霊山。梵(ぼん)語の音写で，蘇迷盧(そめいろ)・須弥留(しゅみる)とも。妙光山・妙高山と漢訳される。世界の中心をなす高山で，山の下には地輪(金輪)，水輪，風輪の順に重なり，麓には九山八海が交互に取り囲み，最も外側に人間の住む南閻浮提(なんえんぶだい)がある。中腹の四方には四天王，頂上には帝釈天(たいしゃくてん)の宮殿があり，三十三天を形成する。日月は山の中腹を回るという。典型的な天動説的世界観で，インド人の思想と仏教徒を長く支配した。

虚空蔵菩薩

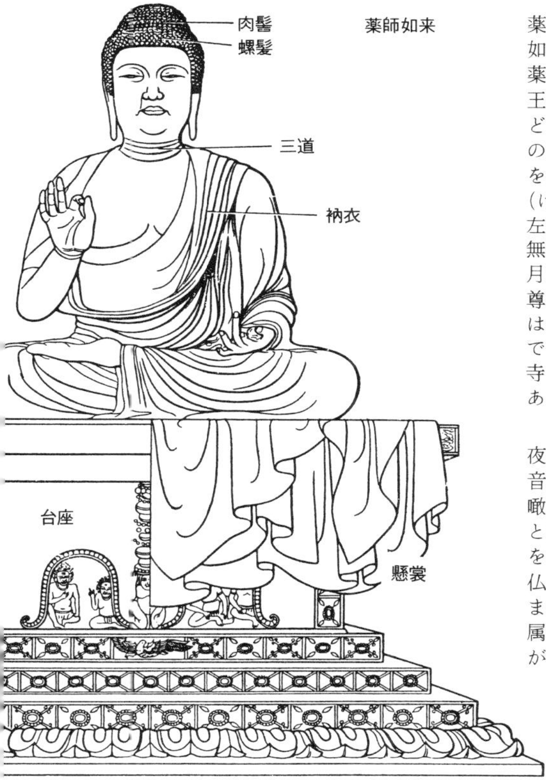

薬師如来

薬師（やくし）　薬師仏，薬師如来の略。仏教の仏の一つ。薬師瑠璃（るり）光如来，大医王仏，医王善逝（ぜんせい）などとも呼ぶ。東方浄瑠璃世界の教主で，病気を除き，諸根を具足させて，衆生を解脱（げだつ）へ導く仏とされる。左手に薬壺を持ち，右手は施無畏（せむい）印。日光菩薩，月光菩薩を脇侍とし，薬師三尊と呼ばれる。また十二神将はその眷属（けんぞく）。日本でも古くから信仰され，薬師寺の三尊像ほか多くの遺作がある。

夜叉（やしゃ）　梵（ぼん）語の音写。薬叉，夜乞叉とも。能噉鬼（のうかんき），暴悪などと訳。羅刹（らせつ）と並び人を傷つけ，人肉を食う悪鬼。仏典では人の悪心を象徴する。また毘沙門（びしゃもん）天に属し，衆生守護の神にも夜叉がある。

軍荼利明王

夜叉

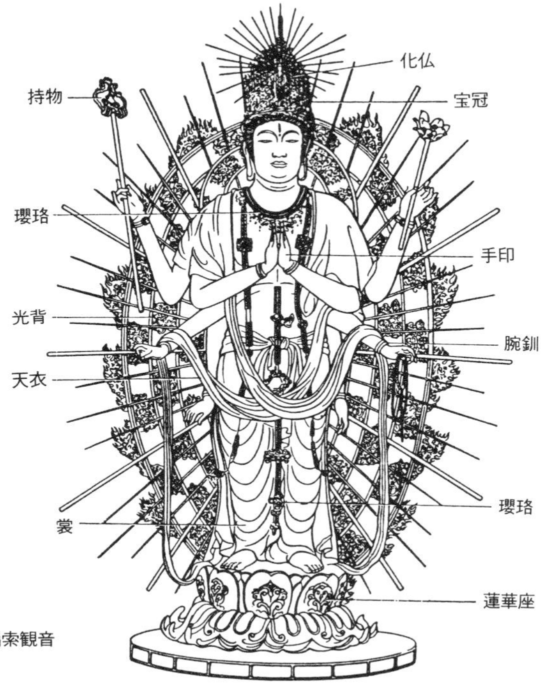

不空羂索観音

魚籃観音

韋駄天

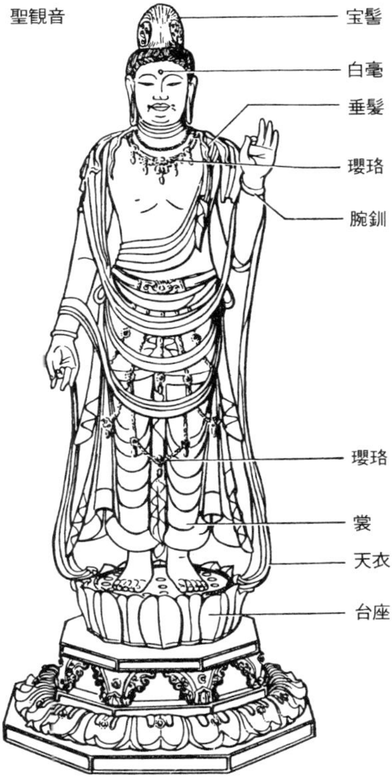

聖観音

韋駄天(いだてん)　仏教を守護する天部の善神。梵(ぼん)語の音訳。四天王のうち南方増長天の八将の一人で，寺院の伽藍(がらん)を守る神。俗に足の速い神とされ，比丘(びく)の力弱く悪魔に悩まされるとき走り来たって救うためとも，仏入滅のとき，足疾鬼がその遺骨(仏舎利)を奪い逃げたのを追って取り戻したためともいう。

阿修羅(あしゅら)　梵(ぼん)語の音写。修羅と略。六道の一。また，戦闘を好み，帝釈天(たいしゃくてん)と争う悪神。修羅の巷(ちまた)，修羅場などの語はここから起こった。また仏教擁護の神として八部衆の一人。図像上では三面六臂(ろっぴ)，忿怒(ふんぬ)の相を示す。

阿修羅

降三世明王

相輪(そうりん)　仏塔の頂上の飾りで，インドの後期ストゥーパに起原。木造塔では青銅製，鉄製が多い。構造は伏盤，伏鉢，請花，九輪(宝輪)，水煙，竜車，宝珠からなり，塔の全高の3分の1程度がふつうである。

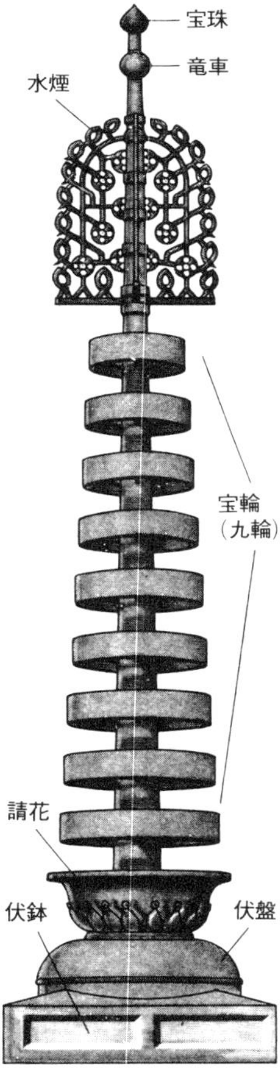

相輪の各部名称

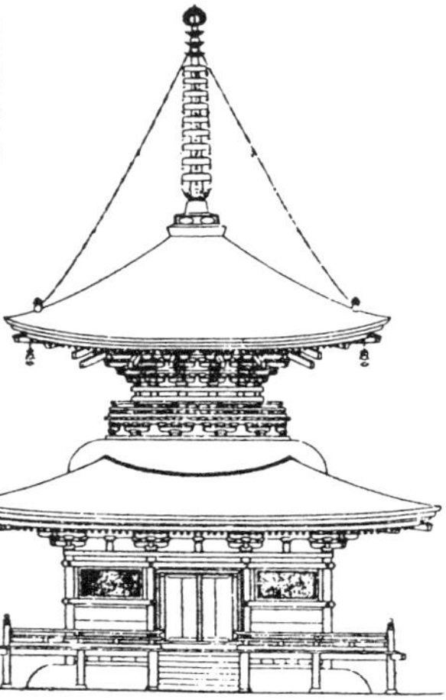

石山寺多宝塔

多宝塔　一般には初重が方三間で，上層の軸部が円筒形をなし，その連続部が亀腹(かめばら)といい饅頭形をしている塔をいう。元来は法華経の《宝塔品》所説により，釈迦・多宝2仏が並座する塔の意味。遺構は鎌倉期の石山寺，金剛三昧院(高野山)，慈眼院(大阪)などがある。

五重塔(ごじゅうのとう)　5層建ての仏塔。第1層の中央に仏壇をつくって仏像を安置し，内部を装飾するが，第2層以上は構造材を露出し，室としての設備はしない。この点は三重塔など多重塔に共通している。法隆寺，室生寺，興福寺等国宝に指定されているものが多く，最も高いのは東寺の塔で約55メートル。

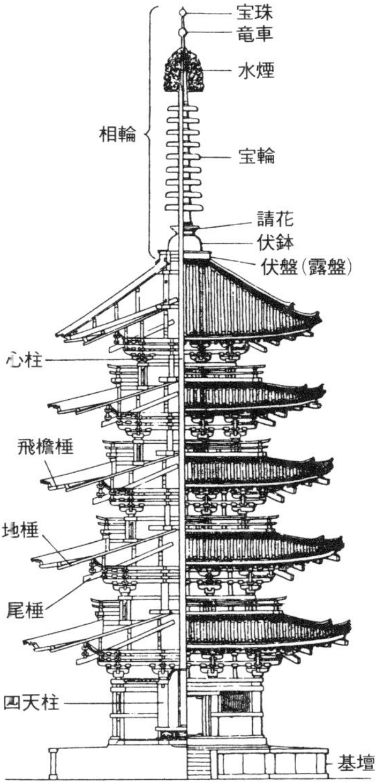

塔　仏教国では仏舎利崇拝を起原とするストゥーパの築造に始まり，高塔に発展して仏教信仰の中心となった。日本でも明治期に西洋建築が入ってくるまで，塔は仏塔に限られ，木や石を材料としてつくられた。寺院の大塔としては木造塔が多く，三重塔や五重塔等の多層塔と多宝塔がふつうで，石塔は宝篋(ほうきょう)印塔や五輪塔等供養塔や墓塔としてつくられた小規模のものが多い。

ストゥーパ　インドの仏教の墳墓。本来は仏舎利を納めたものであるが，前3世紀にアショカ王が各地に建ててからは記念碑的性格も帯びるようになった。ストゥーパを音写した卒塔婆(そとば)など，塔，浮屠(ふと)等の語源になっている。時代，土地によって形は変わるが，基，覆鉢(塔身)，平頭，傘蓋(さんがい)の四つを基本要素とする。サンチーの大塔が代表とされる。

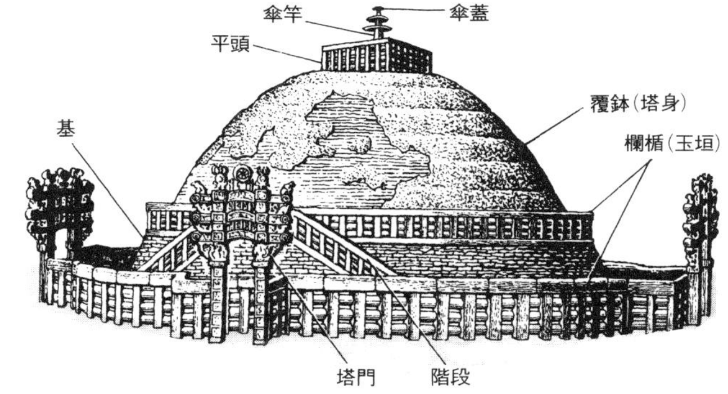

葬式　死者を葬る儀式。宗教により様式が異なる。日本では仏教の伝来以来，皇室から民間にいたるまで仏式が普通。江戸時代，キリシタン禁圧のため宗門改が行なわれ，各人が檀那(だんな)寺の帰依者であることの証明が必要とされるようになって，この傾向は一層強まり，わずかに神職者や儒家の間で神葬や儒葬が行なわれたにとどまる。しかし明治維新の廃仏毀釈(きしゃく)により皇室は神式に改められ，一般にも広まった。

右　縄文時代の屈葬
下　神葬式葬具

屈葬(くっそう)　死者の手足の関節を折り曲げて埋葬すること。日本では縄文(じょうもん)時代に盛行したが弥生(やよい)時代にすたれた。屈葬を行なう理由については，就寝もしくは母胎内の胎児の姿勢をとらせたとする説など種々あるが，死者の霊が迷い出るのを防ぐためとする説が有力。

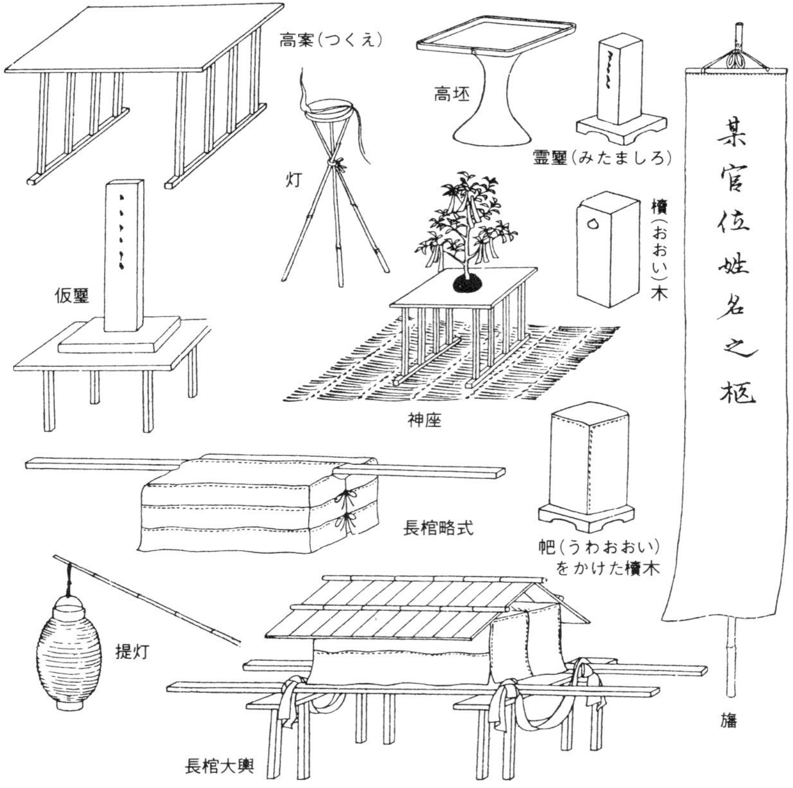

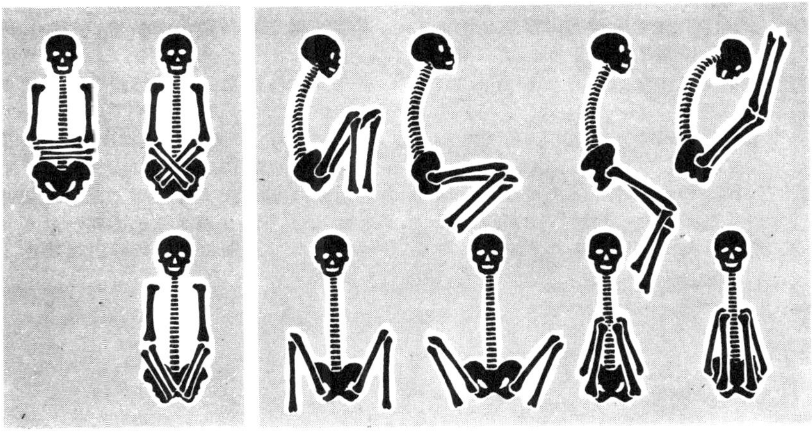

石棺(せっかん)　石製の棺。数個の石材を組み合わせた組合せ式石棺と，一つの石材をくりぬいた刳抜式石棺とがある。日本の古墳時代には，割竹形石棺，舟形石棺，家形石棺(以上刳抜式)，長持形石棺(組合せ式)などがある。

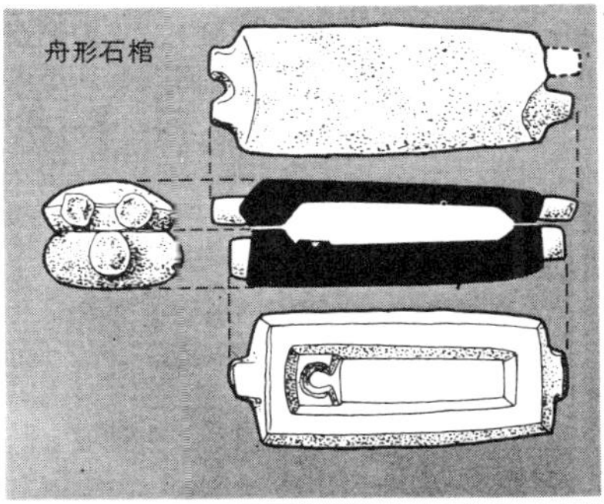

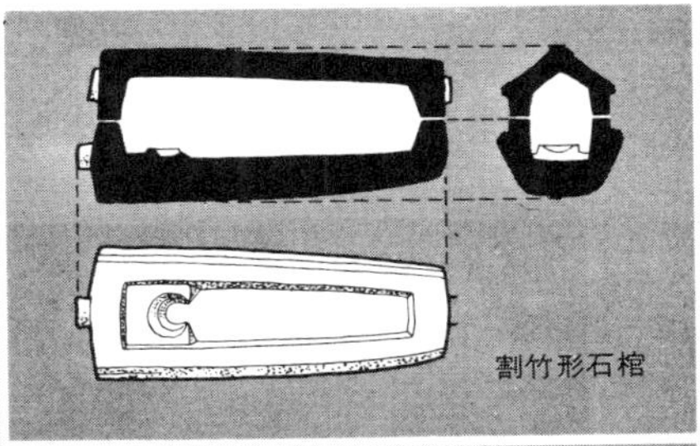

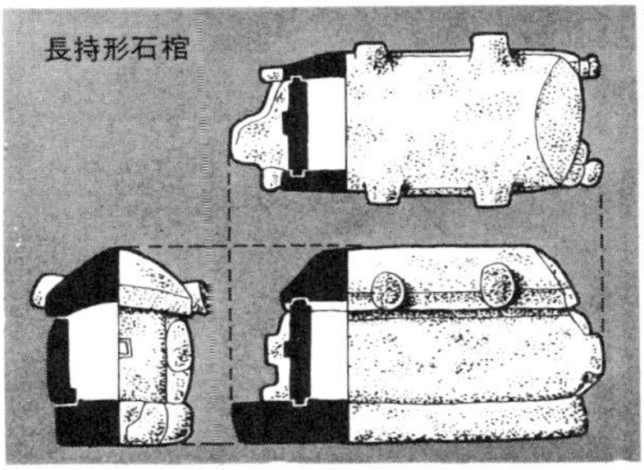

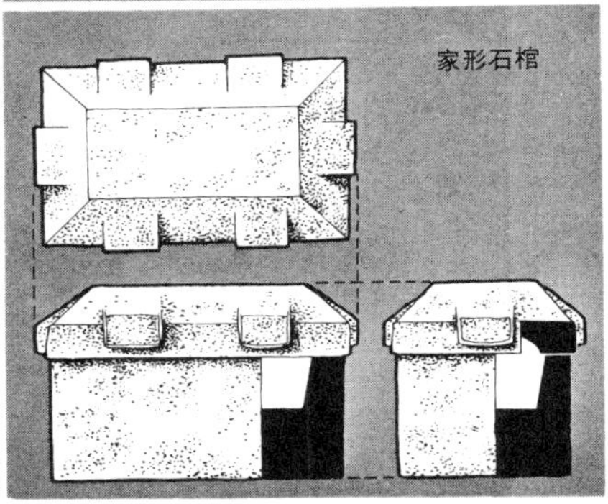

䷌	乾離 上下	天火同人
䷍	離乾 上下	火天大有
䷎	坤艮 上下	地山謙
䷏	震坤 上下	雷地豫
䷐	兌震 上下	澤雷隨
䷑	艮巽 上下	山風蠱
䷒	坤兌 上下	地澤臨
䷓	艮坤 上下	風林観
䷔	離震 上下	火雷噬嗑
䷕	艮離 上下	山火賁
䷖	艮坤 上下	山地剝
䷗	乾震 上下	地雷復
䷤	巽離 上下	風火家人
䷥	離兌 上下	火澤睽
䷦	坎艮 上下	水山蹇
䷧	震坎 上下	雷水解
䷨	艮兌 上下	山澤損
䷩	巽震 上下	風雷益
䷪	兌乾 上下	澤天夬
䷫	乾巽 上下	天風姤
䷬	兌坤 上下	澤地萃
䷭	坤巽 上下	地風升
䷮	兌坎 上下	澤水困
䷯	坎巽 上下	水風井
䷼	巽兌 上下	風澤中孚
䷽	震艮 上下	雷山小過
䷾	坎離 上下	水火既濟
䷿	離坎 上下	火水未濟

☰	☷	☳	☴	☵	☲	☶	☱
乾	坤	震	巽	坎	離	艮	兌

八卦

八卦(はっけ)　「はっか」とも。易(えき)による占いの基本となる８種の図形。☰乾(けん)，☷坤(こん)，☳震(しん)，☴巽(そん)，☵坎(かん)，☲離，☶艮(ごん)，☱兌(だ)の八つ。これを組み合わせたものが64卦。この形を得るために算木を操作する。八卦は伏羲(ふくぎ)の創作と伝えられる。易占の基本として，易占と同義にも用いられる。

筮竹(ぜいちく)　易(えき)に基づく占いの用具。めどきとも。長さ30センチくらいの細い竹50本を使用する。これを一定の方式に従って両手でさばき，片手でつかみとった数によって算木を配列する。

算木(さんぎ)　易(えき)による占いに用いる道具。中国では卦子(かし)とも。1.5センチ角で長さ９センチくらいの６本の棒で１組をなし，棒の２面は黒色で陽爻(ようこう)(⚊)を，他の２面には中央に溝を掘り赤色などで目印をつけ陰爻(いんこう)(⚋)を表わす。筮竹(ぜいちく)の操作により得た爻を上から順番に並べ卦をつくる。６爻を得るためには，18回の筮竹の操作が必要でその記憶のため考案されたものといわれる。

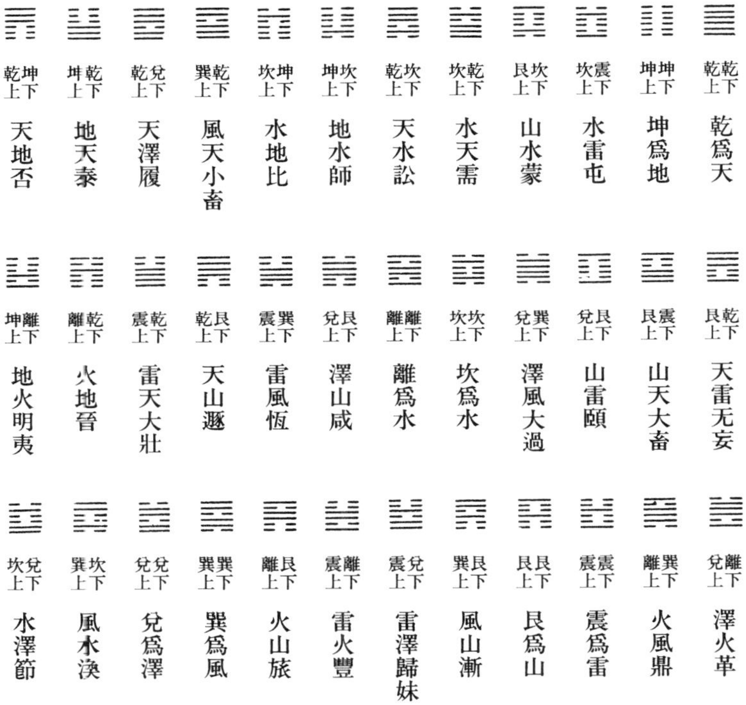

乾乾 上下 乾爲天
坤坤 上下 坤爲地
坎震 上下 水雷屯
艮坎 上下 山水蒙
坎乾 上下 水天需
乾坎 上下 天水訟
坤坎 上下 地水師
坎坤 上下 水地比
巽乾 上下 風天小畜
乾兌 上下 天澤履
坤乾 上下 地天泰
乾坤 上下 天地否
艮乾 上下 天雷无妄
艮震 上下 山天大畜
兌艮 上下 山雷頤
兌巽 上下 澤風大過
坎坎 上下 坎爲水
離離 上下 離爲水
兌艮 上下 澤山咸
震巽 上下 雷風恒
乾艮 上下 天山遯
震乾 上下 雷天大壯
離乾 上下 火地晉
坤離 上下 地火明夷
兌離 上下 澤火革
離巽 上下 火風鼎
震震 上下 震爲雷
艮艮 上下 艮爲山
巽艮 上下 風山漸
震兌 上下 雷澤歸妹
震離 上下 雷火豐
離艮 上下 火山旅
巽巽 上下 巽爲風
兌兌 上下 兌爲澤
巽坎 上下 風水渙
坎兌 上下 水澤節

上　六十四卦名義
左　江戸時代の易占師

易(えき)　古代中国に起原をもつ占いの方法。筮竹(ぜいちく)，算木の操作によって，卦(け)のある形を出し，それに該当する《易経》の卦辞(かじ)，爻辞(こうじ)などをみて吉凶，運勢を判断する。漢代には民間にも流行し，鄭玄(じょうげん)は「変易，不易，簡易」の三つを易の意にこめた。日本への伝来は儒教と同時とみられるが，一般に流行したのは平安中期以後である。

こっくり　狐狗狸と書く。民間で行なわれている占い。30センチ前後の3本の竹の棒の中ほどを縛り，交差して立て，その上に盆をのせる。盆のまわりに3人がすわり，各自右手指で盆を押え，1人が祈禱(きとう)し，ささえの棒の動きで吉凶を占う。特に明治中期，各地に流行した。

上　こっくり
左　天児

天児(あまがつ)　幼児の魔除(まよけ)として枕もとに置いた人形。木や竹で十字架に作った体に首をつけ，幼児の衣装を着せた。幼児が這(は)う形を模した練絹製の人形も用いられ，これを這子(ほうこ)，御伽(おとぎ)這子と称した。

辻占(つじうら)　日暮どき，辻に立って，行きずりの人の言葉を聞き，それによって吉凶を判断する占い。中世には複雑化し，呪文(じゅもん)に似た歌を唱えて辻に出るようになったが，江戸時代には占いの言葉を書いた紙片を売る辻占売りが生じた。また女性はツゲの櫛(くし)をもち辻に出る風があった。行路の神の意思を聞くという信仰から生まれたといわれる。

市子(いちこ)の図

口寄(くちよせ)　巫女(みこ)の霊媒。死霊の言葉を巫女の口を通じて伝える死口(しにくち)，生霊を寄せる生口(いきくち)，吉凶を示す神口など。東北ではいたこ，関東では梓(あずさ)巫女，九州ではいちじょうという。

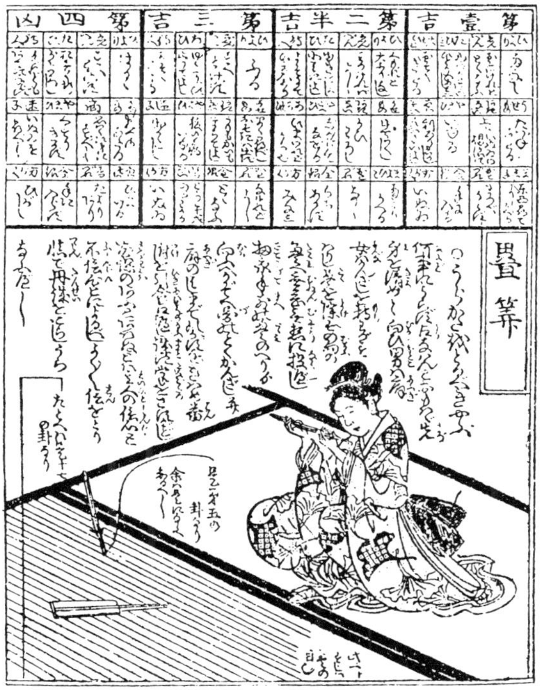

右　畳算　投げた扇子と畳の目の関係で占う

上　辻占

いたこ　東北地方の巫女(みこ)。いちこ。口寄(くちよせ)を業とし，青森県では日を決めて集まり，頼みに応じて口寄するのを「いたこよせ」という。恐山の毎年7月の口寄は有名。またおしらさまを遊ばせることで重んじられる。

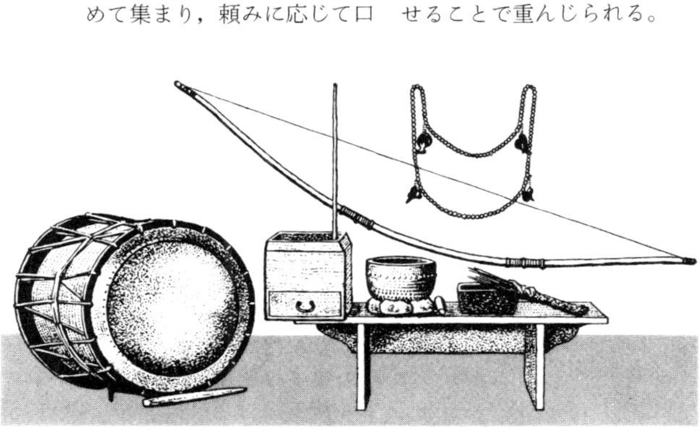

宮城県の口寄「おかみん」の道具
梓弓、数珠、太鼓、外法箱、鉦

神棚
シーボルトのスケッチから

巡礼(じゅんれい)　日本では順礼・遍路・廻国も巡礼と同義に使われるが，順礼とは厳密には観音霊場の巡拝をさす。ことに西国三十三所の巡礼が有名で，坂東・秩父などにも三十三所の観音霊場がある。四国八十八ヵ所の巡礼は空海の遺跡に因むもので，白衣・菅笠(すげがさ)・金剛杖・法鈴を持った服装で巡拝する(遍路)。ほかに，浄土宗の二十五ヵ所，真宗の二十四輩巡拝，千社参りなど各宗派，民間信仰により，さまざまの巡礼がある。

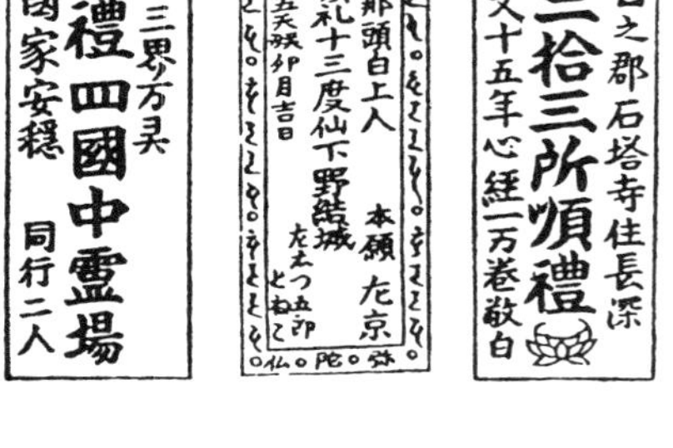

納札(おさめふだ)　「のうさつ」とも。社寺を巡拝して自分の姓名を記した札を納めたり，はりつけたりすること。千社札はその例。

神棚(かみだな)　家庭で神を迎えるために設けた棚。現在では表座敷に多く，鴨居(かもい)に棚をつり，白木の小祠を置き，サカキを供え，注連(しめ)を張る。神札などをまつるが，縁起棚といって恵比須(えびす)，荒神(こうじん)，稲荷などもまつる場合がある。もとは本家の司祭にゆだねられていたものが，仏壇の普及や御師(おし)による大麻(たいま)の配布などに伴って，各戸にまつられるようになったとみられる。

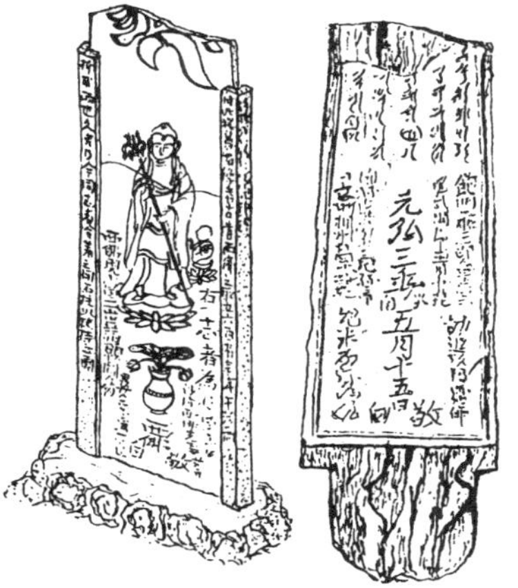

巡礼の衣装
左は笠

板碑(いたび)　鎌倉時代以後，慶長ころまで，追善，逆修(ぎゃくしゅ)，庚申(こうしん)供養，念仏供養などのため特に関東地方で盛んにつくられた石造塔婆の一種。板状の石の頂部を三角形にし，その下に2条の切込みをつくり，さらにその下に梵(ぼん)字，仏像，法名，華瓶(けびょう)などを刻むのをふつうとする。

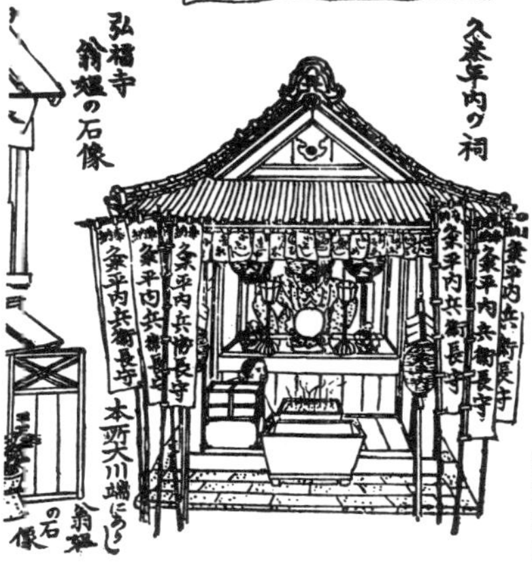

縁むすび　左は東京浅草金竜山境内の久米平内の祠，《東京風俗志》から　右は宿世結で，左は男，右は女，《守貞漫稿》から

厳島神社大鳥居《厳島図会》

【 厳島神社 】

いつくしまじんじゃ

広島県佐伯(さえき)郡宮島町に鎮座。旧官幣中社。市杵島姫(いちきしまひめ)命，田心姫(たごりひめ)命，湍津姫(たぎつひめ)命をまつる。創立は推古朝の593年と伝え，延喜式内の名神大社，安芸国一宮。平清盛の信仰を受け，「平家納経」などの奉納，壮麗な社殿の建築により隆盛におもむいた。例祭は6月17日。旧6月17日の管弦祭は有名。古来，海上交通安全の女神，また伎芸神として民間に信仰されている。

索引

＊本索引は《続 日本史モノ事典》に掲載されている事物の名前と部分名称から項目を採録した。
＊行頭に索引項目名を掲げ，続く数字が掲載ページを示す。
＊項目の配列は五十音順で，濁音，半濁は清音の次とした。
＊拗音，促音も音順に数えるが，長音(ー)は数えない。

【あ行】

【か行】

【さ行】

【た行】

【な行】

【は行】

【ま行】

【や行】

【ら行】

【わ行】

参考文献ならびにイラストの出典（順不同）

人倫訓蒙図彙　守貞漫稿　初学天文指南　東都歳時記　日本その日その日　江戸名所図会　大和耕作絵抄　政事要略　絵本小倉錦　摂津名所図会　名所江戸百景　温故年中行事　日本歳時記　除蝗録　神道論　好色二代男　尾張名所図会　月次のあそび　日本風俗図絵　文安御即位調度図　神相全編正義　このころ草　絵本弄　戯場訓蒙図彙　新律綱領　新律綱領改定律例　刑罪大秘録　和漢古今角偉談　往生要集　大江山絵巻　南総里見八犬伝　難字訓蒙図彙　三教源流捜神大全　小夜しぐれ　桃山人夜話　妖物しぐれ　雨月物語　古今百物語評判　紀伊国名所図会　信夫草　孝経童子訓　男重宝記　東海道名所図会　音曲力草　高麗の春　松づくし　円光大師御絵伝　信濃奇勝録　万歳躍　小唄図絵　大阪音頭　役者絵づくし　絵本浅香山　寛政澪標　戯場楽屋図会　松崎天神縁起絵巻　鹿の巻筆　東海道中膝栗毛　厳島図会　和漢三才図会

大百科事典　1931年初版

世界大百科事典　1955年初版

世界大百科事典　1964年初版

新版 続日本史モノ事典

発行日————2018年２月14日　初版第１刷
　　　　　　2020年10月６日　初版第２刷

編者————平凡社

発行者————下中美都

発行所————株式会社平凡社
〒101-0051　東京都千代田区神田神保町3-29
電話　(03)3230-6579［編集］　(03)3230-6573［営業］
振替　00180-0-29639

装幀————重実生哉

DTP————平凡社制作

印刷・製本——株式会社東京印書館

ISBN978-4-582-12431-6

NDC分類番号030　四六判(18.8cm)　総ページ432

平凡社ホームページ　https://www.heibonsha.co.jp/